# brasil
# africano

---

# brasil africano
## orixás, sacerdotes, seguidores

---

# reginaldo prandi

Copyright © 2025
Reginaldo Prandi

Todos os direitos reservados à Pallas Editora e Distribuidora Ltda.

**editoras**
Cristina Fernandes Warth
Mariana Warth

**edição**
João Luiz Carneiro

**coordenação editorial**
Daniel Viana

**projeto gráfico**
Raul Loureiro

**ilustrações**
Pedro Rafael

**revisão**
BR75 | Clarisse Cintra; Joelma Santos

Este livro segue as novas regras do Acordo Ortográfico da Língua Portuguesa.

DADOS INTERNACIONAIS DE CATALOGAÇÃO NA PUBLICAÇÃO (CIP)
(CÂMARA BRASILEIRA DO LIVRO, SP, BRASIL)

Prandi, Reginaldo
    Brasil africano : orixás, sacerdotes, seguidores / Reginaldo Prandi. -- Rio de Janeiro : Pallas Editora, 2025.

    Bibliografia.
    ISBN 978-65-5602-153-9

    1. Cultura afro-brasileira 2. Candomblé (Culto) - História 3. Religiões afro-brasileiras 4. Religião e política 5. Religião e sociedade 6. Umbanda (Culto) - História I. Título.

25-249150                         CDD-306.60981

**Índices para catálogo sistemático:**
1. Religiões Afro-brasileiras : Cultura : Sociologia 306.60981
Eliete Marques da Silva - Bibliotecária - CRB-8/9380

**Pallas Editora e Distribuidora Ltda.**
Rua Frederico de Albuquerque, 56 – Higienópolis
CEP 21050-840 – Rio de Janeiro – RJ
Tel.: 21 2270-0186
www.pallaseditora.com.br | pallas@pallaseditora.com.br

# sumário

prefácio — 7

apresentação da 1ª edição — por João Luiz Carneiro — 13

1 — Religiões mediúnicas no Brasil vistas na década de 1970 — 21
2 — Deuses africanos no Brasil contemporâneo — 39
3 — Axé, corpo e almas — 81
4 — Pombagira e as faces inconfessas do Brasil — 101
5 — Exu, de mensageiro a diabo — 125
6 — Sacerdócio, poder e política no candomblé — 157
7 — Candomblé de caboclo em São Paulo — 179
8 — Os orixás e a natureza — 209
9 — O candomblé e o tempo — 225
10 — Uma síntese do Brasil na dança dos caboclos — 257
11 — Hipertrofia ritual das religiões afro-brasileiras — 277
12 — Conceitos de vida e morte no ritual do axexê — 295
13 — Axé, umbanda e candomblé no mercado religioso — 309
14 — Recriações religiosas da África no Brasil — 331
15 — Intolerância, politeísmo e questões afins — 357
16 — As religiões afro-brasileiras do centenário da Abolição aos dias de hoje — 371

nota do autor — 397

sobre as fontes dos capítulos — 403

# prefácio

## 1

Este livro nasceu de um convite que recebi com o pretexto de comemorar os cinquenta anos de minha primeira publicação sobre as religiões afro-brasileiras. Tal convite, mais precisamente, seria para participar de uma mesa-redonda sobre as mudanças recentes na religião dos orixás diante da pandemia da Covid-19, a acontecer na sexta edição do Festival da Corte, a maior festa de rua do litoral paulista, que se realizaria em 2022, em Itanhaém. Depois de muitas horas de conversa com João Luiz Carneiro, meu antigo orientando, amigo, colega e membro da equipe organizadora do Festival, combinamos que o dossiê que ele vinha sistematizando sobre meu trabalho para a *Revista Estudos Afro-Brasileiros* seria organizado em forma de livro, a ser apresentado no Festival da Corte, em sessão de autógrafos após a mesa-redonda.

Artigos de periódicos, capítulos de coletâneas e trechos de livros publicados ao longo de cinco décadas foram localizados, avaliados e selecionados por João Luiz Carneiro para a composição do livro. Os critérios das escolhas feitas estão dados na Apresentação, escrita pelo próprio João Luiz, cabendo a mim redigir um prefácio para a obra. Também tive a liberdade de propor a inclusão ou exclusão de alguns textos e dar palpites em sua ordenação.

A ideia mestra era fornecer uma coletânea que tratasse, ao longo do tempo, dos temas mais candentes da religião que o Brasil herdou dos escravizados e seus descendentes e que, na verdade, contando com a parte que nos chegou dos povos originários, veio a se constituir como fonte vital do que podemos entender como cultura brasileira. Por sua maior proximidade com a África, os textos deste livro têm como objeto preferencial o candomblé, embora alguns capítulos tratem também da umbanda, acerca da qual podemos contar com o trabalho de João Luiz (Carneiro, 2017).

Embora eu, sociólogo de formação e carreira profissional, seja autor de artigos, capítulos de coletâneas e livros que tratam de temas tão díspares como religião, desemprego e marginalidade social, mitologia afro-brasileira e indígena, metodologia de pesquisa, educação, literatura infantojuvenil e romances, acho que sou mais conhecido pelo meu trabalho sobre religiões no Brasil, especialmente as religiões afro-brasileiras, com incursões pelo catolicismo, espiritismo kardecista e religiões evangélicas. Muitas vezes me perguntam por qual razão me interessei pelo estudo das religiões e o porquê da persistência em ver de perto, acompanhar e tentar entender o candomblé e, secundariamente, a umbanda. Razões profissionais, respondo. Já em meu primeiro emprego, foi-me dada a tarefa de estudar, entre outras, as religiões afro-brasileiras. Depois lidei, por muito tempo, com projetos, demandas acadêmicas, compromissos para congressos, aulas e cursos que privilegiavam como objeto central essas religiões, o que implicou, obviamente, aprofundar estudos e tentativas de interpretação sociológica. O próprio acaso contribuiu, com um extravio de bagagem, como conto adiante.

## 2

Voltando ao começo de minhas atividades de pesquisa, uma questão foi logo posta: a religião ajuda, atrasa ou não tem mais influência importante no processo de desenvolvimento social, econômico, político e cultural do país? Era a pergunta, entre outras questões, que o recém-surgido Centro Brasileiro de Análise e Planejamento (Cebrap) se dispunha a investigar, no início da década de 1970, ao tratar das diferentes instituições. O Cebrap foi fundado por professores cassados pela ditadura militar, aos quais se juntaram outros professores dispostos a manter viva no Brasil a pesquisa crítica e independente. Projetos antes tocados na universidade foram levados para o Cebrap por seus líderes; outros, formulados para dar vida acadêmica à nova instituição. Um dos fundadores, Candido Procopio Ferreira de Camargo, não foi cassado pelo AI-5, mas esteve à frente do Cebrap desde o primeiro dia e foi, mais tarde, posto fora da USP. Logo formou sua equipe com alguns pesquisadores experientes e outros em formação, como eu. Entrei no Cebrap desde seu início por conta de um projeto em que trabalhava como estagiário. Logo ingressei na equipe do projeto "Emprego e marginalidade social na América Latina" e fui incluído na "turma do Procopio", cujo primeiro projeto deu como fruto o livro *Católicos, protestantes, espíritas*, publicado em 1973, do qual escrevi a parte que trata das religiões mediúnicas, que incluía, como a conceituação da época, o kardecismo, a umbanda e o candomblé. Trechos dessa parte abrem o presente livro.

Minha dissertação de mestrado, publicada em 1975, também nasceu desse projeto sobre religião, enquanto a tese de doutorado, de 1978, resultou do projeto sobre marginalidade social. Outros temas de pesquisa vieram com o passar dos anos. Nas eleições de 1982, já professor do Departamento de Sociologia da USP, desenhei o método de pesquisa por amostragem que deu origem ao Datafolha, mas eu não tinha lastro teórico para responder sociologicamente se a pesquisa eleitoral era benéfica ou não ao processo democrático. Fui para os Estados Unidos em busca de resposta, fazendo cursos e juntando material bibliográfico para escrever, ao retornar, uma tese de livre-docência sobre o assunto. Na volta, trazia na mala o material acumulado: livros, anotações, cópias xerográficas, uma vez que na época não havia internet, e o papel ainda era o guardião do conhecimento escrito. Minha bagagem, contudo, foi extraviada pela Varig, e com ela lá se foi tudo aquilo que eu juntara. O jeito foi mudar de tese. Voltei à religião. Nessa época, eu ajudara a processar dados de uma pesquisa conduzida nos cartórios de registro civil por colegas da USP e da PUC-SP sobre a chegada e a expansão da umbanda em São Paulo, levantamento que revelou a existência, na capital paulista, de terreiros de candomblé, fato pouco esperado: São Paulo era terra da umbanda; o candomblé era da Bahia. Mas a imigração não trouxe somente pessoas; com os nordestinos que vieram compor a nova classe trabalhadora industrial paulista vieram, também, os orixás dos terreiros de candomblé, que aqui se encontraram com os orixás dos terreiros de umbanda. Foi daí que parti para estudar esses e outros terreiros, pesquisa que resultou em *Os candomblés de São Paulo*, tese de livre-docência que depois virou o livro (1991/2020). Desde então os terreiros de orixás e seus sacerdotes e seguidores passaram a fazer parte permanente do meu trabalho de pesquisa, pelo qual cheguei a seus mitos, publicados em *Mitologia dos orixás* (2001). Livros, artigos de periódicos científicos e capítulos de coletâneas foram se espalhando, alguns atualmente de difícil acesso, constituindo-se o universo de escolhas de João Luiz Carneiro na edição deste livro.

Os textos aqui reunidos tratam de assuntos diversos e foram escritos em épocas diferentes. Suponho, todavia, que o eixo teórico básico de cada um é o mesmo, procurando-se refinar a interpretação à medida que as religiões afro-brasileiras foram se constituindo como objeto de investigação de mais e mais pesquisadores, com novas hipóteses, descobertas e, evidentemente, mudanças, que refletem a própria dinâmica da sociedade sobre a qual a religião se assenta e na qual procura interferir. Os estudos sociológicos sobre religião cresceram muito com a expansão da pós-graduação no Brasil. Quando iniciei minha carreira, em 1971, os programas de pós-graduação em sociologia eram três, todos em fase de instalação. Hoje, são mais de cinquenta.

# 3

A religião tem sido vista como instituição social de orientação de conduta, agora mais voltada para o indivíduo, uma vez que sua antiga capacidade de conduzir a sociedade e deter o poder sobre ela e seu governo foi muito debilitada, quando não apagada, o que motivou certas igrejas e agências religiosas a entrarem na política partidária para dali tentarem recuperar a força perdida. Isso não tem acontecido, de modo geral, com as religiões dos orixás, voduns, inquices e encantados, minoritárias em demasia e pouco afeitas à política em razão de sua estrutura quase doméstica, organizada nos chamados terreiros, uma espécie de reconstrução simbólica do que foi a antiga família dos africanos escravizados em seus territórios originais.

As religiões afro-brasileiras, além de se preocuparem com o indivíduo, seguem como exuberante celeiro cultural. São capazes de fornecer ingredientes materiais e simbólicos para o amálgama que preenche muitas fissuras culturais e cria novas fisionomias e enervações que dão forma e sentido à identidade dos brasileiros. As religiões afro-brasileira oferecem, ainda, motivos, conteúdos e formas aos mais diversos agentes produtores de cultura, seus consumidores e críticos, em diferentes ramos das artes e ofícios. Observando este ou aquele aspecto da religião, cada capítulo sempre retoma a questão da origem e sua atualidade. Para que serve, afinal, a religião? Essa é a pergunta que se faz o pesquisador.

Obviamente, cada capítulo guarda sua autonomia e pode ser lido como um documento em separado por quem busca uma questão específica. O desejo egoísta do autor, entretanto, é que *Brasil africano* seja examinado como uma peça única, não desmembrável.

# referências bibliográficas

CAMARGO, Candido Procopio Ferreira de. *Kardecismo e umbanda*: uma interpretação sociológica. São Paulo: Pioneira, 1961.

CAMARGO, Candido Procopio Ferreira de et al. *Católicos, protestantes, espíritas*. Petrópolis: Vozes, 1973.

CARNEIRO, João Luiz. *Orixás nas umbandas*. São Paulo: Fonte Editorial, 2017.

PRANDI, Reginaldo. *Catolicismo e família*: transformação de uma ideologia. São Paulo: Brasiliense: Cebrap, 1975.

PRANDI, Reginaldo. *O trabalhador por conta própria sob o capital*. São Paulo: Símbolo, 1978.

PRANDI, Reginaldo. *Os candomblés de São Paulo*. São Paulo: Hucitec: Edusp, 1991.

PRANDI, Reginaldo. *Mitologia dos orixás*. São Paulo: Companhia da Letras, 2001.

PRANDI, Reginaldo. *Os candomblés de São Paulo*. 2. ed. rev. e ampl. Itanhaém: Arché, 2020.

# apresentação da 1ª edição
joão luiz carneiro

Leituras sociológicas sobre o Brasil africano visto da religião: O jogo de lentes em jogo

O ano de 2022 carrega marcas de um Brasil desigual socialmente, com chagas profundas que ainda não foram cicatrizadas. Revelam-se duradouros a misoginia, o racismo, o etarismo, a lgbtfobia, a intolerância religiosa... Não bastasse esta dor perene do nosso povo, o ano de 2022 atravessa o ciclo da pandemia de Covid-19 e guerra entre dois países europeus: Ucrânia e Rússia.

No contexto brasileiro, o referido ano marca uma disputa política entre Lula e Bolsonaro. As eleições sempre registraram disputas de narrativas religiosas. No passado, um verdadeiro ritual do beija-mão da Conferência Nacional dos Bispos do Brasil (CNBB). Das últimas eleições para cá, um aumento significativo da busca pelo voto evangélico. Algo devidamente justificado pelo crescimento constante desse grupo no censo do IBGE. Desta vez, em pleno ano de 2022, uma guerra religiosa instaurada nas narrativas dos dois principais polos ideológicos da política nacional. A palavra "guerra" aqui, infelizmente, não está sendo usada de forma metafórica, considerando que pessoas foram mortas ou ameaçadas de morte em discussões sobre Lula e Bolsonaro, numa disputa do "bem" contra o "mal" à moda da guerra santa.

O olhar acadêmico, neste sentido, é importantíssimo como instrumento de compreensão e interpretação do Brasil que se apresenta. O texto que chega em suas mãos, no fundo e a cabo, quer discutir isso.

Entretanto, peço uma pausa na linha de raciocínio para contar outra história. Em poucas linhas, esta narrativa será retomada...

O ano de 2023 vai marcar cinquenta anos de publicações sobre sociologia da religião de um potente sociólogo ao qual me aproximei inicialmente por sua brilhante pesquisa e com quem os anos permitiram consolidar uma verdadeira amizade. Refiro-me ao autor deste livro, o querido Reginaldo Prandi. Com esta premissa comemorativa, a comissão editorial da revista *Estudos afro-brasileiros* convidou-me para organizar um dossiê sobre o Reginaldo a ser lançado ao longo de 2022.

Ao publicar a primeira parte desse dossiê, escrevi um texto intitulado: "A sociologia brasileira, a mitologia e a ficção: 49 anos de escritas sobre o Brasil" (Carneiro, 2022) onde enxergo o faro do homenageado em querer estabelecer leituras sobre o Brasil a partir deste objeto afro-brasileiro e de outros temas sociológicos que sempre despertam o interesse de quem se dedica às ciências sociais.

Em especial, ao preparar o texto revisto e ampliado de *Candomblés de São Paulo*, constatei que Prandi (2020) estava atento em 1991 sobre as migrações dentro do território brasileiro, e como a religião do candomblé era o grande objeto de sua pesquisa que permitira um pano de fundo poderoso para constatar as mudanças. Em 2020, no lançamento da nova edição, ele procurou atualizar as lentes sociológicas sobre sua pesquisa original.

Com isto em mente, deparei-me com um fato interessante. Temos um sociólogo dedicando décadas de sua vida à pesquisa de vários temas de interesse, mas tendo um objeto em especial que perdura: as religiões afro-brasileiras. Inicialmente tratou de umbanda e kardecismo, isso nos idos de 1970, e depois fez uma guinada para o candomblé, onde outros cultos e religiões afro-brasileiros vão pegar carona nos seus escritos.

Em conversas com a diretora da revista *Estudos afro-brasileiros* e a Arché Editora, entendemos que era a hora exata de apresentar essas várias lentes sobre o Brasil a partir do objeto religiões afro-brasileiras. E, assim, convidamos o autor deste livro para publicar suas ideias ao longo do tempo de forma estruturada e organizada nos capítulos que se seguem.

Como critério inicial, optei por não fazer uma leitura histórica. Ou seja, colocar os textos em ordem cronológica. A ideia não é observar o desenvolvimento do olhar do pesquisador ao longo do tempo, mas como olhar o Brasil por lentes sociológicas diferentes.

Sendo assim, os dois primeiros capítulos apresentam a leitura das religiões mediúnicas no Brasil ainda na década de 1970 *vis-à-vis* com os deuses africanos no Brasil contemporâneo. Entender como as religiões afro-brasileiras bebiam de fontes cristãs e kardecistas num verdadeiro gradiente no primeiro capítulo e depois como o candomblé cria sua leitura própria sobre as divindades importadas do continente africano mostra muito da nossa brasilidade.

O terceiro capítulo apresenta uma discussão sobre categorias que permitem uma lente mais profunda sobre os terreiros e sua influência na esfera pública. A energia vital, chamada de axé, a forma como lida com o corpo e a crença na porção sobrenatural da sua existência (alma) dão sentido de como seus seguidores estabelecem suas crenças e práticas no cotidiano.

O quarto e quinto capítulos tratam respectivamente de pombagira e exu. Algo presente de múltiplas formas no imaginário do povo brasileiro e na guerra religiosa que fora citado no início deste texto, a controversa pombagira pauta discussões sobre moralidade, sexualidade, marginalidade e o lugar do feminino nisto tudo. Exu, que oscila no inconsciente coletivo como deus ou diabo, torna-se no fundo um revelador da identidade nacional pelos olhos do Reginaldo, e que, quando tomamos contato com sua pesquisa, não conseguimos mais enxergar Exu da mesma forma.

O sexto capítulo é dedicado a discutir as relações de poder, política e sacerdócio no candomblé. O sétimo capítulo apresenta um olhar acurado sobre como uma das variantes do candomblé, o candomblé de caboclo, se configura na metrópole mais rica do nosso país, São Paulo.

"Orixás e a natureza" é o título do oitavo capítulo e faz uma das primeiras discussões sobre a relação do candomblé com o meio ambiente. Algo que na atualidade tem demandado muito os sociólogos da religião. O nono capítulo apresenta a noção do tempo como percebido pelos seus sacerdotes e seguidores. Interessante que esta percepção, normalmente, é óbvia para o praticante da religião, mas pouco discutida pelos cientistas sociais que se debruçam sobre ela. Este "pequeno" detalhe alavanca as interpretações sobre a nossa cultura tão influenciada pela africanidade religiosa.

Na metade da caminhada proposta pelos textos de Prandi, é possível ler sobre "Uma síntese do Brasil na dança dos caboclos", título do décimo capítulo. Entender o Brasil pela dança divinizada desses ancestres é desafiador e reconfortante ao mesmo tempo. Desafia o leitor a enxergar que mensagens sociológicas são possíveis de interpretação quando admiramos a dança ritual. Reconforta saber também que por ser dança está em movimento e podemos reconfigurar sempre as questões mal resolvidas de nosso país.

O décimo primeiro capítulo apresenta estratégias de como o candomblé vai se atualizando com o avanço do tempo e a mudança nos costumes sociais. Um olhar que vai mais ao encontro de questões individuais em detrimento dos aspectos coletivos. Essas tensões geram consequências entre as várias cosmovisões dos terreiros de maneira êmica, que possuem pontos em comum, mas não são idênticas, e reflexos na sociedade.

O capítulo "Conceitos de vida e morte no ritual do axexê" apresenta discussões essenciais sobre a forma de viver a vida e ressignificar a morte para os seguidores do candomblé. Trata-se de um dos temas que mais destoa da cosmovisão cristã predominante no Brasil e, portanto, gera medo e fascínio do desconhecido em pleno século 21.

O décimo terceiro capítulo vai na esteira dos dois anteriores, porém atualiza os aspectos socioeconômicos das religiões afro-brasileiras. Um texto clássico da sociologia da religião que convida a um olhar menos simbólico e mais pragmático de como as relações de poder econômico são estabelecidas.

"Recriações religiosas da África no Brasil" é um reconhecimento do processo criativo e adaptativo das tradições africanas que cruzaram o Atlântico e aportaram no Brasil. O título do décimo quarto capítulo ilustra a diversidade do candomblé ancorada na pluralidade do nosso país.

A discussão sobre intolerância é uma das mais atuais na temática afro-brasileira e, naturalmente, da sociedade civil como um todo. Este olhar é ofertado para os leitores no décimo quinto capítulo.

O último capítulo trata de uma leitura mais geral do país e seu processo de clivagem social, considerando a abolição da escravidão em termos legais e políticos até os dias de hoje.

Retomando a linha de raciocínio pausada nas primeiras páginas desta apresentação, o autor tem uma chave de interpretação que pode contribuir sensivelmente para repensar o Brasil que se apresenta diante de nossos olhos. Um Brasil africano que tem história, sabedoria e resistência mesmo com as inúmeras adversidades que esta condição social teima em impor à população. Mais do que isso, três chaves mais específicas auxiliam esta lente brasileiramente africana: o símbolo de seus deuses, a magia de seus sacerdotes e a fé de seus seguidores. Assim, como o jogo de adivinhação feito pelos babalorixás e ialorixás é ferramenta central no destino de seus adeptos, Reginaldo Prandi criou um grande jogo de lentes sobre as religiões afro-brasileiras e o nosso país. O jogo de lentes está em jogo. Este é o convite ao livro. Boa leitura!

# referências bibliográficas

CARNEIRO, João Luiz. A sociologia brasileira, a mitologia e a ficção: 49 anos de escritas sobre o Brasil. *Estudos Afro--Brasileiros*, v. 3, n. 1, p. 3-20, 8 ago. 2022. Disponível em: http://estudosafrobrasileiros.com.br/index.php/eab/article/view/51. Acesso em: 14 set. 2022.

PRANDI, Reginaldo. *Os candomblés de São Paulo*. São Paulo: Hucitec: Edusp, 1991.

PRANDI, Reginaldo. *Os candomblés de São Paulo*. 2. ed. rev. e ampl. Itanhaém: Arché, 2020.

Axé é força vital, energia, princípio da vida, força sagrada dos orixás. Axé é o nome que se dá às partes dos animais que contêm essas forças da natureza viva, que também estão nas folhas, nas sementes e nos frutos sagrados. Axé é bênção, cumprimento, votos de boa-sorte e sinônimo de Amém. Axé é poder. Axé é o conjunto material de objetos que representam os deuses quando estes são assentados, fixados nos seus altares particulares para ser cultuados. São as pedras e os ferros dos orixás, suas representações materiais, símbolos de uma sacralidade tangível e imediata. Axé é carisma, é sabedoria nas coisas do santo, é senioridade. Axé é origem, é a raiz que vem dos antepassados, é a comunidade do terreiro. Os grandes portadores de axé, que são as veneráveis mães e os veneráveis pais de santo, podem transmitir axé pela imposição das mãos; pela saliva, que com a palavra sai da boca; pelo suor do rosto, que os velhos orixás em transe limpam de sua testa com as mãos e, carinhosamente, esfregam nas faces dos filhos prediletos. Axé se ganha e se perde, axé se tem, se usa, se gasta, se repõe, se acumula.

(Reginaldo Prandi, *Herdeiras do axé*, p. 5)

# 1.
# Religiões mediúnicas no Brasil vistas na década de 1970

1

As religiões mediúnicas destacam-se no panorama religioso do Brasil por acentuado ritmo de crescimento, notadamente nas zonas que apresentam urbanização mais intensa. Embora abranjam modalidades religiosas diversas, espiritismo kardecista e umbanda, apresentam traços significativos e experiência religiosa comuns, que permitem englobá-las em uma unidade na qual o fenômeno mediúnico constitui traço fundamental.

A análise desta realidade religiosa dinâmica pode ser realizada por intermédio de um gradiente (Camargo, 1961) em cujos polos extremos se localizam o kardecismo e a umbanda, encontrando-se nos pontos intermediários toda uma gama de formas religiosas mediúnicas resultantes do processo interativo entre os dois extremos do gradiente. O grau de simbiose doutrinária e ritualística identifica, ao longo do gradiente, essas diversas alternativa s mediúnicas.

2

No Brasil, as primeiras indagações sobre fenômenos mediúnicos datam de meados do século 19, em clima de curiosidade e interesse em torno das chamadas mesas falantes, copos e outros objetos que se movimentavam. Não passou, entretanto, de novidade pouco duradoura, aceita por indivíduos dos estratos sociais médios e altos, logo por eles abandonada.

Nos Estados Unidos, em 1848, registraram-se diversas menções a fenômenos espíritas. A simples curiosidade passou a ser substituída por tentativas de investigação a que se dedicam diversos clérigos e cientistas. O movimento teve tão ampla divulgação que, em 1854, chegou ao Congresso dos Estados Unidos pedido para que fosse nomeada uma comissão científica com a finalidade de investigar o fenômeno espírita.

Esse clima de curiosidade e investigação incipiente difundiu-se pela Europa, principalmente na Alemanha, na França e na Inglaterra.

Em 1853, Hippolyte Léon Dénizard Rivail, conhecido por Allan Kardec, publica, em Paris, o *Livre des Esprits*, que se torna básico para o movimento espírita. Kardec elabora a condição dessa doutrina tomando por base a análise comparativa de mensagens psicografadas, cuja autenticidade era verificada através de crítica racional. O espiritismo proposto por Kardec, apresentando-se como ciência, filosofia e religião, é introduzido no Brasil durante a segunda metade do século 19.

As primeiras organizações espíritas surgem na Bahia (1865 e 1874) e no Rio de Janeiro (1873) (Bastide,1967). Esta última, fundada com o nome de Grupo Confúcio, distingue-se por atividades que justificariam, posteriormente, a grande aceitação do espiritismo: terapia mediúnica por intermédio de passes para combater todos os tipos de enfermidade, bem como pregação da caridade, doutrinariamente entendida como virtude por excelência. A criação, em 1884, da Federação Espírita Brasileira indica tentativa de preservar a unidade doutrinária e esforço de reunir, de modo institucional, a crescente população de fiéis dispersos por inúmeros centros.

O sistema filosófico e religioso formulado por Kardec torna-se o fundamento do espiritismo no Brasil. A doutrina do Codificador encontra continuidade intelectual em autores brasileiros, entre os quais se distingue Francisco Cândido Xavier (cerca de cem livros e milhares de pequenas mensagens, considerados como tendo sido psicografados).

Há no espiritismo toda uma compreensão sacral do mundo, tornando-se desse modo a religião extremamente significativa, para o fiel, em termos de orientação de vida. Acontecimentos considerados bons assumem significado positivo profundo, sendo os maus entendidos em termos de culpa e punição. Em ambos os casos, interpretam-se os fatos como não casuais; estes são avisos ou provações que dão oportunidade à opção moral e orientação concreta da conduta.

O quadro doutrinário não sofre modificações essenciais quando transplantado para a sociedade brasileira, embora a adaptação a uma situação social nova tenha gerado algumas características especiais. Essas adaptações ocorrem tanto por força da influência do ambiente sociocultural brasileiro como em virtude da flexibilidade e disponibilidade para a mudança, próprias da doutrina espírita.

No Brasil o aspecto religioso torna-se preponderante, em contraposição ao filosófico e científico. O espiritismo, seguindo modelo das grandes religiões, também desenvolveu peculiar capacidade de apresentar interpretação coerente do mundo, explicando a posição dos indivíduos nas estruturas de estratificação social e orientando praticamente a conduta. Devido à relevante posição atribuída pela religião espírita à caridade, abrangendo não somente o campo assistencial como também o educacional, os aspectos científicos da doutrina, como por exemplo os fenômenos mais ostensivos da experimentação mediúnica, assumem importância menor.

Em função do estilo racional da doutrina kardecista, o espiritismo passa a constituir, no começo deste século, principalmente nas pequenas cidades do interior, ideologia que se opõe à liderança do pensamento exercida pela Igreja Católica. Atingindo minoria intelectual que busca formas de inovação face aos quadros ideológicos predominantes no Brasil, o espiritismo apresenta sistema filosófico-religioso diverso do pensamento católico tradicional e relativamente mais coerente com o estilo de pensamento científico. O espiritismo foi igualmente capaz de preencher certas expectativas de pensamento racional, possibilitando investigações de ordem comprobatória a respeito do próprio fenômeno mediúnico.

A rejeição do dogma católico e a adoção de procedimento sistemático na formação da doutrina espírita mostraram-se compatíveis com aspirações intelectuais de parte da população urbana. Teve ainda o espiritismo a vantagem psicológica de não se encontrar comprometido com a dessacralização e a neutralidade axiológica pressupostas na filosofia da ciência divulgada no sistema universitário brasileiro.

# 3

O espiritismo kardecista e a umbanda são formas religiosas de conteúdo cultural e formação histórica totalmente diferentes, reunindo a umbanda elementos das religiões africanas e traços religiosos indígenas, católicos e kardecistas.

É bastante extensa a bibliografia existente sobre as religiões africanas no Brasil.[1] Nas descrições dos historiadores dos séculos 17 e 18 já se encontram referências a essas práticas religiosas. Entre outros estudos de caráter sistemático, merecem destaque as obras de Nina Rodrigues e Arthur Ramos (Rodrigues, 1945; Ramos, 1943/1947). Constitui preocupação fundamental, nos diversos trabalhos sobre o assunto, investigar a persistência da continuidade cultural. Nesse sentido, Pierre Verger procura, através do exame comparativo de composições fotográficas, ressaltar a proximidade e a semelhança existentes entre as tradições culturais e religiosas da África e da Bahia (Verger, 1957).

Dentre os negros escravizados trazidos para o Brasil, podem-se distinguir diferentes grupos. Vieram para o Nordeste e para o Rio de Janeiro grupos originários da África meridional, os bantos, e os da região chamada Costa de Escravos. Com a intensificação do tráfico negreiro e a cres-

---

1. Indicações bibliográficas completas a respeito das religiões africanas no Brasil encontram-se em Maria Stella F. Levy, *The Umbanda is for all of us*, de 1967.

cente necessidade de mão de obra, o comércio escravagista atingiu outras regiões do continente africano.

A tradição religiosa desses povos deu origem às religiões afro-brasileiras. O candomblé da Bahia e o xangô de Pernambuco, cultos religiosos de povos popularmente denominados jeje e nagô, provêm do grupo da Costa dos Escravos. A esses se juntam os candomblés bantos. Mais adiante, deles surge a umbanda.

A forma religiosa em análise coloca em relevo os orixás, divindades intermediárias entre os homens e Olorum, deus supremo, distante e esquecido no Brasil. Os orixás, com o tempo, passam a se identificar com os santos católicos. Assim, Oxalá corresponderia a Jesus Cristo, Iansã a Santa Bárbara, Ogum a São Jorge, Oxóssi a São Sebastião. Exu, popularmente identificado com o diabo católico, é visto como entidade sem escrúpulos morais e versátil em manipulações mágicas.[2]

Os orixás se incorporam nas filhas de santo, especialmente iniciadas para exercer esse papel sacerdotal. A iniciação compreende a aprendizagem da doutrina e da liturgia em regime de reclusão por período de seis meses, sendo efetuada sob a direção e a responsabilidade dos chefes do terreiro, o pai ou a mãe de santo.

A religião dos africanos da região centro-oeste caracteriza-se por acentuada tendência sincrética, aceitando influências religiosas diversas, como a de ter adotado os deuses e o ritual do grupo anteriormente analisado. Os candomblés de caboclo, por sua vez, realizam-se em seus próprios terreiros e neles as filhas de santo são tomadas por divindades indígenas ou encantados, além dos orixás.

Nas religiões de tipo afro-brasileiro os orixás representam entidades com as quais o fiel mantém relação de

---

2. A identificação entre orixás e santos católicos apresenta inúmeras versões conforme a região brasileira. Ver Bastide, R. *Les religions africaines au Brésil*, 1960, p. 362; Davis, K., 1970, p. 379.

passividade e estrita obediência. Este entende que tanto a vida espiritual como a satisfação material estão diretamente relacionadas ao cumprimento da vontade dos orixás, a qual se manifesta em termos de prescrições ritualísticas ou através da autoridade do chefe do terreiro.

Incorporando ao patrimônio cultural das religiões africanas elementos da doutrina espírita e do ritual católico, formou-se gradativamente, no decorrer deste século, a atividade religiosa que viria a se denominar umbanda.

Não pode o desenvolvimento desta modalidade religiosa ser meramente explicado pela difusão e continuidade de traços e complexos culturais. Sob o prisma sociológico, coloca-se a umbanda, de modo análogo a outras religiões de massa, como solução sacral que atende a problemas específicos de populações pobres urbanas no Brasil.

## 4

A hipótese sobre a formação de um gradiente kardecismo-umbanda, caracterizado pelo fenômeno da mediunidade, confirma-se não só através do entendimento subjetivo dos fiéis e análise dos centros religiosos, como, essencialmente, pela multiplicidade de formas intermediárias, resultantes de mútua influência dos extremos que representam as religiões em tela.

Os polos que constituem o gradiente não são, entretanto, simétricos. O kardecismo conserva tradição histórico-cultural precisa e definida; a umbanda, mesmo em sua forma mais radical africanista, assimila traços kardecistas. Os seguidores do espiritismo empregam este termo tanto para designar centros espíritas como terreiros de umbanda; tal generalização, porém, nem sempre é aceita pelos adeptos mais ortodoxos do kardecismo.

Confirmando a existência e a funcionalidade do gradiente, observa-se grande mobilidade dos fiéis, que encontram, em função do entendimento da experiência mediúnica, facilidade em frequentar o terreiro umbandista ou o centro espírita. As aspirações religiosas individuais podem levar a escolhas específicas e conscientes, entre as várias alternativas oferecidas pelo gradiente. Essas opções correspondem a determinadas formas de organização religiosa na qual se combinam, de diferentes modos, elementos do espiritismo kardecista e da umbanda.

## 5

Visando a classificar as unidades de culto ao longo do gradiente, serão a seguir analisados alguns aspectos de doutrina e ritual essenciais para compreender a vivência religiosa. Embora predomine coerência quanto a essas dimensões, ocorre, por vezes, desequilíbrio entre a interpretação doutrinária e o feitio litúrgico assumido pela instituição religiosa.

Constituindo traço comum a todo o gradiente, o fenômeno mediúnico é, entretanto, tratado de diversas formas. Assim, no polo kardecista predomina corrente favorável à mediunidade consciente, entendendo que o aparelho tem consciência do ocorrido durante o transe, exercendo, simultaneamente, controle sobre a manifestação do espírito. Por outro lado, a mediunidade inconsciente, na qual o médium atuaria sob total domínio do espírito, apresenta-se como forma peculiar ao extremo umbandista.

A umbanda, assimilando a doutrina kardecista, substituiu gradativamente os deuses africanos pelos espíritos, com os quais o fiel se comunica. Assim, na tradição africana, o orixá, que é um deus, toma a filha de santo para dançar no terreiro. Na umbanda, o espírito desencarnado baixa sobre o cavalo (médium) para se comunicar com os presentes.

Essa paulatina transformação, pela qual subsistem e se conciliam posições contraditórias, explica o complexo sistema de organização do sagrado próprio da umbanda.

Esta compreende, em geral, sete linhas, organizadas em torno de um orixá ou santo católico. A linha divide-se em falanges e legiões, as quais constituem a ligação entre os orixás e os membros inferiores da hierarquia, representados pelos espíritos desencarnados.

Na maioria dos casos, entretanto, o fiel umbandista encara o espírito desencarnado de acordo com os princípios do kardecismo, projetando para um plano mais distante a organização de falanges e orixás.
O ritual assume formas bastante diversas nos pontos extremos do gradiente. As combinações de elementos ritualísticos indicam, de modo claro, a localização dos centros e terreiros no gradiente.
Grande distância distingue a sobriedade da sessão espírita do extremo kardecista e a movimentação e o estilo emocional da gira de umbanda.
A sessão espírita característica do polo kardecista realiza-se em centros ou casas de família. A assistência senta-se em frente à mesa em torno da qual estão os dirigentes e os médiuns. Inicialmente, o dirigente pede a orientação dos espíritos e lê trechos do *Evangelho segundo o espiritismo* ou mensagens psicografadas.
Em ambiente de penumbra, tem início a sessão. Os fiéis concentram-se e as vibrações são dirigidas aos necessitados. O silêncio absoluto é, às vezes, interrompido por suspiros e gemidos que anunciam o transe. De repente, um dos médiuns respira mais forte e, tremendo e movimentando-se, demonstra que já está recebendo o espírito. Quanto mais consciente for a mediunidade, menor a alteração aparente do aparelho.
A comunicação pode se realizar com espíritos de luz ou espíritos sofredores. Os primeiros estabelecem contato bastante pessoal com os integrantes da sessão, a quem orientam e aconselham de modo familiar e direto. No caso dos espíritos sofredores, ainda presos à matéria, o papel de orientador cabe ao dirigente, que em geral consegue resultados positivos com sua doutrinação.
Em pontos intermediários do gradiente, nota-se a influência umbandista através de práticas diversas: uso de velas, imagens e túnica branca; obrigação de os participantes

não cruzarem as pernas; diversas restrições alimentares no dia da sessão.

No caso da umbanda, é enorme a variedade de práticas encontradas nos terreiros, classificados conforme sua posição no gradiente. De toda forma, no setor umbandista, o ritual assume grande importância. O altar é, geralmente, profusamente enfeitado: velas, guias de contas, flores. Por vezes a bandeira nacional localiza-se junto ao congá.

A assistência, dividida em duas alas, a masculina e a feminina, permanece separada do setor mais próximo ao altar, reservado para os cavalos e seus auxiliares, os cambonos. Os trajes coloridos ou as saias brancas, fartas e rendadas, usadas pelas filhas de santo, são substituídos, na medida em que se faz sentir a influência kardecista, por simples uniformes brancos. Nos mais africanistas, entretanto, deve-se sempre entrar descalço. Cavalos e cambonos saúdam o altar, ajoelhados, batendo a cabeça no chão, cumprimentando-se mutuamente com toques de ombros. Forma-se uma roda, tendo então início a defumação dos atabaques, cavalos e cambonos e assistência.

Começa a gira, com um canto ao qual se seguem as músicas características chamadas pontos cantados. Batem os atabaques, e, em meio à dança, o primeiro cavalo entra em transe; movimenta-se mais violentamente, continuando a dançar, já transformado na entidade que o possuiu. Outros cavalos são tomados. A música e a batida dos atabaques continuam; ouvem-se os gritos dos caboclos ou o murmúrio estereotipado dos pretos velhos.

O chefe do terreiro pede silêncio. Cessa a música e chega-se ao ponto alto da cerimônia, momento em que os cavalos distribuem bênçãos, por vezes chamadas passes, seguindo-se as consultas aos fiéis necessitados. Quando o guia é forte e prestigioso, formam-se filas diante de seus cavalos. O passe consiste em movimentos efetuados com os braços e as mãos em volta do corpo do consulente para tirar os maus fluidos. A consulta gira em torno de problemas da vida diária, dificuldades econômicas, questões de saúde e amor. O espírito, através do cavalo, aconselha e orienta. Terminadas as consultas, soam novamente os atabaques, entoando-se pontos para que os espíritos voltem a sua moradia habitual na terra de Aruanda. Os cavalos vão saindo do transe, sendo dirigidas preces aos guias presentes e a todos os orixás e santos de umbanda.

Após a cerimônia, estabelecem-se pequenos grupos de conversa informal e às vezes alguns elementos cercam o pai ou a mãe de santo, a fim de tomar a bênção ou receber conselhos.

A imagem da umbanda está associada à de grupo social com menor prestígio, e seus adeptos encontram-se, de modo geral, entre os estratos sociais de nível econômico mais baixo. Alguns segmentos kardecistas consideram, entretanto, a umbanda como estágio inferior porém necessário da experiência religiosa. A ênfase umbandista nos aspectos de vivência religiosa efetiva atenderia às necessidades de seus adeptos, geralmente com nível de instrução pouco elevado. Alguns terreiros de umbanda preferem valorizar a própria tradição, idealizando suas origens e recusando qualquer associação com o kardecismo.

De modo geral, reconhece-se a superioridade espiritual e social do espiritismo de mesa ou de mesa branca, como é chamado popularmente o kardecismo, sobre o terreiro. Os espíritos do terreiro, considerados mais fortes, fazem do terreiro ambiente propício para a doutrinação de certos espíritos menos elevados. O ritual umbandista, movimentado e expressivo, constitui o caminho mais fácil da vida espiritual.

Para avaliar o grau de penetração das religiões mediúnicas no Brasil, deve-se considerar que, a par de fiéis perfeitamente integrados nas instituições e cônscios de sua adesão doutrinária, parte considerável da população brasileira urbana parece ser influenciada por interpretações kardecistas da realidade, sem, contudo, se definir como espírita. Esta irradiação do pensamento espírita completa-se com a difundida crença na eficácia de manipulações mágicas ligadas ao contexto mediúnico e na disposição de utilizá-las em caso de necessidade.

## 6

Ao estudar as religiões mediúnicas que compõem o gradiente, destacam-se duas funções principais: a terapêutica e a de integração do indivíduo na sociedade urbano-industrial, englobando esta última, pelas condições estruturais em que se realiza, a função terapêutica.

A partir da análise sobre a funcionalidade do gradiente, é possível entender, do ponto de vista sociológico, a crescente aceitação das religiões mediúnicas no Brasil junto à população das grandes cidades, a expansão de centros espíritas e terreiros de umbanda nas áreas urbanizadas e ainda explicitar o envolvimento entre religião e sociedade em situação de mudança.

Se o crescimento das formas religiosas mediúnicas pode ser compreendido através da perspectiva sociológica, não se exclui do processo de conversão ao gradiente a dimensão existencial do homem e sua procura de fins últimos.

Realmente, como todas as grandes religiões ecumênicas, as modalidades religiosas que integram o gradiente representam para os fiéis resposta à fragilidade da condição humana. Constituem procura do sentido da vida, apesar do sofrimento, do desamor e da morte. As funções específicas prendem-se naturalmente às mais amplas e fundamentais dimensões da vida religiosa que a umbanda e o kardecismo compartilham com as grandes religiões ecumênicas.

## 7

A tendência à secularização inclui-se no amplo processo de mudança social ocorrido neste século em inúmeros países. No Brasil, observa-se a partir das últimas décadas, igualmente, diminuição da importância dos valores sacrais e ampliação de atitudes racionais. Neste processo, a dessecularização diminui a importância relativa da religião, acarretando, também, alterações nas funções da vida religiosa.

A disponibilidade da religião para incorporar formas de conhecimento mais racionais e renunciar a áreas tradicionais de influência representa uma das maneiras de adaptação das instituições religiosas à vida contemporânea; a aceitação do monopólio da medicina oficial como forma legítima de diagnóstico e tratamento da saúde constitui exemplo desse fenômeno. O processo de mudança social, afetando diversamente diferentes camadas da população, leva a defasagens e incongruências nos níveis de efetivação da mudança social. Assim, em muitas áreas, apesar da sociedade se secularizar, a sacralidade permanece como dimensão importante de inspiração valorativa e forma de conhecimento, podendo a religião, pelas alterações em suas funções e conteúdo, deixar de atender a determinados setores da população.

Pode-se mencionar ainda um exemplo, referente à Igreja Católica, a qual, seguindo a tendência de secularização, passa a limitar a ação terapêutica. Assim, grande número de católicos procura as mesmas soluções em outras religiões. Não estando a sociedade organizada para oferecer recursos econômicos suficientes para que consideráveis estratos da população usem os serviços médicos, o indivíduo tende a procurar, para problemas de saúde, soluções de tipo sacral fora do catolicismo.

O kardecismo e a umbanda, bem como o pentecostalismo, desenvolvem essas funções terapêuticas, para as quais, aliás, a tradição rural brasileira fornece as expectativas necessárias. Não é rara a procura dos meios sacrais de diagnóstico e cura de moléstias pelas camadas da população que, mesmo dotadas de recursos econômicos, continuam confiando nos tratamentos sacrais. Igualmente, diante de um uso concreto no qual se considera a medicina oficial como insuficiente, manifesta-se de modo patente a possibilidade de representar a religião alternativa a ser tentada.

Os fiéis aceitam a interpretação sacral de sua doença atribuindo-a à interferência de espíritos, à manipulação mágica ou ainda, por vezes, à Lei da Evolução.

A esperança de cura e a resolução de problemas em situações de crise constituem o principal veículo através do qual os indivíduos se aproximam inicialmente das religiões mediúnicas.

Caso a dificuldade seja sobretudo de natureza psicológica, o reajustamento de personalidade, algumas vezes conseguido, passa a abranger a função terapêutica e a de integração na sociedade.

Em todo o gradiente, a função terapêutica é utilizada como elemento de motivação para a conversão. Posteriormente, quando o fiel já participa de modo mais efetivo da vivência religiosa, a explicação das moléstias e a possibilidade de cura, reinterpretadas em termos doutrinários, constituem novo fundamento da crença religiosa.

O kardecismo, pelo menos nos grandes centros urbanos, além das sessões nos centros e dos trabalhos realizados em casas de famílias, pode oferecer assistência através das diversas instituições que mantém; estas, embora não atuem como órgãos de propaganda doutrinária, desempenham papel importante na aceitação do kardecismo como religião.

Quanto à umbanda, dada a ausência de instituições assistenciais organizadas como no kardecismo, é prestado auxílio no próprio terreiro, mas certamente com igual eficácia no nível da consciência dos atores.

Muitas vezes, à cura segue-se a reinterpretação do mundo pelo converso. Desse modo, kardecismo e umbanda tornam-se agentes de integração na sociedade urbano--industrial, assumindo formas típicas de religião de massa.

# 8

O processo de urbanização característico da sociedade contemporânea expressa-se em princípio pela grande concentração de populações em localidades geográficas definidas, as cidades, modificando-se as relações sociais e os valores culturais. Neste processo, alteram-se os papéis dentro da família, que tende a se tornar nuclear. Relações formais na educação e trabalho substituem gradualmente o paternalismo; o processo decisório na orientação da vida individual perde os suportes tradicionais da sociedade rural, os quais proporcionam expectativas rígidas na definição de papéis. A ampliação nas alternativas de ação coexiste com o enfraquecimento do controle social.

Enquanto numa sociedade primitiva e rural é geralmente possível, com base em alguns fatores conhecidos, prever quem pertencerá ao que, e quem se associará a quem em quase todas as relações da vida, na cidade só podemos projetar o padrão geral de formação e filiação do grupo, e este padrão mostrará muitas incongruências e contradições. (Wirth, 1967, p. 119).

A necessidade de reorganizar a visão do mundo frente aos problemas apresentados pela situação de mudança sociocultural manifesta-se, também, entre as gerações já radicadas nas cidades há algum tempo, dada a perda das formas de segurança e estabilidade tradicionais provocada pela mudança. A opção pelo espiritismo significa, nessa perspectiva, adesão a um mundo onde nada ocorre ao acaso, onde infortúnios e sucessos explicam-se e ganham significado.

As expectativas de frustração face à nova realidade tornam extremamente necessários o ajustamento e a reorganização da visão do mundo. Essa necessidade se faz sentir entre as camadas populacionais mais pobres para as quais as perspectivas de compensação econômica e social, decorrentes de processo de mobilidade social vertical e redistribuição da renda, configuram-se como pouco realizáveis. O mesmo pode ser observado quanto aos setores da população que não se acham equipados, devido à rapidez do processo de mudança, para adequar-se, ou mesmo, para enfrentar de modo relativamente satisfatório o novo estilo de vida próprio à sociedade urbana.

A ausência de consciência de classe, a fragilidade da instituição sindical, as formas não estruturadas de luta política aparecem como componentes da realidade que darão oportunidade para a emergência da religião como alternativa no processo de adaptação ao mundo novo.

Em virtude do conteúdo doutrinário e de alguns aspectos do culto e ética, característicos do gradiente, as religiões mediúnicas desempenham de modo satisfatório a função de internalizar a orientação de vida. A busca da cura completa-se com o encontro da explicação cósmica. O mundo ordena-se e explica-se não mais em termos do curto período de existência.

A vida terrena não é entendida ao nível do sentido comum, mas se integra em contexto mais amplo e representativo de processo individual e cósmico em evolução. A descoberta da possibilidade evolutiva do espírito justifica a situação presente e propõe obrigações orientadoras, proporcionando sistema valorativo capaz de guiar a conduta em situações complexas e imprevisíveis, próprias da sociedade urbano-industrial.

Certos acontecimentos da vida diária passam a ser encarados pelos fiéis como "avisos", dando realidade social dimensão diversa daquela percebida pelo senso comum. A capacidade de reinterpretar as próprias situações concretas permite a orientação precisa da conduta, fundada na segurança de um universo ordenado e significativo.

A possibilidade, para o leigo, de iniciação mediúnica, o contato com o sagrado através dos médiuns e o caráter emocional do culto atuam como mecanismos de compensação. Assim, Bastide (1960) parte da premissa de que as religiões afro-brasileiras apresentam compensações de situações étnicas, especialmente para o grupo negro. Na umbanda as falanges étnicas chefiadas por seus orixás representariam a projeção, no espaço místico, dos desagravos sociais a que tem sido historicamente submetidos os negros.

A função de preservação do patrimônio cultura africano e suas consequências psicossociais são evidentes no desenvolvimento da vida religiosa entre os escravizados no Brasil; mantêm-se, no candomblé e no xangô, expressões particularmente fiéis à tradição africana.

A umbanda, entretanto, define-se como religião aberta a todos e, se sua liderança tende a ser preta ou parda, não parece haver no contingente umbandista proporção mais acentuada de pretos e mulatos do que a existente na população pobre de cidades como São Paulo e Rio de Janeiro.

A importante função de compensação psicológica que a umbanda compartilha com outras religiões não parece essencialmente fundada na assimetria étnica. A situação de pobreza e a alienação no processo histórico, no qual os indivíduos se tornam objetos passivos das transformações econômicas, estão na raiz do desenvolvimento da religião de massa.

As interpretações sobre a expansão do kardecismo e da umbanda acham-se correlacionadas com o processo de mudança social ocorrido no Brasil e, especialmente, com a urbanização.

## referências bibliográficas

BASTIDE, Roger. *Les religions africaines au Brésil*. Paris: Presses Universitaires de France, 1960.

BASTIDE, Roger. Le spiritisme au Brésil. *Archives de Sociologie des Religions*, n. 24, p. 3-15, 1967.

CAMARGO, Candido Procopio Ferreira de. *Kardecismo e umbanda*. São Paulo: Pioneira, 1961.

DAVIS, Kingsley. *Cidades*: a urbanização da humanidade. Rio de Janeiro: Zahar, 1970.

LEVY, Maria Stella Ferreira. *The Umbanda is for all of us*. 1967. Dissertação (Mestrado em Antropologia) – University of Wisconsin, 1967.

RAMOS, Arthur. *Introdução à antropologia brasileira*. Rio de Janeiro: 1943.

RAMOS, Arthur. *Introdução à antropologia brasileira*. Rio de Janeiro: 1947.

RODRIGUES, Nina. *Os africanos no Brasil*. Rio de Janeiro: Nacional, 1945.

VERGER, Pierre. *Notes sur le culte des orishas et vodou*. Dakar: IFAN, 1957.

WIRTH, Louis. O urbanismo como modo de vida. *In*: VELHO, Otávio Guilherme (org.). *O fenômeno urbano*. Rio de Janeiro: Zahar, 1967. p. 89-112.

# 2.
# Deuses africanos no Brasil contemporâneo

1.

O catolicismo tem sido historicamente a religião majoritária do Brasil, cabendo a outras fés o lugar de religiões minoritárias, mas nem por isso sem importância no quadro das religiões e da cultura, sobretudo no século atual. Neste segundo grupo estão as chamadas religiões afro-brasileiras (Bastide, 1975; Carneiro, 1936), as quais até os anos 1930 poderiam ser incluídas na categoria das religiões étnicas, religiões de preservação de patrimônios culturais dos antigos escravizados africanos e seus descendentes. Essas religiões formaram-se em diferentes áreas do Brasil com diferentes ritos e nomes locais derivados de tradições africanas diversas: candomblé na Bahia (Rodrigues, 1935; Bastide, 1978), xangô em Pernambuco e Alagoas (Motta, 1982; Pinto, 1935), tambor de mina no Maranhão e Pará (S. Ferretti, 1986; M. Ferretti, 1985; Eduardo, 1948), batuque no Rio Grande do Sul (Herskovits, 1943; Corrêa, 1992; Oro, 1993) e macumba no Rio de Janeiro (Bastide, 1975; Prandi, 1991a).

A organização das religiões negras no Brasil deu-se bastante recentemente. Uma vez que as últimas levas de africanos trazidos para o Novo Mundo durante o período final da escravidão (últimas décadas do século 19) foram fixadas sobretudo nas cidades e em ocupações urbanas, os africanos desse período puderam viver no Brasil em maior contato uns com os outros, físico e socialmente, com maior mobilidade e, de certo modo, liberdade de movimentos, num processo de interação que não conheceram antes. Este fato propiciou condições sociais favoráveis para a sobrevivência de algumas religiões africanas, com a formação de grupos de culto organizados.

Por outro lado, no final do século passado, foram introduzidas no país algumas denominações protestantes europeias e norte-americanas. Essas religiões floresceram, assim como espiritismo kardecista francês aqui chegado também no final do século passado, mas o catolicismo continuou sendo a preferência de mais de 90% da população brasileira até os anos 1950, embora na região mais industrializada do país, o Sudeste, a porcentagem de católicos tenha sido menor, com um incremento mais rápido no número de protestantes, kardecistas e também seguidores da umbanda, religião afro-brasileira emergida nos anos 1930 nas áreas mais urbanizadas do país, e que, a despeito de suas origens negras, nunca se mostrou como religião voltada para a preservação das marcas africanas originais.

O quadro religioso no Brasil de hoje caracteriza-se por processo de conversão complexo e dinâmico, com a incorporação e mesmo a criação de algumas novas religiões, às vezes com a passagem do converso por várias possibilidades de adesão. Os grupos de religiões mais importantes em termos de números de seguidores hoje são: o catolicismo, em suas ambas as versões de religião tradicional e renovada; os evangélicos, que apresentam múltiplas facetas entre históricos e pentecostais, agora também se oferecendo numa nova e inusitada versão, o neopentecostalismo (Rolim, 1985; Mariano, 1995); os espíritas kardecistas, e um diverso conjunto de religiões afro-brasileiras. Entre os católicos renovados sobressaem-se as Comunidades Eclesiais de Base (Pierucci *et al.*, 1983) e o novo Movimento de Renovação Carismática (Prandi, 1991b), movimentos que se opõem doutrinariamente: as CEBs mais preocupadas com questões de justiça social e mais envolvidas na política, os carismáticos mais interessados no indivíduo e conservadoramente avessos a temas de consciência social. Estimativas recentes indicam a presença de 75% de católicos (os carismáticos são 4% e os das CEBs, 2% da população), 13% de evangélicos (3% históricos e 10% pentecostais), 4% de kardecistas e 1,5% de afro-brasileiros (Pierucci; Prandi, 1996).

Dessas religiões, a umbanda tem sido reiteradamente identificada como sendo a religião brasileira por excelência, pois, nascida no Brasil, ela resulta do encontro de tradições africanas, espíritas e católicas (Camargo, 1961; Concone, 1987; Ortiz, 1978). Como religião universal, isto é, dirigida a todos, a umbanda sempre procurou legitimar-se pelo apagamento de feições herdadas do candomblé, sua matriz negra, especialmente os traços referidos a modelos de comportamento e mentalidade que denotam a origem tribal e depois escravizada, mantendo, contudo, essas marcas na constituição do panteão. Comparado ao do candomblé, seu processo de iniciação é muito mais simples e menos oneroso e seus rituais evitam e dispensam sacrifício de sangue. Os espíritos de caboclos e dos pretos velhos manifestam-se nos corpos dos iniciados durante as cerimônias de transe para dançar e sobretudo orientar e curar aqueles que procuram por ajuda religiosa para a solução de seus males. A umbanda absorveu do kardecismo algo de seu apego às virtudes da caridade e do altruísmo, assim fazendo-se mais ocidental que as demais religiões do espectro afro-brasileiro, mas nunca completou este processo de ocidentalização, ficando a meio caminho entre ser religião ética, preocupada com a orientação moral da conduta, e religião mágica, voltada para a estrita manipulação do mundo.

Desde o início as religiões afro-brasileiras se formaram em sincretismo com o catolicismo, e em grau menor com religiões indígenas. O culto católico aos santos, numa dimensão popular politeísta, ajustou-se como uma luva ao culto dos panteões africanos (Valente, 1977; S. Ferretti, 1995). Com a umbanda, acrescentaram-se à vertente africana as contribuições do kardecismo francês, especialmente a ideia de comunicação com os espíritos dos mortos através do transe, com a finalidade de se praticar a caridade entre os dois mundos, pois os mortos devem ajudar os vivos sofredores, assim como os vivos devem ajudar os mortos a encontrar, sempre pela prática da caridade, o caminho da paz eterna, segundo a doutrina de Kardec. A umbanda perdeu parte de suas raízes africanas, mas se espraiou por todas as regiões do país, sem limites de classe, raça, cor. Mas não interferiu na identidade do candomblé, do qual se descolou, conquistando sua autonomia. Mas o candomblé também mudou. Até 20 ou 30 anos atrás, o candomblé era religião de negros e mulatos, confinado sobretudo na Bahia e em Pernambuco, e de reduzidos grupos de descendentes de escravizados cristalizados aqui e ali em distintas regiões do país. No rastro da umbanda, a partir dos anos 1960, o candomblé passou a se oferecer como religião também para segmentos da população de origem não africana.

## 2

Por volta de 1950, a umbanda já tinha se consolidado como religião abertas a todos, não importando as distinções de raça, origem social, étnica e geográfica. Por ter a umbanda desenvolvido sua própria visão de mundo, bricolagem europeia-africana-indígena, símbolo das próprias origens brasileiras, ela pode se apresentar como fonte de transcendência capaz de substituir o velho catolicismo ou então juntar-se a ele como veículo de renovação do sentido religioso da vida. Depois de ver consolidados os seus mais centrais aspectos, ainda no Rio de Janeiro e em São Paulo, a umbanda espalhou-se por todo o país, podendo ser também agora encontrada vicejando na Argentina, no Uruguai e em outros países latino-americanos, além de Portugal (Oro, 1993; Frigerio; Carozzi, 1993; Pi Hugarte, 1993; Prandi, 1991c; Pollak-Eltz, 1993; Pordeus Jr., 1995).

Durante os anos 1960, alguma coisa surpreendente começou a acontecer. Com a larga migração do Nordeste em busca das grandes cidades industrializadas no Sudeste, o candomblé começou a penetrar o bem estabelecido território da umbanda, e velhos umbandistas começaram e se iniciar no candomblé, muitos deles abandonando os ritos da umbanda para se estabelecer como pais e mães de santo das modalidades mais tradicionais de culto aos orixás. Neste movimento, a umbanda é remetida de novo ao candomblé, sua velha e "verdadeira" raiz original, considerada pelos novos seguidores como sendo mais misteriosa, mais forte, mais poderosa que sua moderna e embranquecida descendente.

Nesse período da história brasileira, as velhas tradições até então preservadas na Bahia e em outros pontos do país encontraram excelentes condições econômicas para se reproduzirem e se multiplicarem mais ao sul; o alto custo dos ritos deixou de ser um constrangimento que as pudesse conter. E mais, nesse período, importantes movimentos de classe média buscavam por aquilo que poderia ser tomado como as raízes originais da cultura brasileira. Intelectuais, poetas, estudantes, escritores e artistas participaram desta empreitada, que tantas vezes foi bater à porta das velhas casas de candomblé da Bahia. Ir a Salvador para se ter o destino lido nos búzios pelas mães de santo tornou-se um *must* para muitos, uma necessidade que preenchia o vazio aberto por um estilo de vida moderno e secularizado tão enfaticamente constituído com as mudanças sociais que demarcavam o jeito de viver nas cidades industrializadas do Sudeste, estilo de vida já — quem sabe? — eivado de tantas desilusões.

O candomblé encontrou condições sociais, econômicas e culturais muito favoráveis para o seu renascimento num novo território, em que a presença de instituições de origem negra até então pouco contavam. Nos novos terreiros de orixás que foram se criando então, entretanto, podiam ser encontrados pobres de todas as origens étnicas e raciais. Eles se interessaram pelo candomblé. E os terreiros cresceram às centenas.

O termo candomblé designe vários ritos com diferentes ênfases culturais, aos quais os seguidores dão o nome de "nações" (Lima, 1984). Basicamente, as culturas africanas que foram as principais fontes culturais para as atuais "nações" de candomblé vieram da área cultural banto (onde hoje estão os países Angola, Congo, Gabão, Zaire e Moçambique) e da região sudanesa do Golfo da Guiné, que contribuiu com os iorubás e os ewê-fons, circunscritos aos atuais território da Nigéria e do Benin. Mas estas origens na verdade se interpenetram tanto no Brasil como na origem africana.

Na chamada "nação" queto, na Bahia, predominam os orixás e os ritos de iniciação de origem iorubá. Quando se fala em candomblé, geralmente a referência é o candomblé queto, e seus antigos terreiros são os mais conhecidos: a Casa Branca do Engenho Velho, o candomblé do Alaketo, o Axé Opô Afonjá e o Gantois. As mães de santo de maior prestígio e de visibilidade que ultrapassou de muitos as portas dos candomblés têm sido dessas casas, como Pulquéria e Menininha, ambas do Gantois, Olga, do Alaketo, e Aninha, Senhora e Stella, do Opô Afonjá. O candomblé queto tem tido grande influência sobre outras "nações", que têm incorporado muitas de suas práticas rituais. Sua língua ritual deriva do iorubá, mas o significado das palavras em grande parte se perdeu através do tempo, sendo hoje muito difícil traduzir os versos das cantigas sagradas e impossível manter conversação na língua do candomblé. Além do queto, as seguintes "nações" também são do tronco iorubá (ou nagô, como os povos iorubanos são também denominados): efã e ijexá na Bahia, nagô ou eba em Pernambuco, oió-ijexá ou batuque de nação no Rio Grande do Sul, mina-nagô no Maranhão, e a quase extinta "nação" xambá de Alagoas e Pernambuco.

A "nação" angola, de origem banto, adotou o panteão dos orixás iorubás (embora os chame pelos nomes de seus esquecidos inquices, divindades bantas — ver anexo), assim como incorporou muitas das práticas iniciáticas da nação queto. Sua linguagem ritual, também intraduzível, originou--se predominantemente das línguas quimbundo e quicongo. Nesta "nação", tem fundamental importância o culto dos caboclos, que são espíritos de indígenas, considerados pelos antigos africanos como sendo os verdadeiros ancestrais brasileiros, portanto os que são dignos de culto no novo território a que foram confinados pela escravidão. O candomblé de caboclo é uma modalidade do angola centrado no culto exclusivo dos antepassados indígenas (Santos, 1992; M. Ferretti, 1994). Foram provavelmente o candomblé angola e o de caboclo que deram origem à umbanda. Há outras nações menores de origem banto, como a congo e a cambinda, hoje quase inteiramente absorvidas pela nação angola. A nação jeje-mahin, do estado da Bahia, e a jeje-mina, do Maranhão, derivaram suas tradições e sua língua ritual do ewê-fon, ou jejes, como já eram chamados pelos nagôs, e suas entidades centrais são os voduns. As tradições rituais jejes foram muito importantes na formação dos candomblés com predominância iorubá.

# 3

O sacerdócio e a organização dos ritos para o culto dos orixás são complexos, com todo um aprendizado que administra os padrões culturais de transe, pelo qual os deuses se manifestam no corpo de seus iniciados durante as cerimônias para serem admirados, louvados, cultuados. Os iniciados, filhos e filhas de santo (iaô, em linguagem ritual), também são popularmente denominados "cavalos dos deuses", uma vez que o transe consiste basicamente em mecanismo pelo qual cada filho ou filha se deixa cavalgar pela divindade, que se apropria do corpo e da mente do iniciado, num modelo de transe inconsciente bem diferente daquele do kardecismo, em que o médium, mesmo em transe, deve sempre permanecer atento à presença do espírito. O processo de se transformar num "cavalo" é uma estrada longa, difícil e cara, cujos estágios na "nação" queto podem ser assim sumariados.

Para começar, a mãe de santo deve determinar, por meio do jogo de búzios, qual é o orixá dono da cabeça daquele indivíduo (Braga, 1988). Ele ou ela recebe então um fio de contas sacralizado, cujas cores simbolizam o seu orixá (ver anexo), dando-se início a um longo aprendizado que acompanhará o mesmo por toda a vida. A primeira cerimônia privada a que a noviça (abiã) é submetida consiste num sacrifício votivo à sua própria cabeça (ebori), para que a cabeça possa se fortalecer e estar preparada para algum dia receber o orixá no transe de possessão. Para se iniciar como cavalo dos deuses, a abiã precisa juntar dinheiro suficiente para cobrir os gastos com as oferendas (animais e ampla variedade de alimentos e objetos), roupas cerimoniais, utensílios e adornos rituais e demais despesas suas, da família de santo, e eventualmente de sua própria família durante o período de reclusão iniciática em que não estará, evidentemente, disponível para o trabalho no mundo profano.

Como parte da iniciação, a noviça permanece em reclusão no terreiro por um número em torno de 21 dias. Na fase final da reclusão, uma representação material do orixá do iniciado (assentamento ou ibá-orixá) é lavada com um preparado de folhas sagradas trituradas (amaci). A cabeça da noviça é raspada e pintada, assim preparada para receber o orixá no curso do sacrifício então oferecido (orô). Dependendo do orixá, alguns dos animais seguintes podem ser oferecidos: cabritos, ovelhas, pombas, galinhas, galos, caramujos. O sangue é derramado sobre a cabeça da noviça, no assentamento do orixá e no chão do terreiro, criando este sacrifício um laço sagrado entre a noviça, o seu orixá e a comunidade de culto, da qual a mãe de santo é a cabeça. Durante a etapa das cerimônias iniciáticas em que a noviça é apresentada pela primeira vez à comunidade, seu orixá grita seu nome, fazendo-se assim reconhecer por todos, completando-se a iniciação como iaô (iniciada jovem que "recebe" orixá). O orixá está pronto para ser festejado e para isso é vestido e paramentado, e levado para junto dos atabaques, para dançar, dançar e dançar.

No candomblé sempre estão presentes o ritmo dos tambores, os cantos, a dança e a comida (Motta, 1991). Uma festa de louvor aos orixás (toque) sempre se encerra com um grande banquete comunitário (ajeum, que significa "vamos comer"), preparado com carne dos animais sacrificados. O novo filho ou a nova filha de santo deverá oferecer sacrifícios e cerimônias festivas ao final do primeiro, terceiro e sétimo ano de sua iniciação. No sétimo aniversário, recebe o grau de senioridade (ebome, que significa "meu irmão mais velho"), estando ritualmente autorizado a abrir sua própria casa de culto. Cerimônias sacrificiais são também oferecidas em outras etapas da vida, como no vigésimo primeiro aniversário de iniciação. Quando o ebome morre, rituais fúnebres (axexê) são realizados pela comunidade para que o orixá fixado na cabeça durante a primeira fase da iniciação possa desligar-se do corpo e retornar ao mundo paralelo dos deuses (orum) e para que o espírito da pessoa morta (egum) liberte-se daquele corpo, para renascer um dia e poder de novo gozar dos prazeres deste mundo.

## 4

O candomblé opera em um contexto ético no qual a noção judaico-cristã de pecado não faz sentido. A diferença entre o bem e o mal depende basicamente da relação entre o seguidor e seu deus pessoal, o orixá. Não há um sistema de moralidade referido ao bem-estar da coletividade humana, pautando-se o que é certo ou errado na relação entre cada indivíduo e seu orixá particular. A ênfase do candomblé está no rito e na iniciação, que, como se viu brevemente, é quase interminável, gradual e secreta.

O culto demanda sacrifício de sangue animal, oferta de alimentos e vários ingredientes. A carne dos animais abatidos nos sacrifícios votivos é comida pelos membros da comunidade religiosa, enquanto o sangue e certas partes dos animais, como patas e cabeça, órgãos internos e costelas, são oferecidas aos orixás. Somente iniciados têm acesso a essas cerimônias, conduzidas em espaços privativos denominados quartos de santo. Uma vez que o aprendizado religioso sempre se dá longe dos olhos do público, a religião acaba por se recobrir de uma aura de sombras e mistérios, embora todas as danças, que são o ponto alto das celebrações, ocorram sempre no barracão, que é o espaço aberto ao público. As celebrações de barracão, os toques, consistem numa sequência de danças, em que, um por um, são honrados todos os orixás, cada um se manifestando no corpo de seus filhos e filhas, sendo vestidos com roupas de cores específicas, usando nas mãos ferramentas e objetos particulares a cada um deles, expressando-se em gestos e passos que reproduzem simbolicamente cenas de suas biografias míticas. Essa sequência de música e dança, sempre ao som dos tambores (chamados rum, rumpi e lé) é designada xirê, que em iorubá significa "vamos dançar". O lado público do candomblé é sempre festivo, bonito, esplendoroso, esteticamente exagerado para os padrões europeus e extrovertido.

Para o grande público, desatento para o difícil lado da iniciação, o candomblé é visto como um grande palco em que se reproduzem tradições afro-brasileiras igualmente presentes, em menor grau, em outras esferas da cultura, como a música e a escola de samba. Para o não iniciado, dificilmente se concebe que a cerimônia de celebração no candomblé seja algo mais que um eterno dançar dos deuses africanos.

## 5

O candomblé atende a uma grande demanda por serviços mágico-religiosos de uma larga clientela que não necessariamente toma parte em qualquer aspecto das atividades do culto. Os clientes procuram a mãe ou o pai de santo para o jogo de búzios, o oráculo do candomblé, através do qual problemas são desvendados e oferendas são prescritas para sua solução. O cliente paga pelo jogo de búzios e pelo sacrifício propiciatório (ebó) eventualmente recomendado. O cliente em geral fica sabendo qual é o orixá dono de sua cabeça e pode mesmo comparecer às festas em que se faz a celebração de seu orixá, podendo colaborar com algum dinheiro no preparo das festividades, embora não sele nenhum compromisso com a religião. O cliente sabe quase nada sobre o processo iniciático e nunca toma parte nele. Entretanto, ele tem uma dupla importância: antes de mais nada, sua demanda por serviços ajuda a legitimar o terreiro e o grupo religioso em termos sociais. Segundo, é da clientela que provém, na maioria dos terreiros, uma substancial parte dos fundos necessários para as despesas com as atividades sacrificiais. Comumente, sacerdotes e sacerdotisas do candomblé que adquirem alto grau de prestígio na sociedade inclusiva gostam de nomear, entre seus clientes, figuras importantes dos mais diversos segmentos da sociedade. Devotos das religiões afro-brasileiras podem cultuar também outras entidades que não os orixás africanos, como os caboclos (espíritos de indígenas brasileiros) e encantados (humanos que teriam vivido em outras épocas e em outros países). Durante o transe ritual, os caboclos conversam com seus seguidores e amigos, oferecendo conselhos e fórmulas mágicas para o tratamento de todos os tipos de problemas. A organização dos panteões de divindades africanas nos terreiros varia de acordo com cada nação de candomblé (Santos, 1992; M. Ferretti, 1993). Caboclos e pretos velhos (espíritos de escravizados) são centrais na umbanda, em que essas entidades têm papel mais importante no cotidiano da religião do que os próprios orixás.

# 6

Segundo o candomblé, cada pessoa pertence a um deus determinado, que é o senhor de sua cabeça e mente e de quem herda características físicas e de personalidade. É prerrogativa religiosa do pai ou da mãe de santo descobrir esta origem mítica através do jogo de búzios. Esse conhecimento é absolutamente imperativo no processo de iniciação de novos devotos e mesmo para se fazerem previsões do futuro para os clientes e resolver seus problemas. Embora na África haja registro de culto a cerca de 400 orixás, apenas duas dezenas deles sobreviveram no Brasil. A cada um destes cabe o papel de reger e controlar forças da natureza e aspectos do mundo, da sociedade e da pessoa humana. Cada um tem suas próprias características, elementos naturais, cores simbólicas, vestuário, músicas, alimentos, bebidas, além de se caracterizar por ênfase em certos traços de personalidade, desejos, defeitos, etc. (ver anexo). Nenhum orixá é inteiramente bom ou inteiramente mau. Noções ocidentais de bem e mal estão ausentes da religião dos orixás no Brasil. E os devotos acreditam que os homens e mulheres herdam muitos dos atributos de personalidade de seus orixás, de modo que em muitas situações a conduta de alguém pode ser espelhada em passagens míticas que relatam as aventuras dos orixás. Isto evidentemente legitima, aos olhos da comunidade de culto, tanto as realizações como as faltas de cada um.

Vejamos abreviadamente algumas das características de personalidade mais usualmente atribuídas aos orixás por seus seguidores:[1]

Exu— Deus mensageiro, divindade *trickster*, o trapaceiro. Em qualquer cerimônia é sempre o primeiro a ser homenageado, para se evitar que se enraiveça e atrapalhe o ritual. Guardião das encruzilhadas e das portas da rua. Sincretizado com o Diabo católico. Seus símbolos são um porrete fálico e tridentes de ferro. Os seguidores acreditam que as pessoas consagradas a Exu são inteligentes, sexy, rápidas, carnais, licenciosas, quentes, eróticas e sujas. Filhos de Exu gostam de comer e beber em demasia. Não se deve confiar nunca num filho ou numa filha de Exu. Eles são os melhores, mas eles decidem quando o querem ser. Não são dados ao casamento,

---

1. Conforme pesquisa realizada em 60 terreiros paulistas de candomblé, sobretudo em três deles em que o trabalho de campo foi mais demorado: o Ilê Axé Ossaim Darê, de Pai Doda Braga de Ossaim, em Pirituba, o Ilê Axé Yemojá Orukoré Ogum, de Pai Armando Vallado de Ogum, em Itapevi, e o Ile Leuiwyato, de Mãe Sandra Medeiros Epega de Xangô, em Guararema (Prandi, 1991a). Os estereótipos aqui apresentados são em grande parte coincidentes com aqueles colhidos em Salvador, no Rio de Janeiro, e mesmo na África, conforme conforme Lépine (1981), Augras (1983) e Verger (1985).

gostam de andar sozinhos pelas ruas, bebendo e observando os outros para apanhá-los desprevenidos. Deve-se pagar a Exu com dinheiro, comida, atenção sempre que se precise de um favor dele. Como o pai, filhos de Exu nunca fazem nada sem paga. A saudação a Exu é *Laroyê*!

**Ogum**— Deus da guerra, do ferro, da metalurgia e da tecnologia. Sincretizado com Santo Antônio e São Jorge. É o orixá que tem o poder de abrir os caminhos, facilitando viagens e progressos na vida. Os estereótipos mostram os filhos de Ogum como teimosos, apaixonados e com certa frieza racional. Eles são muito trabalhadores, especialmente moldados para o trabalho manual e para as atividades técnicas. Embora eles usualmente façam qualquer coisa por um amigo, os filhos e as filhas de Ogum não sabem amar sem machucar: despedaçam corações. Acredita-se que sejam muito bem dotados sexualmente, tanto quanto os filhos de Exu, irmão de Ogum. Embora eles possam ter muitos interesses, os filhos de Ogum preferem as coisas práticas, detestando qualquer trabalho intelectual. Eles dão bons guerreiros, policiais, soldados, mecânicos, técnicos. Saudação: *Ogunhê*!

**Oxóssi**— Deus da caça. Sincretizado com São Jorge e São Sebastião. Orixá da fartura. Seus filhos são elegantes, graciosos, xeretas, curiosos e solitários. Embora deem bons pais e boas mães, têm sempre dificuldade com o ser amado. São amigáveis, pacientes e muitas vezes ingênuos. Os filhos de Oxóssi têm aparência jovial e parece que estão sempre à procura de alguma coisa. Não conseguem ser monogâmicos. Têm de caçar noite e dia. Por isso são considerados irresponsáveis. De fato, eles se sentem livres para quebrar qualquer compromisso que não lhes agrade mais. Dificilmente eles se sentem obrigados a comparecer a um encontro marcado, quando outra coisa mais interessante cruza o seu caminho. *Okê arô*!

**Obaluaiê ou Omulu** — Deus da varíola, das pragas e doenças. É relacionado com todo o tipo de mal físico e suas curas. Associado aos cemitérios, solos e subsolos. Sincretizado com São Lázaro e São Roque. Seus filhos aparentam um aspecto deprimido. São negativos, pessimistas, inspirando pena. Eles parecem pouco amigos, mas é porque são tímidos e envergonhados. Seja amigo de um deles e você descobrirá que tudo o que eles precisam para ser as melhores pessoas do mundo é de um pouco de atenção e uma pitada de amor. Quando envelhecem, alguns se tornam sábios, outros parecem completos idiotas. É que apenas querem ficar sozinhos. *Atotô*!

**Xangô** — Deus do trovão e da justiça. Sincretizado com São Jerônimo. Seus filhos se dão bem em atividades e assuntos que envolvem justiça, negócios e burocracia. Sentem que nasceram para ser reis e rainhas, mas usualmente acabam se comportando como plebeus. São teimosos, resolutos e glutões; gananciosos por dinheiro, comida e poder. Uma pessoa de Xangô gosta de se mostrar com muitos amantes, embora não sejam reconhecidos como pessoas capazes de grandes proezas sexuais. Vivem para lutar e para envolver as pessoas que o cercam na sua própria e interminável guerra pessoal. Gostam de criar suas famílias, protegendo seus rebentos além do usual. Por isso são muito bons amigos e excelentes pais. *Kaô kabiesile*!

**Oxum** — Deusa da água doce, do ouro, da fertilidade e do amor. Sincretizada com Nossa Senhora das Candeias. Senhora da vaidade, ela foi a esposa favorita de Xangô. Os filhos e as filhas de Oxum são pessoas atrativas, sedutoras, manhosas e insinuantes. Elas sabem como manobrar os seus amores; são boas na feitiçaria e na previsão do futuro. Adoram adivinhar segredos e mistérios. São orgulhosas da beleza que pensam ter por direito natural. Podem ser muito vaidosas, atrevidas e arrogantes. Dizem que sabem tudo do amor, do namoro e do casamento, mas têm muita dificuldade em criar seus filhos adequadamente, muitas vezes até se esquecendo de que eles existem. Não gostam da pobreza e nem da solidão. Saudação: *Ora yeyê ô*!

**Iansã ou Oiá** — Deusa dos raios, dos ventos e das tempestades. É a esposa de Xangô que o acompanha na guerra. Orixá guerreira que leva a alma dos mortos ao outro mundo. Sincretizada com Santa Bárbara. Seus filhos e suas filhas são mais dotados para a prática do sexo do que para o cultivo do amor. Deusa do erotismo, ela é uma espécie de entidade feminista. As pessoas de Iansã são brilhantes, conversadoras, espalhafatosas, bocudas e corajosas. Detestam fazer pequenos serviços em favor dos outros, pois sentem que isso contraria sua majestade. Elas podem dar a vida pela pessoa amada, mas jamais perdoam uma traição. *Eparrei*!

**Iemanjá** — Deusa dos grandes rios, dos mares, dos oceanos. Cultuada no Brasil como mãe de muitos orixás. Sincretizada com Nossa Senhora da Conceição. Frequentemente representada por uma sereia, sua estátua pode ser vista em quase todas as cidades ao longo da costa brasileira. Ela é a grande mãe, dos orixás e do Brasil, a quem protege como padroeira, sendo igualmente Nossa Senhora da Conceição Aparecida. Os filhos e as filhas de Iemanjá tornam-se bons pais e boas mães. Protegem seus filhos como leões. Seu maior defeito é falar demais; são incapazes de guardar um segredo. Gostam muito do trabalho e de derrotar a pobreza. Fisicamente são pessoas pouco atraentes, mulheres de bustos exagerados, e sua presença entre outras pessoas é sempre pálida. Saudação: *Odoyá*!

**Oxalá** — Deus da criação. Sincretizado com Jesus Cristo. Seus seguidores vestem-se de branco às sextas-feiras. É sempre o último a ser louvado durante as cerimônias religiosos afro-brasileiras; é reverenciado pelos demais orixás. Como criador, ele modelou os primeiros seres humanos. Quando se revela no transe, apresenta-se de duas formas: o velho Oxalufã, cansado e encurvado, movendo-se vagarosamente, quase incapaz de dançar; o jovem Oxaguiã, dançando rápido como o guerreiro. Por ter inventado o pilão para preparar o inhame como seu prato favorito, Oxaguiã é considerado o criador da cultura material. Em vez de sacrifício de sangue de animais quentes, Oxalá prefere o sangue frio dos caracóis. Os filhos de Oxalá gostam do poder, do trabalho criativo, apreciam ser bem tratados e mostram-se mandões e determinados na relação com os outros. São melhores no amor do que no sexo, gostam muito de aprender e de ensinar, mas nunca ensinam a lição completamente. São calados e chatos. Gostam de desafios, são muito bons amigos e muito bons adversários aos que se atrevem a se opor a eles. Povo de Oxalá nunca desiste. *Epa Babá*!, um tipo mítico que é religiosamente atribuído aos seus descendentes, seus filhos e suas filhas. Através de mitos, a religião fornece padrões de comportamento que modelam, reforçam e legitimam o comportamento dos fiéis (Verger, 1957, 1985b).

De fato, o seguidor do candomblé pode simplesmente tomar os atributos do seu orixá como se fossem os seus próprios e tentar se parecer com ele, ou reconhecer através dos atributos da divindade bases que justificam sua conduta. Os padrões apresentados pelos mitos dos orixás podem assim ser usados como modelo a ser seguido, ou como validação social para um modo de conduta já presente. Um iniciado pode, ao familiarizar-se com seus estereótipos míticos, identificar-se com eles e reforçar certos comportamentos, ou simplesmente chamar a atenção dos demais para este ou aquele traço que sela sua identidade mítica. Mudar ou não o comportamento não é importante; o que conta é sentir-se próximo do modelo divino.

Além de seu orixá dono da cabeça, acredita-se que cada pessoa tem um segundo orixá, que atua como uma divindade associada (juntó) que complementa o primeiro. Diz-se, por exemplo: "sou filho de Oxalá e Iemanjá". Geralmente, se o primeiro é masculino, o segundo é feminino, e vice-versa, como se cada um tivesse pai e mãe. A segunda divindade tem papel importante na definição do comportamento, permitindo combinações muito ricas. Como cada orixá particular da pessoa deriva de uma qualidade do orixá geral, que pode ser o orixá em idade jovem ou já idoso, ou o orixá em tempo de paz ou de guerra, como rei ou como súdito etc. etc., as variações que servem como modelos são quase inesgotáveis.

Às vezes, quando certas características incontestes de um orixá não se ajustam a uma pessoa tida como seu filho, não é incomum nos meios do candomblé duvidar-se daquela filiação, suspeitando-se que aquele iniciado está com o "santo errado", ou seja, mal identificado pela mãe ou pelo pai de santo responsável pela iniciação. Neste caso, o verdadeiro orixá tem que ser descoberto e o processo de iniciação reordenado. Pode acontecer também a suspeita de que o santo está certo, mas que certas passagens míticas de sua biografia, que explicariam aqueles comportamentos, estão perdidas. No candomblé sempre se tem a ideia de que parte do conhecimento mítico e ritual foi perdido na transposição da África para o Brasil, e de que em algum lugar existe uma verdade perdida, um conhecimento esquecido, uma revelação escondida. Pode-se mudar de santo, ou encetar interminável busca deste conhecimento "faltante", busca que vai de terreiro em terreiro, de cidade em cidade, na rota final para Salvador — reconhecidamente o grande centro do conhecimento sacerdotal, do axé —, e às vezes até a África e não raro à mera etnografia acadêmica. Reconhece-se que falta alguma coisa que precisa ser recuperada, completada. A construção da religião, de seus deuses, símbolos e significados estará sempre longe de ter se completado. Os seguidores, evidentemente, nunca se dão conta disso.

# 7

O candomblé é uma religião basicamente ritual e a-ética, que — talvez por isso mesmo — veio a se constituir como uma alternativa sacral importante para diferentes segmentos sociais que vivem numa sociedade como a nossa, em que ética, código moral e normas de comportamento estritas podem valer pouco, ou comportar valores muito diferentes.

Nas religiões éticas, a mística extática, a experiência religiosa do transe (que é o caso do candomblé), dá lugar ao experimentar a ideia de dever, retribuição e piedade para com o próximo, que é o fundamento religioso — e da religião — do modo de vida, a razão de existência e o meio de salvação. A transgressão deixa de estar relacionada com a impropriedade ritual para ser a transgressão de um princípio, ético, normativo. Nesse tipo, a religião é fonte e guardiã da moralidade entre os homens, já que deus é a potência ética plena e em si. Nas religiões mágicas, ao contrário, não há a ideia de salvação, a de busca necessária de um outro mundo em que a corrupção está superada, mas sim a procura de interferência neste mundo presente através do uso de forças sagradas que vêm, elas sim, do outro mundo. Nesta classe de religiões mágicas e rituais podemos perfeitamente enxergar o candomblé: "Seus deuses são fortes, com paixões análogas às dos homens, alternadamente valentes ou pérfidos, amigos e inimigos entre si e contra os homens, mas em todo caso inteiramente desprovidos de moralidade, e, tanto quanto os homens, passíveis de suborno, mediante o sacrifício, e coagidos por procedimentos mágicos que fazem com que os homens venham a se tornar, pelo conhecimento que estes acabam tendo dos deuses todos, mais fortes do que os próprios deuses" (Weber, 1969, v. 2, p. 909). Esses deuses, que são tantos, e nem mesmo se conhecem entre si, mas que são conhecidos pelo sacerdote-feiticeiro, que pode, inclusive, jogar um contra o outro para obter favores para os homens, esses deuses nunca chegam a ser potências éticas que exigem e recompensam o bem e castigam o mal; eles estão preocupados com a sua própria sobrevivência e, para isso, com o cuidado de seus adeptos particulares.

Daí as religiões mágicas não se caracterizarem pela existência de um pacto geral de luta do bem contra o mal. Nelas, o sacerdócio e o cumprimento de prescrições rituais têm finalidade meramente utilitária de manipulação do mundo natural e não natural, de exercício de poder sobre forças e entidades sobrenaturais maléficas e demoníacas, de ataque e defesa em relação à ação do outro, que é sempre um inimigo potencial, um oponente. Não há uma teodiceia capaz de nuclear a religião e nem desenvolver especulações éticas sobre a ordem cósmica, mesmo porque a religião — no caso do candomblé — já se desenvolveu como uma colcha de retalhos, fragmentos cuja unidade vem sendo ainda buscada por alguns de seus adeptos que se põem esta questão da explicação da ordem cósmica, ainda que num plano que precede o encontro de um fim transcendente, e que se ampara numa etnografia que relativiza as culturas e legitima como igualmente uniorganizadoras do cosmo as diferentes formas de religião. Por exemplo, Juana Elbein dos Santos, em *Os nagô e a morte* (Santos, 1986), parte de uma base empírica oferecida por suas pesquisas no Brasil e na África, e com uma reinterpretação apoiada na etnografia, cria, no papel, uma religião que não se pode encontrar nem no Brasil nem na África, propondo para cada dimensão ritual da religião que ela reconstitui significados que procuram dar às partes o sentido de um todo, dando-se à religião uma forma acabada que ela não tem.

Creio não ser difícil imaginar que o candomblé, de fato, comporta elementos desses dois grandes tipos de religião, mas no conjunto se aproxima mais das religiões mágicas e rituais, e, como religião de serviço, chega praticamente a se colar no tipo estrito de religião mágica. O próprio movimento recente de abandono do sincretismo católico leva a um certo esvaziamento axiológico, esvaziamento de uma ética, ainda que tênue, partilhada em comunidades de candomblé antigas, emprestada do catolicismo, ou imposta por ele, uma vez que as questões de moralidade foram um terreno que o catolicismo dominador reservou para si e para seu controle no curso da formação das religiões negras no Brasil. Neste movimento, entretanto, o candomblé não pode mais voltar à aldeia original nem ao modelo de justiça tradicional do ancestral, o egungum, para regrar a conduta na vida cotidiana. E nem precisa disto, pois não é mais no grupo fechado que está hoje sua força e sua importância como religião. De todo modo, foi exatamente o desprendimento do candomblé de suas de amarras étnicas originais que o transformou numa religião para todos, ainda que sendo (ou talvez porque) uma religião aética, permitindo também a oferta de serviços mágicos para uma população fora do grupo de culto, que está habituada a compor, com base em muitos fragmentos de origens diferentes, formas privadas, às vezes até pessoais, de interpretação do mundo e de intervenção nele por meios objetivos e subjetivos e cujo acesso está codificado numa relação de troca, numa relação comercial para um tipo de consumo imediato, diversificado e particularizável que é contraposto ao consumo massificado que a sociedade pressupõe e obriga. Estou me referindo especialmente a indivíduos de classe média que usam experimentar códigos com os quais não mantêm vínculos e compromissos duradouros, e que o fazem por sua livre escolha, podendo contar com um repertório tanto mais variado quanto possível.

# 8

Os cultos dos orixás no Brasil, dos quais excluo em grande parte a umbanda, pela dimensão kardecista-católica que compõe seu plano de moralidade, mas nos quais incluo as formas do candomblé baiano, do xangô pernambucano, batuque gaúcho, tambor de mina do Nordeste ocidental etc., têm sido, pelo menos desde os anos 1930, e ininterruptamente, verdadeiros redutos homossexuais, de homossexuais de classe social inferior. Com exceção de Ruth Landes, em seu escrito de 1940 (Landes, 1967), até bem pouco tempo os pesquisadores que erigiram a literatura científica sobre o candomblé sempre esconderam este fato, ou ao menos o relevaram como traço de algum terreiro "culturalmente decadente". Ora, o homossexualismo está presente mesmo nas casas mais tradicionais do país, não viu quem não quis (sobre estudos contemporâneos, ver bibliografia em Teixeira, 1987).

O homossexual, sobretudo o homem, sempre foi obrigado a publicizar a sua intimidade como único meio de encontrar parceria sexual, e, ao publicizar sua intimidade, obrigava-se a desempenhar um papel social que não pusesse em risco a sua busca de parceiro, isto é, que não pusesse em risco o parceiro potencial, um papel que o mostrava como o de fora, o diferente, o não incluído, mas que ainda assim não chegava a oferecer qualquer risco de "contaminação" do parceiro, que para efeito público não chegava nunca a mudar de papel sexual. Sua diferença o obrigou a desenvolver padrões de conduta que o identificasse facilmente: para ser homossexual era preciso mostrar-se homossexual. Pois nenhuma instituição social no Brasil, afora o candomblé, jamais aceitou o homossexual como uma categoria que não precisa necessariamente esconder-se, anulando-o enquanto tal. Só com os movimentos gay de origem norte-americana, a partir dos anos 1960, é que se buscou quebrar a ideia de que o homossexual tinha que "parecer" diferente, num jogo que valorizou a semelhança e que, talvez, tenha dado suporte para a guetificação e "formação demográfica" dos hoje denominados "grupos de risco" da Aids.

Esta aceitação de um grupo tão problemático para outras instituições, religiosas ou não, também demonstra a aceitação que o candomblé tem deste mundo, mesmo quando, no extremo, trata-se do mundo da rua, do cais do porto, dos meretrícios e portas de cadeia. Grandíssima e exemplar é a capacidade do candomblé de juntar os santos aos pecadores, o maculado ao limpo, o feio ao bonito. Se concordarmos que as maiores concentrações relativas de homossexuais e bissexuais ocorrem nas grandes cidades, onde podem refugiar-se no anonimato e na indiferença que os grandes centros oferecem (além de oferecerem locais e instituições de publicização, que na cidade grande podem funcionar como espaços fechados, isto é, públicos porém privatizados), encontramos uma razão a mais para o sucesso do candomblé em São Paulo — a possibilidade de fazer parte de um grupo religioso, isto é, voltado para o exercício da fé, mas que ao mesmo tempo é lúdico, reforçador da personalidade, capaz de aproveitar os talentos estéticos individuais e, por que não?, um nada desprezível meio de mobilidade social e acumulação de prestígio, coisas muito pouco ou nada acessíveis aos homossexuais em nossa sociedade. Ainda mais quando se é pobre, pardo, migrante, pouco escolarizado. O candomblé é assim, de fato, uma religião apetrechada para oferecer estratégias de vida que as ciências sociais jamais imaginaram. Esta relação entre sacerdócio e homossexualidade não é prerrogativa nem do candomblé e nem de nossa civilização. Mas o que faz do candomblé uma religião tão singular é o fato de que todos os seus adeptos devem exercer necessariamente algum tipo de cargo sacerdotal. E qualquer que seja o cargo sacerdotal ocupado, ninguém precisa esconder ou disfarçar suas preferências sexuais. Ao contrário, pode até usar o cargo para legitimar a preferência, como se usa o orixá para explicar a diferença. Para melhor entendermos isso tudo, entretanto, teríamos também que não deixar esquecido o fato de contarmos inclusive com variantes de uma sociabilidade, jeitos de ser e de viver, vivenciadas por grande parte da população brasileira mais pobre (que de todo lugar do país vai se juntando nas periferias metropolitanas), hoje não importando muito mais sua origem de cor, mas que é resultante também do nosso recente passado escravista, que amputava normas de conduta, suprimia instituições familiares e aleijava até mesmo as religiões das populações escravizadas. Donde fica evidentíssimo ser o candomblé uma religião brasileira muito mais que a simples reprodução de cultos africanos aos orixás como existiram e como existem além-mar. Considero bastante significativo o fato de o culto aos orixás, no Brasil, ter se "descolado" do culto dos antepassados, os eguns a que já me referi (os quais aqui ganharam um culto à parte nos candomblés de egungum). Na África, eles não eram apenas partes de um mesmo universo religioso: o orixá era cultuado para zelar pela família e pelo indivíduo, o antepassado era cultuado para cuidar da comunidade como um todo. O antepassado garantia a regra, o orixá garantia a força sagrada agindo sobre a natureza. Mas se o candomblé libera o indivíduo, ele libera também o mundo. Ele não tem uma mensagem para o mundo, não saberia o que fazer com ele se lhe fosse dado transformá--lo, não é uma religião da palavra, nunca será salvacionista. É sem dúvida uma religião para a metrópole, mas somente para uma parte dela, como é destino das outras religiões hoje. O candomblé pode ser a religião ou a magia daquele que já se fartou da transcendência despedaçada pelo consumo da razão, da ciência e da tecnologia e que se encontrou desacreditado do sentido de um mundo inteiramente desencantado — e o candomblé será aí uma religião aética para uma sociedade pós-ética. Mas também pode ser a religião e a magia daquele que sequer chegou a experimentar a superação das condições de vida calçadas por uma certa sociabilidade do salve-se quem puder, onde o outro não conta e, quando conta, conta ou como opressor ou como vítima potencial, como inimigo, como indesejável, como o que torna demasiado pesado o fardo de viver num mundo que parece ser por demais desordenado — e o candomblé poderá ser então uma religião aética para uma sociedade pré-ética.

## 9

No candomblé, a iniciação significa fazer parte dos quadros sacerdotais, que são basicamente de duas naturezas (dos que entram em transe e dos que não), organizados hierarquicamente e que pressupõem um tipo de mobilidade *ex opere operato*. Todo iaô que passar por suas obrigações pode chegar a pai de santo ou a mãe de santo, independentemente de seu comportamento na vida cotidiana, isto é, fora dos limites impostos pelas obrigações rituais do devoto para com seu deus e alheio aos deveres de lealdade para com o seu iniciador, o qual, entretanto, pode ser substituído por outro através de adoção ritual, sempre que ocorrer, por um motivo ou outro, quebra pública desta relação de lealdade e dependência.

Ser pai ou mãe de santo não é aspiração de todos os iniciados, nem jamais pode ser em se tratando da categoria dos ebomes não rodantes (equedes e ogãs). Entretanto, é perspectiva muito importante para boa parcela dos adeptos. Provenientes, em geral, de classes sociais baixas (e agora não importa mais se são brancos ou se negros) vir a ser um pai de santo representa para os iniciados a possibilidade de exercer uma profissão que, nascida como ocupação voltada para os estratos baixos e de origem negra, passou recentemente, ao compor os quadros dos serviços de oferta generalizada a todos os segmentos sociais, a reivindicar o *status* de uma profissão de classe média, como já ocorreu com outras atividades profissionais e em outros contextos sociais. O pai de santo não é mais a figura escondida, perseguida, desprezada. Ele tem visibilidade na sociedade e transita o tempo todo nos meios de classe média, que o buscam em seu terreiro e, assim fazendo, tiram-no do anonimato.

Ao mostrar-se em público, o pai de santo vê-se obrigado a ostentar símbolos que expressem a sua profissão. Não contando com cabedal intelectual adquirido na escola — o que é decisivo na identidade de classe média da maioria das profissões não proletárias, ainda que simbolicamente — o pai e a mãe de santo fazem-se perceber por um estilo de vestuário e um excesso de joias ou outros enfeites levados no pescoço, na cabeça, na cintura e nos pulsos, que dão a impressão de serem originalmente africanos ou de origem africana, mas cuja "tradição" não tem mais que meio século. Ele e ela fazem-se diferentes e, quanto mais diferentes, melhor. Um outro "sinal" de prestígio amealhado com frequência por sacerdotes do candomblé, bem como da umbanda, são as medalhas e as comendas concedidas por inúmeras sociedades medalhísticas de finalidade autopromocional, e que servem para substituir, às vezes com vantagens, os diplomas e os graus universitários. Tudo isto faz parte de um processo de mobilidade social que está ao alcance de pessoas que, por suas origens sociais, dificilmente encontrariam outro canal de ascensão social. A mobilidade e a visibilidade social que sua profissão agora pressupõe são importantes para conferir ao pai de santo uma presença voltada para fora do terreiro, que lhe garanta um fluxo de clientes cujo pagamento por serviços mágicos permite a constituição de um fundo econômico que facilita, no mínimo materialmente, a sua realização como líder religioso de seu grupo de adeptos, numa religião em que o dispêndio material é muito grande e decididamente muito significativo.

Este pai de santo e esta mãe de santo são sacerdotes de uma religião em que as tensões entre magia e prática religiosa estão descartadas. Pode-se finalmente ser, ao mesmo tempo, o sacerdote e o feiticeiro, numa situação social em que cada um desses papéis reforçará o outro. E numa sociedade em que cada um deles estará orientado, preferencialmente, para grupos, e até mesmo classes sociais, diferentes.

Ao se realizar como instituição legitimada de prática mágica, o candomblé na metrópole faz parte publicamente do jogo de múltiplos aspectos por meio do qual cada grupo ou cada pessoa, individualmente, é capaz de construir sua própria fonte de explicação, de transcendência e de intervenção no mundo. A capacidade de se manter como religião aética, que o candomblé demonstra ter, permite-lhe vantajosa flexibilidade em relação às outras religiões éticas e a abertura para um mercado religioso de consumo *ad hoc*, por parte dos clientes não religiosos, que as religiões de conversão em geral não têm. A racionalização do jogo de búzios e do ebó (ao se apresentarem como menos sacralizados do que na verdade o são), o atendimento privativo e com hora marcada, o anonimato do serviço, a explicitação do pagamento monetário na relação de troca, a presença do pai de santo num mercado público regido por regras de eficiência e competência profissional, bem como suas próprias regras aéticas no plano do grupo religioso, fazem desta religião tribal de deuses africanos uma religião para a metrópole, onde o indivíduo é cada vez mais um *bricoleur*. Nesta sociedade metropolitana — no rastro das transformações sociais de âmbito mundial dos últimos cinquenta anos — a construção de sistemas de significados depende cada vez mais da vontade de grupos e indivíduos. Neste movimento, os temas religiosos relevantes, como afirma Luckmann (1987), podem ser selecionados a partir de diferentes preferências particulares. No limite, cada indivíduo pode ter o seu particular e pessoal modelo de religiosidade independente dos grandes sistemas religiosos totalizadores que marcaram, até bem pouco, a história da humanidade.

Os deuses tribais africanos adotados na metrópole não são mais os deuses da aldeia. São deuses de uma civilização em que o sentido da religião e da magia passou a depender, sobretudo, do estilo de subjetividade que o homem, em grupo ou solitariamente, escolhe para si.

## 10

O candomblé, tal como existe hoje nos grandes centros urbanos do Brasil, é capaz de oferecer a seus seguidores algo diferente daquilo que a religião dos orixás, em tempos mais antigos, podia certamente propiciar, quando sua presença significava para o escravizado a ligação afetiva e mágica ao mundo africano do qual fora arrancado pela escravidão. Quando o candomblé se organizou no Nordeste, no século 19, permitia ao iniciado a reconstrução simbólica, através do terreiro, da sua comunidade tribal africana perdida. Primeiro ele é o elo com o mundo original. Ele representava, assim, o mecanismo através do qual o negro africano e brasileiro podia distanciar-se culturalmente do mundo dominado pelo opressor branco. O negro podia contar com um mundo negro, fonte de uma África simbólica, mantido vivo pela vida religiosa dos terreiros, como meio de resistência ao mundo branco, que era o mundo do trabalho, do sofrimento, da escravidão, da miséria. Bastide mostrou como a habilidade do negro, durante o período colonial, de viver em dois diferentes mundos ao mesmo tempo era importante para evitar tensões e resolver conflitos difíceis de suportar sob a condição escrava (Bastide, 1975). Logo, o mesmo negro que reconstruiu a África nos candomblés reconheceu a necessidade de ser, sentir-se e se mostrar brasileiro, como única possibilidade de sobrevivência, e percebeu que para ser brasileiro era absolutamente imperativo ser católico, mesmo que se fosse também de orixá. O sincretismo se funda neste jogo de construção de identidade. O candomblé nasce católico quando o negro precisa ser também brasileiro.

Quando o candomblé, a partir dos anos 1960, deslancha a caminho de se tornar religião universal, afrouxa-se seu foco nas diferenças raciais e ele vai deixando para trás seu significado essencial de mecanismo de resistência cultural, embora continue a prover esse mecanismo a muitas populações negras que vivem de certo modo econômica e culturalmente isoladas em regiões tradicionais do Brasil. As novas condições de vida na sociedade brasileira industrializada fazem mudar radicalmente o sentido sociológico do candomblé. Se até poucas décadas atrás ele significava uma reação à segregação racial numa sociedade tradicional, em que as estruturas sociais tinham mais o aspecto de estamentos que de classes, agora ele tem o sentido de escolha pessoal, livre, intencional: alguém adere ao candomblé não pelo fato de ser negro, mas porque sente que o candomblé pode fazer sua vida mais fácil de ser vivida, porque então talvez se possa ser mais feliz, não importa se se é branco ou negro.[2] Evidentemente, embora o processo de escolha

---

2. "Os negros [ainda hoje] marcam maior presença nas religiões afro-brasileiras, onde somam, entre pardos e pretos, 42,7%. Sua presença relativa sobe ainda mais no candomblé, originariamente a grande fonte de identidade negra, em que chegam a 56,8% — a única modalidade religiosa em que o negro é a maioria dos fiéis. Mas há muito branco nas afro-brasileiras (51,2%) e mesmo no candomblé, em que representam 39,9%." Em números absolutos, os maiores contingentes negros são, evidentemente, católicos e em segundo lugar, evangélicos (Prandi, 1995).

religiosa possa ter consequências sociais significativas para a sociedade como um todo — na medida que com a escolha certas religiões podem ser mais reforçada, se neste sentido ter aumentada sua influência na sociedade — qualquer eficácia da religião no que diz respeito à esfera íntima só pode ser avaliada pelo indivíduo que a ela se converte.

O desatar de laços étnicos que, no curso das últimas três décadas, tem transformado o candomblé numa religião para todos, também propiciou um nada desprezível alargamento da oferta de serviços mágicos para a população exterior aos grupos de culto. Uma clientela já acostumada a compor visões de mundo particulares a partir de fragmentos originários de diferentes métodos e fontes de interpretação da vida. O candomblé oferece símbolos e sentidos hoje muito valorizados pela música, literatura, artes em geral, os quais podem ser fartamente usados pela clientela na composição dessa visão de mundo caleidoscópica, sem nenhum compromisso religioso. O cliente de classe média que vai aos candomblés para jogar búzios e fazer ebós é o *bricoleur* que também tem procurado muitas outras fontes não racionais de sentido para a vida e de cura para males de toda natureza. Certamente o candomblé deste cliente é bem diferente do candomblé do iniciado, mas nenhum deles contradiz o sentido do outro.

O candomblé é uma religião que tem no centro o rito, as fórmulas de repetição, pouco importando as diferenças entre o bem e o mal no sentido cristão. O candomblé administra a relação entre cada orixá e o ser humano que dele descende, evitando, por meio da oferenda, os desequilíbrios desta relação que podem provocar a doença, a morte, as perdas materiais, o abandono afetivo, os sofrimentos do corpo e da alma e toda sorte de conflito que leva à infelicidade. Como religião em que não existe a palavra no sentido ético, nem a consequente pregação moral, o candomblé (juntamente com a umbanda, que contudo tem seu aspecto de religião aética atenuado pela incorporação de virtudes teologais do kardecismo, como a caridade) é sem dúvida uma alternativa religiosa importante também para grupos sociais que vivem numa sociedade como a nossa, em que a ética, os códigos morais e os padrões de comportamento estritos podem ter pouco, variado e até mesmo nenhum valor.

O candomblé é uma religião que afirma o mundo, reorganiza seus valores e também reveste de estima muitas das coisas que outras religiões consideram más: por exemplo, o dinheiro, os prazeres (inclusive os da carne), o sucesso, a dominação e o poder. O iniciado não tem que internalizar valores diferentes daqueles do mundo em que ele vive. Ele aprende os ritos que tornam a vida neste mundo mais fácil e segura, mundo pleno de possibilidades de bem-estar e prazer. O seguidor do candomblé propicia os deuses na constante procura do melhor equilíbrio possível (ainda que temporário) entre aquilo que ele é e tem e aquilo que ele gostaria de ser e ter. Nessa procura, é fundamental que o iniciado confie cegamente em sua mãe de santo. Guiado por ela, este fiel aprende, ano após ano, a repetir cada uma das fórmulas iniciáticas necessárias à manipulação da força sagrada da natureza, o axé. Não se pode ser do candomblé sem constantemente refazer o rito, como não se pode ser evangélico sem constantemente examinar a própria consciência à procura da culpa que delata a presença das paixões que precisam ser exorcizadas. O bom evangélico, para se salvar da danação eterna, precisa aniquilar seus desejos mais escondidos; o bom filho de santo precisa realizar todos os seus desejos para que o axé, a força sagrada de seu orixá, de quem é continuidade, possa se expandir e se tornar mais forte. Aceitando o mundo como ele é, o candomblé aceita a humanidade, situando-a no centro do universo, apresentando-se como religião especialmente dotada para a sociedade narcisista e egoísta em que vivemos.

Porque o candomblé não distingue entre o bem e o mal do modo como aprendemos com o cristianismo, ele tende a atrair também toda sorte de indivíduos que têm sido socialmente marcados e marginalizados por outras instituições religiosas e não religiosas. Isto mostra como o candomblé aceita o mundo, mesmo quando ele é o mundo da rua, da prostituição, dos que já cruzaram as portas da prisão. O candomblé não discrimina o bandido, a adúltera, o travesti e todo tipo de rejeitado social. Mas se o candomblé libera o indivíduo, ele também libera o mundo: não tem para este nenhuma mensagem de mudança; não deseja transformá-lo em outra coisa, como se propõem, por exemplo, os católicos que seguem a Teologia da Libertação, sempre interessados em substituir este mundo por outro mais justo. O candomblé se preocupa sobretudo com aspectos muito concretos da vida: doença, dor, desemprego, deslealdade, falta de dinheiro, comida e abrigo — mas sempre tratando dos problemas caso a caso, indivíduo a indivíduo, pois não se trabalha aqui com a noção de interesses coletivos, mas sempre com a de destino individual. O candomblé também pode ser a religião ou a magia daquele que já se fartou dos sentidos dados pela razão, ciência e tecnologia, e que deixou de acreditar no sentido de um mundo totalmente desencantado, que deixou para trás a magia, em nome da eficácia do secular pensamento moderno. Talvez o candomblé possa ser a religião daquele que não consegue atinar com o senso de justiça social suficiente para resolver muitos dos problemas que cada indivíduo enfrenta no curso de sua vida pelo mundo desencantado.

    O candomblé também oferece a seus iniciados e simpatizantes uma particular possibilidade de prazeres estéticos, que se esparrama pelas mais diferentes esferas da arte e da diversão, da música à cozinha, do artesanato à escola de samba, além da fascinação do próprio jogo de búzios, o portão de entrada para o riquíssimo universo cultural dos orixás. O candomblé ensina, sobretudo, que antes de se louvarem os deuses, é imperativo louvar a própria cabeça; ninguém terá um deus forte se não estiver bem consigo mesmo, como ensina o dito tantas vezes repetidos nos candomblés: "Ori buruku kossi orixá", ou "Cabeça ruim não tem orixá". Para os que se convertem, isso faz uma grande diferença em termos de autoestima.

Na nossa sociedade das grandes metrópoles, se a construção de sentidos depende cada vez mais do desejo de grupos e indivíduos que podem escolher esta ou aquela religião, ou fragmentos delas, a relevância dos temas religiosos igualmente pode ser atribuída de acordo com preferências privadas. A religião é agora matéria de preferência, de tal sorte que até mesmo escolher não ter religião alguma é inteiramente aceitável socialmente. Assim, os deuses africanos apropriados pelas metrópoles da América do Sul não são mais deuses da aldeia, impostos aos que nela nascem. Eles são deuses numa civilização em que os indivíduos são livres para escolhê-los ou não, continuar fielmente nos seus cultos ou simplesmente abandoná-los. O candomblé pode também significar a possibilidade daquele que é pobre e socialmente marginalizado ter o seu deus pessoal que ele alimenta, veste e ao qual dá vida para que possa ser honrado e homenageado por toda uma comunidade de culto. Quando a filha de santo se deixa cavalgar pelo seu orixá, a ela se abre como palco o barracão em festa, para o que talvez seja a única possibilidade na sua pobre vida de experimentar uma apresentação solo, de estar no centro das atenções, quando seu orixá, paramentado com as melhores roupas e ferramentas de fantasia, há de ser admirado e aclamado por todos os presentes, quiçá invejado por muitos. E por toda a noite o cavalo dos deuses há de dançar, dançar e dançar. Ninguém jamais viu um orixá tão bonito como o seu.

# Anexo:
## Atributos básicos dos orixás no candomblé (Nação queto)

**1**

| ORIXÁ | ATRIBUIÇÃO |
|---|---|
| EXU | ORIXÁ MENSAGEIRO, GUARDIÃO DAS ENCRUZILHADAS E DA ENTRADA DAS CASAS |
| OGUM | ORIXÁ DA METALURGIA, DA AGRICULTURA E DA GUERRA |
| OXÓSSI OU ODÉ | ORIXÁ DA CAÇA (FAUNA) |
| OSSAIM | ORIXÁ DA VEGETAÇÃO (FLORA) |
| OXUMARÊ | ORIXÁ DO ARCO-ÍRIS |
| OBALUAIÊ OU OMULU | ORIXÁ DA VARÍOLA, DAS PRAGAS E DAS DOENÇAS |
| XANGÔ | ORIXÁ DO TROVÃO |
| OIÁ OU IANSÃ | ORIXÁ DO RELÂMPAGO, DONA DOS ESPÍRITOS DOS MORTOS |
| OBÁ | ORIXÁ DOS RIOS |
| OXUM | ORIXÁ DA ÁGUA DOCE E DOS METAIS PRECIOSOS |
| LOGUN-EDÉ | ORIXÁS DOS RIOS QUE CORREM NAS FLORESTAS |
| EUÁ | ORIXÁ DAS FONTES |
| IEMANJÁ | ORIXÁ DAS GRANDES ÁGUAS, DO MAR |
| NANÃ | ORIXÁ DA LAMA DO FUNDO DAS ÁGUAS |
| OXAGUIÃ (OXALÁ JOVEM) | ORIXÁ DA CRIAÇÃO (CRIAÇÃO DA CULTURA MATERIAL) |
| OXALUFÃ (OXALÁ VELHO) | ORIXÁ DA CRIAÇÃO (CRIAÇÃO DA HUMANIDADE) |

| SEXO | ELEMENTO NATURAL | PATRONAGEM |
|---|---|---|
| M | MINÉRIO DE FERRO | COMUNICAÇÃO, TRANSFORMAÇÃO, POTÊNCIA SEXUAL |
| M | FERRO FORJADO | ESTRADAS ABERTAS, OCUPAÇÕES MANUAIS, SOLDADOS E POLÍCIA |
| M | FLORESTAS | FARTURA DE ALIMENTOS |
| M | FOLHAS | EFICÁCIA DOS REMÉDIOS E DA MEDICINA |
| M E F (ANDRÓGINO) | CHUVA E CONDIÇÕES ATMOSFÉRICAS | RIQUEZA QUE PROVÉM DAS COLHEITAS (CHUVA) |
| M | TERRA, SOLO | CURA DE DOENÇAS FÍSICAS |
| M | TROVÃO E PEDRAS (PEDRA DE RAIO) | GOVERNO, JUSTIÇA, TRIBUNAIS, OCUPAÇÕES BUROCRÁTICAS |
| F | RELÂMPAGOS, RAIOS, VENTO TEMPESTADE | SENSUALIDADE, AMOR CARNAL, DESASTRES ATMOSFÉRICOS |
| F | RIOS | TRABALHO DOMÉSTICO E O PODER DA MULHER |
| F | RIOS, LAGOAS E CACHOEIRAS | AMOR, OURO, FERTILIDADE, GESTAÇÃO, VAIDADE |
| M OU F (ALTERNADAMENTE) | RIOS E FLORESTAS | O MESMO QUE OXUM E OXÓSSI, SEUS PAIS |
| F | NASCENTES E RIACHOS | HARMONIA DOMÉSTICA |
| F | MAR, GRANDES RIOS | MATERNIDADE, FAMÍLIA, SAÚDE MENTAL |
| F | LAMA, PÂNTANOS | EDUCAÇÃO, SENIORIDADE E MORTE |
| M | AR | CULTURA MATERIAL, SOBREVIVÊNCIA |
| M E F (PRINCÍPIO DA CRIAÇÃO) | AR | O SOPRO DA VIDA |

| ORIXÁ | REPRESENTAÇÃO MATERIAL/ FETICHE/ASSENTAMENTO |
|---|---|
| EXU | LATERITA ENTERRADA E GARFOS DE FERRO EM ALGUIDAR DE BARRO |
| OGUM | INSTRUMENTOS AGRÍCOLAS DE FERRO EM MINIATURA EM ALGUIDAR DE BARRO |
| OXÓSSI OU ODÉ | PEQUENO ARCO E FLECHA DE METAL (OFÁ) EM ALGUIDAR DE BARRO |
| OSSAIM | FEIXE DE SEIS SETAS DE FERRO COM FOLHAS E UM PÁSSARO NO CENTRO, EM ALGUIDAR DE BARRO |
| OXUMARÊ | DUAS COBRAS DE METAL ENTRELAÇADAS |
| OBALUAIÊ OU OMULU | CUSCUZEIRO DE BARRO COM LANÇAS DE FERRO |
| XANGÔ | PEDRA EM UMA GAMELA |
| OIÁ OU IANSÃ | SEIXO DE RIO EM SOPEIRA |
| OBÁ | SEIXO DE RIO EM SOPEIRA DE LOUÇA |
| OXUM | OFÁ DE METAL E SEIXOS DE RIO EM ALGUIDAR DE BARRO |
| LOGUN-EDÉ | COBRA DE FERRO E SEIXOS EM SOPEIRA DE LOUÇA |
| EUÁ | SEIXO DO MAR EM SOPEIRA DE LOUÇA |
| IEMANJÁ | SEIXO DO MAR EM SOPEIRA DE LOUÇA |
| NANÃ | SEIXOS E BÚZIOS EM SOPEIRA |
| OXAGUIÃ (OXALÁ JOVEM) | PEQUENO PILÃO DE PRATA OU ESTANHO E SEIXO EM SOPEIRA DE LOUÇA BRANCA |
| OXALUFÃ (OXALÁ VELHO) | CÍRCULO DE PRATA OU ESTANHO E SEIXO EM SOPEIRA DE LOUÇA BRANCA |

| ELEMENTO MÍTICO | CORES DAS ROUPAS | CORES DAS CONTAS |
|---|---|---|
| FOGO E TERRA | VERMELHO E PRETO | VERMELHO E PRETO (ALTERNADAS) |
| TERRA | AZUL-ESCURO, VERDE E BRANCO | AZUL-ESCURO OU VERDE |
| TERRA | AZUL-TURQUESA E VERDE | AZUL-TURQUESA |
| TERRA | VERDE E BRANCO | VERDE E BRANCO (ALTERNADAS) |
| ÁGUA | AMARELO, VERDE E PRETO | AMARELO, VERDE E PRETO, OU BÚZIOS |
| TERRA | VERMELHO, BRANCO E PRETO, COM CAPUZ DE PALHA | VERMELHO, BRANCO E PRETO |
| FOGO | VERMELHO, MARROM E BRANCO | VERMELHO E BRANCO (ALTERNADAS) |
| AR, ÁGUA E FOGO | MARROM E VERMELHO ESCURO OU BRANCO | MARROM OU VERMELHO ESCURO |
| ÁGUA | VERMELHO E DOURADO | VERMELHO E AMARELO TRANSLÚCIDO |
| ÁGUA | AMARELO OU DOURADO COM POUCO DE AZUL | AMARELO TRANSLÚCIDO |
| ÁGUA E TERRA | DOURADO E AZUL TURQUESA | DOURADO TRANSLÚCIDO E TURQUESA (ALTERNADAS) |
| ÁGUA | VERMELHO E AMARELO | BÚZIOS |
| ÁGUA | AZUL CLARO, BRANCO, VERDE CLARO | DE VIDRO SÓ INCOLOR, OU COM AZUL OU VERDE TRANSLÚCIDOS ALTERNADAMENTE |
| ÁGUA | PÚRPURA, AZUL E BRANCO | BRANCAS RAJADAS DE AZUL COBALTO |
| AR | BRANCO (COM UM MÍNIMO DE AZUL REAL) | BRANCO E AZUL REAL |
| AR | BRANCO | BRANCO |

# 3

| ORIXÁ | ANIMAIS SACRIFICIAIS |
|---|---|
| EXU | BODE E GALO PRETOS |
| OGUM | CABRITO E FRANGO |
| OXÓSSI OU ODÉ | ANIMAIS DE CAÇA E PORCO |
| OSSAIM | CAPRINOS E AVES MACHOS E FÊMEAS |
| OXUMARÊ | CABRITO E CABRA |
| OBALUAIÊ OU OMULU | PORCO |
| XANGÔ | CARNEIRO E CÁGADO |
| OIÁ OU IANSÃ | CABRA E GALINHA |
| OBÁ | CABRA E GALINHA |
| OXUM | CABRA E GALINHA |
| LOGUN-EDÉ | CASAL DE CABRITOS E DE AVES |
| EUÁ | CABRA E GALINHA |
| IEMANJÁ | PATA, CABRA, OVELHA, PEIXE |
| NANÃ | CABRA E CAPIVARA |
| OXAGUIÃ (OXALÁ JOVEM) | CARACOL (CATASSOL) |
| OXALUFÃ (OXALÁ VELHO) | CARACOL (CATASSOL) |

| COMIDAS FAVORITAS | NÚMEROS NO JOGO DE BÚZIOS | DIA DA SEMANA |
|---|---|---|
| FAROFA COM DENDÊ | 1 7 | SEGUNDA-FEIRA |
| FEIJOADA E INHAME ASSADO | 3 7 | TERÇA-FEIRA |
| MILHO COZIDO COM FATIAS DE COCO, FRUTAS | 3 6 | QUINTA-FEIRA |
| MILHO COZIDO TEMPERADO COM FUMO, FRUTAS | 1 7 | QUINTA-FEIRA |
| BATATA-DOCE COZIDA E AMASSADA | 3 6 11 | SÁBADO |
| PIPOCA COM FATIAS DE COCO | 1 3 11 | SEGUNDA-FEIRA |
| AMALÁ: QUIABO CORTADO EM FATIAS COZIDO NO DENDÊ COM CAMARÃO SECO | 4 6 12 | QUARTA-FEIRA |
| ACARAJÉ: BOLINHOS DE FEIJÃO FRADINHO FRITOS EM DENDÊ | 4 9 | QUARTA-FEIRA |
| OMELETE COM QUIABO | 4 6 9 | QUARTA-FEIRA |
| OMOLOCUM: PURÊ DE FEIJÃO FRADINHO ENFEITADO COM CINCO OVOS COZIDOS | 5 8 | SÁBADO |
| MILHO COZIDO, PEIXE E FRUTAS | 6 7 9 | QUINTA-FEIRA |
| FEIJÃO-PRETO COM OVOS COZIDOS | 3 6 | SÁBADO |
| ARROZ COBERTO COM CLARA BATIDA, CANJICA, PEIXE ASSADO | 3 9 10 | SÁBADO |
| MINGAU DE FARINHA DE MANDIOCA | 3 8 11 | SEGUNDA-FEIRA |
| INHAME PILADO E CANJICA | 8 | SEXTA-FEIRA |
| CANJICA, ARROZ COM MEL, INHAME PILADO | 10 | SEXTA-FEIRA |

| ORIXÁ | OBJETOS RITUAIS | TABUS DOS FILHOS |
|---|---|---|
| EXU (CHAMADO BARA NO BATUQUE DO RIO GRANDE DO SUL) | OGÓ: BASTÃO COM FORMATO FÁLICO | CARREGAR OBJETOS NA CABEÇA |
| OGUM | ESPADA | EMBEBEDAR-SE |
| OXÓSSI OU ODÉ | OFÁ: ARCO E FLECHA DE METAL; ERU: ESPANTA--MOSCA DE RABO DE CAVALO | COMER MEL |
| OSSAIM | LANÇA E TRÊS CABAÇAS CONTENDO AS FOLHAS SAGRADAS | ASSOBIAR |
| OXUMARÊ | ESPADA E COBRAS DE METAL | RASTEJAR |
| OBALUAIÊ OU OMULU | XAXARÁ: CETRO FEITO DE FIBRAS DAS FOLHAS DO DENDEZEIRO COM BÚZIOS | IR A FUNERAIS |
| XANGÔ | OXÉ: MACHADO DUPLO; XERE: CHOCALHO DE METAL | CONTATO COM MORTOS E CEMITÉRIOS; VESTIR-SE DE VERMELHO |
| OIÁ OU IANSÃ | ESPADA E ERU (ESPANTA-MOSCA) | COMER CARNEIRO OU OVELHA, COMER ABÓBORA |
| OBÁ | ESPADA E ESCUDO CIRCULAR | COMER COGUMELOS; USAR BRINCOS |
| OXUM | ABEBÊ: LEQUE DE METAL AMARELO; ESPADA | COMER PEIXE DE ESCAMAS |
| LOGUN-EDÉ | OFÁ E ABEBÊ | USAR ROUPA MARROM OU VERMELHA |
| EUÁ | ESPADA E CHOCALHO DE MATÉRIA VEGETAL; ESFERA | COMER AVES FÊMEAS |
| IEMANJÁ | ABANO DE METAL BRANCO E ESPADA | COMER CARANGUEJO; MATAR CAMUNDONGO OU BARATA |
| NANÃ | IBIRI: CETRO EM FORMA DE ARCO, DE FIBRAS DAS FOLHAS DO DENDEZEIRO COM BÚZIOS | USAR FACAS DE METAL |
| OXAGUIÃ (OXALÁ JOVEM) | MÃO DE PILÃO DE PRATA OU DE MATERIAL BRANCO | COMIDA COM DENDÊ; VINHO DE PALMA; USAR ROUPA COLORIDA ÀS SEXTAS-FEIRAS |
| OXALUFÃ (OXALÁ VELHO) | OPAXORÔ: CAJADO PRATEADO COM PINGENTES REPRESENTANDO A CRIAÇÃO DO MUNDO | COMIDA COM DENDÊ; VINHO DE PALMA; USAR ROUPA COLORIDA ÀS SEXTAS-FEIRAS |

## SINCRETISMO/ CORRESPONDÊNCIA

| SANTO CATÓLICO | VODUM JEJE | INQUICE BANTO |
|---|---|---|
| DIABO | ELEGBARA<br>BARA ELEGUÁ | BOMBOGIRA<br>ALUVIÁ |
| SANTO ANTÔNIO<br>SÃO JORGE | GUN DOÇU | INCÁCI<br>ROXIMUCUMBE |
| SÃO JORGE<br>SÃO SEBASTIÃO | AZACÁ | GONGOBIRA<br>MUTACALOMBO |
| SANTO ONOFRE | AGUÉ | CATENDÊ |
| SÃO BARTOLOMEU | DÃ BESSÉM | ANGORÔ |
| SÃO LÁZARO<br>SÃO ROQUE | ACÓSSI-SAPATÁ<br>XAPANÃ | CAFUNÃ<br>CAVUNGO |
| SÃO JERÔNIMO<br>SÃO JOÃO | BADÉ QUEVIOSÔ | ZÁZI |
| SANTA BÁRBARA | SOBÔ | MATAMBA<br>BUMBURUCEMA |
| SANTA JOANA D'ARC | | |
| NOSSA SENHORA<br>DAS CANDEIAS | AZIRITOBOSSE<br>NAVÊ NAVEZUARINA | SAMBA<br>QUISSAMBO |
| SÃO MIGUEL<br>ARCANJO | BOSSO JARA | |
| SANTA LÚCIA | EUÁ | |
| NOSSA SENHORA<br>DA CONCEIÇÃO | ABÊ | DANDALUNDA<br>QUISSEMBE |
| SANTANA | NANÃ | |
| JESUS (MENINO) | | |
| JESUS (CRUCIFICADO<br>OU REDENTOR) | | ZAMBI |

# referências bibliográficas

AUGRAS, Monique. *O duplo e a metamorfose*: identidade mítica em comunidades nagô. Petrópolis: Vozes, 1983.
BASTIDE, Roger. *As religiões africanas no Brasil*. São Paulo: Pioneira, 1975.
BASTIDE, Roger. *O candomblé da Bahia*: Rito nagô. São Paulo: Nacional, 1978.
BRAGA, Júlio Santana. *O jogo de búzios*: um estudo de adivinhação no candomblé. São Paulo: Brasiliense, 1988.
CAMARGO, Candido Procopio Ferreira de. *Kardecismo e umbanda*. São Paulo: Pioneira, 1961.
CARNEIRO, Edison. *Religiões negras*. Rio de Janeiro: Civilização Brasileira, 1936.
CONCONE, Maria Helena Villas Bôas. *Umbanda, uma religião brasileira*. São Paulo: Faculdade de Filosofia, Letras e Ciências Humanas da USP, 1987.
CORRÊA, Norton F. *O batuque do Rio Grande do Sul*: antropologia de uma religião afro-rio-grandense. Porto Alegre: Editora da Universidade UFRGS, 1992.
EDUARDO, Octavio da Costa. *The Negro in Northern Brazil*. Seattle: University of Washington Press, 1948.
FERRETTI, Mundicarmo Maria Rocha. *Mina, uma religião de origem africana*. São Luís: Sioge, 1985.
FERRETTI, Mundicarmo Maria Rocha. *Desceu na Guma*: o caboclo do tambor de mina no processo de mudança de um terreiro de São Luís: a Casa Fanti-Ashanti. São Luís: Sioge, 1993.
FERRETTI, Mundicarmo Maria Rocha. *Terra de caboclo*. São Luís: SECMA, 1994.
FERRETTI, Sérgio Figueiredo. *Querebentan de Zomadonu*: etnografia da Casa das Minas. São Luís: Editora da Universidade Federal do Maranhão, 1986.
FERRETTI, Sérgio Figueiredo. *Repensando o sincretismo*: estudo sobre a Casa das Minas. São Paulo: Edusp; São Luís: Fapema, 1995.
FRIGERIO, Alejandro; CAROZZI, María Julia. Las religiones afro-brasileñas en Argentina. *In*: ORO, Ari Pedro (org.). As religiões afro-brasileiras no Cone Sul. *Cadernos de Antropologia*, n. 10. Porto Alegre: UFRGS, 1993.
HERSKOVITS, Melville J. The Southernmost Outpost of the New World Africanisms. *American Anthropologist*. v. 45, n. 4, p. 495-590, 1943.
LANDES, Ruth. *A cidade das mulheres*. Rio de Janeiro: Civilização Brasileira, 1967.
LÉPINE, Claude. Estereótipos de personalidade. *In*: MOURA, Carlos Eugênio Marcondes de (org.). *Olóòrísà*: escritos sobre a religião dos orixás. São Paulo: Ágora, 1981.

LIMA, Vivaldo da Costa. Nações de candomblé. *In: Encontro de nações de candomblé*. Salvador: Centro de Estudos Afro--Asiáticos da ufba e Ianamá, 1984.
LUCKMANN, Thomas. *Social Reconstruction of Transcendence*: Secularization and Religion. Lausane: Conference Internationale de Sociologie des Religions, 1987.
MARIANO, Ricardo. *Neopentecostalismo*: os pentecostais estão mudando. 1995. Dissertação (Mestrado em Sociologia) – São Paulo: FFLCH: USP, 1995.
MOTTA, Roberto. Bandeira de Alairá: A festa de Xangô-São João e problemas do sincretismo. *In*: MOURA, Carlos Eugênio Marcondes de (org.). *Bandeira de Alairá*: Outros escritos sobre a religião dos orixás. São Paulo: Nobel, 1982.
MOTTA, Roberto. *Edjé balé:* alguns aspectos do sacrifício no xangô pernambucano. Recife: UFPE, 1991. Tese de concurso para professor titular de Antropologia.
ORO, Ari Pedro. As religiões afro-brasileiras: religiões de exportação. *In*: ORO, Ari Pedro (org.). As religiões afro--brasileiras no Cone Sul. *Cadernos de Antropologia*, n. 10. Porto Alegre: UFRGS, 1993.
ORTIZ, Renato. *A morte branca do feiticeiro negro*. Petrópolis: Vozes, 1978.
PI HUGARTE, Renzo. Las religiones afro-brasileñas en el Uruguay. *In*: ORO, Ari Pedro (org.). As religiões afro--brasileiras no Cone Sul. *Cadernos de Antropologia*, n. 10. Porto Alegre: UFRGS, 1993.
PIERUCCI, Antônio Flávio de Oliveira; CAMARGO, Candido Procopio Ferreira de; SOUZA, Beatriz Muniz de. Comunidades eclesiais de base. *In*: SINGER, Paul; BRANDT, Vinícius Caldeira (org.). *São Paulo*: o povo em movimento. 4. ed. Petrópolis: Vozes, 1983.
PIERUCCI, Antônio Flávio; PRANDI, Reginaldo. *A realidade social das religiões no Brasil*. São Paulo: Hucitec, 1996.
PINTO, Roquette (org.). *Estudos afro-brasileiros*. Rio de Janeiro: Ariel, 1935.
POLLAK-ELTZ, Angelina. *Umbanda en Venezuela*. Caracas: Fondo Editorial Acta Cientifica, 1993.
PORDEUS JR., Ismael. Lisboa de caso com a umbanda. *In*: ASSOCIAÇÃO NACIONAL DE PÓS-GRADUAÇÃO E PESQUISA EM CIÊNCIAS SOCIAIS, 19., São Paulo. *Anais* [...]. São Paulo: Anpocs, 1995.
PRANDI, Reginaldo. *Os candomblés de São Paulo*: a velha magia na metrópole nova. São Paulo: Hucitec: Edusp, 1991a.
PRANDI, Reginaldo. Cidade em transe: religiões populares no Brasil no fim do século da razão. *Revista USP*, São Paulo, n. 11, p. 65-70, out./dez. 1991b.
PRANDI, Reginaldo. Adarrum e empanadas: uma visita às religiões afro-brasileiras em Buenos Aires. *Estudos Afro--Asiáticos*, Rio de Janeiro, n. 21, p. 157-165, 1991c.

PRANDI, Reginaldo. Raça e religião. *Novos Estudos Cebrap*, São Paulo, ed. 42, p. 113-129, 1995.
RODRIGUES, Raimundo Nina. *O animismo fetichista dos negros bahianos*. 2. ed. Rio de Janeiro: Civilização Brasileira, 1935.
ROLIM, Francisco Cartaxo. *Pentecostais no Brasil*: uma interpretação sócio-religiosa. Petrópolis: Vozes, 1985.
SANTOS, Jocelio Teles. *O dono da terra*: a presença do caboclo nos candomblés baianos. 1992. Dissertação (Mestrado em Antropologia) – Universidade de São Paulo, São Paulo 1992.
SANTOS, Juana Elbein dos. *Os nagô e a morte*. 4. ed. Petrópolis: Vozes, 1986.
TEIXEIRA, Maria Lina Leão. Lorogun: identidades sexuais e poder no candomblé. In: MOURA, Carlos Eugênio Marcondes de (org.). *Candomblé*: desvendando identidades. São Paulo: EMW Editores, 1987.
VALENTE, Waldemar. *Sincretismo religioso afro-brasileiro*. 3. ed. São Paulo: Nacional, 1977.
VERGER, Pierre F. Notes sur le culte des orisha et vodun à Bahia, la Baie de Tous les Saints, au Brésil et à l'ancienne Côte des Esclaves en Afrique. Dakar: IFAN, 1957.
VERGER, Pierre F. *Orixás*: deuses iorubás na África e no Novo Mundo. 2. ed. São Paulo: Corrupio: Círculo do Livro, 1985.
WEBER, Max. *Economía y sociedad*. México: Fondo de Cultura Económica, 1969. 2 tomos.

# 3.
# Axé, corpo e almas

## 1

Diferentes religiões oferecem interpretações próprias sobre a saúde e a doença. Mesmo numa sociedade secularizada como a nossa, curadores, benzedeiras, padres milagreiros, pastores, pais de santo e tantos outros agentes de cura religiosa e mágica são figuras sempre presentes no horizonte de muitos que buscam remédio e soluções para os males do corpo e da alma.

Vou tratar do caso das religiões afro-brasileiras, mais especificamente do candomblé, religião de origem africana que conta com um riquíssimo arsenal de concepções e práticas rituais para lidar com o problema da doença e sua cura, além de outros transtornos que afetam o cotidiano de cada um, como a falta de dinheiro, de emprego, de amor e assim por diante.

Além de religião organizada, com seu próprio corpo de sacerdotes e seguidores, o candomblé também se caracteriza como agência de cura e solução desses problemas vários. O chefe do terreiro, isto é, o sacerdote do templo e da comunidade de culto, que pode ser uma mulher, a mãe de santo, ou um homem, o pai de santo, rotineiramente oferece consulta a qualquer pessoa, seja de que religião for, ou de nenhuma, que o procura em busca de solução para suas aflições. A consulta se realiza numa sessão de jogo de búzios, em que o sacerdote consulta os deuses e os espíritos, ao que se seguem ritos de propiciação, purificação, limpeza etc., ou seja, o tratamento indicado para o caso.

A base da religião, e da agência de cura, é o oráculo: uma ponte com o mundo sobrenatural, fonte de conhecimento que propicia um jogo de perguntas de humanos e respostas que supostamente vêm do outro mundo, das divindades, dos espíritos. Os sacerdotes são os intermediários do oráculo e, portanto, somente eles podem lidar com esse conhecimento. Na base do oráculo do candomblé — que conhecemos pelo nome de jogo de búzios (Prandi, 1991) — está a concepção africana comum aos povos iorubás de tempo circular, a ideia de que tudo se repete, nada é novo. Se alguém tem um problema de saúde, por exemplo, o oráculo revela quando esse mesmo problema teria acontecido antes, em que situação se deu, o que foi feito para sanar o mal, qual a receita que se usou, se foi favorável, se deu certo. Se alguém tem, igualmente, um estado mental doente, é preciso igualmente perguntar ao oráculo de onde vem essa desorganização. E como fazer para resolver o problema.

Os iorubás — em cuja cultura está a origem do candomblé que se constituiu no Brasil — acreditam que há várias fontes possíveis de um desarranjo da saúde. O mal pode ser provocado por um problema relacionado à própria natureza. Se alguém escorrega, cai e quebra a perna, e não há indício de que tenha havido outros fatores influindo na queda, esta seria um problema estritamente natural, que se poderia solucionar por meios igualmente naturais. Mas a queda pode ter se dado em consequência de um feitiço! Nesse caso, a origem desse mal é a ação maléfica de uma outra pessoa. Mas a queda pode ainda ter uma origem divina, ou seja, algum deus descontente com os cuidados dirigidos ou devidos a ele pode ter sido responsável pelo chão liso que fez a pessoa escorregar, cair e quebrar a perna. Há ainda uma quarta possibilidade: tudo pode ser decorrente do próprio destino da vítima, de seu ego, digamos assim, de seu eu, de sua condição de indivíduo. Podia estar inscrito em sua vida que aquela pessoa quebraria a perna, e ela não tinha como escapar disso — era sua sina. Pode ser também que a pessoa quebrou a perna porque é desatenciosa, o que também se explica por sua condição de indivíduo: não olha por onde anda, tropeçou, caiu e quebrou a perna, tudo em razão de sua falta de atenção, o que revela um defeito de sua cabeça, seu intelecto, seu ori.

Em resumo, há causas originadas de nós mesmos, causas devidas a outros e que envolvem relações sociais, outras que se originam da vontade de um deus ou de um antepassado que se sentiu desprezado ou que reivindica algum direito sobre a pessoa, e ainda as que se encontram na natureza. É através do oráculo que o sacerdote identifica a causa do mal e prescreve os remédios necessários, ou para curar, ou pra evitar que a mesma coisa aconteça novamente. Em geral o tratamento no candomblé de qualquer mal, inclusive a doença física e mental, se baseia na ideia de que alguma coisa está desorganizada e propicia a situação de dor e sofrimento. Pode ser algum transtorno na relação entre a pessoa e a natureza, entre a pessoa e as divindades, nas relações com o outro, na maneira de formular e conduzir os rituais etc. Todo tratamento implica a ideia de reequilíbrio de forças e energias.

Essa concepção se junta à ideia de que tudo é muito instável, o mundo em que vivemos é difícil e perigoso, e que, portanto, é preciso, para se viver bem, estar atento o tempo todo para manter o equilíbrio, o que é buscado por meio da manipulação de uma força mágica, uma energia religiosa, que é o axé. Axé é energia vital. Tudo que se movimenta tem axé, os animais e as plantas. Axé é uma força universal que vale para qualquer coisa, para qualquer tipo de vida ou movimento. O axé que existe em nós é o mesmo axé que existe nos animais e nos vegetais.

O axé existe no mundo e em cada um em diferentes quantidades. Axé demais ou axé de menos significa desequilíbrio, mal-estar, insucesso, doença. É preciso encontrar um meio de reequilibrar o axé para se voltar ao estado desejável de saúde e bem-estar.

Um modo de restabelecer o equilíbrio através da recomposição do axé de um ser humano é transferir para ele o axé que existe no mundo animal e no mundo vegetal, isto é, na natureza. Algumas fontes de axé são muito conhecidas e mais usadas. A fonte com maior concentração de axé é o sangue animal; outra fonte importante é a seiva das plantas. Sangue e seiva são fontes de axé que os sacerdotes costumam usar com mais frequência em benefício dos humanos.

Na África tradicional, entre os iorubás, há duas correntes básicas e antagônicas de manipulação do axé. Uma considera que o axé mais acessível, mais importante e mais desejável é o do mundo animal e prescreve a prática do sacrifício animal. O sacerdote que prescreve o sacrifício é o babalaô, ou adivinho. A palavra babalaô significa literalmente o pai do segredo. Ele é o encarregado do oráculo por meio do qual prescreve qual é o sacrifício correto para restabelecer a saúde em cada situação. Por outro lado, há os sacerdotes que defendem o princípio de que o axé mais acessível, mais prático, mais poderoso, mais imediato vem do mundo vegetal. Trata-se do babalossaim, o pai das folhas, sacerdote de Ossaim, que trabalha com folhas, raízes, sementes, com que prepara pomadas, unguentos e outros remédios preparados com vegetais mágicos, sem fazer uso do sacrifício de animais.

No Brasil, talvez por influência indígena, os babalossaim passaram a usar os banhos, banhos de folhas, o que não era um costume africano. Hoje se pensa que os banhos de folhas, banhos de cheiro, banhos de limpeza e descarrego, muito usados no candomblé e na umbanda, teriam uma origem africana.

Também existe o axé do mundo mineral, sobretudo quando se trata de materiais que têm as cores branco, azul e vermelho.

Para se reconduzir um doente ao estado de saúde desejado, é indispensável saber como manipular essas forças que estão no mundo à nossa disposição. Isso exige um longo aprendizado iniciático.

No Brasil os diferentes sacerdócios do babalaô e do babalossaim foram unificados na figura da mãe de santo ou do pai de santo. Na instituição da religião dos orixás em território brasileiro, houve algumas simplificações e adaptações nos ritos, nas concepções de mundo e na própria organização sacerdotal. Os antigos babalaôs e olossains praticamente desapareceram e sua ciência foi assumida pela ialorixá, a mãe de santo, que também passou a responder pelo oráculo, que ela opera por meio do jogo de búzios.

## 2

Se é verdade que o mal-estar tem diferentes fontes, uma outra pergunta que se faz é o que está doente na pessoa: o corpo ou a alma? Aqui temos uma pequena complicação: enquanto na tradição judaico-cristã a alma é única e indivisível, na concepção africana do candomblé há diferentes almas, que juntas compõem aquilo que a gente costuma chamar de "a" alma, o espírito.

Segundo o candomblé, a pessoa é, portanto, formada pelo corpo (ara) e por uma parte espiritual, ou almas, que têm vários componentes. Uma primeira alma é a que nos liga ao mundo mais geral, que é o mundo da natureza. Por exemplo, a alma de uma pessoa pode ter uma relação específica com a natureza que a identifica com o mar, se acredita que essa pessoa se origina do mar, é filha do mar; eu posso ter ao lado alguém que se origina do rio e mais uma outra que é proveniente da chuva. Outro virá das pedras, há gente que vem do trovão, do raio. Essa alma geral, que relaciona as pessoas a diferentes forças da natureza, é chamada de orixá. Acredita-se no candomblé que cada um de nós vem de um orixá diferente. Muito diferente da ideia judaico-cristã de que todos nós temos uma mesma origem e de que todos nós somos filhos de Deus único, descendentes diretos do primeiro casal, Adão e Eva. O orixá não é único nem é o mesmo em cada pessoa. Somos, segundo o candomblé, uma diversidade desde nossa própria origem. Nossa primeira relação com o mundo é com o seu aspecto físico, seu aspecto bruto, seu aspecto não social, que varia de pessoa para pessoa.

Nascemos como descendentes de um determinado orixá e isso não pode ser mudado. Na África cada família cultua o orixá da qual ela crê ser descendente. Todos os membros de uma família têm um mesmo orixá: Ogum, Iansã, Obatalá, Iemanjá, Oxóssi e assim por diante. A definição do orixá se dá por uma linha patrilinear, quer dizer, o pai passa para os seus filhos e filhas o seu orixá. O mesmo orixá que foi do pai dele, do pai do pai dele, até a mais remota e mitológica época da fundação daquele tronco familiar. Na África iorubana, todo mundo sabe qual é o seu orixá; basta saber a que família pertence. E essa questão do orixá tem muito a ver com a própria inserção daquela família na sociedade. As famílias tradicionais de caçadores têm como orixá Oxóssi, que é um caçador e patrono de todos os caçadores. Famílias de pescadores costumam ter Iemanjá ou Oxum ou qualquer outro orixá que seja um orixá de do rio. Famílias de soldados estão ligadas a Ogum. Famílias ligadas ao poder real são descendentes de Xangô. Claro que há variações, pois as famílias ganham e perdem poder e podem assumir ao longo de gerações papéis diferentes na divisão do trabalho. Alguém pode ser de uma família de um orixá muito dócil, num dado momento histórico, e depois estar encarregada de fazer a guerra.

No Brasil, a primeira coisa que o escravismo fez foi destruir os laços de parentesco africanos. Os escravizados eram caçados e separados de suas famílias, eram vendidos individualmente, não havia destinação nem venda de agregados familiares. O escravizado era vendido como uma mercadoria e era imediatamente batizado, recebia a religião católica e o sobrenome do seu dono, do seu senhor. Mais adiante, nos séculos 18 e 19 já havia famílias de escravizados que conservavam as relações de parentesco, mas já eram famílias constituídas no Brasil. Em geral os escravizados não sabiam qual era sua origem familiar e, por conseguinte, acabaram esquecendo quem era seu orixá. Mas como saber agora qual é o orixá de uma pessoa, orixá que é sua alma primordial, se não dá pra reconstituir a família original africana?

No Brasil cabe a mãe de santo, por meio do jogo de búzios, atribuir a cada um uma origem mítica, dizendo se é um filho de Xangô, uma filha de Iemanjá e assim por diante — numa emblemática adaptação da religião em solo americano. Essa é a primeira tentativa de restabelecer o equilíbrio entre o modo de ser daquela pessoa e sua verdadeira essência, que não pode ser contrariada, seu orixá. Por exemplo, uma mulher vaidosa, rechonchuda, namoradeira, muito apegada aos ouros, muito cheia das vaidades, provavelmente tem como origem o orixá Oxum, que é o orixá da beleza, da riqueza, da vaidade, do amor. Assumir que se trata de uma filha de Oxum é uma primeira identificação que legitima o seu modo de ser e de agir. Cada à mãe de santo estabelecer essa definição. A mãe de santo é uma espécie de "psicóloga" do povo, como se diz, e uma vez identificado o orixá de alguém ela legitima religiosamente seu comportamento e sua aparência, ou então lhe oferece um modelo de conduta — cujos estereótipos se baseiam na mitologia dos orixás —, que o consulente pode tomar como orientação (Prandi, 1991).

Ocorrem situações interessantes. Alguém pode ter um orixá masculino ou feminino. Não há necessariamente correspondência entre o sexo do orixá e do seu filho ou da sua filha, mas pode-se acreditar que o sexo do orixá interfere no sexo de seu filho. Há também o caso dos chamados orixás metá-metá, que são aqueles que não têm sexo definido. Oxalá não tem o sexo definido porque ele é a origem de tudo, é o maior, o primeiro, ele vem antes do sexo, logo ele tem os dois sexos. Outros orixás de sexo duplo ou indefinido são Logum Edé e Oxumarê. No Brasil há quem acredite que filhos de Logum Edé e Oxumarê costumam ser homossexuais.

Como cada orixá rege um aspecto da natureza, as pessoas de Iemanjá estão ligadas ao mar, as pessoas de Oxum estão ligadas à água doce, as pessoas de Xangô ao trovão, as de Oxóssi à vegetação, e assim por diante.

Já na África esses orixás passaram por um processo de personalização: além de estarem associados a forças da natureza, eles também estão ligados a certos aspectos biológicos ou sociais. Então Iemanjá também é a senhora da maternidade, ela é que cuida das crianças, cria as crianças, toma conta das famílias. Consequentemente, uma filha de Iemanjá costuma ter os seios grandes, são seios que alimentam, que amamentam. Ela costuma ter barriga grande por causa das inúmeras gravidezes; ela fala demais porque a mãe passa o tempo todo gritando com as crianças; ela se preocupa mais com os filhos do que com o marido, por razões óbvias. Então tudo isso vai compondo aquilo que nós chamamos de estereótipos, que estão fundados nos mitos. Porque cada um tem um aspecto que é ligado à natureza e outro aspecto que é ligado a uma certa divisão do mundo social.

Mas essa é uma das almas e não é suficiente para definir uma pessoa, uma segunda alma é o que se chama de egum. O egum na verdade é o espírito reencarnado. Os iorubás, assim como os adeptos do candomblé, acreditam que os mortos, depois de certo tempo, renascem, reencarnam numa outra vida. Mas não é a pessoa inteira que renasce, senão seria tudo igual. O que renasce é uma alma específica, que é o egum, é aquilo que chamamos de antepassado, o que permanece sempre. O egum na África sempre nasce na mesma família, as famílias são enormes, o homem tem várias esposas, as famílias são complexas e compostas. E é nessa família complexa que se dá a reencarnação. O egum é a continuidade da família, o egum marca a eternidade de uma identidade familiar. Portanto o egum é a referência familiar que também podemos chamar de referência social, enquanto o orixá é a referência à natureza. Então nós temos uma dimensão que é a natureza e uma segunda dimensão que é a família e a sociedade.

O egum permanece num outro plano enquanto espera o momento certo de reencarnar, depois ele vira outra pessoa. Existe uma condição para o egum reencarnar. Eles estão no Orum, Orum é o mundo espiritual, e o Orum é muito chato porque lá não tem comida, não tem bebida, não tem música e não tem sexo. O egum não gosta de estar ali e precisa renascer. Condenar um egum a uma vida eterna no Orum é uma coisa terrível. A pior coisa que pode acontecer a alguém é morrer e não reencarnar, pois o bom é viver neste mundo. Para o egum reencarnar há uma condição: ele não pode ser esquecido pela sua família. Se ele for esquecido, não pode voltar. A maior preocupação de uma pessoa é ter uma família numerosa, de tal modo que depois de morto ele seja reverenciado por muita gente o tempo todo. Os eguns recebem o mesmo tratamento que os vivos, eles são parte da família, recebem comida, roupa etc. Para receber tudo isso, precisa ter uma família grande, uma família que tenha recursos. Se você morre jovem, está condenado ao esquecimento, porque você não deixa descendentes para cuidar da sua transição. Por isso os homens se casam com o maior número de mulheres e têm o maior número de filhos, pois a família grande é a base da memória.

 A pior coisa que podia existir para um africano tradicional é perder sua origem, não saber quem é. Porque quem não sabe quem é, perde sua família e quando morrer se transforma num espírito que não pode renascer. Transforma-se também num espírito atormentado que vive rondando a Terra e os vivos, desejosos de partilhar sua condição. São eguns perdidos de quem os humanos evitam ritualmente a aproximação, usando uma espécie de talismã para os afastar: os chamados contraegum, um trançado de palha da costa amarrado nos braços.

 Por isso, que quando começou o tráfico de escravizados, os africanos adotam como prática fazer marcas rituais no rosto, marcas chamadas de aberês, que são tatuagens feitas com uma agulha, que identifica a aldeia a que pertence. Então, se ele é preso e é vendido e depois por uma razão ou outra consegue retornar à África, ele sabe para onde voltar, sabe o lugar de onde veio. Naquele tempo não tinha carteira de identidade ou certidão de nascimento, então essas marcas eram feitas no rosto. Depois, no candomblé houve uma adaptação: o que era uma marca de identidade de origem familiar passou a ser uma marca de origem religiosa; cada terreiro tem um tipo diferente de tatuagem que é feita a navalha e tratada com pós cicatrizantes. Preserva-se a ideia de que você tem que saber quem é, senão não reencarna.

## 3

Mas não somos somente natureza e sociedade, nós somos também indivíduos. Existe uma terceira alma igualmente importante e que se chama ori. Ori é aquilo que temos dentro da cabeça, um conteúdo espiritual que existe acomodado no cérebro. A gente traduz ori por cabeça mesmo e a cabeça é aquilo que contém todas as definições que são do indivíduo. Ou seja, do orixá você herda certas tendências marcantes em termos de comportamento. Mais um exemplo: se eu sou de Oxalá, como Oxalá é pai e é também o elemento ar, minha tendência é ser paternalista, autoritário, mas também criativo, um pouco devagar, fácil de ser enganado porque Oxalá foi enganado pelo irmão dele, Odudua, durante o episódio da Criação (Prandi, 2001). Ao mesmo tempo, digamos, eu sou a reencarnação de um bisavô que era um ótimo comerciante, mas conhecido por ser mulherengo, então eu também tenho algo dele. Além disso tudo, tenho que ter um componente que é estritamente meu, só meu, que é o meu ori, minha cabeça, que define minha individualidade e meu destino.

Em termos de sobrevivência dessas almas, quando a pessoa morre seu orixá não desaparece, mas volta a se reunir ao orixá geral, a força que está na natureza e que é eterna. Quando eu morro a minha parte egum vai para o Orum aguardar seu tempo de reencarnação. Mas o meu ori não. O meu ori nasce comigo e morre comigo, é a parte da alma que é mortal, mas é uma parte decisiva porque é o ori que contém o meu destino, as minhas predileções e tudo aquilo que é estritamente característico da minha personalidade. Não dá para dizer que o ori é a personalidade porque haverá influências de todos das outras almas, influência que se complica porque além do primeiro orixá você tem o segundo que é o orixá que se herda da mãe.

O maior problema na construção da pessoa é que deve existir, antes de mais nada, uma integração entre as três almas. Nós sabemos que o ori pode ser completamente conflituoso com o orixá da mesma pessoa. Se alguém tem um orixá tranquilo e um ori impetuoso, isso já vira uma grande confusão. Se tem um egum que é muito sábio e um ori pouco inteligente, isso vai se complicar bastante.

Esses são os diferentes componentes da pessoa. Se eles estão desorganizados, a pessoa viverá em permanente conflito. O conflito é uma fonte muito importante de perda de axé, é uma fonte de desequilíbrio. Apenas através do cuidado ritual essas almas podem ser integradas, tratando cada uma delas de acordo com certos ritos.

O desequilíbrio espiritual pode provocar também males físicos. Por exemplo, uma pessoa desequilibrada, que tenha um ori desequilibrado, em contradição com o seu orixá, em contradição com o egum, pode desenvolver uma dor de cabeça, pode sofrer desmaios, crises de perda de memória, pode até desenvolver um câncer no cérebro e tudo mais. Então, uma preocupação importante, antes mesmo de se preocupar com o egum e com o orixá, é dar atenção ao ori.

Quando uma pessoa se aproxima do candomblé, deve passar por um processo longo de iniciação, parte do que se chama de processo de formação da pessoa, ou constituição da pessoa. Trata-se de organizar suas almas de tal modo que a pessoa seja um todo equilibrado, coerente e, por conseguinte, saudável e feliz.

# 4

A primeira cerimônia de iniciação do candomblé é destinada ao ori. Antes de tudo, deve-se fazer uma boa limpeza, porque o corpo da pessoa carrega muito axé negativo, muita energia negativa, contraída, por exemplo, em determinados lugares que devem ser evitados, como os cemitérios, lugares onde há gente chorando, gente sofrendo, com energia ruim solta por ali. A primeira coisa a fazer são os banhos de purificação, devendo-se a seguir jogar a roupa velha fora e usar uma roupa nova, limpa, cheirosa. Isso tudo é preliminar.

No início do processo ritual de construção da pessoa, deve-se instalar um altar para representar sua cabeça, e sua cabeça ganha status de divindade e passa a partir daí a ser cultuada. Junto ao altar do ori são feitas oferendas para sua cabeça. Toda ideia de restituição de força passa pela ideia de comida, de bebida. Essas religiões são religiões de povos que não conheciam a abundância. A fome era uma ameaçada permanente. O ato mais importante da vida era comer! Então, a base do culto é a oferta de comida.

A cerimônia de culto à cabeça se chama bori. Bori vem de ebó mais ori. Ebó significa oferenda e ori, cabeça. Portanto, bori significa oferenda à cabeça. Para que tenhamos uma boa cabeça é preciso agradá-la, dar-lhe a mesma atenção que consagramos aos deuses e aos antepassados.

Durante o bori, você vai ficar no terreiro, onde deve tomar muitos banhos, vai usar roupa branca, vai ficar alguns dias deitado num espaço limpo, tranquilo e silencioso. Não deverá se preocupar com nada, não terá notícias do mundo exterior. Não vai se relacionar com pessoas da sua família. Vai ficar completamente isolado, sendo atendido unicamente por sacerdotes do terreiro. E vai comer comidas santificadas, vai tomar banho com ervas santificadas e assim por diante.

A pessoa que passa pelo bori fica deitada numa esteira, tendo junto à cabeça seu altar pessoal — montado com uma tigela e uma quartinha e outros objetos simbólicos —, a representação material da individualidade agora divinizada. Em volta da representação da sua cabeça são colocadas as comidas de que o ori gosta. A cabeça tem seu paladar, gosta de certas coisas e não gosta de outras. A mãe de santo tem que saber do que o ori gosta, tem que saber a fórmula certa.

Essa primeira cerimônia do bori é a forma de se restabelecer o equilíbrio da pessoa consigo mesma. Só depois que esse equilíbrio está garantido é que se vai partir para uma segunda etapa das oferendas, agora para a parte egum da pessoa.

Passa-se mais um tempo, a mãe de santo continua jogando os búzios, continua a examinar o que acontece, observar, até estar segura de que é hora de cuidar do orixá. É chegado o momento de fazer a cabeça do iniciado. Sua cabeça será raspada, ela vai fazer o santo, vai raspar para o santo. É o momento de integração completa das três almas.

Há dois tipos de pessoas: as pessoas que podem ceder seu corpo ao orixá nas sessões de dança, portanto recebem os orixás, e as que não têm essa capacidade, e que vão se dedicar a outras atividades do culto.

Normalmente associamos a feitura de santo à ideia de transe, entrar em transe. De fato, a feitura se destina a preparar a pessoa para o transe do orixá, mas aqui não é isso o que mais importa. O importante é integrar a sua alma orixá com a alma egum e a alma ori, começando sempre pelo ori. Deve-se ter um ori bem assentado, bem integrado antes de mais nada. Um ditado diz: Ori ruim, orixá pior.

O ori é individual, contém o destino, e ele contém também a individualidade. Diz um mito que o ori de cada um é escolhido pela própria pessoa, uma pessoa ao nascer escolhe o ori com que quer nascer (Prandi, 2001). Diz a mitologia que quando Oxalá criou o homem, ele teve muitas dificuldades. Ele tentou fazer o homem de ar, mas o homem evaporou; tentou fazer de água, mas o homem escorria pelos vãos dos dedos da mão de Oxalá; tentou fazer de madeira, mas o homem ficou duro e não andava; tentou fazer de ferro, mas o homem ficou muito pesado. Oxalá ficou muito desanimado e já quase desistia, quando sua irmã Nanã perguntou por que não fazer de lama, da qual ela mesma era feita. Então ele fez o homem de lama e funcionou, só que esse homem era um tonto, um bobo, não fazia nada, nem sexo, porque Oxalá esqueceu de fazer a cabeça. Oxalá, desiludido, foi se queixar com o adivinho Ifá, que disse que o homem estava bem-feito, forte, mas que precisava de uma cabeça. Oxalá, que já estava muito cansado, e era um pouco preguiçoso, foi falar com outro irmão dele, o oleiro Ajalá. O irmão se prontificou a fazer as cabeças dos homens. Oxalá faria o homem e, antes de ele ir ao mundo, antes de nascer, ele passaria na casa de Ajalá para pega uma cabeça. E assim acontece. Então, quem escolhe é o homem sem cabeça. O que quer dizer que, apesar de sermos responsáveis pela nossa escolha, ela é uma escolha no escuro. A partir daí Ajalá passou a ser o fabricante das cabeças dos oris. Cada um que vai nascer passa na casa de Ajalá e pega uma cabeça, põe a cabeça e está pronto para nascer. Só que o Ajalá ficou farto de tanto fazer cabeças. Cada vez nasce mais gente, e ele tem que preparar o barro, amassar o barro, modelar a cabeça, assar no forno. O processo é complicado e lento, e Ajalá, para se distrair um pouco, começou a beber. Às vezes ele fica bêbado, e quando isso acontece o barro fica mal amassado, o ori não sai bem modelado. Quando vai assar no forno, ele deixa passar do ponto, o ori fica cozido demais ou cozido de menos.

    Cada um de nós, ao nascer, vai à casa de Ajalá e escolhe para si uma cabeça. Mas as pessoas têm muita pressa de nascer, porque sabe que aqui no mundo pode ter tudo de bom. Sem pensar muito, quem vai nascer pega a primeira cabeça que vê na frente, às vezes escolhe mal, e nasce com essa cabeça. Se acontecer de pegar uma cabeça ruim, vai nascer uma pessoa muito problemática, com muitos defeitos: pode ser aquele que faz tudo atrapalhado, que tem fraca inteligência, ou que, muito frequentemente, leva a crises de depressão e até loucura. Os males podem se manifestar em desmaios, perda de consciência e moléstias físicas. Evidentemente, uma pessoa que nasce assim vai dar muito mais trabalho nesse processo de integração consigo mesma, dependendo de um ritual mais demorado e mais complicado. E alguns casos, nem conseguem passar para a etapa seguinte. Cabe à mãe de santo descobrir a melhor forma de tratar uma cabeça ruim, e ela sabe que qualquer tratamento será paliativo, não há como trocar uma cabeça ruim por uma boa. Cada um nasce com a cabeça que escolheu. A culpa não é do orixá, mas da própria pessoa. O bori, assim, também é visto como um tipo de tratamento para qualquer pessoa com problemas mentais, dificuldades de relacionamento etc.

O candomblé tem seus filhos de santo, os iniciados que obrigatoriamente passam por essas etapas de construção da pessoa, mas é uma religião que também atende seus clientes, as pessoas que vão ao terreiro em busca de solução de problemas, sem que necessariamente crie vínculos religiosos com o candomblé. O cliente paga pelos serviços da mãe de santo e só volta quando achar que deve. Não é raro o cliente ser encaminhado ao pai de santo por um médico, um psicólogo ou outro agente de saúde que não consegue encontrar na ciência um tratamento que funcione. Quando o psicoterapeuta não dá conta, ele manda o paciente para um pai de santo para fazer um bori. Isso é comum. Acredita-se que o fato de o paciente passar por um procedimento culturalmente tão diverso, tão inusitado, tão cheio de detalhes e de mistérios, acaba lhe fazendo bem. Basta lembrar que a pessoa que está passando pelo bori se transforma no centro de toda atividade do terreiro. Porque o ori não recebe apenas comida e bebida, mas também dança, música e sobretudo atenção. As pessoas cantam horas e horas para o ori, cantam e dançam. Depois, a comida servida ao ori é repartida entre as pessoas que estão no terreiro naquele momento. É o ori da pessoa que está oferecendo uma cerimônia de congraçamento, uma comunhão. Não é a pessoa, mas o seu ori: a pessoa é o todo, e a parte que está sendo festejada é o ori.

Nos ritos funerários, que são igualmente complexos, a primeira coisa a ser feita é a destruição do altar da cabeça, o chamado ibá-ori. Enquanto a pessoa é viva, seu ibá-ori fica guardado no terreiro juntamente com o ibá-orixá, o altar em que está assentado o orixá da pessoa. As oferendas são feitas junto a esses altares. Pelo menos uma vez por ano a pessoa é recolhida e permanece deitada junto a seus ibás, que recebem oferendas.

Todo iniciado tem o seu orixá e, uma vez que tenha passado pelos ritos de iniciação, terá seu altar para cuidar. Os orixás femininos são assentados, são instalados, em terrinas ou tigelas de louça branca. O orixá Oxalá é assentado numa sopeira de porcelana branca, indicador de sua superioridade hierárquica. Os orixás masculinos, como são mais rústicos — acredita-se que a masculinidade é mais rústica do que a feminilidade —, são assentados em tigelas de barro de um tipo que se usava nas cozinhas coloniais, os alguidares. Os assentamentos dos orixás masculinos são feitos de barro e são abertos; os dos orixás femininos são de louça e fechados. O assentamento de Xangô, excepcionalmente, é feito numa gamela. Diz o mito que Xangô, ao experimentar o uso do fogo como arma de guerra, para ganhar mais poder, sem querer botou fogo na cidade de que era rei. Por causa disso ele foi castigado a comer junto com os animais nos coxos, nos chiqueiros com os porcos, então ele come num recipiente feito de madeira, não pode comer em sopeiras ou recipientes mais finos.

As ideias que se aplicam aos iniciados, os filhos de santo, aplicam-se igualmente aos clientes — todos são seres humanos igualmente constituídos. Quando a mãe de santo atende a um cliente que padece de tristeza, desânimo, depressão, ela precisa saber, como vimos, de onde vem o mal-estar. Se a origem é o ori, o mal é permanente, e o que se pode fazer é minorar seus efeitos, o cliente pode alcançar uma melhorada através de oferendas à sua cabeça. Se o mal decorre da cobrança de um egum, um antepassado, ou do orixá da pessoa, o que é mais comum, é preciso fazer oferendas a ele. Mas pode ser que tudo tenha sido provocado por um vírus que deixou a pessoa debilitada e deprimida, e o remédio virá da farmácia, por meio de uma prescrição médica. Se for por causa de um feitiço, é preciso combater esse feitiço, e para isso saber como foi feito, por quem, por quê. À mãe de santo cabe descobrir o que se passa. A ideia é sempre é essa: ao estudar a pessoa humana, a mãe de santo é obrigada a decompor essa pessoa em partes, em partes que vão do indivíduo ao mundo geral da natureza. E fazer o diagnóstico, fazendo valer sua experiência oracular.

O candomblé também ensina que cada um deve se precaver contra os maus espíritos e energias negativas, usando patuás, banhos, pulseiras, colares, tudo isso devidamente preparado como se fossem ferramentas de proteção. É necessário criar as condições rituais que fortalecem o axé. Axé fraco é desequilíbrio, integração precária do todo, condição favorável à instalação do mal. Se a mãe de santo descobre que a doença vem do orixá, não tem jeito, é preciso fazer o santo, ser iniciado. Haverá expedientes para se evitar a iniciação, caso a pessoa não queira ou não possa se iniciar como filha de santo. Poderá por exemplo, agradar seu orixá descontente patrocinando financeiramente a iniciação em seu lugar de outra pessoa filha de seu orixá e que não disponha de meios para bancar sua própria iniciação. Ou contribuir para as festas de seu orixá, ou assumir obrigações de ajuda não religiosa ao terreiro.

No caso de um mal que depende do ori, como vimos, oferendas regulares podem atenuar o sofrimento. Se for feitiço, se resolve com outro feitiço, com pequenas oferendas, pequenos agrados que se dá em troca de favores dos orixás. Há várias formas de se tratar o mal, mas o importante é descobrir, antes de mais nada, a origem, a causa, de onde aquilo vem.

# 5

No candomblé se cultiva a ideia de que a vida é sempre um aprendizado e que, na medida em que se vai vivendo e conhecendo o mundo, passando pelos ritos de construção da pessoa, vai se ficando cada vez forte, cada vez mais preparado para não cair nas armadilhas que o mundo oferece a cada instante. Uma longa vida bem vivida é sinônimo de sabedoria, é axé acrescentado, é força. Com sabedoria se aprende a enfrentar o mundo com segurança e com certo afastamento, porque o mundo, apesar de maravilhoso, trazer satisfação e felicidade, é muito brincalhão: o mundo gosta de ver as pessoas sofrerem, o mundo se diverte muito quando alguém escorrega e cai no chão! Por isso é fundamental tratar o mundo com uma certa distância, e são os velhos que melhor sabem disso. Só os velhos têm o saber que vem por último na vida; o primeiro saber que se adquire é o saber de fazer filhos, o saber do sexo, que é o saber mais alegre, que deixa a pessoa se meter em mil encrencas, mas que, por outro lado, garante a eternidade. Porque sem filhos não há família grande e sem família não há como se preservar a memória. Sem memória não tem reencarnação, sem reencarnação não tem vida eterna.

O primeiro saber, o de fazer filho, começa mais cedo nas mulheres, depois nos meninos, é o saber mais alegre. Os saberes vão mudando de categoria e o mais profundo deles é o saber da velhice, o saber que ensina a desprezar a dor, a rir da dor. Somente com a idade e todos os aprendizados da vida é que se aprender a conviver com a dor sem deixar que ela tome conta da pessoa. O problema é que esses saberes não podem ser ensinados. Um velho não pode ensinar a um jovem como superar a dor, pois isso depende da experiência pessoal. É muito presente a ideia de que não se pode passar adiante a experiência que não se viveu. Ninguém pode querer ensinar aquilo que um dia não o afetou diretamente. Isso vem de uma cultura que não conhecia a escrita nem a escola, em que o conhecimento era adquirido pela vivência. Os mais jovens aprendiam com os mais velhos não pela pergunta e pela resposta, mas sim pela imitação. No candomblé, como na cultura iorubá que o originou, é considerado um grande atrevimento um jovem perguntar para um mais velho o porquê das coisas. O jovem terá a explicação no momento adequado.

Sobre tudo isso, é claro que estamos falando em termos gerais, como se descrevêssemos um modelo assentado num tipo ideal. Na realidade, podem ser observadas muitas variações deste para aquele terreiro de candomblé, de acordo com as inúmeras influências que um e outro podem receber de outras instituições religiosas ou não. Mas se preserva o modelo primordial que dá conta das diferentes origens do mal e dos meios para o afastar.

Em suma, a construção do espírito decorre da contribuição de três almas. A primeira está referida ao mundo geral, a segunda, ao mundo social e a terceira, à própria individualidade. O equilíbrio, a saúde e a felicidade da pessoa dependem da integração dessas três partes. A existência dessas três partes de forma desintegrada provoca perda de axé, que leva a situações de dor, de sofrimento, de todo o tipo de mal que podemos imaginar. Por exemplo, a dor provocada pela ocorrência de pesadelos ou pensamentos paranoicos. Mesmo quando essas partes estão em harmonia, existe uma coisa chamada mundo. O rio não é sempre igual, tem trechos de calmaria e tem trechos de corredeiras. O mar não é sempre o mesmo, o mar tem marés altas e marés baixas, momentos de grandes ondas e momentos de calmaria. Do mesmo modo, nosso equilíbrio está o tempo todo ameaçado pela nossa constituição frágil, que depende de vontades e favores divinos, que padece da nossa condição mortal de portadores de cabeças que não podem ser consertadas definitivamente. Num dia de céu limpo, azul, de repente podem se formar nuvens, raios, tempestades. Assim acontece conosco também conosco, os humanos. Porque nossa origem primordial é a natureza, o orixá. As dificuldades, os percalços e as instabilidades da vida são a marca do homem que nasce do ar, do trovão, da chuva, do mar, do rio, do arco-íris, do mato, do vento, da lama que a água desfaz. A religião — para os adeptos do candomblé — é um instrumento para se controlar, até onde é possível, as situações de imprevisibilidade, de desequilíbrio, de desconforto. Pois tudo isso leva ao sofrimento.

# Referências bibliográficas

PRANDI, Reginaldo. *Os candomblés de São Paulo*: a velha magia na metrópole nova. São Paulo: Hucitec, 1991.

PRANDI, Reginaldo. *Mitologia dos orixás*. São Paulo: Companhia das Letras, 2001.

PRANDI, Reginaldo. *Segredos guardados*: orixás na alma brasileira. São Paulo: Companhia das Letras, 2005.

SANTOS, Joana Elbein dos. *Os nágó e a morte*: páde, àsésé e o culto égun na Bahia. Petrópolis: Vozes, 1976.

VERGER, Pierre Fatumbi. *Orixás*: deuses iorubás na África e no Novo Mundo. 5. ed. Salvador: Corrupio, 1997.

# 4.
# Pombagira e as faces inconfessas do Brasil

## 1

O Brasil tem uma larga tradição católica de devoção aos santos, com os quais os fiéis estabelecem relações de favor e de troca que presumem sempre uma certa intimidade com as coisas do mundo sagrado (Camargo *et al.*, 1973). Com o espraiamento das tradições afro-brasileiras no curso deste século, parece que essa intimidade com personagens do mundo sagrado — agora sobretudo com divindades afro--brasileiras, com as quais os santos se sincretizam, mais os espíritos dos mortos — teria se intensificado. De fato, há uma infindável lista de famílias ou classes de entidades sobrenaturais com que fiéis brasileiros podem estabelecer relações religiosas e mágicas e contatos personalizados, especialmente por meios de cerimônias em que essas entidades se apresentam por intermédio do transe de incorporação: os caboclos, pretos velhos, ciganos, príncipes, marinheiros, guias de luz, espíritos das trevas, encantados, além dos orixás e voduns.

Pombagira, cultuada em candomblés e umbandas, é um desses personagens muito populares no Brasil. Sua origem está nos candomblés, em que seu culto se constituiu a partir de entrecruzamentos de tradições africanas e europeias. Pombagira é considerada um Exu feminino. Exu, na tradição dos candomblés de origem predominantemente iorubá (ritos Ketu, Efan, Nagô pernambucano) é o orixá mensageiro entre os homens e o mundo de todos os orixás. Os orixás são divindades identificadas com elementos da natureza (o mar, a água dos rios, o trovão, o arco-íris, o fogo, as tempestades, as folhas etc.) e sincretizados com santos católicos, Nossa Senhora e o próprio Jesus Cristo. Assim, Oxalá, o maior dos orixás, divindade da criação, é sincretizado com Jesus; Iemanjá, a Grande Mãe dos orixás e dos brasileiros, com Nossa Senhora da Conceição. Exu, o orixá *trickster*, o que deve ser sempre homenageado em primeiro lugar, o orixá fálico, que gosta de confundir os homens, que só trabalha por dinheiro, é aquele sincretizado com o Diabo.

Na língua ritual dos candomblés angola (de tradição banto), o nome de Exu é Bongbogirá. Certamente Pombagira (Pomba Gira) é uma corruptela de Bongbogirá, e esse nome acabou por se restringir à qualidade feminina de Exu (Augras, 1989). Na umbanda, formada nos anos 30 deste século do encontro de tradições religiosas afro-brasileiras com o espiritismo Kardecista francês, Pombagira faz parte do panteão de entidades que trabalham na "esquerda", isto é, que podem ser invocadas para "trabalhar para o mal", em contraste com aquelas entidades da "direita", que só seriam invocadas em nome do "bem" (Camargo, 1961; Prandi, 1991).

Dona Pombagira, que tem um lugar muito especial nas religiões afro-brasileiras, pode também ser encontrada nos espaços não religiosos da cultura brasileira: nas novelas de televisão, no cinema, na música popular, nas conversas do dia a dia. Por influência kardecista na umbanda, Pombagira é o espírito de uma mulher (e não o orixá) que em vida teria sido uma prostituta ou cortesã, mulher de baixos princípios morais, capaz de dominar os homens por suas proezas sexuais, amante do luxo, do dinheiro e de toda sorte de prazeres.

No Brasil, sobretudo entre as populações pobres urbanas, é comum apelar à Pombagira para a solução de problemas relacionados a fracassos e desejos da vida amorosa e da sexualidade, além de inúmeros outros que envolvem situações de aflição. Estudar os cultos da Pombagira permite-nos entender algo das aspirações e frustrações de largas parcelas da população que estão muito distantes de um código de ética e moralidade embasado em valores da tradição ocidental cristã. Pois para Dona Pombagira qualquer desejo pode ser atendido: não há limites para a fantasia humana.

Embora conserve do candomblé a veneração dos orixás, a umbanda, religião que desenvolveu e sistematizou o culto a Pombagira como entidade dotada de identidade própria, é uma religião centrada no culto dos caboclos e pretos velhos, além de outras entidades. Embora o candomblé não faça distinção entre o bem e o mal, no sentido judaico-cristão, uma vez que o seu sistema de moralidade baseia-se na relação estrita entre homem e orixá, relação essa de caráter propiciatório e sacrificial, e não entre os homens como uma comunidade em que o bem do indivíduo está inscrito no bem coletivo (Prandi, 1991), a umbanda, por sua herança kardecista, preservou o bem e o mal como dois campos legítimos de atuação, mas tratou logo de os separar em departamentos estanques. A umbanda se divide numa linha da direita, voltada para a prática do bem e que trata com entidades "desenvolvidas", e numa linha da "esquerda", a parte que pode trabalhar para o "mal", também chamada quimbanda, e cujas divindades, "atrasadas" ou demoníacas, sincretizam-se com aquelas do inferno católico ou delas são tributárias. Esta divisão, contudo, pode ser meramente formal, como uma orientação classificatória estritamente ritual e com frouxa importância ética. Na prática, não há quimbanda sem umbanda nem quimbandeiro sem umbandista, pois são duas faces de uma mesma concepção religiosa.

Assim, estão do lado "direito" os orixás, sincretizados com os santos católicos, e que ocupam no panteão o posto de chefes de linhas e de falanges, que são reverenciados, mas que pouco ou nada participam do "trabalho" da umbanda, isto é, da intervenção mágica no mundo dos homens para a solução de todos os seus problemas, que é o objetivo primeiro da umbanda enquanto religião ritual. Ainda do lado do "bem" estão o caboclo (que representa a origem brasileira autêntica, o antepassado indígena) e o preto velho (símbolo da raiz africana e marca do passado escravista e de uma vida de sofrimentos e purgação de pecados). Embora religião surgida neste século, durante e em função do processo intenso de urbanização e industrialização, o panteão da umbanda é constituído sobretudo de entidades extraídas de um passado histórico que remonta pelo menos ao século 19. Ela nunca incorporou, sistematicamente, os espíritos de homens e mulheres ilustres contemporâneos que marcam o universo das entidades do espiritismo kardecista.

De todas as classes de entidades da umbanda, que são muitas, certamente o preto velho é o de maior reconhecimento público: impossível não gostar de um preto velho, mesmo quando se trata de um não umbandista. Ele é sábio, paciente, tolerante, carinhoso. Já o caboclo é o valente, o selvagem (o indígena) antes de tudo, destemido, intrépido, ameaçador, sério e muito competente nas artes das curas. O preto velho consola e sugere, o caboclo ordena e determina. O preto velho acalma, o caboclo arrebata. O preto velho contempla, reflete, assente, recolhe-se na imobilidade de sua velhice e de seu passado de trabalho escravo; o caboclo mexe-se, intriga, canta e dança, e dança e dança como o guerreiro livre que um dia foi. Os caboclos fumam charuto e os preto velhos, cachimbo; todas as entidades da umbanda fumam — a fumaça e seu uso ritual marcando a herança indígena da umbanda, aliança constitutiva com o passado do solo brasileiro.

Do panteão da direita também fazem parte os boiadeiros, os ciganos, as princesas. O boiadeiro é um caboclo que em vida foi um valente do Sertão. Veste-se como o sertanejo, com roupas e chapéu de couro, e cumpre um papel ritual muito semelhante aos caboclos indígenas, que se cobrem de vistosos cocares. Igualmente são bons curadores. Ciganos dizem o futuro mas não sabem curar; como os príncipes, estão acima das misérias terrenas. Marinheiros sabem ler e contar, e conhecem dinheiro, o que não acontece com nenhuma outra entidade, mas carregam muito dos vícios do homem do mar: gostam muito de mulher da vida, bebem em demasia, são sempre infiéis no amor e caminham sempre com pouco equilíbrio. Uma sua cantiga, imortalizada nas vozes de Clementina de Jesus e Caetano Veloso, diz:

*Oh, marinheiro, marinheiro, marinheiro só*
*Quem te ensinou a nadar, marinheiro só?*
*Ou foi o tombo do navio*
*Ou foi o balanço do mar*

*Lá vem lá vem marinheiro só*
*Como ele em faceiro*
*Todo de branco, marinheiro só*
*Com seu bonezinho*

O lado da esquerda é povoado por Exus e Pombagiras, basicamente (Arcella, 1980). Ambos são mal-educados, despudorados, agressivos. Falam palavrão e dão estrepitosas gargalhadas. Chegam pela meia-noite, os Exus com suas mãos em garras e seus pés feito cascos de animais satânicos, as Pombagiras com seus trajes escandalosos nas cores vermelho e preto, sua rosa vermelha nos longos cabelos negros, seu jeito de prostituta, ora do bordel mais miserável ora de elegantes salões de meretrício, jogo e perdição; vez por outra é a grande dama, fina e requintada, mas sempre dama da noite. Nas religiões afro-brasileiras, todo o cerimonial é cantado ao som dos atabaques, e quase todo também dançando. As cantigas dos candomblés e os pontos-cantados da umbanda são instrumentos de identidade das entidades. Assim, canta-se para Pombagira quando ela chega incorporada:

*De vermelho e negro*
*Vestida na noite o mistério traz*
*Ela é moça bonita*
*Oi, girando, girando, girando lá*

Se, por vezes, tanto Exus como Pombagiras podem vir muito elegantes e amigáveis, jamais serão, entretanto, confiáveis e desinteressados. Todo o mundo tem medo de Exu e Pombagira, ou pelo menos diz que tem. Desconfia-se deles, pois, se de fato são entidades diabólicas, não merecem confiança, mesmo quando deles nos valemos. Eles fazem questão de demonstrar animosidade. Conheci muito Exu que chama todas as pessoas de "filho da puta", que é a maior ofensa que se pode fazer a um brasileiro. Exus e Pombagiras fazem questão de demonstrar o quanto eles desprezam aqueles que os procuram.

Há ainda um certo território de difícil demarcação, que, embora formalmente situado na "direita", dá passagem para muitas entidades que se comportam como da "esquerda". Ora são Exus metamorfoseados de caboclos, ora são marinheiros e baianos.

Se com os marinheiros já estamos em território muito próximo da linha da "esquerda", com os baianos é quase impossível se saber ao certo. Baianos e baianas têm a aparência de caboclos e pretos velhos, mas se comportam como Exus e Pombagiras. Lembrando que as giras (sessões rituais de transe com canto e dança) são organizadas separadamente para entidades da "direita" e da "esquerda", pode-se imaginar que os baianos — de criação muito recente, mas com uma popularidade que já quase alcança a dos caboclos e pretos velhos — são uma espécie de disfarce pelo qual Exu e Pombagira podem participar das giras da "direita" sem serem molestados. Se um dia a umbanda separou o bem do mal, com a intenção inescondível de cultuar a ambos, parece que, com o tempo, ela vem procurando apagar essa diferença. Os baianos representariam esta disposição. De fato, os baianos são as entidades da "direita" mais próximas da "esquerda" em termos do comportamento estereotipado: eles são zombeteiros, relacionam-se com seus fiéis e clientes não escondendo o seu escárnio por eles, falam com despudor em relação às questões de caráter sexual, revelando com destemperança, para quem quiser ouvir, pormenores da intimidade das pessoas. Um dia, numa gira, uma baiana de nome Chica me disse que a confundiam com Pombagira, coisa que ela não era, só porque preferia os homens sexualmente bem-dotados. Ela dizia falar muita besteira porque as pessoas gostavam de ouvir besteiras, bebia muito porque as pessoas gostavam de beber, e falava das intimidades porque as pessoas gostavam de se exibir, mas não tinham coragem para isto. "E o Senhor não acha que isto é muito bom?", me perguntava. "Então, porque eu gosto mesmo é de ajudar os outros, eu dou o que eles querem."

## 2

Antes de mais nada, Pombagira é um Exu, ou melhor, um Exu-mulher, como ela mesma gosta de ser chamada. Como Exu, ela compõe um riquíssimo e muito variado panteão de diabos, em que ela não somente aparece como um dos Exus, mas é também casada com pelo menos um deles. Na concepção umbandista, Exu é um espírito do mal, um anjo decaído, um anjo expulso do céu, um demônio, enfim. De Pombagira se diz ser mulher de demônios e morar no inferno e nas encruzilhadas, como esclarecem suas cantigas:

*A porta do inferno estremeceu*
*O povo corre pra ver quem é*
*Eu vi uma gargalhada na encruza*
*É Pombagira, a mulher do Lucifer* (pesquisa de campo)

*Ela é mulher de sete Exu Ela é Pomba Gira Rainha*
*Ela é Rainha das Encruzilhadas*
*Ela é mulher de sete Exu.* (Molina, s/d, p. 25)

O candomblé tem pouquíssima preocupação em construir um corpo teórico doutrinário e uma organização teológica das suas entidades, e o culto da Pombagira segue de perto o culto dos orixás, assentado em mitos e tradições de origem presumidamente africana, não existindo praticamente nada escrito sobre Pombagira. A umbanda, entretanto, dispõe de vasta bibliografia também sobre Pombagira. Essa literatura desenvolve primariamente a ideia de um panteão sincrético dos Exus, dos quais Pombagira é um, e oferece minuciosos preceitos rituais. Discos também são disponíveis com os pontos-cantados.

Segundo essa literatura, a entidade suprema da "esquerda" é o Diabo Maioral, ou Exu Sombra, que só incorpora raramente. Ele tem como generais: Exu Marabô ou diabo Put Satanaika, Exu Mangueira ou diabo Agalieraps, Exu-Mor ou diabo Belzebu, Exu Rei das Sete Encruzilhadas ou diabo Astaroth, Exu Tranca Ruas ou diabo Tarchimache, Exu Veludo ou diabo Sagathana, Exu Tiriri ou diabo Fleuruty, Exu dos Rios ou diabo Nesbiros e Exu Calunga ou diabo Syrach. Sob as ordens destes e comandando outros mais estão: Exu Ventania ou diabo Baechard, Exu Quebra Galho ou diabo Frismost, Exu das Sete Cruzes ou diabo Merifild, Exu Tronqueira ou diabo Clistheret, Exu das Sete Poeiras ou diabo Silcharde, Exu Gira Mundo ou diabo Segal, Exu das Matas ou diabo Hicpacth, Exu das Pedras ou diabo Humots, Exu dos Cemitérios ou diabo Frucissière, Exu Morcego ou diabo Guland, Exu das Sete Portas ou diabo Sugat, Exu da Pedra Negra ou diabo Claunech, Exu da Capa Preta ou diabo Musigin, Exu Marabá ou diabo Huictogaras, e o nosso Exu-Mulher, Exu Pombagira, simplesmente Pombagira ou diabo Klepoth. Mas há também os Exus que trabalham sob as ordens do orixá Omulu, o senhor dos cemitérios, e seus ajudantes Exu Caveira ou diabo Sergulath e Exu da Meia-Noite ou diabo Hael, cujos nomes mais conhecidos são Exu Tata Caveira (Proculo), Exu Brasa (Haristum) Exu Mirim (Serguth), Exu Pemba (Brulefer) e Exu Pagão ou diabo Bucons (Fontenelle, [19--]; Bittencourt, 1989; Omolubá, 1990).

Cada Exu tem características próprias, cantigas e pontos-riscados (desenhos feitos a giz com os elementos simbólicos da entidade). Cada um cuida de determinadas tarefas, sendo grande e complexa a divisão de trabalho entre eles. Por exemplo, Exu Veludo oferece proteção contra os inimigos. Exu Tranca Rua pode gerar todo tipo de obstáculos na vida de uma pessoa. Exu Pagão tem o poder de instalar o ódio no coração das pessoas. Exu Mirim é o guardião das crianças e também faz trabalhos de amarração de amor. Exu Pemba é o propagador das doenças venéreas e facilitador dos amores clandestinos. Exu Morcego tem o poder de transmitir qualquer doença contagiosa. Exu das Sete Portas facilita a abertura de fechaduras, cofres e outros compartimentos secretos — materiais e simbólicos! Exu Tranca Tudo é o regente de festins e orgias. Exu da Pedra Negra é invocado para o sucesso em transações comerciais. Exu Tiriti pode enfraquecer a memória e a consciência. Exu da Capa Preta comanda as arruaças, os desentendimentos e a discórdia.

Pombagira trata dos casos de amor, protege as mulheres que a procuram, é capaz de propiciar qualquer tipo de união amorosa e sexual.

Nos terreiros, os nomes dos demônios são muito pouco conhecidos e me parece que poucos iniciados se interessam por eles. As hierarquias e ordens dos Exus também são pouco consideradas. Na prática dos terreiros, o Exu mais importante é o Exu do fundador ou do chefe do terreiro, ao qual se subordinam os Exus dos filhos de santo, sendo permitido a cada iniciado ter mais de um Exu. Nos candomblés da nação angola (Prandi, 1991) e na maioria dos terreiros de umbanda, o iniciado tem um Exu masculino e uma Pombagira, além do orixá principal, orixá secundário (juntó), caboclo etc. Nessas modalidades religiosas, o mesmo iniciado pode entrar em transe de diferentes entidades. Uma gira de umbanda muito se assemelha a um grande palco do Brasil, povoado por tipos populares das mais diferentes origens.

Todos os Exus são donos das encruzilhadas, onde devem ser depositadas as oferendas que lhes são dadas. Mas, dependendo da forma e da localização da encruzilhada, ela pode pertencer a este ou àquele Exu. Todas as encruzilhadas em forma de T pertencem a Pombagira. A Encruza-Maior, uma encruzilhada em T em que cada uma das ruas que a formam nasce de encruzilhadas também em T, é onde reina a maior das Pombagiras, a Rainha, em respeito à qual nenhuma oferenda destinada a outras Pombagiras pode ser ali depositada, sob o risco de mortal castigo.

Pombagira é singular, mas é também plural. Elas são muitas, cada qual com nome, aparência, preferências, símbolos e cantigas particulares. Entre dezenas, as Pombagiras mais conhecidas são: Pombagira Rainha, Maria Padilha, Pombagira Sete Saias, Maria Molambo, Pomba Gira da Calunga, Pombagira Cigana, Pombagira do Cruzeiro, Pombagira Cigana dos Sete Cruzeiros, Pombagira das Almas, Pombagira Maria Quitéria, Pombagira Dama da Noite, Pombagira Menina, Pombagira Mirongueira e Pombagira Menina da Praia.

Os Exus, e mais precisamente muitas Pombagiras, podem também ser considerados eguns, ou seja, espíritos de mortos, alguns de biografia mítica bem popular.

Maria Padilha, talvez a mais popular Pombagira, é considerada espírito de uma mulher muito bonita, branca, sedutora, e que em vida teria sido prostituta grã-fina ou influente cortesã. A escritora Marlyse Meyer publicou em 1993 seu interessante livro *Maria Padilha e toda sua quadrilha*, contando a história de uma amante de Pedro I (1334-1369), rei de Castela, a qual se chamava Maria Padilha. Seguindo uma pista da historiadora Laura Mello e Souza (1986), Meyer vasculha o *Romancero general de romances castellanos anteriores ao siglo* XVIII, depois documentos da Inquisição, construindo a trajetória de aventuras e feitiçaria de uma tal de Dona Maria Padilha e toda a sua quadrilha, de Montalvan a Beja, de Beja a Angola, de Angola a Recife e de Recife para os terreiros de São Paulo e de todo o Brasil. O livro é uma construção literária baseada em fatos documentais no que diz respeito à personagem histórica ibérica e em concepções míticas sobre a Padilha afro-brasileira. Evidentemente não encontra provas, e nem pretende encontrá-las, de que uma é a outra. Talvez um avatar imaginário, isto sim. E que pode, quem sabe, vir a ser, um dia, incorporado à mitologia umbandista.

Autores umbandistas, muitas vezes, conforme suas palavras, orientados pelas próprias entidades, publicam ricas e imaginosas biografias de Pombagira. Assim, Maria Molambo, uma Pombagira que sempre se veste de trapos, teria sido, no final do período Colonial no Brasil, a noiva prometida a um influente herdeiro patriarcal e que, apaixonada por outro homem, com ele fugiu de Alagoas para Pernambuco. Foram perseguidos incansavelmente pela família ultrajada e desejosa de vingança e encontrados três anos e meio depois. O jovem amante foi morto e ela levada de volta ao pai, que cuspiu em seu rosto e a expulsou de casa para sempre. Como tinha uma filha pequena, a quem devia sustentar, Rosa Maria, este era seu nome, submeteu-se a trabalhar em casa de parentes na cidade de Olinda. Com a morte da filha, de novo viu-se na rua, prostituindo-se para sobreviver. Tuberculosa e abandonada, foi enfim buscada por parentes para receber a herança deixada pelos pais mortos. Rica, teria então se dedicado à caridade até sua morte, quando então, no outro mundo, conheceu Maria Padilha e entrou para a linha das Pombagiras (Omolubá, 1990).

Embora sejam muitas as versões sobre a personagem Pombagira, ela sempre aparece relacionada à prostituição, como sugere esta cantiga:

> *Disseram que iam me matar*
> *Na porta do cabaré*
> *Passei a noite lá*
> *E ninguém me matou* (pesquisa de campo)

Seu caráter de entidade perigosa e feiticeira, com a qual se deve tomar muito cuidado, também é sempre marcado:

> *Pombagira é a mulher de sete maridos*
> *Não mexa com ela*
> *Ela é um perigo* (pesquisa de campo)

> *Pombagira girou*
> *Pombagira girou no congá da Bahia*

*Pomba gira vem de longe*
*pra fazer feitiçaria* (pesquisa de campo)

Pombagira vem sempre para trabalhar e trabalhar contra aqueles que são seus inimigos e inimigos de seus devotos. Ela considera seus amigos todos aqueles que a procuram necessitando seus favores e que sabem como agradecer-lhe e agradá-la. Deve-se presentear Pombagira com coisas que ela usa no terreiro, quando incorporada: tecidos sedosos para suas roupas nas cores vermelho e preto, perfumes, joias e bijuterias, champanhe e outras bebidas, cigarro, cigarrilha e piteiras, rosas vermelhas abertas (nunca botões), além das oferendas de obrigação, os animais sacrificiais (sobretudo no candomblé) e as de despachos deixados nas encruzilhadas, cemitérios e outros locais, a depender do trabalho que se faz, sempre iluminado pelas velas vermelhas, pretas e, às vezes, brancas.

Para se ser amigo e devoto de Pombagira é preciso ter uma causa em que ela possa trabalhar, pois é o feitiço que a fortalece e lhe dá prestígio:

*Demandas ela não rejeita*
*Ela gosta de demandar*
*Com seu garfo formoso*
*Seus inimigos gosta de espetar* (Omolubá, 1990, p. 70)

*Eu quero filho pra defender*
*E amigos pra espetar*
*Eu é Rainha das Sete Encruzilhadas*
*É lá que eu faço a minha morada* (ibidem, p. 71)

Não há mãe de santo ou pai de santo que admita trabalhar para o mal. O mal, quando acontece, é sempre uma consequência do bem, pois as situações que envolvem os Exus são sempre situações contraditórias (Trindade, 1985). Se uma mulher está apaixonada por um homem comprometido e procura ajuda no terreiro, a única responsabilidade da mãe de santo e da Pombagira é a de atender à súplica de quem faz o pedido. Se a outra mulher tiver que ser abandonada, a culpa é dela mesma, que não procurou a proteção necessária, não tendo assim propiciado as entidades que a deveriam defender. Quando duas ou mais pessoas estão engajadas em polos opostos de uma disputa, declara-se acirrada demanda (disputa, guerra) entre os litigantes humanos e seus protetores sobrenaturais. As demandas que envolvem questões amorosas são um campo específico de atuação da Pombagira. Questões de bem e de mal são irrelevantes:

> *Ela é Maria Padilha*
> *De sandalhinha de pau*
> *Ela trabalha para o bem*
> *Mas também trabalha para o mal* (ibidem, p. 70)

Pombagira, como praticamente todas as entidades que baixam nos terreiros de umbanda, sempre vêm para trabalhar, isto é, ajudar através da magia a quem precisa e busca ajuda. O conceito de "trabalho", isto é, uma prática mágica que interfere no mundo, é central na umbanda e na construção de suas entidades (Prandi, 1991; Pordeus Jr.; Fontenelle, 1993). Há sempre um grande número de pontos cantados que se referem a esta "missão", como este:

> *É na banda do mar*
> *É, é, é na Umbanda*
> *Vem, vem da Quimbanda*
> *Pombagira vem trabalhar* (Molina, [19--], p. 55)

Pombagira, entretanto, não vive só de feitiços, ela não vem só para "trabalhar". Nas grandes festas de Exu e Pombagira, especialmente nos terreiros de candomblé em que há o costume de se oferecer apenas uma grande festa anual para essas entidades, Pombagira vem para se divertir, dançar e ser apreciada e homenageada, conforme o padrão do culto aos orixás, os quais jamais dão consultas, conselhos ou receitas de cura durante o transe de possessão. Um toque de

Pombagira sempre tem um tom de festa e diversão, apesar do clima geralmente sombrio e das expressões muito estereotipadas do transe (Arcella, 1980). É assim que Pombagira se expressa nessas ocasiões:

> Com meu vestido vermelho
> Eu venho pra girar
> Com meu colar, brinco e pulseira
> Eu venho pra girar
>
> Eu uso os melhores perfumes
> Para a todos agradar
> Eu sou a Pombagira
> Eu venho pra girar
> Este é o meu destino
> O meu destino é este
> É me divertir
> Bebo, fumo, pulo e danço
> Pra subsistir
> Assim cumpro o meu destino
> Que é me divertir (pesquisa de campo)

Sempre se diz que quem é amigo de Pombagira alcança todos os seus favores, mas quem é seu inimigo corre sempre sério risco. Daí, é muito frequente, entre os adeptos, atitudes de medo e respeito para com Pombagira, mesmo quando dela não se pretende qualquer favor:

> Quem não me espeitar
> Oi, logo se afunda
> Eu sou Maria Padilha
> Dos sete cruzeiros da calunga
>
> Quem não gosta de Maria Padilha
> Tem, tem que se arrebentar
> Ela é bonita, ela é formosa
> Oh! bela, vem trabalhar (Ribeiro, 1991, p. 84)

Não é raro o envolvimento da Pombagira em casos de polícia e seu aparecimento em reportagens, novelas e séries de televisão. Num desses notórios casos, ocorrido no Rio de Janeiro em 1979, e amplamente discutido na literatura antropológica (Contins, 1983; Contins; Goldman, 1985; Maggie, 1992), um homem foi assassinado a mando da mulher por causa da sua suposta impotência sexual. Entre os envolvidos no crime, havia uma mulher que recebia Pombagira, que teria fornecido pós e trabalhos mágicos para o assassinato, mas como os pós e trabalhos mágicos não deram certo, a própria Pombagira teria sugerido, conforme depoimentos dos implicados, o uso do revólver. O comerciante foi morto a tiro disparado por outra mulher, depois do fracasso de um jovem faxineiro na tentativa de assassinato. Durante os trâmites na polícia e no judiciário, além dos personagens em carne e osso, compareceu Pombagira, em transe. Acodem, a pedido das autoridades, um psiquiatra, um pai de santo e um pastor evangélico. Os envolvidos acabam condenados. O caso, além do enorme interesse popular despertado, ensejou a produção dos mais variados discursos sobre a Pombagira (ou sua participação no crime): o mágico-religioso, o jornalístico, o jurídico, o psiquiátrico e o antropológico. Como o povo que certamente ela representa e simboliza, dona Pombagira, nesse caso, não se esgota em nenhuma dessas fontes de explicação, populares ou eruditas. Mas fica bem claro que, ainda que Pombagira seja uma entidade espiritual de baixo nível hierárquico de religiões de baixo prestígio social, sua presença no imaginário extravasa os limites dos seus seguidores para se fazer representar no pensamento das mais diversas classes sociais do país.

## 3

Pode-se pedir de tudo a Pombagira, como a qualquer divindade ou entidade afro-brasileira, mas sua fama está muito colada às questões de afeto, amor e sexualidade.

Quando se recorre a Pombagira, busca-se o conforto de três maneiras: 1) consultando-se com ela durante uma gira ou toque em que ela está presente pelo transe, em sessões que ocorrem muito tarde da noite, geralmente às sextas-feiras; 2) em contato com ela em sessão reservada, geralmente à tarde, quando o terreiro oferece consultas privadas; 3) tendo o pai ou a mãe de santo como intermediador, podendo eles usar o jogo de búzios, o oráculo dos orixás, o que acontece quando se trata de terreiro mais próximo de práticas do candomblé. A um pedido sempre corresponde algum tipo de oferenda. Vejamos, a título de ilustração, três fórmulas para se alcançarem favores de Pombagira.

*Oferenda para Pombagira Cigana prender um homem ao lado de uma mulher para sempre*: Perto da meia-noite, numa encruzilhada em forma de T, depois de pedir licença ao dono supremo de todas as encruzilhadas, Exu, recitar ou cantar dois pontos de Pombagira e depois arriar, sobre uma toalha de cores vermelho e preto, um batom, um par de tamancos, um par de brincos, sete velas vermelhas, uma garrafa de cachaça, vinho ou champanhe, sete fitas vermelhas e sete rosas vermelhas. Fazer o pedido e se afastar de costas (Alkimin, 1991, p. 26).

*ferenda a Pombagira Sete Saias para transformar uma inimiga em grande amiga*: Preparar uma farofa de farinha de mandioca crua misturada com mel e arrumar no centro de um alguidar (prato de barro). Em volta colocar sete velas brancas, sete fitas de cores diferentes, sete rosas vermelhas, uma garrafa de champanhe e uma cigarrilha. Arriar numa encruzilhada em T, depois de pedir licença a Exu, numa noite de sábado ou segunda-feira (*ibidem*, p. 34).

*Trabalho para Pombagira Calunga do Mar para despertar o interesse sexual de um homem*: Numa meia-noite de segunda-feira, arriar na praia, depois de pedir licença a Ogum Beira-Mar e Iemanjá, um prato de barro contendo um limão, um maço de cigarros, sete contas de porcelana, um pente e um batom. Entrar na água e entregar, uma a uma, doze rosas amarelas. Junto ao prato, acender sete velas vermelhas (*ibidem*, p. 42).

A umbanda praticamente eliminou o sacrifício ritual, por isso Pombagira tem sua "dieta" limitada aos seguintes alimentos: farofa de farinha de mandioca com azeite de dendê e pimenta, que é o padê, comida predileta de Exu; farofa de farinha de mandioca com mel; aguardente, vinho branco ou champanhe (cidra, uma espécie de champanhe barata feita de maçã); carne crua com azeite de dendê e pimenta; farofa com carne-seca desfiada e pimenta; coração de boi assado na brasa, com sal e pimenta. No candomblé, entretanto, Pombagira recebe sacrifício votivo de galinhas pretas e, quando se pretende atingir objetivos mais difíceis, de cabras pretas e novilhas. Na umbanda a oferenda de alimento preferencialmente vai para um lugar fora do terreiro (encruzilhada, praia etc.), mas no candomblé as comidas são depositadas ao "pé da Pombagira", isto é, junto às suas representações materiais compostas de boneca de ferro (geralmente com chifres e rabo, como o diabo), tridentes arredondados de ferro, lanças de ferro e correntes (elementos presentes também nos pontos-riscados), representações que permanecem guardadas, longe dos olhos dos não iniciados, nas dependências reservadas para o culto de Exu.

Descobrir qual é a oferenda certa para agradar Pombagira, e assim conseguir o favor almejado, representa sempre um grande desafio para os pais e mães de santo que presidem os cultos. O prestígio de muitos deles vem da fama que alcançam por serem considerados, por seguidores e clientes, bons conhecedores das fórmulas corretas para esse agrado.

# 4

Se tanto os Exus masculinos como os variadíssimos avatares, formas e invocações de Pombagira, o Exu-Mulher, estão sincretizados com o demônio católico, no dia a dia dos terreiros este dado tem importância muito secundária. Esses diabos nem são tão maus e nem seu culto soa estranho para os fiéis. Penso que ninguém se imagina fazendo alguma coisa errada ao invocar, receber em transe, cultuar ou simplesmente interagir com Pombagira. Quando um devoto invoca Exu e Pombagira, dificilmente ele tem em mente estar tratando com divindades diabólicas que impliquem qualquer aliança com o inferno e as forças do mal. Na verdade, o que se observa é uma grande intimidade com os Exus, a ponto de os fiéis a eles se referirem carinhosamente e muito intimamente como "os compadres". Nos terreiros de umbanda e nos candomblés que cultuam as formas umbandizadas de Exu, a concepção mais generalizada de Pombagira é de que se trata de uma entidade muito parecida com os seres humanos. Ela teria tido uma vida passada que espelha certamente uma das mais difíceis condições humanas: a prostituição. Mas é justamente essa condição que permitiu a ela um total conhecimento e domínio de uma das mais difíceis áreas da vida das pessoas comuns, que é a vida sexual e o relacionamento humano fora dos padrões sociais de comportamento aceitos e recomendados. Assim, acredita-se que Pombagira é dotada de uma experiência de vida real e muito rica que a maioria dos mortais jamais conheceu, e por isso seus conselhos e socorros vêm de alguém que é capaz, antes de mais nada, de compreender desejos, fantasias, angústias e desespero alheios.

Para Monique Augras, Pombagira representa uma espécie de recuperação brasileira de forças e características de divindades africanas que, no Brasil, no contato com a civilização católica, teriam passado por um processo de "cristianização". Ela está se referindo às Grandes Mães, as poderosas e temidas Iyami Oshorongás dos iorubás, quase esquecidas no Brasil, e a Iemanjá, que ao se aclimar no Novo Mundo perdeu muito de seus traços originais, modelando-se a um sincretismo com Nossa Senhora que a tornou uma mãe quase assexuada, muito diferente da figura africana sensual, envolvida em casos de paixões avassaladoras, infidelidade, incesto e estupro (Augras, 1989).

Com Pombagira, no plano do ritual que é desenvolvido para se atuar no governo do cotidiano, assegura-se o acesso às dimensões mais próximas do mundo da natureza, dos instintos, aspirações e desejos inconfessos, o que estou chamando aqui de as faces inconfessas do Brasil. O culto de Pombagira revela, de modo muito explícito esse lado "menos nobre" da concepção popular de mundo e de agir no mundo entre nós, o que é muito negador dos estereótipos de brasileiro cordial, bonzinho, solidário e pacato. Com Pombagira guerra é guerra, salve-se quem puder. Devemos no lembrar de que as religiões afro-brasileiras são religiões que aceitam o mundo como ele é. Este mundo é considerado o lugar onde todas as realizações pessoais são moralmente desejáveis e possíveis. O bom seguidor das religiões dos orixás deve fazer todo o possível para que seus desejos se realizem, pois é através da realização humana que os deuses ficam mais fortes, e podem assim mais nos ajudar. Esse empenho em ser feliz não pode se enfraquecer diante de nenhuma barreira, mesmo que a felicidade implique o infortúnio do outro. De outro lado, o código de moralidade dessas religiões, se é que é possível usar aqui a ideia de moralidade, estabelece uma relação de lealdade e de reciprocidade entre o fiel e suas entidades divinas ou espirituais, nunca entre os homens como comunidade solidária (Prandi, 1991; Fry, 1975). Na própria constituição dessas religiões no Brasil, o culto dos ancestrais (egunguns) como a dimensão religiosa controladora da moralidade, tal como na África de então e sobretudo nas regiões de cultura iorubá, foi em grande parte perdido, primeiro porque a moralidade no mundo escravista estava sob o controle estrito do mundo do branco, com sua religião católica, esta sim a grande fonte de orientação do comportamento; segundo porque a escravidão desagregava a família e destruía as referências tribais e do clã, essenciais no culto do ancestral egungum. Vingou, das religiões negras originárias, o culto dos orixás (e voduns e inquices, estes diluídos e substituídos pelos orixás), centrado na pessoa e na ideia já contemporânea de reforçamento da individualidade por meio do sacrifício iniciático, no candomblé, e depois pela troca clientelística, na umbanda. De fato, as religiões afro-brasileiras espelham muito as condições históricas de sua formação: religiões de subalternos (primeiro os escravizados, depois os negros livres marginalizados, mais tarde os pobres urbanos) que se formam também como religiões subalternas, isto é, no mínimo, religiões tributárias do catolicismo, que até hoje, em grande medida, aparece como a religião que dá identidade aos seguidores dos cultos afro-brasileiros. Quando as religiões dos orixás e voduns eram religiões de grupos negros isolados (mais ou menos até 40 ou 50 anos atrás), o catolicismo, além de ser a face voltada para o mundo branco exterior, dominante e ameaçador, era também o elemento que, tendo o sincretismo como instrumento operador, rompia com esse isolamento sociocultural para fazer de todos, mais que negros, participantes de uma identidade nacional: ser brasileiro. Mais tarde, quando as religiões afro-brasileiras romperam com as barreiras de cor, geografia e origem, produzindo-se suas novas modalidades de caráter universalizado, agora religiões para todos, independentemente de cor e geografia, ainda que esses todos sejam majoritariamente os pobres, a persistência do sincretismo católico passou a indicar uma dependência estrutural dessas religiões para com as fontes axiológicas mais gerais referidas à sociedade brasileira. Ainda é o catolicismo que diz o que é certo e o que é errado quando se trata de se pensar a relação com o outro. Quando se busca, contudo, romper momentaneamente com o código do que é certo e errado, as religiões afro-brasileiras não têm nenhuma objeção a apresentar, desde que se preservem as prerrogativas das divindades. Mas a ruptura só pode ser momentânea e em casos particulares, mesmo porque qualquer ruptura definitiva acarretaria uma separação não somente no âmbito da religião, mas no domínio mais geral da vida em sociedade.

Não é de se estranhar, portanto, que o culto a Pombagira faça parte do lado mais escondido das religiões afro-brasileiras, que é conhecido sobretudo pelo nome de quimbanda, pois as motivações básicas do culto também pertencem a dimensões do indivíduo muito encobertas pelos padrões de moralidade da sociedade ocidental-cristã. Nem é de se estranhar que tenha sido a umbanda que melhor desenvolveu esta entidade, pois foi a umbanda, como movimento de constituição de uma religião referida aos orixás e aos pactos de troca entre homem e divindade e ao mesmo tempo preocupada em absorver a moralidade cristã, que separou o bem do mal, sendo, portanto, obrigada a criar panteões separados para dar conta de cada um. Mas se, formalmente, a umbanda separou o mundo dos "demônios", ela nunca pôde dispor deles nem os tratar como entidades das quais só nos cabe manter o maior afastamento possível, sob pena de perdição e danação eterna. Porque a umbanda nunca se cristianizou, ao contrário do que pode fazer entender a ideia de sincretismo religioso: ela reconhece o mal como um elemento constitutivo da natureza humana, e o descaracteriza como mal, criando todas as possibilidades rituais para sua manipulação a favor dos homens.

Por tudo isso se diz que as religiões afro-brasileiras são religiões de liberação da personalidade, pois não faz parte nem de seu ideário nem de suas práticas rituais o acobertamento e o aniquilamento das paixões humanas de toda natureza, por mais recônditas que sejam elas. Isso é exatamente o contrário do que pregam e exercitam as religiões pentecostais, que são o grande antagonista do candomblé e da umbanda nos dias de hoje, a ponto de declararem a estas uma espécie de guerra santa, que contamina, com intransigência e uso frequente da violência física, as periferias mais pobres das grandes cidades brasileiras (Mariano, 1995). Mas se as religiões afro-brasileiras são, neste sentido, liberadoras do indivíduo, o fato de elas supervalorizarem a relação homem-entidade e darem pouca importância aos valores de solidariedade e justiça social faz com que elas dotem seus seguidores de uma especial abordagem mágica e egoísta do mundo, desinteressando-os da possibilidade de ações no sentido de transformação do mundo e de uma consequente participação política importante, num contexto como o brasileiro, para a promoção de qualquer ideia mais sólida e solidária de liberdade (Prandi, 1993).

Na luta dos homens e mulheres brasileiros que procuram o mundo dos Exus para a realização de seus anseios mais íntimos — homens e mulheres que são em geral de classes sociais médias-baixas e pobres, quase sempre de pouca escolaridade e reduzida informação e para quem as mudanças sociais têm trazido pouca ou nenhuma vantagem real na qualidade de suas vidas — dona Pombagira representa sem dúvida uma importante valorização da intimidade de cada um, pois para Pombagira não existe desejo ilegítimo, nem aspiração inalcançável, nem fantasia reprovável. Como se existisse um mundo de felicidade, cujo acesso ela controla e governa, que fosse exatamente o contrário do frustrante mundo do nosso cotidiano.

## referências bibliográficas

ALKIMIN, Zaydan. *O livro vermelho da Pomba-Gira*. 3. ed. Rio de Janeiro: Pallas, 1991.
ARCELLA, Luciano. *Rio macumba*. Roma: Bulzoni, 1980.
AUGRAS, Monique. De Yiá Mi a Pomba Gira: transformações e símbolos da libido. *In*: MOURA, Carlos Eugênio Marcondes de (org.). *Meu sinal está no teu corpo*: escritos sobre a religião dos orixás. São Paulo: Edicon: Edusp, 1989.
BITTENCOURT, José Maria. *No reino dos Exus*. 5. ed. Rio de Janeiro: Pallas, 1989.
CAMARGO, Candido Procopio Ferreira de. *Kardecismo e umbanda*. São Paulo: Pioneira, 1961.
CAMARGO, Candido Procopio Ferreira de et al. *Católicos, protestantes, espíritas*. Petrópolis: Vozes, 1973.
CONTINS, Márcia. *O caso da Pombagira*: reflexões sobre crime, possessão e imagem feminina. 1983. Dissertação (Mestrado em Antropologia Social) – Rio de Janeiro: Museu Nacional, 1983.
CONTINS, Márcia; GOLDMAN, Márcio. O caso da Pombagira. Religião e violência: uma análise do jogo discursivo entre umbanda e sociedade. *Religião e sociedade*, Rio de Janeiro, v. 11, n. 1, 1985.
FONTENELLE, Aluizio. *Exu*. Rio de Janeiro: Espiritualista, [19--].
FRY, Peter; HOWE, Gary Nigel. Duas respostas à aflição: umbanda e pentecostalismo. *Debate e crítica*, n. 6, p. 75-94, 1975.
MAGGIE, Yvonne. *Medo do feitiço*: relações entre magia e poder no Brasil. Rio de Janeiro: Arquivo Nacional, 1992.
MARIANO, Ricardo. *Neopentecostalismo*: os pentecostais estão mudando. 1995. Dissertação (Mestrado em Sociologia) – Universidade de São Paulo, São Paulo, 1995.
MEYER, Marlyse. *Maria Padilha e toda sua quadrilha*: de amante de um rei de Castela a Pomba-Gira de Umbanda. São Paulo: Duas Cidades, 1993.
MOLINA, N. A. *Pontos cantados e riscados dos Exus e Pomba Gira*. 3. ed. Rio de Janeiro: Editora Espiritualista, [19--].
OMOLUBÁ, Babalorixá. *Maria Molambo na sombra e na luz*. 5. ed. Rio de Janeiro: Pallas, 1990.
PORDEUS JR., Ismael; FONTENELLE, Luis Fernando Raposo. *A magia do trabalho*: magia cearense e festas de possessão. Ceará: Secretaria da Cultura e Desporto do Estado do Ceará, 1993.
PRANDI, Reginaldo. *Os candomblés de São Paulo*: a velha magia na metrópole nova. São Paulo: Hucitec: Edusp, 1991.
PRANDI, Reginaldo. *Città in transe*: Culti di possessione nella metropoli brasiliana. Roma: Edizioni Acta, 1993.
RIBEIRO, José. *Eu, Maria Padilha*. Rio de Janeiro: Pallas, 1991.

SOUZA, Laura Mello e. *O diabo e a terra de Santa Cruz*. São Paulo: Companhia das Letras, 1986.

TRINDADE, Liana. *Exu, poder e perigo*. São Paulo: Ícone, 1985.

# 5.
# Exu, de mensageiro a diabo

## 1

Os primeiros europeus que tiveram contato na África com o culto do orixá Exu dos iorubás, venerado pelos fons como o vodum Legba ou Elegbara, atribuíram a essa divindade uma dupla identidade: a do deus fálico greco-romano Príapo e a do diabo dos judeus e cristãos. A primeira por causa dos altares, representações materiais e símbolos fálicos do orixá-vodum; a segunda em razão de suas atribuições específicas no panteão dos orixás e voduns e suas qualificações morais narradas pela mitologia, que o mostra como um orixá que contraria as regras mais gerais de conduta aceitas socialmente, conquanto não sejam conhecidos mitos de Exu que o identifiquem com o diabo (Prandi, 2001, p. 38--83). Atribuições e caráter que os recém-chegados cristãos não podiam conceber, enxergar sem o viés etnocêntrico e muito menos aceitar. Nas palavras de Pierre Verger, Exu "tem um caráter suscetível, violento, irascível, astucioso, grosseiro, vaidoso, indecente", de modo que "os primeiros missionários, espantados com tal conjunto, assimilaram-no ao Diabo e fizeram dele o símbolo de tudo o que é maldade, perversidade, abjeção e ódio, em oposição à bondade, pureza, elevação e amor de Deus" (Verger, 1999, p. 119).

Os escritos de viajantes, missionários e outros observadores que estiveram em território fon ou iorubá entre os séculos 18 e 19, todos eles de cultura cristã, quando não cristãos de profissão, descreveram Exu sempre ressaltando aqueles aspectos que o mostravam, aos olhos ocidentais, como entidade destacadamente sexualizada e demoníaca. Um dos primeiros escritos que se referem a Legba, senão o primeiro, é devido a Pommegorge, do qual se publicou em 1789 um relato de viagem informando que "a um quarto de légua do forte os daomeanos há um deus Priapo, feito grosseiramente de terra, com seu principal atributo [o falo], que é enorme e exagerado em relação à proporção do resto do corpo" (1789, p. 201, apud Verger, 1999, p. 133). De 1847 temos o testemunho de John Duncan, que escreveu: "As partes baixas [a genitália] da estátua são grandes, desproporcionadas e expostas da maneira mais nojenta" (Duncan, 1847, v. i, p. 114). É de 1857 a descrição do pastor Thomas Bowen, em que é enfatizado o outro aspecto atribuído pelos ocidentais a Exu: "Na língua iorubá o diabo é denominado Exu, aquele que foi enviado outra vez, nome que vem de *su*, jogar fora, e Elegbara, o poderoso, nome devido ao seu grande poder sobre as pessoas" (Bowen, 1857, cap. 26). Trinta anos depois, o abade Pierre Bouche foi bastante explícito: "Os negros reconhecem em Satã o poder da possessão, pois o denominam comumente Elegbara, isto é, aquele que se apodera de nós" (Bouche, 1885, p. 120). E há muitos outros relatos antigos já citados por Verger (1999, p. 132-9), nenhum menos desfavorável ao deus mensageiro que esses.[1]

Em 1884, publicou-se na França o livro *Fétichisme e féticheurs*, de autoria de R. P. Baudin, padre católico da Sociedade das Missões Africanas de Lyon e missionário na

---

1. Este capítulo resulta de um projeto mais amplo de pesquisa sobre religiões afro-brasileiras que venho realizando desde 1987 em terreiros de candomblé e umbanda de São Paulo. Para esse projeto, tenho tido contato também com terreiros do Rio de Janeiro, Bahia, Pernambuco, Rio Grande do Norte, Distrito Federal, Maranhão, Pará, Amazonas, Ceará e Rio Grande do Sul, o que me permite, penso, poder trabalhar com classes mais generalizantes de conclusões. Neste artigo, procurei usar como fontes sobre a identidade de Pombagira as próprias cantigas de culto que estão registradas por autores umbandistas e que, de acordo com meu trabalho de campo, acham-se bastante disseminadas pelo país. Igualmente, procuro não me prender a situações muito peculiares e particulares deste ou daquele terreiro, ou mesmo cidade.

Costa dos Escravos. Foi esse o primeiro livro a tratar sistematicamente da religião dos iorubás. O relato do padre Baudin é rico em pormenores e precioso em informações sobre o panteão dos orixás e aspectos básicos do culto, tanto que o livro permanece como fonte pioneira da qual os pesquisadores contemporâneos não podem se furtar, mas suas interpretações do papel de Exu no sistema religioso dos povos iorubás, a partir das observações feitas numa perspectiva cristã do século 19, são devastadoras. E amplamente reveladoras de imagens que até hoje povoam o imaginário popular no Brasil, para não dizer do próprio povo de santo que cultua Exu, pelo menos em sua grande parte.

Assim é retratado Exu por padre Baudin:

> O chefe de todos os gênios maléficos, o pior deles e o mais temido, é Exu, palavra que significa o rejeitado; também chamado Elegbá ou Elegbara, o forte, ou ainda Ogongo Ogó, o gênio do bastão nodoso.
> 
> Para se prevenir de sua maldade, os negros colocam em suas casas o ídolo de Olarozê, gênio protetor do lar, que, armado de um bastão ou sabre, lhe protege a entrada. Mas, a fim de se pôr a salvo das crueldades de Elegbá, quando é preciso sair de casa para trabalhar, não se pode jamais esquecer de dar a ele parte de todos os sacrifícios. Quando um negro quer se vingar de um inimigo, ele faz uma copiosa oferta a Elegbá e o presenteia com uma forte ração de aguardente ou de vinho de palma. Elegbá fica então furioso e, se o inimigo não estiver bem munido de talismãs, correrá grande perigo.
> 
> É este gênio malvado que, por si mesmo ou por meio de seus companheiros espíritos, empurra o homem para o mal e, sobretudo, o excita para as paixões vergonhosas. Muitas vezes, vi negros que, punidos por roubo ou outras faltas, se desculpavam dizendo: 'Eshu l'o ti mi', isto é, 'Foi Exu que me impeliu'.
> 
> A imagem hedionda desse gênio malfazejo é colocada na frente de todas as casas, em todas as praças e em todos os caminhos.

Elegbá é representado sentado, as mãos sobre os joelhos, em completa nudez, sob uma cobertura de folhas de palmeira. O ídolo é de terra, de forma humana, com uma cabeça enorme. Penas de aves representam seus cabelos; dois búzios formam os olhos, outros, os dentes, o que lhe dá uma aparência horrível.

Nas grandes circunstâncias, ele é inundado de azeite de dendê e sangue de galinha, o que lhe dá uma aparência mais pavorosa ainda e mais nojenta. Para completar com dignidade a decoração do ignóbil símbolo do Priapo africano, colocam-se junto dele cabos de enxada usados ou grossos porretes nodosos. Os abutres, seus mensageiros, felizmente vêm comer as galinhas, e os cães, as outras vítimas a ele imoladas, sem os quais o ar ficaria infecto.

O templo principal fica em Woro, perto de Badagry, no meio de um formoso bosque encantado, sob palmeiras e árvores de grande beleza. Perto da laguna em que se realiza uma grande feira, o chão é juncado de búzios que os negros atiram como oferta a Elegbá, para que ele os deixe em paz. Uma vez por ano, o feiticeiro de Elegbá junta os búzios para comprar um escravo que lhe é sacrificado, e aguardente para animar as danças, ficando o resto para o feiticeiro.

O caso seguinte demonstra a inclinação de Elegbá para fazer o mal.

Invejoso da boa harmonia que existia entre dois vizinhos, ele resolveu desuni-los. Para tanto, ele pôs na cabeça um gorro de brilhante brancura de um lado e completamente vermelho do outro. Depois passou entre os dois, quando estavam cultivando os seus campos. Ele os saudou e continuou o seu caminho.

Quando ele passou um deles disse: — Que lindo gorro branco!

— De jeito nenhum — disse o outro. — É um magnífico gorro vermelho.

Desde então, entre os dois antigos amigos, a disputa se tornou tão viva, que um deles, exasperado, quebrou a cabeça do outro com um golpe de enxada. (Baudin, 1884, p. 49-51)

O texto termina assim, com esse mito muito conhecido nos candomblés brasileiros, e que exprime de modo emblemático a dubiedade deste orixá. Sem entrar em pormenores que certamente eram impróprios à formação pudica do missionário, há a vaga referência a Priapo, o deus fálico greco-romano, guardião dos jardins e dos pomares, que no sul da Itália imperial veio a ser identificado com o deus Lar dos romanos, guardião das casas e também das praças, ruas e encruzilhadas, protetor da família e patrono da sexualidade. Não há referências textuais sobre o caráter diabólico atribuído pelo missionário a Exu, que a descrição prenuncia, mas há um dado muito interessante na gravura que ilustra a descrição e que revela a direção da interpretação de Baudin. Na ilustração aparece um homem sacrificando uma ave a Exu, representado por uma estatueta protegida por uma casinhola situada junto à porta de entrada da casa. A legenda da figura diz: "Elegbá, o malvado espírito ou o Demônio" (1884, p. 51). Priapo e Demônio, as duas qualidades de Exu para os cristãos. Já está lá, nesse texto católico de 1884, o binômio pecaminoso impingido a Exu no seu confronto com o Ocidente: sexo e pecado, luxúria e danação, fornicação e maldade.

Nunca mais Exu se livraria da imputação dessa dupla pecha, condenado a ser o orixá mais incompreendido e caluniado do panteão afro-brasileiro, como bem lembraram Roger Bastide, que, na década de 1950, se referiu a Exu como essa "divindade caluniada" (Bastide, 1978, p. 175), e Juana Elbein dos Santos, praticamente a primeira pesquisadora no Brasil a se interessar pela recuperação dos atributos originais africanos de Exu (Santos, 1976, 130 e segs.), atributos que foram no Brasil amplamente encobertos pelas características que lhe foram impostas pelas reinterpretações católicas na formação do modelo sincrético que gabaritou a religião dos orixás no Brasil.

2

Para os antigos iorubás, os homens habitam a Terra, o *Aiê*, e os deuses orixás, o *Orum*. Mas muitos laços e obrigações ligam os dois mundos. Os homens alimentam continuamente os orixás, dividindo com eles sua comida e sua bebida, os vestem, adornam e cuidam de sua diversão. Os orixás são parte da família, são os remotos fundadores das linhagens cujas origens se perdem no passado mítico. Em troca dessas oferendas, os orixás protegem, ajudam e dão identidade aos seus descendentes humanos. Também os mortos ilustres merecem tal cuidado, e sua lembrança os mantêm vivos no presente da coletividade, até que um dia possam renascer como um novo membro de sua mesma família. É essa a simples razão do sacrifício: alimentar a família toda, inclusive os mais ilustres e mais distantes ancestrais, alimentar os pais e as mães que estão na origem de tudo, os deuses, numa reafirmação permanente de que nada se acaba e que nos laços comunitários estão amarrados, sem solução de continuidade, o presente da vida cotidiana e o passado relatado nos mitos, do qual o presente é reiteração.

As oferendas dos homens aos orixás devem ser transportadas até o mundo dos deuses. Exu tem este encargo, de transportador. Também é preciso saber se os orixás estão satisfeitos com a atenção a eles dispensada pelos seus descendentes, os seres humanos. Exu propicia essa comunicação, traz suas mensagens, é o mensageiro. É fundamental para a sobrevivência dos mortais receber as determinações e os conselhos que os orixás enviam do *Aiê*. Exu é o portador das orientações e das ordens, é o porta-voz dos deuses e entre os deuses. Exu faz a ponte entre este mundo e mundo dos orixás, especialmente nas consultas oraculares. Como os orixás interferem em tudo o que ocorre neste mundo, incluindo o cotidiano dos viventes e os fenômenos da própria natureza, nada acontece sem o trabalho de intermediário do mensageiro e transportador Exu. Nada se faz sem ele, nenhuma mudança, nem mesmo uma repetição. Sua presença está consignada até mesmo no primeiro ato da Criação: sem Exu, nada é possível. O poder de Exu, portanto, é incomensurável.

Exu deve então receber os sacrifícios votivos, deve ser propiciado, sempre que algum orixá recebe oferenda, pois o sacrifício é o único mecanismo através do qual os humanos se dirigem aos orixás, e o sacrifício significa a reafirmação dos laços de lealdade, solidariedade e retribuição entre os habitantes do *Aiê* e os habitantes do *Orum*. Sempre que um orixá é interpelado, Exu também o é, pois a interpelação de todos se faz por meio dele. É preciso que ele receba oferenda, sem a qual a comunicação não se realiza. Por isso é costume dizer que Exu não trabalha sem pagamento, o que acabou por imputar-lhe, quando o ideal cristão do trabalho desinteressado da caridade se interpôs entre os santos católicos e os orixás, a imagem de mercenário, interesseiro e venal. Como mensageiro dos deuses, Exu tudo sabe, não há segredos para ele, tudo ele ouve e tudo ele transmite. E pode quase tudo, pois conhece todas as receitas, todas as fórmulas, todas as magias. Exu trabalha para todos, não faz distinção entre aqueles a quem deve prestar serviço por imposição de seu cargo, o que inclui todas as divindades, mais os antepassados e os humanos. Exu não pode ter preferência por este ou aquele. Mas talvez o que o distingue de todos os outros deuses é seu caráter de transformador: Exu é aquele que tem o poder de quebrar a tradição, pôr as regras em questão, romper a norma e promover a mudança. Não é, pois, de se estranhar que seja considerado perigoso e temido, posto que se trata daquele que é o próprio princípio do movimento, que tudo transforma, que não respeita limites e, assim, tudo o que contraria as normas sociais que regulam o cotidiano passa a ser atributo seu. Exu carrega qualificações morais e intelectuais próprias do responsável pela manutenção e funcionamento do *status quo*, inclusive representando o princípio da continuidade garantida pela sexualidade e reprodução humana, mas ao mesmo tempo ele é o inovador que fere as tradições, um ente portanto nada confiável, que se imagina, por conseguinte, ser dotado de caráter instável, duvidoso, interesseiro, turbulento e arrivista.

Para um iorubá ou outro africano tradicional, nada é mais importante do que ter uma prole numerosa, e para garanti-la é preciso ter muitas esposas e uma vida sexual regular e profícua. É preciso gerar muitos filhos, de modo que, nessas culturas antigas, o sexo tem um sentido social que envolve a própria ideia de garantia da sobrevivência coletiva e perpetuação das linhagens, clãs e cidades. Exu é o patrono da cópula, que gera filhos e garante a continuidade do povo e a eternidade do homem. Nenhum homem ou mulher pode se sentir realizado e feliz sem uma numerosa prole, e a atividade sexual é decisiva para isso. É da relação íntima com a reprodução e a sexualidade, tão explicitadas pelos símbolos fálicos que o representam, que decorre a construção mítica do gênio libidinoso, lascivo, carnal e desregrado de Exu-Elegbara.

Isso tudo contribuiu enormemente para modelar sua imagem estereotipada de orixá difícil e perigoso que os cristãos reconheceram como demoníaca. Quando a religião dos orixás, originalmente politeísta, veio a ser praticada no Brasil do século 19 por negros que eram ao mesmo tempo católicos, todo o sistema cristão de pensar o mundo em termos do bem e do mal deu um novo formato à religião africana, no qual um novo papel esperava por Exu.

# 3

O sincretismo não é, como se pensa, uma simples tábua de correspondência entre orixás e santos católicos, assim como não representava o simples disfarce católico que os negros davam aos seus orixás para poder cultuá-los livres da intransigência do senhor branco, como de modo simplista se ensina nas escolas até hoje (Prandi, 1999). O sincretismo representa a captura da religião dos orixás dentro de um modelo que pressupõe, antes de mais nada, a existência de dois polos antagônicos que presidem todas as ações humanas: o bem e o mal; de um lado a virtude, do outro o pecado. Essa concepção, que é judaico-cristã, não existia na África. As relações entre os seres humanos e os deuses, como ocorre em outras antigas religiões politeístas, eram orientadas pelos preceitos sacrificiais e pelo tabu, e cada orixá tinha suas normas prescritivas e restritivas próprias aplicáveis aos seus devotos particulares, como ainda se observa no candomblé, não havendo um código de comportamento e valores único aplicável a toda a sociedade indistintamente, como no cristianismo, uma lei única que é a chave para o estabelecimento universal de um sistema que tudo classifica como sendo do bem ou do mal, em categorias mutuamente exclusivas.

No catolicismo, o sacrifício foi substituído pela oração, e o tabu, pelo pecado, regrado por um código de ética universalizado que opera o tempo todo com as noções de bem e mal como dois campos em luta: o de deus, que os católicos louvam nas três pessoas do Pai, Filho e Espírito Santo, que é o lado do bem, e o do mal, que é o lado do diabo em suas múltiplas manifestações. Abaixo de deus estão os anjos e os santos, santos que são humanos mortos que em vida abraçaram as virtudes católicas, às vezes por elas morrendo.

O lado do bem, digamos, foi assim preenchido pelos orixás, exceto Exu, ganhando Oxalá, o orixá criador da humanidade, o papel de Jesus Cristo, o deus Filho, mantendo-se Oxalá no topo da hierarquia, posição que já ocupava na África, donde seu nome Orixanlá ou Orixá Nlá, que significa o Grande Orixá. O remoto e inatingível deus supremo Olorum dos iorubás ajustou-se à concepção do deus Pai judaico-cristão, enquanto os demais orixás ganharam a identidade de santos. Mas ao vestirem a camisa de força de um modelo que pressupõe as virtudes católicas, os orixás sincretizados perderam muito de seus atributos originais, especialmente aqueles que, como no caso da sexualidade entendida como fonte de pecado, podem ferir o campo do bem, como explicou Monique Augras (1989), ao mostrar que muitas características africanas das Grandes Mães, inclusive Iemanjá e Oxum, foram atenuadas ou apagadas no culto brasileiro dessas deusas e passaram a compor a imagem pecaminosa de Pombagira, o Exu feminizado do Brasil, no outro polo do modelo, em que Exu reina como o senhor do mal.

Foi sem dúvida o processo de cristianização de Oxalá e outros orixás que empurrou Exu para o domínio do inferno católico, como um contraponto requerido pelo molde sincrético. Pois, ao se ajustar a religião dos orixás ao modelo da religião cristã, faltava evidentemente preencher o lado satânico do esquema deus-diabo, bem-mal, salvação-perdição, céu-inferno, e quem melhor que Exu para o papel do demônio? Sua fama já não era das melhores e mesmo entre os seguidores dos orixás sua natureza de herói *trickster* (Trindade, 1985), que não se ajusta aos modelos comuns de conduta, e seu caráter não acomodado, autônomo e embusteiro já faziam dele um ser contraventor, desviante e marginal, como o diabo. A propósito do culto de Exu na Bahia do final do século 19, o médico Raimundo Nina Rodrigues, professor da Faculdade de Medicina da Bahia e pioneiro dos estudos afro-brasileiros, escreveu em 1900 as seguintes palavras:

> Exu, Bará ou Elegbará é um santo ou orixá que os afro-baianos têm grande tendência a confundir com o diabo. Tenho ouvido mesmo de negros africanos que todos os santos podem se servir de Exu para mandar tentar ou perseguir a uma pessoa. Em uma altercação qualquer de negros, em que quase sempre levantam uma celeuma enorme pelo motivo mais fútil, não é raro entre nós ouvir-se gritar pelos mais prudentes: Fulano, olha Exu! Precisamente como diriam velhas beatas: Olha a tentação do demônio! No entanto, sou levado a crer que esta identificação é apenas o produto de uma influência do ensino católico. (Rodrigues, 1935, p. 40)

Transfigurado no diabo, Exu teve que passar por algumas mudanças para se adequar ao contexto cultural brasileiro hegemonicamente católico. Assim, num meio em que as conotações de ordem sexual eram fortemente reprimidas, o lado priápico de Exu foi muito dissimulado e em grande parte esquecido. Suas imagens brasileiras perderam o esplendor fálico do explícito Elegbara, disfarçando-se tanto quanto possível seus símbolos sexuais, pois mesmo sendo transformado em diabo, era então um diabo de cristãos, o que impôs uma inegável pudicícia que Exu não conhecera antes. Em troca ganhou chifres, rabo e até mesmo os pés de bode próprios de demônios antigos e medievais dos católicos.

## 4

Com o avanço das concepções cristãs sobre a religião dos orixás, ao qual vieram se juntar no final do século 19 as influências do espiritismo kardecista, que também absorvera orientações, visões e valores éticos cristãos, Exu foi cada vez mais empurrado para o lado do mal, cada vez mais obrigado, pelos seus próprios seguidores sincréticos, a desempenhar o papel do demônio.

O coroamento da carreira de Exu como o senhor do inferno se deu com o surgimento da umbanda no primeiro quartel do século 20. Apesar de conservar do candomblé o panteão de deuses iorubás, o rito dançado, o transe de incorporação dos orixás e antepassados, e certa prática sacrificial remanescente, a umbanda reproduziu pouco das concepções africanas preservadas no candomblé. A umbanda adotou, não sem contradições e incompletudes, certa noção moral de controle da atividade religiosa voltada para a prática da virtude cristã da caridade, concepção estranha ao candomblé. O culto umbandista foi organizado em torno dessa prática, como se dá no kardecismo, com a constituição de um panteão brasileiro subordinado aos orixás formado de espíritos que ajudam os humanos a resolver seus problemas, que são os caboclos, pretos velhos e outras categorias de mortais desencarnados. Na umbanda, a própria ideia de religião implica essa noção de trabalho mágico, pois sem a atuação direta dos espíritos na vida dos devotos, a religião não se completa. Mas todas essas entidades só trabalham para o bem. Qualquer demanda, qualquer solução de dificuldades, qualquer procura de realização de anseios e fantasias, é tudo filtrado pelo código do bem. Se a ação benéfica resultante da interferência das entidades espirituais for capaz de produzir prejuízos a terceiros, ela não pode ser posta em movimento. O bem só pode levar ao bem, e nada justifica a produção do mal. O mal deve ser combatido e evitado, mesmo quando possa trazer para uma das partes envolvidas numa relação alguma sorte de vantagem. Mas o processo de formação dessa religião ainda não se completara.

Com a substituição na umbanda, ao menos em parte, da ideia africana de tabu pela noção católica de pecado, a prática mágica tradicional, que no candomblé era destituída de imposições éticas, ficou aprisionada numa proposta umbandista de religião que desejava ser moderna, europeia, branca e ética, apesar das raízes negras que, aliás, procurou apagar tanto quanto possível. Ao mesmo tempo, a umbanda não abandonou as práticas mágicas, ao contrário, fez delas um objetivo bem definido, o centro da sua celebração ritual.

Criou-se, com isso, um grande jogo de contradições, e a umbanda acabou por se situar num terreno ético que Lísias Nogueira Negrão chamou muito apropriadamente de "entre a cruz e a encruzilhada" (Negrão, 1996). Seguindo o modelo católico, no qual se espelhava, a umbanda foi obrigada a ter em conta os dois lados: o do bem e o do mal. Incorporou a noção católica de mal, mas não se dispôs a combatê-lo necessariamente, nunca se cristianizou completamente. Formalmente, a umbanda afirma que só trabalha para o bem, mas dissimuladamente criou, desde o momento de sua formação, uma espécie de segunda personalidade, com a constituição de um universo paralelo, um lugar escondido e negado, no qual a prática mágica não recebe nenhum tipo de restrição ética, onde todos os pedidos, vontades e demandas de devotos e clientes podem ser atendidos, sem exceção, conforme o ideal da magia. Inclusive aqueles ligados a aspectos mais rejeitados da moralidade social, como a transgressão sexual, o banditismo, a vingança, e diversificada gama de comportamentos ilícitos ou socialmente indesejáveis. Se é para o bem do cliente, não há limite, e a relação que se restabelece é entre o cliente e a entidade que o beneficia, num pacto que exclui pretensos interesses do grupo e da sociedade, modelo que se baseia nas antigas relações entre devoto e orixá, sem contar, contudo, agora, com os outros mecanismos sociais de controle da moralidade que existiam na sociedade tradicional africana.

Esse território que a umbanda chamou de quimbanda, para demarcar fronteiras que a ela interessava defender para manter sua imagem de religião do bem, passou a ser o domínio de Exu, agora sim definitivamente transfigurado no diabo, aquele que tudo pode, inclusive fazer o mal. Com essa divisão "cristã" de tarefas, tudo aquilo que os caboclos, pretos velhos e outros guias do chamado panteão da direita se recusam a fazer, por razões morais, Exu faz sem pestanejar. Assim, enquanto o demonizado Exu faz contraponto com os "santificados" orixás e espíritos guias, a quimbanda funciona como uma espécie de negação ética da umbanda, ambas resultantes de um mesmo processo histórico de cristianização da religião africana. Como quem esconde o diabo, a umbanda escondeu Exu na quimbanda, pelo menos durante seu primeiro meio século de existência, para assim, longe da curiosidade pública, poder com ele livremente operar. Não faltou, entre os primeiros consolidadores da doutrina umbandista, quem se desse ao trabalho de identificar, para cada uma das inúmeras qualidades e invocações de Exu, um dos conhecidos nomes dos demônios que povoam a imaginação e as escrituras dos judeus e cristãos. Além de se ver chamado pelos nomes do diabo ocidental em suas múltiplas versões, Exu foi compelido a compartilhar com os demônios suas missões especializadas no ofício do mal, tudo, evidentemente, numa perspectiva essencialmente cristã. A maldição imposta a Exu na África por missionários e viajantes cristãos desde o século 18 foi sendo completada no Brasil nos séculos 19 e 20.

A umbanda é uma religião de espíritos de humanos que um dia viveram na Terra, os guias. Embora se reverenciem os orixás, são os guias que fazem o trabalho mágico, são eles os responsáveis pela dinâmica das celebrações rituais. Exu, que é fundamental no atendimento dos clientes e devotos, portanto peça básica da dinâmica religiosa, assumiu na umbanda o aspecto de humano desencarnado que é a marca dos caboclos e demais entidades da direita. Diabo sim, mas diabo que foi de carne e osso, espírito, guia. Assim como os caboclos foram um dia indígenas de reconhecida bravura e invejável bom-caráter, não sem uma certa inocência própria do bom selvagem, inocência perdida com a chegada ao Novo Mundo da nossa sociedade do pecado, assim como os pretos velhos foram negros escravizados trabalhadores, dóceis, pacíficos e sábios, os exus, agora no plural, foram homens de questionável conduta: assaltantes, assassinos, ladrões, contrabandistas, traficantes, vagabundos, malandros, aproveitadores, proxenetas, bandidos de toda laia, homens do diabo, por certo, gente ruim, figuras do mal.

O imaginário tradicional umbandista, para não dizer brasileiro, acreditava que muito da maldade humana é próprio das mulheres, que o sexo feminino tem o estigma da perdição, que é marca bíblica, constitutiva da própria humanidade, desde Eva. O pecado da mulher é o pecado do sexo, da vida dissoluta, do desregramento, é o pecado original que fez o homem se perder. Numa concepção que é muito ocidental, muito católica. Então Exu foi também feito mulher, deu origem à Pombagira, o lado sexualizado do pecado. Quem são as pombagiras da quimbanda? Mulheres perdidas, por certo: prostitutas, cortesãs, companheiras bandidas dos bandidos amantes, alcoviteiras e cafetinas, jogadoras de cassino e artistas de cabaré, atrizes de vida fácil, mulheres dissolutas, criaturas sem família e sem honra (Prandi, 1996). O quadro completou-se, o chamado panteão da esquerda multiplicou-se em dezenas e dezenas de exus e pombagiras, que atendem a todos os desejos, que propiciam mesmo a felicidade de duvidosa origem, que trabalham em prol de qualquer fantasia, que oferecem aos devotos e aos clientes o acesso a tudo o que a vida dá e que restituem tudo o que a vida tira. Não há limites para os guias da quimbanda, tudo lhes é possível. Para a duvidosa moralidade quimbandista, tudo leva ao bem, e mesmo aquilo que os outros chamam de mal pode ser usado para o bem do devoto e do cliente, os fins justificando os meios. Esse é o domínio do Exu cristianizado no diabo. Quando incorporado no transe ritual, Exu veste-se com capa preta e vermelha e leva na mão o tridente medieval do capeta, distorce mãos e pés imitando os cascos do diabo em forma de bode, dá as gargalhadas soturnas que se imagina próprias do senhor das trevas, bebe, fuma e fala palavrão. Nada a ver com o traquinas, trapaceiro e brincalhão mensageiro dos deuses iorubás.

## 5

No candomblé, como na África, Exu é concebido como divindade múltipla, o que também ocorre com os orixás, que são reconhecidos e venerados por meio de diferentes invocações, qualidades ou avatares, cada qual referido a um aspecto mítico do orixá, a uma sua função específica no patronato do mundo, a um acidente geográfico a que é associado etc. Sendo o próprio movimento, Exu se multiplica ao infinito, pois cada casa, cada rua, cada cidade, cada mercado etc. tem seu guardião. Também cada ser humano tem seu Exu, que é assentado, nominado e regularmente propiciado, ligando aquele ser humano ao seu orixá pessoal e ao mundo das divindades (Santos, 1976, p. 130). São muitas as invocações de Exu, muitos os seus nomes. Segundo o ogã Gilberto de Exu, são os seguintes os nomes e as atribuições de Exu mais conhecidos: Iangui, o primeiro da Criação, representado pela laterita; Exu Agbá, Agbô, ou Moagbô, o mais velho; Igbá Quetá, o Exu da cabaça-assentamento; Ocotó, o patrono da evolução, representado pelo caracol; Obassim, o companheiro de Odudua; Odara, o dono da felicidade, da harmonia; Ojissebó, o mensageiro dos orixás; Eleru, o que transporta o carrego dos iniciados; Enugbarijó, o que propicia a prosperidade; Elegbara ou Legba, o que tem o poder da transformação, princípio do movimento; Bará, o dono dos movimentos do corpo humano; Olonam, ou Lonã, o senhor dos caminhos; Icorita Metá, o Exu que guarda as encruzilhadas; Olobé, o dono da faca ritual; Elebó, o Exu das oferendas; Odusó ou Olodu, o guardião do oráculo; Elepô, o senhor do azeite de dendê; e Iná, o fogo, o patrono da comunidade que é reverenciado na cerimônia do padê (Ferreira, 2000, p. 19-21; também em Santos, 1976, p. 135--139). A esses nomes-qualidades de Exu podemos acrescentar outros registrados por Verger na África e no Brasil, como Eleiembó, Laroiê, Alaquetu, o senhor do Queto, Aquessam, senhor do mercado de Oió, Lalu e Jelu, além de nomes que Verger credita no Brasil aos cultos de origem fon e banto, a saber, Tiriri, Jelebara, Jiguidi, Mavambo, Emberequetê, Sinza Muzila e Barabô (Verger, 1997, p. 76-78; 1999, p. 132). A maioria desses nomes e dessas atribuições, originalmente africanos, é preservada nas casas de candomblé de linhagens mais ligadas à preservação e à recuperação das raízes. São nomes que indicam sucintamente as distintas funções de Exu: o mensageiro, o transportador, o transformador, o repositor e o doador.

Tais nomes e atribuições estão, contudo, ausentes na maior parte da umbanda e em certos segmentos do candomblé, em que o reconhecimento de Exu como o diabo é explícito, sendo sua hierarquia conhecida e bastante divulgada por publicações religiosas. Segundo a tábua umbandista de correspondência Exu-diabo, a entidade suprema da "esquerda" é o Diabo Maioral, ou Exu Sombra, que só raramente se manifesta no transe ritual. Ele tem como generais: Exu Marabô ou diabo Put Satanaika, Exu Mangueira ou diabo Agalieraps, Exu-Mor ou diabo Belzebu, Exu Rei das Sete Encruzilhadas ou diabo Astaroth, Exu Tranca Rua ou diabo Tarchimache, Exu Veludo ou diabo Sagathana, Exu Tiriri ou diabo Fleuruty, Exu dos Rios ou diabo Nesbiros e Exu Calunga ou diabo Syrach. Sob as ordens destes e comandando outros mais estão: Exu Ventania ou diabo Baechard, Exu Quebra Galho ou diabo Frismost, Exu das Sete Cruzes ou diabo Merifild, Exu Tronqueira ou diabo Clistheret, Exu das Sete Poeiras ou diabo Silcharde, Exu Gira Mundo ou diabo Segal, Exu das Matas ou diabo

Hicpacth, Exu das Pedras ou diabo Humots, Exu dos Cemitérios ou diabo Frucissière, Exu Morcego ou diabo Guland, Exu das Sete Portas ou diabo Sugat, Exu da Pedra Negra ou diabo Claunech, Exu da Capa Preta ou diabo Musigin, Exu Marabá ou diabo Huictogaras, e Exu-Mulher, Exu Pombagira, simplesmente Pombagira ou diabo Klepoth. Mas há também os Exus que trabalham sob as ordens do orixá Omulu, o senhor dos cemitérios, e seus ajudantes Exu Caveira ou diabo Sergulath e Exu da Meia-Noite ou diabo Hael, cujos nomes mais conhecidos são Exu Tata Caveira (Proculo), Exu Brasa (Haristum) Exu Mirim (Serguth), Exu Pemba (Brulefer) e Exu Pagão ou diabo Bucons (Fontennelle, s/d; Bittencourt, 1989; Omolubá, 1990).

Na umbanda, assim como no candomblé, cada Exu cuida de tarefas específicas, sendo grande e complexa a divisão de trabalho entre eles. Por exemplo, Exu Veludo oferece proteção contra os inimigos. Exu Tranca Rua pode gerar todo tipo de obstáculos na vida de uma pessoa. Exu Pagão tem o poder de instalar o ódio no coração das pessoas. Exu Mirim é o guardião das crianças e também faz trabalhos de amarração de amor. Exu Pemba é o propagador das doenças venéreas e facilitador dos amores clandestinos. Exu Morcego tem o poder de transmitir qualquer doença contagiosa. Exu das Sete Portas facilita a abertura de fechaduras, cofres e outros compartimentos secretos — materiais e simbólicos. Exu Tranca Tudo é o regente de festins e orgias. Exu da Pedra Negra é invocado para o sucesso em transações comerciais. Exu Tiriri pode enfraquecer a memória e a consciência. Exu da Capa Preta comanda as arruaças, os desentendimentos e a discórdia.

Igualmente são múltiplos os nomes e funções de Pombagira: Pombagira Rainha, Maria Padilha, Pombagira Sete Saias, Maria Molambo, Pombagira da Calunga, Pombagira Cigana, Pombagira do Cruzeiro, Pombagira Cigana dos Sete Cruzeiros, Pombagira das Almas, Pombagira Maria Quitéria, Pombagira Dama da Noite, Pombagira Menina, Pombagira Mirongueira, Pombagira Menina da Praia.

Pombagira é especialista notória em casos de amor, e tem poder para propiciar qualquer tipo de união amorosa e sexual. Ela trabalha contra aqueles que são inimigos seus e de seus devotos. Pombagira considera seus amigos todos aqueles que a procuram necessitando seus favores e que sabem como agradecer-lhe e agradá-la. Deve-se presentear Pombagira com coisas que ela usa no terreiro, quando incorporada: tecidos sedosos para suas roupas nas cores vermelho e preto, perfumes, joias e bijuterias, champanhe e outras bebidas, cigarro, cigarrilha e piteira, rosas vermelhas abertas (nunca botões), além das oferendas de obrigação, os animais sacrificiais (sobretudo no candomblé) e as de despachos deixados nas encruzilhadas, cemitérios e outros locais, a depender do trabalho que se faz, sempre iluminado pelas velas vermelhas, pretas e, às vezes, brancas.

# 6

Até uma ou duas décadas atrás, as sessões de quimbanda, com seus exus e suas pombagiras manifestados no ritual de transe, eram praticamente secretas. Realizadas nas avançadas horas da noite em sessões fechadas do terreiro de umbanda, a elas só tinham acesso os membros do terreiro e clientes e simpatizantes escolhidos a dedo, tanto pelo imperativo de suas necessidades como por sua discrição. Era comum entre os seus cultores negar a existência dessas sessões. A quimbanda nasceu como um departamento subterrâneo da umbanda e como tal se manteve por quase um século, embora desde sempre se soubesse da regularidade desses ritos e se pudessem reconhecer nas encruzilhadas as oferendas deixadas para Exu.

Aos poucos o culto do Exu de umbanda foi perdendo seu caráter secreto e escondido. Mas nunca houve quem admitisse, seja na umbanda ou no candomblé, trabalhar para o mal por meio de Exu. O mal, quando acontece, é sempre interpretado como consequência perversa da prática do bem, pois tudo tem seu lado bom e seu lado mau, de modo que as situações que envolvem os exus são sempre contraditórias (Trindade, 1985). Se uma mulher está apaixonada por um homem comprometido, por exemplo, e procura ajuda no terreiro, a única responsabilidade da sacerdotisa e da própria entidade invocada é a de atender à súplica. Se a outra mulher tiver que ser abandonada, a culpa é de seu descaso, por não ter procurado e propiciado as entidades que deveriam defendê-la. Se duas ou mais pessoas estão engajadas em polos opostos de uma disputa, isto significa que há uma guerra entre os litigantes humanos que também envolve seus protetores espirituais, e nada se pode fazer senão tocar a luta adiante, e vencer. Para um praticante desse tipo de relação com o sobrenatural, distinguir entre as questões do bem e a do mal é irrelevante, é dúvida que não se aplica. Esse modo de pensar legitima a prática da magia em todas as suas formas.

A grande expansão da umbanda por todo o país, iniciada no começo do século 20, e a recente propagação do candomblé que vem ocorrendo de maneira crescente nas últimas três décadas colocaram em contato muito estreito doutrinas e práticas dessas duas religiões. Tanto no Sudeste como no Nordeste e demais regiões, o candomblé de orixá, das mais diferentes nações, que anteriormente havia incorporado o culto das entidades indígenas do candomblé de caboclo, e em casos mais localizados o dos mestres do catimbó, acabou por aderir também aos rituais de exus e pombagiras conforme a prática umbandista. Desde alguns anos, as religiões afro-brasileiras conquistaram um espaço maior de liberdade de culto, num contexto em que se amplifica a diferenciação religiosa e se forma um mercado mágico-religioso plural, com aumento da tolerância religiosa e valorização das diferenças.

A quimbanda foi deixando de ser escondida e secreta e seus salões se abriram para um público curioso e ávido por conhecer os favores mágicos de seus exus e de suas pombagiras, que povoaram sem distinção tanto terreiros de umbanda como de candomblé. Hoje em dia, terreiro de candomblé sem os exus e pombagiras da umbanda, sobretudo os de origem mais recente, se contam nos dedos.

A iconografia brasileira dos exus não deixa dúvida sobre o que se pensa deles nas casas em que se observa o culto de quimbanda. Na verdade, não é preciso ir a um templo em que se realiza culto a essas entidades para ver as estátuas de gesso dos exus e das pombagiras de quimbanda em tamanho natural, monumentos figurativos de gosto duvidoso, figuras masculina e femininas concebidas com roupas, adereços e posturas que se imaginam próprias dos soberanos do inferno e dos humanos decaídos. Para apreciar a iconografia dos exus, basta andar pela rua e passar em frente a uma loja de artigos religiosos de umbanda e candomblé, que têm certa predileção de exibir essas estátuas à venda na entrada dos estabelecimentos, bem à vista. Há uma grande variedade dessas imagens, umas grandes, outras de tamanhos menores, um modelo para cada exu, um para cada pombagira, estas com frequência idealizadas com roupas sumárias, senão escandalosas, lembrando mulheres de vida fácil no imaginário popular. Nos terreiros, elas se encontram no barracão ou, mais preferencialmente, nos quartos do culto reservado aos iniciados, os quartos de santo, ou, conforme a designação umbandista, na tronqueira, o quarto dos exus.

Nos candomblés, em que o uso de imagens figurativas é acessório e menos frequente, e onde as divindades são obrigatoriamente representadas por símbolos elementais consagrados em assentamentos ou altares, como o seixo do rio ou do mar, a pedra de raio, o arco e flecha de ferro, o aro de chumbo, o pilão de prata etc., a representação sagrada de Exu, o orixá, é o tridente de ferro, que no antigo mundo grego era a ferramenta de Netuno, e na cristandade é o símbolo do demônio. Essas ferramentas estão expostas com fartura em lojas de umbanda e de candomblé. Também as tronqueiras da umbanda são povoadas de assentamentos montados com os ferros que representam os exus, os garfos de exu, tendo as pombagiras ganhado também esse tipo de representação material, que, para distinguir-se daquelas das entidades masculinas, tem um formato arredondado. O falo reaparece na iconografia afro-brasileira de Exu, mas como órgão genital ereto de estatuetas masculinas de ferro com chifres e rabo de diabo, que levam na mão o forcado de três dentes.

O convívio aberto de devotos e clientes com as entidades de esquerda que hoje se observa e a ampla popularização de seu culto têm, contudo, apresentado um efeito banalizador e desmistificador no que diz respeito à sua suposta natureza de diabo. Exu e Pombagira, por causa de sua convivência estreita com os humanos propiciada pelo transe, passam assim a ser encarados mais como compadres, amigos e guias dispostos a ajudar quem os procura, do que propriamente como demônios. Por outro lado, no processo de competição entre as religiões no contexto de um mercado de bens mágicos cada vez mais agressivo e de ofertas cada vez mais diversificadas, muitos terreiros, para se distinguir de outros, fazem questão de enfatizar e dar relevo às supostas características diabólicas de suas entidades da esquerda. Em candomblés desse tipo, geralmente frequentados e às vezes dirigidos por pessoas que estão longe de se orientar por modelos de conduta mais aceitos socialmente, se pode contratar qualquer tipo de serviço mágico, qualquer que seja o objetivo em questão. E Exu, o diabo de corpo retorcido, postura animalesca e voz cavernosa, é a entidade mobilizada, juntamente com a espalhafatosa e desbriada companheira Pombagira, para os trabalhos mágicos nada recomendáveis que fazem o negócio rendoso de um tipo de terreiros que eu não hesitaria em chamar de candomblé bandido.

Nesse tipo de paródia religiosa, que representa o degrau mais baixo da histórica decadência a que Exu foi empurrado pelo sincretismo, o culto aos orixás é pouco significativo, fazendo-se uma ou outra festa ao ano para os orixás apenas para legitimar as sessões dedicadas às imitações degradadas do orixá mensageiro. Ao lado dessas práticas também há candomblés e umbandas que "tocam" para exus e pombagiras que se dedicam, como os caboclos e pretos velhos, ao chamado "trabalho para o bem". Interessante que esses exus do bem são frequentemente considerados entidades batizadas, convertidas e cristianizadas, já muito distantes tanto da África como da quimbanda, com os atributos que lhes deram fama totalmente neutralizados. Já nem são exus, são "espíritos de luz", completamente vencidos pela influência kardecista, o outro modelo sincrético da umbanda, além do catolicismo.

7

O preceito segundo o qual Exu sempre recebe oferenda antes das demais divindades serem propiciadas, e que nada mais representa que o pagamento adiantado que Exu deve ganhar para levar as oferendas aos outros deuses, acabou sendo bastante desvirtuado. Passou-se a acreditar que as oferendas e homenagens preliminares a Exu devem ser feitas para que ele simplesmente não tumultue ou atrapalhe as cerimônias realizadas a seguir. Grande parte dos devotos dos orixás pensam e agem como se Exu devesse assim ser evitado e afastado, momentaneamente distraído com as homenagens, neutralizado como o diabo com que agora é confundido. Seu culto transformou-se assim num culto de evitação. Isto pode ser observado hoje em qualquer parte do Brasil, na maior parte dos terreiros de candomblé e umbanda, e também na África e em Cuba. Faz-se a oferenda não para que Exu cumpra sua missão de levar aos orixás as oferendas e pedidos dos humanos e trazer de volta as respostas, mas simplesmente para que ele não impeça, por meio de suas artimanhas, brincadeiras e ardis, a realização de todo o culto. Exu é pago para não atrapalhar, transformou-se num empecilho, num estorvo, num embaraço. Como se não bastasse, é tido como aquele que se vende por um prato de farofa e um copo de aguardente. Roger Bastide (1978, p. 176-7), que estudou o candomblé na década de 1950, escreveu: "O pequeno número de filhos de Exu, a diferença dos termos empregados para as crises de possessão dos orixás e dos Exus (...), a vida de sofrimentos das pessoas que têm por destino carregar

Exu na cabeça, tudo é sinal do caráter diabólico que se prende a essa divindade. Tal caráter também se manifesta na interpretação que se dá ao padê de Exu. Em nossa apresentação do candomblé, vimos que toda cerimônia, pública ou privada, profana ou religiosa, mortuária ou comemorativa dos aniversários dos diversos orixás, começa obrigatoriamente por uma homenagem a Exu. Esse gesto foi por nós explicado pelo papel de intermediário, de mensageiro, que essa divindade possui. Mas há tendência para explicar de outra maneira o padê, pela inveja ou pela maldade de Exu, que perturbaria a festa se não fosse homenageado em primeiro lugar".

A metamorfose de Exu em guia de quimbanda o aproximou bastante dos mortais, mas implicou a perda do *status* de divindade. Exu passou por um processo de humanização, que é o contrário do que usualmente acontece nas religiões de antepassados, em que os homens são divinizados depois da morte, tendo Exu seguido uma trajetória inversa àquela de orixás como Xangô, que um dia foi rei de carne e osso entre os humanos. A concepção de Exu como espírito desencarnado contribuiu para a banalização de sua figura de diabo. Para grande parte dos umbandistas e dos seguidores do candomblé que agregaram as práticas da quimbanda à celebração dos orixás, os exus estão de fato mais próximos dos homens que do diabo, mas mesmo assim seu campo de ação mágica ainda é recoberto de vergonha, medo e embaraço, pois ainda que não sejam o próprio diabo, as chamadas entidades da esquerda trabalham para a mesma malfazeja causa.

É evidente que em certos terreiros da religião dos orixás, sobretudo em uns poucos candomblés antigos mais próximos das raízes culturais africanas, cultiva-se uma imagem de Exu calcada em seu papel de orixá mensageiro dos deuses, cujas atribuições não são muito diferentes daquelas trazidas da África. Nesse meio restrito, sua figura continua sendo contraditória e problemática, mas é discreta sua ligação sincrética com o diabo católico. O mesmo não ocorre quando olhamos para a imagem de Exu cultivada por religiões oponentes, imagem que é largamente inspirada nos próprios cultos afro-brasileiros e que descrevem Exu como entidade essencialmente do mal. A imagem de Exu consolidada por essas religiões, especialmente as evangélicas, que usam fartamente o rádio e a televisão como meios de propaganda religiosa, extravasa para os mais diferentes campos religiosos e profanos da cultura brasileira e faz dele o diabo brasileiro por excelência.

Não podemos deixar de considerar que a recente expansão do candomblé por todo o país se fez a partir de uma base umbandista que se formou antes da transformação do candomblé em religião aberta a todos, sem fronteiras de raça, etnia ou origem cultural. A maior parte dos que aderiram ao candomblé nos últimos vinte ou trinta anos, naquelas regiões do país em que o candomblé só chegou recentemente, foram antes umbandistas, e a adesão ao candomblé não tem significado para parcela significativa deles o compromisso de abandonar completamente concepções e entidades da umbanda. Ao contrário, há um repertório umbandista que cada vez mais é agregado ao candomblé, a ponto de se falar frequentemente numa modalidade religiosa que seria mais facilmente identificada por um nome capaz de expressar tal hibridismo, como umbandomblé. Também o candomblé influencia terreiros de umbanda e os empréstimos rituais e doutrinários que podemos observar não são poucos. Assim, em muitos terreiros, Exu pode ter uma dupla natureza. Ele pode ser cultuado, no mesmo local de culto e pelas mesmas pessoas, como o mensageiro mais próximo do orixá africano e como o espírito desencarnado mais próximo dos humanos. E muitos fiéis, tanto da umbanda como do candomblé, se perguntam sobre a natureza de Exu: santo ou demônio? É certo que as transformações de Exu ainda não se completaram: para seus próprios seguidores, Exu é um enigma sempre mais intrincado.

# 8

A imagem de Exu, o Diabo, é fartamente explorada pelas religiões que disputam seguidores com a umbanda e o candomblé no chamado mercado religioso, especialmente as igrejas neopentecostais. Como mostrou Ricardo Mariano, o neopentecostalismo caracteriza-se por "enxergar a presença e ação do diabo em todo lugar e em qualquer coisa e até invocar a manifestação de demônios nos cultos" (Mariano, 1999, p. 113) para humilhá-los e os exorcizar, demônios aos quais os evangélicos atribuem todos os males que afligem as pessoas e que identificam como sendo, especialmente, entidades da umbanda, deuses do candomblé e espíritos do kardecismo, ocupando os exus e as pombagiras um lugar de destaque no palco em que os pastores exorcistas fazem desfilar o diabo em suas múltiplas versões. Em ritos de exorcismo televisivos da Igreja Universal do Reino de Deus, que representa hoje o mais radical e agressivo oponente cristão das religiões afro-brasileiras, exus e pombagiras são mostrados no corpo possuído de novos conversos saídos da umbanda e do candomblé, com a exibição de posturas e gestos estereotipados aprendidos pelos ex-seguidores nos próprios terreiros afro-brasileiros. Todos os males, inclusive o desemprego, a miséria, a crise familiar, entre outras aflições que atingem o cotidiano das pessoas, sobretudo os pobres, são considerados pelos neopentecostais como tendo origem no diabo, identificado preferencialmente com as entidades afro-brasileiras, conforme também mostra Ronaldo Almeida. O desemprego, por exemplo, ao invés de ser considerado como decorrente das injustiças sociais e problemas da estrutura da sociedade, como explicariam os católicos das comunidades eclesiais de base, é visto pela Igreja Universal como resultante da possessão de alguma entidade como Exu Tranca Rua ou Exu Sete Encruzilhadas (Almeida, 1996, p. 15). Neste caso, o exorcismo deve expulsar o exu que provoca o desemprego.

    Os evangélicos se valem ritualmente do transe de incorporação afro-brasileiro para trazer à cena as entidades que eles identificam como demoníacas e se propõem a expulsar em ritos que chamam de libertação. Mariza Soares identifica outro paralelo muito expressivo entre o rito umbandista do transe e o rito exorcista pentecostal. Diz ela: "A sexta-feira é conhecida na umbanda como o dia das giras de Exu, que se dão geralmente à noite. A meia-noite, 'hora grande' de sexta para sábado, é o momento em que os exus se manifestam e trabalham. É justamente nesta mesma hora que nas igrejas [evangélicas] estão sendo realizadas as cerimônias onde esses exus são invocados para, em seguida, serem expulsos dos corpos das pessoas presentes" (Soares, 1990, p. 86-87).

Ao descrever um ritual exorcista presenciado em um templo da Igreja Universal no bairro de Santa Cecília, no centro de São Paulo, em que se expulsava uma entidade que foi incorporada através do transe e que se identificou como Exu Tranca Rua, Mariano registrou os versos do cântico então entoado freneticamente pelos fiéis: "Tranca Rua e Pombagira fizeram combinação/ combinaram acabar com a vida do cristão/ torce, retorce, você não pode não/ eu tenho Jesus Cristo dentro do meu coração" (Mariano, 1999, p. 131). Eles acreditam que há um pacto firmado entre as entidades demoníacas para se apossar dos homens e os destruir pela doença, pelo infortúnio, pela morte. É o que representa Exu para os neopentecostais, mas essa imagem está longe de estar confinada às suas igrejas.

Entre os seguidores do catolicismo, a velha animosidade contra as religiões afro-brasileiras, que parecia arrefecida desde a década de 1960, quando a igreja católica deixou de lado a propaganda contra a umbanda, que chamava de "baixo espiritismo", reavivou-se com a Renovação Carismática. Movimento conservador que divide com o pentecostalismo muitas características, inclusive a intransigência para com outras religiões, o catolicismo carismático voltou a bater na tecla de que as divindades e entidades afro-brasileiras não passam de manifestações do diabo, que se apresenta a todos, sem disfarce, nas figuras de exus e pombagiras (Prandi, 1997). Está de volta a velha perseguição católica aos cultos afro-brasileiros, agora sem contar com o braço armado do estado, cuja polícia, pelo menos até o início da década de 1940, prendia praticantes e fechava terreiros, mas podendo se valer de meios de propaganda igualmente eficazes. Exu, o Diabo, mobiliza e legitima, aos olhos cristãos, o ódio religioso contra a umbanda e o candomblé, corporificado em verdadeira guerra religiosa de evangélicos contra afro--brasileiros.

Essa é a concepção mais difundida que se tem de Exu na sociedade brasileira, é o que se vê na televisão e o que se dissemina pela mídia. Na ideia mais corrente que se tem de Exu, ele está sempre associado com a magia negra, com a produção do mal e até mesmo com a morte, uma ideia que certos feiticeiros que se apresentam como sacerdotes afro-brasileiros fazem questão de propagar. É amplo o espectro da contrapropaganda que vitimiza o orixá mensageiro, contra o qual parece confluírem as mais diferentes dimensões do preconceito que envolve em nosso país os negros e a herança africana. De fato, em vários episódios de magia negra ocorridos recentemente no Brasil, com o assassinato de crianças e adultos, Exu e Pombagira têm sido apontados pela mídia como motivadores e promotores do ato criminoso. Num desses casos, ocorrido na década de 1980, no Rio de Janeiro, um comerciante foi morto a mando da mulher por causa de sua suposta impotência sexual. Depois de ter fracassada a aplicação de vários procedimentos mágicos supostamente recomendados por Pombagira, ela mesma teria sugerido o uso de arma de fogo para que a mulher se livrasse do incapaz e incômodo marido. Os implicados acabaram condenados, mas a própria Pombagira, em transe, acabou comparecendo à presença do juiz (Maggie, 1992). E lá estavam todos os ingredientes que têm, por mais de dois séculos, alimentado a concepção demoníaca que se forjou de Exu entre nós: sexo, magia negra, atentado à vida, crime.

# 9

No interior do segmento afro-brasileiro, podemos, contudo, observar nos dias de hoje um movimento que encaminha Exu numa espécie de retorno aos seus papéis e *status* africanos tradicionais. Em terreiros de candomblé que defendem ou reintroduzem concepções, mitologia e rituais buscados na tradição africana, tanto quanto possível, especialmente naqueles terreiros que têm lutado por abandonar o sincretismo católico, Exu é enfaticamente tratado como um orixá igual aos demais, buscando-se apagar as conotações de diabo, escravo e inimigo que lhe têm sido comumente atribuídas.

No candomblé cada membro do culto deve ser iniciado para um orixá específico, que é aquele considerado o seu antepassado mítico, sua origem de natureza divina. Os que eram identificados pelo jogo oracular dos búzios como filhos de Exu estavam sujeitos a ser reconhecidos como filhos do diabo e, por isso, acabavam sendo iniciados para outro orixá, especialmente para Ogum Xoroquê, uma qualidade de Ogum com profundas ligações com o mensageiro. Até pouco tempo, eram raros e notórios os filhos de Exu iniciados para Exu.

Nas décadas de 1930 e 1940, pelo menos, a identificação de Exu com o diabo não era nada sutil, e ser filho de Exu era realmente um grande problema, que devia ser ritualmente contornado nos atos de iniciação. Em seu pioneiro livro de 1948, *Candomblés da Bahia*, escreveu Édson Carneiro:

> Não se diz que a pessoa é filha de Exu, mas que tem um *carrego* de Exu, uma obrigação para com ele, por toda a vida. Esse carrego se entrega a Ogunjá, um Ogum que mora com Oxóssi e Exu, e se alimenta de comida crua, para que *não tome conta da pessoa*. Se, apesar disto, se manifestar, Exu pode dançar no candomblé, mas não em meio aos demais orixás. Isso aconteceu certa vez no candomblé do Tumba Junçara (Ciríaco), no Beiru: a filha dançava rojando-se no chão, com os cabelos despenteados e os vestidos sujos. A

manifestação tem, parece, caráter de provação. (Carneiro, 1954, p. 77)

Uma década depois, retomando os escritos de Carneiro e com base em novas investigações de campo, Bastide trata com interesse da questão dos filhos de Exu e das dificuldades por que passam em face da ideia de que ser filho de Exu era ser filho do diabo:

Exu não se encarna nunca, embora por vezes tenha filhos; conhecemos pelo menos uma filha de Exu e citaram-nos nomes de outros; mas a possessão de Exu diferencia-se da dos outros orixás pelo seu frenesi, seu caráter patológico, anormal, sua violência destruidora — se quisermos uma comparação, é um pouco a diferença que fazem os católicos entre o êxtase divino e a possessão demoníaca. Se Exu ataca um membro do candomblé, é preciso, pois, despachá-lo também, afugentá-lo imediatamente. Mas, com exceção desses casos aberrantes que, afirmamos outra vez, são extremamente raros, a função dessa parte do ritual que descrevemos tem realmente por objetivo a possessão dos homens pelos seus deuses. (Bastide, 1978, p. 25)

Conheci apenas um caso controvertido, o de uma filha de Exu; era, porém, a filha que se sentia descontente com seu "santo", e pretendia ser filha de Ogum; o babalorixá que a tinha feito não cessava, ao contrário, de afirmar que S... era mesmo filha de Exu. Em todo caso, logo da primeira vez, não se pode nunca ter certeza de que o babalaô não se enganou. Trata-se de erro muito grave, pois o verdadeiro orixá, a que pertence o cavalo, não deixaria efetivamente de manifestar seu descontentamento, vendo os sacrifícios, os alimentos irem para outro que não a ele; para vingar-se, lançaria doenças, azares, contra o cavalo em questão: justamente porque S... se sentia doente é que acreditava que tinha sido "malfeito". (Bastide, 1978, p. 37)

Nos dias de hoje, isso tudo vem mudando à medida que avança o movimento de dessincretização, e já há filhos de Exu orgulhosos de sua origem. Em muitos terreiros de candomblé, concepções e práticas católicas que foram incorporadas à religião dos orixás em solo brasileiro vão sendo questionadas e deixadas de lado. Quando isso ocorre, Exu vai perdendo, dentro do mundo afro-brasileiro, a condição de diabo que a visão maniqueísta do catolicismo a respeito do bem e do mal a ele impingiu, uma vez que foi exatamente a cristianização dos orixás que transformou Oxalá em Jesus Cristo, Iemanjá em Nossa Senhora, outros orixás em santos católicos, e Exu no diabo. Nesse processo de dessincretização, que é um dos aspectos do processo de africanização por que passa certo segmento do candomblé (Prandi, 1991), Exu tem alguma chance de voltar a ser simplesmente o orixá mensageiro que detém o poder da transformação e do movimento, que vive na estrada, frequenta as encruzilhadas e guarda a porta das casas, orixá controvertido e não domesticável, porém nem santo nem demônio.

## referências bibliográficas

ALMEIDA, Ronaldo R. M. de. A universalização do reino de deus. *Novos Estudos Cebrap*, São Paulo, n. 44, p. 12-23, mar. 1996.
AUGRAS, Monique. De Yiá Mi a Pomba Gira: transformações e símbolos da libido. *In*: Carlos Eugênio Marcondes de Moura (org.). *Meu sinal está no teu corpo*. São Paulo: Edicon: Edusp, 1989. p. 14-36.
BAUDIN, R. P. *Fétichisme et féticheurs*. Lyon, Séminaire des Missions Africaines — Bureau de Missions Catholiques, 1884.
BASTIDE, Roger. *O candomblé da Bahia:* rito nagô. 3. ed. São Paulo: Nacional, 1978.
BITTENCOURT, José Maria. *No reino dos Exus*. 5. ed. Rio de Janeiro: Pallas, 1989.
BOUCHE, Pierre. *La Côte des Esclaves et le Dahomey*. Paris: Librarie Plon, 1885.
BOWEN, Thomas Jefferson. *Adventures and Missionary Labors in Several Countries in the Interior of Africa*. Charleston: Southern Baptist Publication Society, 1857.
BOWEN, Thomas Jefferson. *Adventures and Missionary Labors in Several Countries in the Interior of Africa*. 2. ed. Londres: Cass, 1968.
BURTON, Richard. *Abeokuta and Camaroons*: An exploration. Londres: Tinsley Brothers, 1863. 2v.
CARNEIRO, Édson. *Candomblés da Bahia*. 2. ed. Rio de Janeiro: Editorial Andes, 1954.
DUNCAN, John. *Travels in West Africa*. Londres: Richard Bentley, 1847. 2v.
FERREIRA, Gilberto Antonio de Exu. Exu, a pedra primordial da teologia iorubá. *In*: MARTINS, Cléo; LODY, Raul (org.). *Faraimará*: o caçador traz alegria. Rio de Janeiro: Pallas, 2000. p. 15-23.
FONTENELLE, Aluizio. *Exu*. Rio de Janeiro: Espiritualista, [19--].
MAGGIE, Ivonne. *Medo do feitiço*: relações entre magia e poder no Brasil. Rio de Janeiro: Arquivo Nacional, 1992.
MARIANO, Ricardo. *Neopentecostais*: sociologia do novo pentecostalismo no Brasil. São Paulo: Loyola, 1999.
NEGRÃO, Lísias Nogueira. *Entre a cruz e a encruzilhada*: formação do campo umbandista em São Paulo. São Paulo: Edusp, 1996.
OMOLUBÁ, Babalorixá. *Maria Molambo na sombra e na luz*. 5. ed. Rio de Janeiro: Pallas, 1990.
POMMEGORGE, Pruneau de. *Description de Nigritie*. MPDP: Amsterdã, 1789.
PRANDI, Reginaldo. *Os candomblés de São Paulo*. São Paulo: Hucitec, 1991.
PRANDI, Reginaldo. Pombagira e as faces inconfessas do Brasil. *In*: PRANDI, Reginaldo, *Herdeiras do axé*: sociologia das

religiões afro-brasileiras. São Paulo: Hucitec, 1996. p. 139-
-64.
PRANDI, Reginaldo. *Um sopro do espírito*: a reação conservadora
do catolicismo carismático. São Paulo: Edusp, 1997.
PRANDIi, Reginaldo. Referências sociais das religiões afro-
-brasileiras: sincretismo, branqueamento, africanização. *In*:
CAROSO, Carlos; BACELAR, Jeferson (org.). *Faces da
tradição afro-brasileira*. Rio de Janeiro: Pallas, 1999. p. 93-112.
PRANDI, Reginaldo. *Mitologia dos orixás*. São Paulo:
Companhia das Letras, 2001.
RODRIGUES, Raimundo Nina. *O animismo fetichista dos negros
bahianos*. Salvador: Reis & Comp., 1900.
RODRIGUES, Raimundo Nina. *O animismo fetichista dos negros
bahianos*. 2. ed. São Paulo: Civilização Brasileira, 1935.
SANTOS, Juana Elbein dos. *Os nagô e a morte*. Petrópolis:
Vozes, 1976.
SOARES, Mariza de Carvalho. Guerra santa no país do
sincretismo. *In*: LANDIM, Leila (org.). *Sinais dos tempos*:
diversidade religiosa no Brasil. Rio de Janeiro: Cadernos
do Iser, 1990. p. 75-104.
TRINDADE, Liana. *Exu, poder e perigo*. São Paulo: Ícone, 1985.
VERGER, Pierre. *Orixás*: deuses iorubás na África e no Novo
Mundo. 5. ed. Salvador: Corrupio, 1997.
VERGER, Pierre. *Notas sobre o culto aos orixás e voduns*. Tradução
de Carlos Eugênio Marcondes de Moura, do original de 1957.
São Paulo: Edusp, 1999.

# 6.
# Sacerdócio, poder e política no candomblé

## 1

Os orixás e outras entidades cultuadas no candomblé[1] fazem-se representar ao grupo de culto pelo transe de possessão, de modo que o sacerdócio nesta religião consiste precipuamente em deixar-se possuir ou "cavalgar" pelos deuses, para que estes possam, através de seus "cavalos", conviver com os mortais e ser por eles adorados. Ser do candomblé é sempre oferecer o corpo para o outro sagrado, e para isso é necessário passar por longa e lenta iniciação.

A iniciação pressupõe que o filho de santo e seu orixá possam, ao longo da carreira iniciática, através das obrigações sucessivas que levam a cargos sacerdotais cada vez mais elevados, alcançar graus de amadurecimento e aperfeiçoamento da sua capacidade de expressão. A iniciação consiste, pois, em etapas de aprendizado ritual por parte do filho de santo e em estágios de adensamento da sacralidade do orixá particular desse iniciado. Ao filho caberá o aprendizado de

---

1. Candomblé é o nome pelo qual a religião brasileira dos orixás iorubanos e voduns daomeanos (Verger, 1957 e 1985) foi designado primeiramente na Bahia (Bastide, 1975 e 1978; Carneiro, 1947), de onde, no curso dos anos 1970, veio a se propagar como nome genérico para religiões conhecidas regionalmente por outras designações: xangô em Pernambuco, Sergipe e Alagoas (Ribeiro, 1952; Motta, 1980 e 1982); batuque no Rio Grande do Sul (Herskovits, 1943), tambor de mina no Maranhão (S. Ferretti, 1986; M. Ferretti, 1985), macumba e candomblé no Rio de Janeiro. Em São Paulo, candomblé é termo generalizado, independente da origem e da filiação religiosa do terreiro (Prandi, 1991).

múltiplos e nem sempre compatíveis papéis.² O tempo de iniciação equivale à "idade" do orixá. O respeito que se tem por um santo velho, "feito" há mais tempo, é bem maior que aquele devido a um orixá "mais novo". Só com o alcançar de níveis iniciáticos mais elevados, os orixás, no transe, passam a ter certos privilégios e prerrogativas reservadas aos santos mais velhos: falar em público ou quando não consultados; pedir para que se cante esta ou aquela cantiga; tomar a iniciativa de abraçar e saudar fiéis na roda de santo e amigos, parentes e simpatizantes do filho de santo na plateia; escolher ("suspender"), entre os não rodantes da casa ou que dela estão se aproximando, seus acólitos ogãs e equedes; atribuir postos sacerdotais próprios dos rodantes; são coisas que um santo novo não pode fazer. Um orixá novo é reconhecido e se faz reconhecer até mesmo por sua postura. Quando não está dançando, não pode ficar com as mãos para trás, com o dorso de cada uma apoiado nas costas na altura dos rins. Esta postura é própria dos orixás dos ebomes, isto é, daqueles santos cujos sacerdotes já alcançaram o nível de senioridade, tendo passado, portanto, pela feitura, pelas obrigações de um, três, cinco e sete anos, quando, finalmente, recebem o decá (ritual de senioridade) e passam a fazer parte do alto clero do terreiro. O orixá novo é obrigado a se fazer presente no transe sempre que as situações rituais o exigirem. Um santo velho pode dar-se ao luxo de não "passar", não "descer", não se incorporar.

 Maior o tempo de iniciação do filho ou da filha de santo (iaô), maior o grau de autonomia, privilégio, prerrogativas e poder que alcançará o seu orixá. Há uma relação de equivalência diretamente proporcional entre o pressuposto saber iniciático do filho de santo e a capacidade de expressão do orixá. Orixá novo não tem querer, como iaô não tem saber — esta é uma lei do candomblé.

---

2. Sobre a estrutura hierárquica de um terreiro, ver Lima, 1977. A respeito da disciplina exigida no processo de iniciação, ver o trabalho de uma antropóloga, ex-filha de santo e hoje mãe de santo em Cossard-Binon, 1981.

Um pai ou uma mãe de santo é, em geral, a pessoa com maior tempo de iniciação numa casa de candomblé, mesmo porque foi ele ou ela quem iniciou os demais. O orixá da mãe de santo é, *ipso facto*, o orixá que atingiu a maior perfeição e maior poder. Inclusive, recebe sacrifícios sempre que houver qualquer obrigação na casa, pois é o dono daquele axé. Os orixás dos ebomes são mais poderosos e livres em suas iniciativas que os dos iaôs. Os abiãs, meros aspirantes, não têm ainda orixá "feito", não são nada, por conseguinte. Os ebomes não rodantes, isto é, os ogãs e equedes confirmados (iniciados e sacralizados nos seus cargos) não têm orixás que possam manifestar-se em transe; seus santos são assentados apenas nos seus altares (assentamento, assento ou ibá-orixá) para receber sacrifício, mas não são e não podem ser fixados (feitos) também em suas cabeças, pois eles, por definição, não rodam, e todo o seu poder deriva das predileções dos altos dignatários da casa. Ninguém gosta de ser suspenso para ser ogã ou equede de orixá de pessoa que não ocupe posto bastante elevado na casa.

Quando ocorre a morte da mãe ou do pai de santo, haverá uma luta sucessória. Na sucessão, o critério de senioridade é importante, mas não suficiente. Depende muito da situação jurídica do terreiro, da sucessão civil sobre o espólio material, isto é, a propriedade imobiliária do terreiro, dos possíveis herdeiros legais, que podem não fazer parte do grupo de culto etc. Em geral, as casas tendem a não sobreviver ao seu fundador, exceto em meia dúzia de casos, em que vários fatores confluíram no sentido de manter uma "tradição" publicamente atribuída e reconhecida. Mas sempre haverá discordâncias, atritos, rupturas, e provável formação de novas casas pelos dissidentes que se afastam. Desde que o candomblé é candomblé. Dos velhos terreiros da Bahia, poucos sobreviveram, mas mesmo assim passando por períodos de transição difíceis e às vezes indefinidos por uns bons pares de anos. O terreiro do Gantois e o Axé Opô Afonjá nasceram da Casa Branca do Engenho Velho (onde teria nascido o candomblé) nessas circunstâncias.[3] Em São Paulo, nestes poucos anos de candomblé, houve apenas um caso em que o terreiro sobreviveu ao fundador, o Aché Ilê Obá, em que a sucessora, Mãe Sílvia de Oxalá, sobrinha e filha de santo de Caio Aranha, o fundador, ainda trava disputas judiciais com outros parentes de sangue, herdeiros como ela dos bens materiais de Pai Caio, entre os quais o terreiro (que é, sem dúvida, o materialmente mais rico do país). Mesmo assim, a comunidade de culto do Aché Ilê Obá é hoje bem outra que aquela dos tempos de Caio de Xangô. Muito "jovem no santo", ainda iaô, Mãe Sílvia, para legitimar-se no cargo, teve que contar com a presença, na cerimônia de "tirar a mão de vume" (mão do falecido) e na sua entronização, com personagens de muita visibilidade nos meios do candomblé paulista, fluminense e baiano, entre os quais Air de Oxaguiã, bisneto carnal de Benzinho Sowzer e pai de santo do terreiro baiano Pilão de Prata; Pérsio de Xangô, Gitadê, Ada de Obaluaê, de São Paulo, Mãe Bida de Iemanjá e a Equede Angelina do Axé de Oxumarê, equede que passou a ser depois, por um par de anos, o braço direito

---

[3]. O Gantois está apenas no seu quarto governo, com Mãe Cleusa, filha carnal de Menininha, recém-empossada, depois de mais de meio século de governo de sua mãe, que herdara de Pulquéria, filha da fundadora e tia-avó carnal de Menininha, tanto a propriedade como templo, isto é, o cargo, como ela gostava de deixar bem claro. O Opô Afonjá está com sua quinta ialorixá, Mãe Stela de Oxóssi, mas a segunda ialorixá, Tia Bada, e a quarta, Mãezinha Ondina, marcaram apenas períodos de interregno de grandes disputas. Mesmo na posse de Stela, quando o terreiro já se adaptara à ausência de Senhora, houve novas divisões, partindo Mestre Didi, pretendente ao trono de sua mãe, ou pelo menos à partilha do poder, já que era e é o sumo-sacerdote dos antepassados daquele axé, o açobá, para fundar seu próprio terreiro. No Recife, dos velhos terreiros sobreviveu apenas o de Pai Adão, porém com grandes períodos de disputas e decadência. O Oloroquê da Bahia, berço da nação efã, esteve desativado por cerca de oito anos, até ser reconstruído nestes dois últimos anos, quando a sucessão de Matilde de Jagum, que morreu em 1973, começou a definir-se, ocupando o cargo de ialorixá Mãe Crispiniana, mas sendo proprietário legal dos imóveis do terreiro e ex-efã Waldomiro de Xangô. Waldomiro é hoje o pai de santo do Oloroquê.

de Mãe Sílvia. Mesmo assim a vida desta mãe de santo não tem sido fácil, dentro e fora do seu terreiro, no mundo das querelas religiosas e no das questões profanas.[4] Em outros casos de morte de sacerdotes fundadores de casas de São Paulo — às vezes terreiro que chegou a conhecer grande prestígio e alcançou muita boa situação financeira, com instalações próprias e bastante confortáveis — os terreiros foram simplesmente fechados. No axexê (rito fúnebre) de Mãe Joana de Oxóssi, filha de santo de Seu Vavá Negrinha, um dos pioneiros do candomblé paulista, axexê que já se realizava com atraso de um mês, dada a desorganização que a morte de Mãe Joana provocou, seu terreiro, no bairro de Lauzane Paulista, zona norte da capital, antes muito bem instalado, encontrava-se em estado de saque, como nas cenas do velho filme *Zorba, o grego*. Naquela noite fria e madrugada gelada de junho de 1987, nenhum dos muitos filhos e das filhas de santo de Mãe Joana compareceu, com exceção da jovem herdeira presuntiva. Todo o pessoal presente era da casa de Pérsio de Xangô que, junto com sua irmã de santo, a hoje falecida ialorixá Nilzete do Axé de Oxumarê, de Salvador, tocava o axexê, vira e mexe importunado pelos herdeiros civis e não membros do grupo religioso, interessados em saber o que se passava durante o rito de quebrar os assentamentos que seriam despachados. Pai Pérsio nos dizia reiteradamente: "Faço isto por pura caridade, não cobrei um tostão. A pobre da coitada não tem ninguém nem pra despachar o egum (espírito) dela."

4. Foi para evitar a partilha da herança de Caio Aranha e o consequente fim do Aché Ilê Obá que Mãe Sílvia tomou a iniciativa de promover o tombamento de seu terreiro pelo Condephaat, o que veio a ser aprovado pelo voto favorável de 23 membros do Conselho, com uma abstenção. O presidente do Condephaat e antropólogo Edgard de Assis Carvalho justificou o tombamento do terreiro, cuja construção data de 1974, pela necessidade de preservar, como tradicionais, as "formas de expressão, os modos de criar, fazer e viver" (Folha de S.Paulo, 3 de maio de 1990, p. C-4), criando-se assim um inusitado mecanismo de legitimação no candomblé paulista.

# 2

O santo do pai de santo é o membro mais importante da casa, o de maior axé — axé que se comprova pela expansão do terreiro em número de filhos, clientes e bases materiais. A ideia de ogãs e equedes, apesar de ebomes, virem a ser chefes de terreiro é inconcebível, pois eles "não dão santo" (não entram em transe) e, sem santo que se manifeste em transe, não há poder, autoridade, disciplina e, sobretudo, investidura no cargo de iniciador: não há possibilidade de viver os papéis sagrados dos orixás e encantados, pelo menos em princípio.

Do ponto de vista religioso, quem governa um axé, um terreiro, é o orixá do fundador, tanto que, nos momentos de sucessão, é este orixá que escolhe o sucessor, e o faz através do jogo de búzios, quando o povo de santo de outros terreiros joga papel muito decisivo, pois são os outros terreiros que legitimam a sucessão.

O orixá que governa fala pela boca do pai de santo, no transe, ou pelo jogo de búzios, o oráculo, que é prerrogativa do pai ou da mãe de santo. O pai de santo comporta-se como "marido traído", pois é sempre o último a tomar conhecimento, ao acordar, ao sair do transe, das decisões do orixá. Tudo tem que lhe ser narrado pelos que testemunharam o acontecido. A etiqueta no candomblé é complexa e sutil.

O filho de santo nunca deve ter consciência do que se passa durante a possessão e, por conseguinte, nunca é responsável pelos atos do orixá. Esta condição do transe no candomblé pode ser motivo de frustração entre recém-iniciados, pois, sentindo que não perderam totalmente a consciência no transe, eles podem entrar em profunda crise religiosa, alguns até mesmo abandonando o candomblé imediatamente ou procurando outro pai ou outra mãe de santo que seja capaz de "consertar" seu santo, que ele acredita ter sido mal "feito", ou seja, com erros rituais, quer por "ignorância" do iniciador, quer de propósito, pode-se mesmo pensar, uma vez que se acredita que santo mal feito pode trazer toda sorte de complicações ao iniciado, inclusive doença e morte. O transe no candomblé, pelo menos em suas primeiras etapas iniciáticas, é experiência religiosa intensa e profunda, pessoal e intransferível. Como a dor e as paixões não religiosas experimentadas, não pode ser mensurado nem descrito, a não ser metafórica e indiretamente. Faz parte dos "estados internos", como a inteligência, os afetos e ódios, os desejos, as emoções mais escondidas. Mas o transe pode ser perfeitamente observado como uma classe de papéis que implicam aprendizado (socialização), sentido organizador (papel ritual) e significado no interior do grupo que ele define e pelo qual é definido (organização institucional).

## 3

Os primeiros momentos do aprendizado do transe são aqueles em que a abiã, candidata à iniciação, é incentivada a experimentar os sentimentos religiosos mais profundos e, nesta etapa, mais desordenados ou inexpressivos. Este sentimento é uma emoção profunda, um intenso desejo de compartilhar da vida religiosa da forma como ela a vê e a sente representada no grupo. A abiã está ligada à mãe de santo por laços estreitos de afeto e confiança; muito mais ligada ainda ao orixá ou outra entidade da mãe de santo. A abiã frequenta a casa com assiduidade, convive com os mais novos e os mais velhos, passa horas na cozinha. A cozinha é central num terreiro, pois o tempo todo aí se prepara comida de santo, se conversa e se sabe de tudo. Na cozinha o espaço sagrado mistura-se com o espaço profano do terreiro; aí se imbricam a vida pública e a vida privada do povo de santo. Nestas oportunidades, os iaôs apostam se a abiã vai "bolar" (possessão catatônica) ou se não vai bolar no santo, e quando será isto. Brinca-se muito no candomblé. Volta e meia, especialmente se a mãe de santo ou alguém da alta hierarquia não estiver por perto, brinca-se de fazer o "equê", que é um transe fingido, falso, de brincadeira ou de mentirinha. O clima num terreiro muda de uma hora para outra. Está todo mundo conversando despreocupadamente, depenando galinha, engomando saiotes, passando contas, cozinhando alimentos para os ebós da clientela, fofocando com algum cliente mais íntimo da casa, correndo às vezes para atender a um chamado da mãe de santo, quando, de repente, por alguma razão de ordem religiosa, escuta-se um grito característico e mobilizador de toda a casa: é o ilá, o grito do orixá do pai de santo chegando em terra. O ilá é característico de cada orixá, sua marca sonora, o sinal audível de sua presença. Neste instante preciso, ocorre em cadeia toda uma série de possessões. A abiã está apavorada e fascinada ao mesmo tempo. Além do mais, ela não pode entrar nos quartos de santo, onde estão os assentamentos dos orixás, nem nos roncós, que são os quartos de clausura da iniciação. A abiã sente que há muito mistério e segredo por toda a parte. Ela percebe também que há uma ordem que ela não entende, como, por exemplo, quem toma a bênção de quem, quem pode fazer isto ou aquilo, quem está autorizado ou interditado a participar de alguns ritos que se dão na casa, quem pode e quem não pode transitar por certos lugares do terreiro. Sem contar com o linguajar do povo de santo, os sons estranhos das rezas cantadas numa língua incompreensível, os ritmos impostos por melodias cantadas em compassos estranhos a nossos ouvidos.

Será, porém, nos toques que a abiã sentirá mais profundamente suas emoções religiosas aflorando. Mas tudo isso ainda não é suficiente. Se a mãe ou o pai de santo falar, o que geralmente é dito durante o jogo de búzios, que aquela abiã "não vai virar no santo", vai ser iniciada, mas "nunca vai rodar no santo", é dos que "não recebem o orixá", e assim por diante, então essa pleiteante nunca terá segurança para se deixar mergulhar no vazio do transe bruto, o transe inexpressivo, catatônico, disforme e perigoso da primeira etapa. Nunca será um rodante, a menos que mude de casa, ou a menos que o mesmo pai de santo, tendo melhor observado suas capacidades, venha a dizer que sim, que ela vai rodar, que terá que ser iniciada iaô.

Nos momentos de maior intensidade emocional, geralmente quando se canta e dança para o orixá da abiã cantigas que ela já aprendeu como parte de seu universo religioso mais próximo, o do seu deus, ou quando o pai de santo, virado no orixá, a abraça, então aí acontece. Ela se atira para frente, projeta-se no espaço e cai, imobilizada, no chão. Os mais velhos a cobrem com um pano branco e a retiram do barracão, executando movimentos de saudação aos atabaques sagrados, ao ariaxé, que é o ponto central do barracão onde o axé da casa está concentrado e de onde se irradia, e à porta. Lá dentro, a abiã é chamada à consciência. Ela está muito cansada, com taquicardia, suando intensamente, sente a boca seca, as pálpebras doloridas, os músculos retesados e dormentes. Daí a pouco, refeita, ela volta ao barracão, pois como Mãe Sandra Medeiros de Xangô diz brincando: "*The "xirê" must go on*".[5] O processo foi desencadeado.

É na etapa da iniciação propriamente dita que o iniciante aprende a lidar com o transe, assumindo os papéis rituais que o transe implica. O iniciante fica recolhido por cerca de 21 dias (o que lhe permite, se trabalhar como assalariado, aproveitar as férias anuais para fazer o santo), que são decisivos na sua carreira religiosa. Durante este período, passado todo ele no roncó, a clausura, os contatos com o mundo exterior cessam. Ele terá apenas a companhia de seus irmãos de barco, no caso de haver outros iniciantes recolhidos junto com ele. A mãe-criadeira o levará para o banho matutino, o ensinará a rezar, o alimentará etc. O pai ou a mãe de santo passa muitos momentos com o recolhido, permitindo ou não a visita de outros membros do terreiro, em geral pessoal do alto clero.

5. Xirê é a cerimônia pública do candomblé em que a roda de santo canta e dança, louvando todos os orixás, começando com Ogum, depois de uma oferenda preliminar a Exu, e terminando com Oxalá. Durante o xirê os iniciados entram em transe. Depois de vestidos com os paramentos próprios do orixá manifestado no transe, são trazidos de novo para o barracão para dançar.

Na iniciação, o iaô, ou quase iaô, aprende a dançar, aprende toda a coreografia da festa pública que encerra o recolhimento, aprende os gestos e as posturas do orixá no barracão. O orixá é um deus, ainda que em estágio de "nascimento", etapa de "gestação". Mas é um deus e um deus não pode ser admoestado nem receber ordens, repreensões etc. Mas há muitas coisas que o orixá nascente precisa aprender. Ele aprende através do erê. O abiã recolhido passa a maior parte do tempo de reclusão em estado de erê. O estado de erê é um transe intermediário, um transe "fraco". O erê é uma espécie de regressão que se situa entre a consciência profana do iniciante e a inconsciência sagrada do transe do orixá. O erê é uma espécie de criança, que simboliza o estágio de aprendizado e de socialização do orixá. Como criança, seu comportamento e o tratamento que recebe são aqueles reservados às crianças. O erê é arteiro, chorão, manhoso, mas aprende sem questionar e pode ser castigado, chamado à atenção etc.

É no estado de erê que o iniciante aprende os mínimos detalhes do papel do orixá em público. Ele é treinado todo dia e as lições vão se intensificando quanto mais perto se chega do dia da feitura e da saída na festa pública, quando o iaô é apresentado a todos os que se reúnem festivamente no barracão. O erê é engraçado e é paparicado. Todos levam doces para ele, levam brinquedos. Mas é tratado com a maior intimidade, sem cerimônias e sem o respeito que o orixá impõe. Quando o erê é "desvirado", isto é, quando o iniciante é chamado à consciência, ele aprende desde logo que tudo que ele fez, disse, ouviu e aprendeu não pode ser jamais revelado, pois o erê é o caminho entre o humano e a divindade. Tudo que é da divindade é segredo. Qualquer quebra do segredo do orixá será punida com a sentença de que o erê era um falso erê, o que excluirá o iniciado do grupo, ou então este receberá punição por parte do orixá, que pode obrigá-lo a submeter-se a autopunições ou mesmo tentar provocar a própria morte. O primeiro papel interiorizado é o papel do erê, depois o papel do orixá.

Quero chamar a atenção para o fato de que esses papéis são vividos religiosamente e, portanto, desempenhados e sentidos a partir de um código de comportamento que é o código religioso. Os papéis sociais têm como referência a sociedade, ou seja, para que o papel social tenha sentido, a sociedade deverá ter sentido. Nas palavras de Sennett, "os papéis envolvem também o quanto e em que termos as pessoas levam a sério o seu próprio comportamento, o comportamento dos outros e as situações nas quais estão envolvidas" (Sennet, 1988, p. 51). Na sociedade, o comportamento vem junto com o código; às vezes o comportamento se mantém quando o código já foi esquecido e o código pode sobreviver ao comportamento — assim, um papel pode ou não estar provido de sentido. Nas conversões religiosas, o novo comportamento passa a ser vivido junto com a crença; ação e código são uma coisa só. Ao mesmo tempo que o indivíduo age, interioriza-se o sentido da ação, de cada gesto. Ao comportar-se como erê, desempenhar o papel do erê — o intermediário entre seu eu profano e seu eu sagrado — o iniciante internaliza o significado da sacralidade e o conjunto de regras íntimas e públicas que regem esse comportamento e dão a ele sentido próprio. O mesmo se passa quando ele vive o papel do orixá, depois o do seu segundo santo, do seu terceiro santo etc.

O indivíduo, ao acreditar que seu orixá está fora do seu eu, que algo o toma, o arrebata, o captura e mesmo o substitui (este eu profano que é a sua expressão controlada por regras simplesmente sociais), acredita piamente que não é mais ele quem está ali presente. E acredita que todos os demais também acreditam. Nem ele duvida da "autenticidade" de seu erê e de seu orixá, nem acha que os outros possam duvidar. Seu eu profano, sua personalidade, seu sentir-se a si mesmo, multiplica-se em outros eus, cada classe deles referida a códigos independentes e integrados nos espaços do terreiro, espaço ritual sagrado das obrigações e toques e espaço profano da convivência diária do grupo de culto. Ele tem um eu social e múltiplos eus rituais definidos pela religião.

Característica do erê é ser um papel infantil, portanto indiscreto e irresponsável. É no papel do erê que o iniciado deixa a mãe de santo saber de comportamentos do seu filho (o erê do iniciado chama o iniciado de "meu filho" e o orixá de "meu pai"), especialmente os comportamentos reprováveis e passíveis de punição. Quando isso ocorre, esse outro eu, autônomo, substitui temporariamente o eu profano oculto, especialmente nas circunstâncias em que certos atos e enunciações podem ser, por vários motivos, causa provável de constrangimento, vergonha e atemorização.

O erê é chamado sempre que for necessário paramentar o orixá (o orixá é sagrado demais para ser assim manipulado) e é também chamado quando se despe o orixá de suas roupas sagradas. Durante um toque, sempre haverá nos locais reservados do terreiro erês vestidos para a apresentação pública do orixá. Nesses momentos o erê pode nos contar sobre coisas que seu pai ou sua mãe (orixá) fará durante o toque. Ele pode, assim, pôr de sobreaviso membros do grupo de culto sobre fatos que podem vir a acontecer no barracão. Quando pela primeira vez fui "suspenso" (escolhido para um determinado cargo ou título), o erê, no quintal do terreiro, já com os paramentos do orixá, me disse: "Oi, paizinho (erê chama todo mundo de pai ou de mãe, pois ele é criança), o senhor vai entrar pelo cano, o senhor e aquela mamãezinha de Iemanjá". Como eu não entendia o código do erê, fui perguntar a outros mais entrosados e que me explicaram que provavelmente eu seria suspenso. E quem seria a tal mãezinha de Iemanjá? Quase no final do toque, o orixá da casa pedia para tocarem o adarrum, ritmo que acompanha certas partes importantes do rito, e lá fui eu levado pelas mãos do orixá, junto com uma garota, um ano depois iniciada para Iemanjá e confirmada como equede do orixá que nos suspendera.

Depois de um certo tempo de iniciação, e dependendo da nação e da linhagem da casa, é comum ao iniciado poder receber várias entidades: seu santo, seu juntó, outros orixás que fazem parte de seu "enredo" (explicação mítica que envolve vários orixás), além de exus, caboclos e mesmo outras entidades mais identificadas com a umbanda, mas que podem assim mesmo ser preservadas no candomblé. Nas sessões de caboclo (Santos, 1989), que são separadas dos toques de orixá, o iniciado aprenderá comportamentos de outro papel: como conversar com as pessoas que buscam auxílio, como saber ouvir lamentações e como confortar e receitar fórmulas para atenuar os sofrimentos dos aflitos que procuram o terreiro.

O eu profano do indivíduo é o seu eu social. É o conjunto de papéis por meio dos quais ele se expressa pública e intimamente. Expressar-se significa mostrar-se através de posturas, gestos, ações, linguagens, símbolos, emoções e enunciados. Mostrar-se publicamente, isto é, aos outros, significa estabelecer relações de modo que estes o reconheçam e façam-se por ele reconhecer, o que implica aceitação e rejeição. E expressar-se intimamente é mostrar-se para si mesmo através dessas mesmas dimensões publicizadas ou publicizáveis. A expressão íntima contém, por conseguinte, esses mesmos conteúdos, mas, na referência a si mesmo, a expressão é fruição privada. Quando o eu social expressa publicamente modos de agir não generalizados no meio em que vive, o indivíduo sofre sanções e é penalizado. Na intimidade, ele pode também autopenalizar-se. Na psicoterapia de grupo, por exemplo, cria-se artificialmente um espaço público controlado, no qual o indivíduo é incentivado a mostrar para os outros, através do discurso e de emoções, suas expressões vividas intimamente, com o fim de integrar esses dois mundos. As religiões de transe também operam de modo a integrar as dimensões íntimas e públicas do eu social, podendo se valer, como no candomblé, do uso de papéis referidos religiosamente, eus sagrados, que aparecem como se fossem independentes do eu social da pessoa. "Virado no santo", eu posso expressar vontades, sentimentos, etc. que não me são permitidos, ou que eu não me permito, quando no espaço profano, secular. Evidentemente, a religião também conta com controles rituais e normativos capazes de ampliar ou reduzir ou mesmo rejeitar "a autenticidade" dos múltiplos eus.

Quando o orixá age, acredita-se que ele o faz independentemente do eu social do iaô ou do pai de santo. O agir do orixá é aceito como expressão da divindade à qual não se pode deixar de acatar e respeitar, sob pena de destruição da identidade religiosa. Mas se a ação do orixá é inconveniente, indesejável e reprovável pelo grupo, em especial pela sua alta hierarquia, o orixá pode ser negado, isto é, rejeitado como eu sagrado ali presente. O transe então é considerado "falso" e, portanto, as ações que ele implica podem ser desqualificadas religiosamente. Quando isto acontece, diz-se que não se trata ali de um orixá, mas de um equê, isto é, de mera falsificação. Muitos recém-iniciados passam por crises religiosas até certificarem-se, através das respostas que recebem do grupo de culto e do seu iniciador, sobretudo, que eles não estão vivendo, quando em transe de orixá (ou outra entidade cultuada pelo grupo), o papel de equê, pois com frequência a expectativa do iniciante sobre o transe é muito diferente daquilo que ele experimenta. Como o modelo ideal do transe no candomblé é o da inconsciência, não se permitindo ao iaô mostrar consciência alguma sobre o que se passou quando ele estava "virado" no santo, muitos recém-iniciados não se conformam com o fato de não ter memória totalmente apagada no transe. E isto poderá ser para ele um problema religioso que o acompanhará pela vida toda.

É na iniciação que o filho de santo deixa modelarem-se os seus eus sagrados, cuja validade social, no entanto, só faz sentido dentro do grupo religioso. Ao integrar-se no grupo, seu eu social passa, por conseguinte, a contar com uma enriquecedora expansão, pelo processo ritual de multiplicação e justaposição dos eus sagrados.

Cada um desses papéis sagrados é, pois, um novo eu do iniciado. Por intermédio deles ele pode se expressar no espaço sagrado por múltiplas formas. Com o passar dos anos e com a sucessão das obrigações, maior expressividade cada um de seus novos eus ganhará — será admirado, será reconhecido e aclamado; será uma presença importante e necessária para o grupo de culto e para pessoas que buscam o terreiro. Mas o processo é lento e estará sempre sob a direção, orientação e supervisão da mãe de santo. Os eus são muitos, mas nenhum deles estará sozinho nem se perderá num mundo sem regras ou de regras rituais mais frouxas. No candomblé, há regras muito precisas acerca dos momentos e das circunstâncias em que esta ou aquela divindade ou entidade se manifestará. O eu original, profano, humano e perecível do indivíduo ficará preservado, e para dar lugar aos outros eus, festejados e aclamados, terá que passar por recolhimento, sacrifícios, privações alimentares e sexuais.

Tal multiplicação de eus é reparadora, isto é, amplia as experiências de representação e reconhecimento e também o universo simbólico do iniciado; permite-lhe várias formas distintas de apresentar-se e expressar-se no espaço ritual que é público e onde ocupa o centro das atenções nas festas de suas obrigações. Faz com que o iniciado se sinta enriquecido, querido, desejado. São emoções muito profundas que ele libera através de um código que não existe fora da religião. Não é o pobre, é o deus; não é o que se sente culpado e recalcado, mas sim o que tudo pode, o que afasta as frustrações que uma vida social, na maioria das vezes amesquinhada pela falta de dinheiro, conforto e de repertórios culturais que ele distingue como importantes, lhe impõe na vida fora da religião. A multiplicação de eus repara condição social inferior de origem do neoconverso e o mostra a si mesmo como alguém que agora encontra uma porta pela qual adentrar uma nova vida, com uma imagem de múltiplas, complementares e verdadeiras faces que se criaram escondidas na sua interioridade, e que são uma coisa só — exatamente no momento em que as fronteiras entre a intimidade e a vida pública ficam abolidas na rotina do terreiro.

O orixá, quando velho e com o poder da palavra, pode expressar desejos que são acatados como ordens e cujo não cumprimento implica sanções de várias naturezas. Mas encerrado o toque, o filho de santo volta a ser o que era. A sacralidade dos seus outros eus não anula, não nega nem impõe mudanças na sua maneira de agir na vida quotidiana. Isto é decisivo para entendermos o significado do crescimento do candomblé na metrópole.

É por meio dos papéis sagrados que o terreiro é governado. Um pai de santo não fala por si; o orixá fala por sua boca. O pai de santo não escolhe acólitos nem dá cargos na hierarquia da casa; o orixá o faz. Todos os atos, inclusive os de premiação e os de punição, e mesmo os de exclusão de membros do grupo religioso, são sacramente legitimados; são vontades dos deuses, que não erram, mas que, para poder expressar seus desígnios com perfeição, devem ser velhos, isto é, orixás cujos filhos foram iniciados há muito tempo, que passaram por muitas obrigações rituais.

No candomblé nada se diz frente a frente. O diálogo não faz parte do seu estilo de sociabilidade. O pai de santo não dá ciência de suas decisões aos seus filhos e suas filhas; não chama a atenção diretamente. Quando faz uma reunião com todos os membros do grupo ou parte deles para tomar decisões de interesse geral, pode, em seguida, mudar completamente a decisão. O pai de santo está constantemente consultando o oráculo. A fragilidade humana é substituída pela autoridade sagrada e incontestável do orixá. Se alguém deixar de acatar as regras que assim são estabelecidas, será publicamente — por gestos, olhares, nunca por meio de diálogo — admoestado, podendo inclusive ser excluído do grupo.

Mudanças no ritual, e consequentemente mudanças na ordem de manifestação do transe, que é diferente segundo nações e segundo casas, são sempre acatadas como ordens do orixá mais importante. Quando um membro da alta hierarquia da casa ganha demasiada importância e respeito no terreiro, ele "ameaça" o pai de santo. São momentos de crise, guerra e ruptura.

Os mecanismos do transe têm regras que são próprias de cada casa. Há casas em que apenas um dos filhos do mesmo orixá entra em transe, mas na maioria dos terreiros um mesmo orixá se manifesta simultaneamente em vários filhos. Há casas em que o iniciado entra em transe apenas uma vez durante o toque; em outras, várias vezes. Por exemplo, numa casa em que o entrar em transe é bastante valorizado, o iniciado "vira no santo" nas seguintes situações: 1) quando se cantam as cantigas de seu orixá; 2) quando um irmão de barco que tem precedência ritual sobre ele vira no santo; 3) quando é tocada uma cantiga que representa uma espécie de hino da nação; 4) quando o pai de santo invoca seu orixá com o chocalhar contínuo do adjá (sineta ritual) sobre sua cabeça; 5) quando se toca para o patrono da nação; 6) quando o pai de santo vira no santo. Note-se que há toda uma sequência de transes que expressa hierarquia e poder.

É muito comum nos candomblés o orixá ou um dos orixás do pai de santo tomar o seu lugar, não só para dizer, como para fazer certas coisas. Como é comum o erê contar aos outros sobre certos comportamentos do filho de santo que este não tem coragem, ou legitimidade, para expor no desempenho de seu papel profano. Vi num candomblé um erê que contava para outras pessoas do culto que "seu filho" tivera relações sexuais num período de interdição ritual. Através do erê, o eu do iaô procurava confessar a quebra de um tabu, buscando algum tipo de saída reparadora (Augras, 1983), mesmo que esta levasse a um castigo físico, comum no candomblé. A notícia espalhou-se pelo terreiro. No fim do toque, o orixá do pai de santo, já recolhido no roncó, mandou chamar o iaô. Quando este ajoelhou-se diante dele, ele pediu ao iaô a confirmação do fato narrado pelo erê e, quando o iaô assentiu, o orixá arrancou-lhe do pescoço o quelê (que é um colar de contas justo, quase apertando a garganta, e que é o símbolo do período de obrigação e interdições), rasgou suas roupas e o expulsou da casa. O pai de santo poderia perdoá-lo, pois é humano, e talvez membros da casa esperassem dele alguma comiseração para com o iaô, que além de tudo não tinha família, morava no terreiro fazendo serviços domésticos e era HIV positivo; mas o orixá foi inflexível, pois é perfeito em suas decisões. O pai de santo, sendo humano, é fraco; o orixá é a ausência da dúvida, é deus. No aceitar plenamente a diferença de sentido impresso nestes dois papéis opostos — o homem que é montado pelo deus e o deus que está montando o homem — reside a condição primeira de ser aquele que acredita, o fiel.

Observadas todas as prescrições iniciáticas, o filho de santo pode, no terreiro, viver múltiplos papéis, mas o mais importante é o fato de que tudo isso, que lhe proporciona um grupo de convivência e formas expressivas de expansão de seus sentimentos e emoções enquanto experiência religiosa, não o constrange a viver lá fora, no mundo, e cá dentro, nos espaços não sagrados do terreiro, uma vida que envolva a negação daquilo que ele é.

## 4

A riqueza ritual e a multiplicação de papéis que o candomblé proporciona; as ideias de ordem, carreira e poder como algo acessível a todos; o estilo de sociabilidade controlada através de sinais personalizados mas ao mesmo tempo indiretos e pela qual se misturam, a um só tempo, a intimidade e a publicidade; a noção de que a prática religiosa é ao mesmo tempo prática quotidiana e rito sazonal; a garantia de que o sagrado é inteiramente compatível com o profano, bastando mantê-los separados nas ocasiões preceituais do rito; mais a ideia de que o sagrado pode oferecer uma dimensão de forças pelas quais se pode interferir, a nosso favor, na experiência da vida quotidiana; tudo isso são fatores decisivos que fazem do candomblé uma religião ritual para a metrópole. Sobretudo quando se tem muito presente que esta religião, que nunca se apresenta como religião dos eleitos, é uma religião para os pobres, mas para os pobres viverem no mundo do jeito que o mundo é e do jeito que cada um quer ser. Uma religião a-ética para a sociedade pós-ética. Ou uma sociedade que não depende mais de uma e só uma fonte de explicação e na qual uma só também não basta.

Sociedade que substitui e vai substituindo uma só fonte de transcendência por múltiplas transcendências privatizadas.

Isso tudo faz do candomblé uma religião desapegada da política como campo de busca e defesa de interesses coletivos e acima da individualidade. No candomblé todos os filiados são sacerdotes. As regras do sacerdócio no candomblé supervalorizam o indivíduo, mas o submetem a uma autoridade única, a do chefe do terreiro, e deixam de lado os aspectos racionais e objetivos que possam envolver as decisões e escolhas. O outro é sempre o orixá, para cuja vontade se trabalha. A comunidade só tem importância enquanto articulada em torno do pai de santo. O princípio em nome do qual se age, dentro e fora do terreiro, é sempre o imponderável, a vontade do orixá, o feitiço do inimigo etc. Tudo isso contribui para a existência de uma especial concepção de política junto ao povo de santo. A política é sempre entendida no sentido fisiológico, fonte de favores e benefícios em causa própria. A política é o reino da troca de favores. O fato de o candomblé ter nascido numa cultura escravista reforçou sem dúvida essa noção de política como favor, pois o escravizado dependia da dádiva do senhor como único meio para obter favores.

Logo nos primeiros tempos de existência como religião organizada, o candomblé criou mecanismos muito apropriados de se relacionar com o mundo fora do terreiro, mundo do qual precisava se defender. Até bem recentemente, a polícia fechava os candomblés, prendia seus membros, destruía os objetos de culto. Para se defender da agressividade da sociedade, branca e adversa, mas também para se promover e se legitimar aos olhos do mundo fora dos terreiros, o candomblé encontrou mecanismo ritual de inclusão de pessoas da sociedade branca, gente da elite, sobretudo ilustrada, como jornalista, médicos, professores, militares, antropólogos, sociólogos, escritores, artistas. Gente que pela profissão acabava, e acaba, desenvolvendo relacionamento mais íntimo com os terreiros, ligando-se afetivamente a seus membros, aprendendo a etiqueta ritual e familiarizando-se com as entidades do culto. A que os terreiros respondiam, e respondem, adotando-os como "pais" protetores, os ogãs, pontes de ligação entre a casa de santo e a sociedade. Até hoje os ogãs podem ser peças importantes na vida quotidiana do terreiro, ocupando-se não apenas das relações com o mundo exterior, mas cuidando da parte administrativa e dos afazeres seculares, podendo também ocupar papel sacerdotal no próprio rito.

O candomblé libera o indivíduo no que diz respeito às questões da intimidade, na esfera subjetiva, mas o liga muito fortemente ao mando do pai de santo, o único que tem o poder de consultar os búzios e mostrar quais são as ações e gestos esperados para se alcançar determinados fins. O pai de santo é a autoridade de quem se depende para tudo, no terreiro e fora dele. O candomblé libera os indivíduos e os lança ao mundo, onde eles se comportam visivelmente mais autoconfiantes, pois aprendem que sua maneira de ser e agir é uma herança de seu orixá pessoal, que eles aprendem a amar e cultuar, cultuando também seu próprio ego, sua cabeça, seu ori. Mas o candomblé não sabe como organizá--los lá fora, nem como trabalhar a ideia da representação no sentido político. O coletivo que importa é o axé, isto é, os membros da confraria religiosa, os quais nem podem ser tomados como um grupo de interesses comuns, pois pessoas diferentes originam-se de orixás diferentes, os quais lutam entre si, disputam favores, exercitam pessoais predileções. Não se pode ter interesses comuns quando os orixás, que são a origem, também não têm — marca politeísta do candomblé, marca de uma vocação menor para a política.

# referências bibliográficas

AUGRAS, Monique. *O duplo e a metamorfose*: identidade mítica em comunidades nagô. Petrópolis: Vozes, 1983.

BASTIDE, Roger. *As religiões africanas no Brasil*. São Paulo: Pioneira, 1975. 2v.

BASTIDE, Roger. *O candomblé da Bahia*: rito nagô. São Paulo: Nacional, 1978.

CARNEIRO, Edison. *Candomblés da Bahia*. Rio de Janeiro: Civilização Brasileira, 1947.

COSSARD-BINON, Gisèle. A filha de santo. *In*: MOURA, Carlos Eugênio Marcondes de (org.). *Olóorisa*: escritos sobre a religião dos orixás. São Paulo: Agora, 1981.

FERRETTI, Mundicarmo Maria Rocha. *Mina, uma religião de origem africana*. São Luís: Sioge, 1985.

FERRETTI, Sérgio Figueiredo. *Querebentan de Zomadonu*: etnografia da Casa das Minas. São Luís: Editora da Universidade Federal do Maranhão, 1986.

HERSKOVITS, Melville J. The Southermost Outpost of the New World Africanisms. *AmericanAnthropologist*, v. 45, n. 4, p. 495-590, 1943.

LIMA, Vivaldo da Costa. *A família de santo nos candomblés jeje-nagôs da Bahia*: um estudo de relações intra-grupais. Salvador: Curso de Pós-Graduação em Ciências Humanas da UFBA, 1977.

MOTTA, Roberto. *Cidade e devoção*. Recife: Edições Pirata, 1980.

MOTTA, Roberto. Comida, família, dança e transe: sugestões para o estudo do xangô. *Revista de Antropologia*, São Paulo, n. 25, p. 147-157, 1982.

PRANDI, Reginaldo. *Os candomblés de São Paulo*: a velha magia na metrópole nova. São Paulo: Hucitec: Edusp, 1991.

RIBEIRO, René. *Cultos afro-brasileiros do Recife*: um estudo de ajustamento social. Recife: Instituto Joaquim Nabuco, 1952.

SANTOS, Jocelio Teles. O caboclo no candomblé. *Padê*, Salvador, n. 1, p. 11-21, jul. 1989.

SENNET, Richard. *O declínio do homem público*: as tiranias da intimidade. São Paulo: Companhia das Letras, 1988.

VERGER, Pierre Fatumbi. *Notes sur le cult des orisha et vodun à Bahia, la Baie de Tous les Saints, au Brésil et à l'ancienne Côte des Esclaves en Afrique*. Dakar: I.F.A.N., 1957.

VERGER, Pierre Fatumbi. *Orixás*: deuses iorubás na África e no Novo Mundo. 2. ed. São Paulo: Corrupio: Círculo do Livro, 1985.

# 7.
# Candomblé de caboclo em São Paulo
Com Armando Vallado e André Ricardo de Souza

"Ainda tem caboclo debaixo da samambaia."

## 1

O caboclo é a entidade espiritual presente em todas as religiões afro-brasileiras, sejam elas organizadas em torno de orixás, voduns ou inquices. Pode não estar presente num ou noutro terreiro dedicado aos deuses africanos, mas isto é exceção. Seu culto perpassa as modalidades tradicionais afro-brasileiras — candomblé, xangô, catimbó, tambor de mina, batuque e outras menos conhecidas —, constitui o cerne de um culto praticamente autônomo, o candomblé de caboclo, e define estruturalmente a forma mais recente e mais propagada de religião afro-brasileira, a umbanda.[1]

A origem dos candomblés de caboclo estaria no ritual de antigos negros de origem banto, que na África distante cultuavam os inquices — divindades africanas presas à terra, cuja mobilidade geográfica não faz sentido — e que no Brasil viram-se forçados a encontrar um outro antepassado para substituir o inquice que não os acompanhou à nova terra. Neste novo e distante país, que antepassado cultuar senão o indígena, o caboclo, como diziam os antigos nor-

---

1. Os autores agradecem a Mãe Manodê, do terreiro de candomblé Santa Bárbara, Pai Doda Braga, do Ilê Axé Ossaim Darê, e Pai Tauá, do candomblé Inzo N'kisi Mussambu, por sua preciosa colaboração na pesquisa. O presente trabalho faz parte do projeto de pesquisa Os afro-brasileiros, patrocinado pelo CNPq.

destinos? Os antigos habitantes, quem senão o verdadeiro e original "dono da terra"? (Santos, 1995).

Apesar de preponderantemente identificados como indígenas, há caboclos de diferentes origens míticas, como boiadeiros, turcos e marinheiros ou marujos. Caracterizam-se, em geral, pela comunicação verbal e proximidade de contato com o público que frequenta os terreiros. Eles brincam, entoam cantigas e tiram as pessoas para dançar ao som de seu alegre samba. Além da animação, outra característica marcante é seu poder de cura e a disposição para ajudar os necessitados, mais a sabedoria. Acredita-se que os caboclos conhecem profundamente os segredos das matas, podendo assim receitar com eficácia folhas para remédios e banhos medicinais. No imaginário popular, o caboclo é a um só tempo valente, destemido, brincalhão e altruísta, capaz de nos ajudar para o alívio das aflições cotidianas. As pessoas que frequentam os cultos afro-brasileiros, sobretudo as mais pobres, encontram nesta entidade um sábio curandeiro, sempre pronto a vir em socorro dos aflitos.

O termo *candomblé de caboclo* teria surgido na Bahia, entre o povo de santo ligado ao candomblé de nação *queto*, originalmente pouco afeito ao culto de caboclo, justamente para marcar sua distinção em relação aos terreiros de caboclos. Nos anos 1930, de acordo com relato da antropóloga americana Ruth Landes, que esteve na Bahia num período entre 1938 e 1939, usavam-se as expressões mãe cabocla, seita cabocla, candomblé de caboclo em oposição aos termos dos candomblés africanos. De uma visita que fez ao terreiro de Mãe Sabina, famosa sacerdotisa cabocla, Ruth Landes registrou um diálogo significativo entre esta mãe de santo e outras mulheres do templo, diálogo do qual vale a pena relembrar o trecho seguinte.

Uma das mulheres, referindo-se à americana, pergunta a Mãe Sabina: "Ela sabe qual é a nossa seita? Sabe que somos caboclos e os outros são africanos?".

Ao que responde Sabina:

A senhora deve saber essas coisas. Este templo é protegido por Jesus e Oxalá e pertence ao Bom Jesus da Lapa. É uma casa de espíritos caboclos, os antigos indígenas brasileiros, e não vem dos africanos iorubás ou do Congo. Os antigos indígenas da mata mandam os espíritos deles nos guiar, e alguns são espíritos de indígenas mortos há centenas de anos. Louvamos primeiro os deuses iorubás nas nossas festas porque não podemos deixá-los de lado; mas depois salvamos os caboclos porque foram os primeiros donos da terra em que vivemos. Foram os donos e, portanto, são agora nossos guias, vagando no ar e na terra. Eles nos protegem. (Landes, 1967, p. 196)

Hoje, na diferenciação com outras nações de candomblé, como queto, jeje, ijexá, efã, angola e congo, fala-se numa nação caboclo,[2] mas raramente pode-se encontrar um candomblé de caboclo funcionando independentemente de um candomblé das outras nações. Embora muito associado ao candomblé angola, o rito caboclo já começava, à época da visita de Landes à Bahia, a ser incorporado também a candomblés de nação queto.

Na disputa por legitimidade e prestígio, os candomblés de caboclos foram considerados inferiores tanto pelo povo de santo como pelos pesquisadores, que deles escreveram muito pouco. O primeiro trabalho científico tratando com profundidade do candomblé de caboclo somente apareceu em 1995, com a publicação do livro *O dono da terra*, tese de mestrado defendida na USP pelo antropólogo baiano Jocélio Teles dos Santos. A dissimulação e mesmo a negação do culto aos caboclos nos terreiros marcados pela ortodoxia nagô, entretanto, mantém-se até hoje, sendo comum a acusação de que em tal ou qual terreiro queto que não tem caboclo, a mãe de santo ou outra pessoa de prestígio recebe

2. Ver Encontro de nações de candomblé, 1984, e II Encontro de nações de candomblé, 1997.

seu caboclo escondido ou, no mínimo, lhe oferece sacrifícios na mata. Apesar de considerado inferior, o candomblé de caboclo impregnou-se nas demais nações e por meio delas propagou-se pelo país. De seu encontro com o espiritismo kardecista, que resultou num grande embate ético, nasceu, no Rio de Janeiro dos anos 1930, a umbanda, com o desenvolvimento de ritos, ritmos e panteão particulares. O velho candomblé de caboclo continuou, contudo, com vida própria e, num outro movimento, chegou de novo ao Rio de Janeiro e a São Paulo, sempre associado ao candomblé de orixá e inquice, mas separado da umbanda. E como tal se mantém e se reproduz.

No candomblé de caboclo há predominância de muitos elementos do candomblé angola, os atabaques são tocados com as mãos, as músicas são cantadas em português, com uso frequente de termos rituais de origem banto. O apelo a uma cultura indígena, quase sempre idealizada, proporciona ao candomblé de caboclo uma valorização de elementos nacionais, fazendo dele, na concepção popular, uma religião "brasileira por excelência". Elementos simbólicos nacionais são ressaltados, como a menção às matas, as cores verde e amarelo, o sincretismo católico e a miscigenação racial. Em todo seu repertório musical fala-se muito desse amálgama cultural que é o Brasil. Esta matriz cabocla foi inteiramente absorvida pela umbanda, que na forma é um candomblé de caboclo, mas que contém uma elaboração ética da vida que separa o bem do mal nos moldes kardecistas, completamente ausente na tradição cabocla e que fez da umbanda uma religião diferente e autônoma.

Hoje o candomblé não é mais uma religião étnica circunscrita à população negra, pois já se espalhou pela sociedade branca abrangente, rompendo preconceitos e fronteiras geográficas, inclusive para fora do país. Legitimou-se como mais uma opção religiosa e vem aos poucos garantindo seu espaço no disputado mercado religioso contemporâneo. A propagação desta religiosidade na populosa Região Sudeste, a partir dos anos 1960, deu-se principalmente a partir dos terreiros umbandistas que aí existiam desde os anos 1930 e 1940. Numerosos filhos de santo da umbanda aderiram ao *axé* da tradição negro-baiana, cuja força vital era por eles considerada mais forte. A busca mágico-religiosa da satisfação de anseios do metropolita moderno tornou o candomblé uma religião universalizada, isto é, aberta a todos. É eloquente o caso da fixação do candomblé em São Paulo (Prandi, 1991). Com o orixá, o inquice e o vodum do candomblé veio o caboclo do candomblé, que é ritualmente e doutrinariamente diferente do caboclo da umbanda.

No contexto da transformação religiosa que trouxe o candomblé do Nordeste para o Sudeste, que ainda está em curso, os caboclos certamente têm sido protagonistas decisivos, afinal, seu culto foi mantido e está presente hoje em quase todos os terreiros de candomblé, sejam eles de rito angola, queto ou efã.

## 2

O candomblé de caboclo atualmente é praticado paralelamente ao culto de divindades africanas, estando associado aos terreiros de inquices, orixás e voduns.[3] Tudo se passa como se houvesse duas atividades religiosas independentes, podendo mesmo se observar separação dos espaços físicos, não se misturando caboclo com orixá. Mas o pai ou a mãe de santo é obviamente a mesma pessoa, assim como os ogãs alabês, os tocadores de atabaque e outros sacerdotes. Enquanto o candomblé dos deuses exige um complexo e demorado processo de iniciação, no candomblé de caboclo não há propriamente algo correspondente à "feitura de santo". Noviços passam a frequentar os toques, podendo receber o

---

3. Independente da umbanda, além do candomblé de caboclo originário da Bahia, vem propagando-se em São Paulo uma outra modalidade de culto aos caboclos segundo a tradição dos terreiros de nações mina-jeje e mina--nagô do Maranhão (Ferretti, 1993). Não trataremos dessa modalidade no presente texto, referida em Prandi (1999).

encantado sem nenhuma preparação preliminar baseada em longo período de clausura. Num mesmo terreiro, há filhos "feitos", iniciados, para orixás-inquices que também recebem seus caboclos, mas é possível observar número expressivo de filhos que recebem caboclo e participam ativamente do candomblé de caboclo, mas que nunca são iniciados para a divindade africana, comportando-se ritualmente nos toques de orixás como simples abiãs, iniciantes. Também não participam das cerimônias sacrificiais aos orixás, reservadas aos filhos de orixá "feitos". Em muitos terreiros, contudo, primeiro observa-se a iniciação do filho de santo para o orixá, ocorrendo depois, geralmente na obrigação de um ano, a "chamada" do caboclo, que então incorpora no novo filho, podendo ser batizado ou não em cerimônia descrita mais adiante.

Diferente da umbanda, o caboclo do candomblé recebe sacrifício, sendo suas festas públicas precedidas de cerimônias de matança, com ofertas de aves, cabritos e bois. Em muitos terreiros, a oferta de bois e novilhos é uma demonstração do poder sagrado do caboclo e de seu prestígio junto aos filhos de santo. Suas festas podem ser muito mais fartas e concorridas que as reservadas aos orixás. O caboclo de candomblé, como os orixás, também pode ter assentamento, isto é, uma representação de base material, com instrumentos de ferros e outras insígnias fixadas numa vasilha, em geral um alguidar, junto ao qual se depositam as oferendas: seu altar. Também pode ter seu quarto de santo, geralmente uma cabana ou um espaço aberto ou semiaberto localizado no quintal do terreiro, área que o caboclo compartilha com orixás e inquices identificados com o mato e os espaços abertos, como Ogum ou Incôci, Oxóssi ou Gomgobira, Ossaim ou Catendê.

Os caboclos são espíritos dos antigos indígenas que povoavam o território brasileiro, os antigos caboclos, eleitos pelos escravizados bantos como os verdadeiros ancestrais em terras nativas. São espíritos, não deuses. São eguns, na linguagem do candomblé nagô. Ao caboclo indígena também se designa "caboclo de pena", referência aos penachos e cocares que usa quando em transe para marcar sua origem indígena. Mas há também caboclos de outras procedências: os caboclos boiadeiros, que teriam um dia vivido no sertão na lida do gado e que usam o chapéu característico de sua antiga ocupação; os marujos ou marinheiros, sempre cambaleantes por causa do "tombo do mar" que marca a vida nos navios. Alguns caboclos são originários de lugares imaginários, como a Vizala.

No candomblé, os caboclos, que também podem ser do sexo feminino, são considerados filhos dos orixás e os próprios caboclos incorporados a eles assim se referem, quando dizem que foi o pai ou a mãe que os mandou vir à terra para a celebração do toque, ou quando vão embora e dizem que foi o pai ou a mãe que chamou. Estabelece-se assim uma correspondência entre a paternidade do caboclo e do filho de santo, de sorte que filhos de Oxum têm caboclos de Oxum, filhos de Xangô têm caboclos de Xangô e assim por diante. Vejamos uma lista de caboclos e caboclas com os respectivos orixás, notando como os nomes dos caboclos tendem a fazer referência a atributos do orixá:

| | |
|---|---|
| Ogum | Caboclo do Sol, Pena Azul, Giramundo, Serra Azul, Serra Negra, Sete Laços, Trilheiro de Vizala, Sete Léguas, Rompe Mato, Laço de Prata. |
| Oxóssi | Mata Virgem, Pena Verde, Jurema, Arranca-Toco, Sete Flechas, Sete Folhas, Urubatam. |
| Ossaim | Junco Verde, Boiadeiro das Matas, Floresta, Guarani. |
| Omolu | Girassol, Xapangueiro, Cambaí e caboclo Tupinambá. |
| Nanã | Treme Terra, a cabocla Camaceti, Rei da Hungria. |
| Oxumarê | Cobra Coral, Cobra Dourada. |

| | |
|---|---|
| Xangô | Mata Sagrada, Boiadeiro Zamparrilha, Boiadeiro Trovador, Boiadeiro Corisco, Sete Pedreiras. |
| Iansã | Ventania, Vento, Jupira, Zebu Preto, dos Raios. |
| Obá | Pena Vermelha. |
| Oxum | Lua Nova, Lua, Jandaia, Cabocla Menina, Estrela Dourada, Sultão das Matas. |
| Logum Edé | Laje Grande, Laje Forte, Bugari. |
| Iemanjá | Sete Ondas, Indaiá, Juremeira, Estrela, Sete Estrelas, Iara. |
| Oxalá | Pedra Branca, Pena Branca, Lua Branca, Águia Branca. |

Caboclos e orixás são tratados nos candomblés como entidades de naturezas diferentes. Além das distinções de caráter meramente formal, há aspectos que os distinguem e que são importantes na relação que se estabelece entre cada um deles e seus devotos.

Todo filho de santo deve ser iniciado para um determinado orixá (ou inquice, ou vodum), que é considerado seu antepassado, seu pai ou sua mãe, sua fonte de vida. A iniciação implica recolhimento e ritos complexos que envolvem somas de dinheiro elevadas, nem sempre compatíveis com a extração social dos adeptos das religiões afro-brasileiras, em geral, pobres. O culto do caboclo não requer processo iniciático deste tipo, podendo ocorrer em algumas casas o batismo do caboclo, um ritual de confirmação bem mais simples que a "feitura".

Enquanto os deuses africanos vêm aos terreiros para dançar e falam apenas com algumas pessoas com cargos sacerdotais, os caboclos dirigem-se diretamente a todos que os procuram nos toques ou nas festas. Conversar é sua característica marcante. Todo caboclo é falante. Pode ser simpático ou carrancudo, amigável ou arredio, irreverente ou reservado, mas é sempre falador. Para se conhecer a vontade dos orixás é preciso recorrer ao jogo de búzios, que somente a mãe ou o pai de santo pode jogar. Parecem um tanto distantes, portanto. Já os caboclos dizem o que sentem sem nenhuma mediação. A relação com o cliente é direta, face a face.

A língua é outro fator importante nesta distinção, pois grande parte das pessoas que vão aos terreiros não compreende as línguas rituais derivadas do iorubá, fon ou quicongo e quimbundo em que se cantam as cantigas. Nem mesmo a maioria dos filhos de santo sabe o que está cantando, pois as línguas rituais hoje são intraduzíveis. Aos caboclos, pelo contrário, canta-se em português. Suas cantigas são simples e sugestivas, com expressões e termos conhecidos do catolicismo tradicional e do imaginário popular. Um culto assim é menos *afro* e mais *brasileiro*, ou seja, mais "nosso" para muita gente.

Em alguns terreiros, os caboclos são concebidos como "mensageiros" dos orixás. Segundo alguns pais de santo, eles são transmissores das vontades divinas, afinal "eles falam o que os orixás não podem falar". Mãe Manodê, 78 anos, chefe do terreiro angola que foi o primeiro a se estabelecer em São Paulo como terreiro de candomblé, nos anos 1960, diz:

> O caboclo é mensageiro dos orixás. Ele tem que fazer o que os orixás mandam: consulta, ebó da prosperidade, ebó da bênção… É o orixá que determina, aí então o caboclo pega o filho de santo para fazer ebó.

Mãe Manodê, reforçando a ideia da subordinação deles aos orixás, afirma a importância dos caboclos como mediadores na relação dos clientes com os orixás, dizendo que afinal "eles sabem dar palestras", isto é, conversar com desenvoltura com fiéis e clientes, coisa que orixá não faz. Esta antiga mãe de santo baiana reivindica ainda para o candomblé angola a exclusividade da devoção aos caboclos: "O candomblé queto não cultua caboclo. O que existe hoje é invenção dessa gente. Caboclo sempre foi de angola, sempre, desde a Bahia. Depois o queto copiou."

Hoje, em São Paulo, como no Rio de Janeiro e outros estados, dificilmente o caboclo pode ser usado como divisor de águas entre as nações de candomblé de origem banto e iorubá ou nagô, embora todos reconheçam que sua origem está inscrita nos antigos terreiros de candomblé angola e congo da Bahia, cujas expressões maiores são os terreiros do Bate Folha e o Tumba Junçara, ambos em Salvador, ambos centenários. O caboclo está presente nos candomblés de todas as nações. Não é cultuado em apenas uns poucos terreiros africanizados, embora haja terreiros africanizados com culto de caboclo. Mesmo terreiros tributários dos mais antigos terreiros queto da Bahia cultuam caboclo, ainda que o culto se resuma a uma única festa anual. O caboclo Jundiara, da mãe de santo de uma das tradicionais quatro casas baianas fundadoras do candomblé queto, recebe festas e homenagens tão expressivas quanto as que o babalorixá Doda Braga, do Ilê Axé Ossaim Darê, em São Paulo, promove para seu caboclo Junco Verde.

## 3

Os ritos do candomblé de caboclo são bastante simples quando comparados com as cerimônias devidas a orixás e demais divindades africanas. Na medida em que o caboclo vai sendo incorporado ao cotidiano dos candomblés de orixá-inquice, algumas cerimônias tendem a ganhar complexidade, às vezes nos moldes desses cultos. O rito relatado a seguir, observado em terreiro paulista de candomblé angola-queto, é bastante emblemático.

À época esse terreiro realizava sessões semanais de consultas com caboclos, em que um público de baixa renda, na maior parte, acorria em busca de soluções para toda sorte de problemas.

Nesse terreiro, após ser realizada a obrigação de um ano de iniciação para o orixá do filho de santo, é marcada a data em que o caboclo é chamado a possuir o iaô, tornando-se o caboclo mais uma das entidades de culto particular do filho de santo, que além do orixá principal, o dono de sua cabeça, deve obrigações ao juntó, o segundo orixá, e ao exu mensageiro do orixá principal, ambos também assentados na obrigação de um ano.

Previamente a mãe de santo solicitou ao filho de santo os seguintes itens necessários ao ritual: um alguidar grande, uma quartinha de barro sem asas, um litro de azeite de dendê, um litro de vinho doce, um litro de mel, um quilo de sal, cebola, noz-moscada, canela, cravo, gengibre, uma pemba branca, velas brancas e coloridas, além de outros itens secundários. Consultando o oráculo do jogo de búzios, a mãe de santo fez ver a vontade do caboclo, que solicitou como oferenda três galos, duas galinhas e um casal de codornas. Segundo a mãe de santo, também Exu respondeu no oráculo, indicando sua vontade de receber um galo em sacrifício.

Nesse terreiro, o caboclo é assentado após o conhecimento do seu ponto riscado, espécie de desenho que ele faz no chão com pemba branca, a partir do qual uma ferramenta é confeccionada em ferro. Este símbolo, acompanhado de búzios, moedas e folhas frescas, é fixado num alguidar com cimento, preparado com areia numa mistura com o amaci do caboclo (ervas maceradas em água). No caso aqui relatado, somente dali a algum tempo o assentamento definitivo seria feito, pois antes da cerimônia o caboclo ainda não se fizera conhecer.

Na noite anterior ao dia marcado, o filho de santo dirigiu-se ao terreiro levando consigo todo o material necessário. Na manhã seguinte, acompanhado de outros dois filhos de santo, dirigiu-se a uma mata próxima ao terreiro onde colheu folhas de aroeira, cipó-caboclo, goiabeira, mangueira, guiné, comigo-ninguém-pode, fumo, eucalipto, são-gonçalinho, além de arruda e tapete de Oxalá, que eram cultivados no próprio terreiro. As folhas seriam maceradas e serviriam para lavar o alguidar e a quartinha de barro do caboclo. É interessante observar que o filho de santo não se banhou com essas ervas, banhando-se com o abô (infusão de ervas que permanece num pote e que temporariamente é renovada) pertencente ao rito dos orixás.

A mãe de santo, acompanhada apenas do axogum (sacerdote do candomblé de orixá responsável pelo sacrifício dos animais), dirigiu-se ao quarto de Exu, onde realizou o sacrifício do galo. Os dois entoaram alguns cantos e saudaram Exu, trazendo no final do ritual um alguidar de farofa amarela (farinha de mandioca com azeite de dendê), da qual sete punhados foram jogados na rua.

Enquanto o animal de Exu era limpo na cozinha do santo, a mãe-pequena da casa incensou todo o terreiro entoando as seguintes cantigas:

*Incensa, incensado a casa do meu avô Incensa,*
*incensado em nome do Senhor*
*Estou orando, estou incensando* (bis)
*A casa do Bom Jesus da Lapa* (bis)

*Nossa Senhora incensou seus bentos filhos*
*Incensou para cheirar*
*Eu também vou incensar a minha casa*
*Para sorte e a felicidade entrar*

Com todos os membros do terreiro reunidos no barracão (como é conhecido o salão de danças do terreiro), a mãe de santo deu início ao ritual propriamente dito. Os ingredientes anteriormente citados estavam colocados sobre uma esteira, em que também estava sentado o filho de santo.

A mãe de santo entoou algumas rezas que são chamadas *Angoroci*, saudando e pedindo licença a todos os orixás para cumprir o ritual em louvor do caboclo. Tomou um adjá (campainha ritual) e começou a chamar, através de toadas, os caboclos conhecidos no terreiro:

*Angoroci daraa auê* (bis)
*Angoroci mene meme*
*Tateto Sultão das Matas, oi si!*

Assim sucessivamente saudou os caboclos Pena Branca, Juremeira, Laje Grande, Pena Dourada. Logo depois, aproximando-se do filho de santo, soando o adjá. Acompanhando a mãe de santo, todos os presentes gritavam:

*Xeto marrumbaxeto*
*Xeto na Vizala*
*Xeto á!*

Os gritos repetiram-se muitas vezes até que, num dado momento, o corpo do filho de santo começou a tremular. Seus gestos davam a impressão de estar passando por uma convulsão, sendo amparado por uma equede (espécie de aia do orixá) e pela mãe-pequena. Em seguida, todos ouviram um grito estridente, como se fora o de um pássaro. Era o caboclo que havia possuído em transe o filho de santo ali sentado. Era seu sinal.

Todos os presentes saudaram o caboclo que acabara de chegar com gritos de *Xeto marrumbaxeto*, a saudação aos caboclos, e muitas palmas. O caboclo em transe parecia muito esquivo. Em muito havia se modificado o semblante do filho de santo, bem como seus movimentos físicos.

O caboclo saudou a mãe de santo com certa cerimônia, abraçando-a apenas. Nenhum outro tipo de cumprimento foi feito, tal como o beijar a mão ou o deitar-se no chão aos pés do outro, gestos típicos, e obrigatórios, na etiqueta dos terreiros de orixás e inquices. A mãe de santo então perguntou ao caboclo seu nome e pediu que entoasse seu canto de chegada. Com ar circunspecto, ele se identificou como Caboclo da Lua e cantou:

*Caboclo flecheiro*
*sou da nação do Brasil*
*Sou da nação do Brasil, sou caboclo*
*Caboclo flecheiro*

Todos os presentes, demonstrando grande alegria, gritavam entre palmas: *Xeto marrumbaxeto, xeto na Vizala, xeto á!* O caboclo manteve-se ajoelhado e ligeiramente curvado na esteira. A mãe-pequena colocou as folhas que haviam sido colhidas pela manhã dentro de um alguidar grande, juntando-lhes água e macerando-as em seguida, tornando essa mistura num líquido verde escuro de forte e agradável olor, com que lavou o alguidar e a quartinha pertencentes ao assento do caboclo.

A mãe de santo mandou vir os animais a serem sacrificados, mas, antes do início dos sacrifícios, despejou no alguidar um pouco de água, azeite de dendê e mel. Num pote reservado ao preparo da bebida ritual dos caboclos colocou os mesmos ingredientes acrescidos de canela, cravo e noz-moscada. A mãe de santo iniciou o ritual entoando uma cantiga de saudação à casa, há muito incorporada ao repertório da música popular brasileira:

*Ó Deus vos salve esta casa santa* (bis)

*Onde Deus fez a morada*
*Onde mora o cálice bento*
*E a hóstia consagrada*

Depois disso, o axogum, auxiliado por outro ogã, imolou com uma faca os galos, enquanto todos cantavam:

*Carangolo batula sangue*
*Sangue na xoro ro*
*Moasi sauere sangue na xoro ro*
*Sangue na palangana com maleme tateto*
*Sangue na palangana com maleme mameto*

Em seguida foi a vez das galinhas, mas desta vez com a cantiga:

*Sangue mona sa que sa la*

*coro mo sangue o* (bis)

O casal de codornas foi dado ao caboclo, que sacrificou as aves mordendo o pescoço e tomando do sangue que brotava. Nesse momento era cantada a cantiga:

*Batula batula san*
*Sangue na xoro ro*
*Moaci sauere sangue na xoro ro*

O sangue das aves maiores foi derramado dentro do alguidar e em seguida no pote de barro colocado ao lado deste, sendo mexido com uma colher de pau pela mãe--pequena. A mãe de santo marcava com o sangue das aves as têmporas do filho de santo "virado" no caboclo, que, a cada animal sacrificado, emitia seu grito, seu ilá, saudando a oferenda recebida.

As cabeças e os pés das aves foram colocados num pequeno alguidar, que depois foi enfeitado com as penas delas.

Terminado o sacrifício, os animais foram levados à cozinha para serem limpos e cozidos, enquanto outra cantiga era entoada:

*Batulé sai andando com os pés*
*Batulé sai andando com os pés*

As asas, o pescoço, o fígado, o coração e a moela de cada ave, depois de cozidos, foram oferecidos ao caboclo, as demais partes foram comidas pelos membros do terreiro, acompanhadas de outras iguarias como milho cozido, moranga cozida, arroz e farofa.

O alguidar contendo o sangue dos animais, a quartinha com água, as partes cozidas dos animais, além de milho cozido temperado com sal e azeite de dendê, colocado numa moranga cozida, foram depositados, juntamente com frutas diversas, aos pés de uma árvore de são-gonçalinho existente no terreiro.

Todos os filhos da casa beberam da mistura denominada menga, que, como nos garantiram, é uma bebida muito apreciada por todos.

O Caboclo da Lua permaneceu "em terra" até que as comidas estivessem cozidas. Conversou com todos, bebeu cerveja e só não dançou porque naquele dia não havia toque.

Em outra ocasião tivemos a oportunidade de vê-lo paramentado com um cocar feito de penas de papagaio, vestindo um bombacho em tecido estampado. Trazia um atacam (espécie de faixa) amarrado no tronco, terminando num laço preso às costas. Numa das mãos trazia uma lança de ferro e na outra, um galho de aroeira. Cantou e dançou então ágil, garboso e completamente integrado à comunidade do terreiro. Já havia sido batizado e, conforme nos foi informado, seu assentamento já havia sido "firmado".

Os sacrifícios aqui descritos são repetidos com regularidade, geralmente no intervalo de um ano. Mesmo terreiros que não fazem o batismo conduzem as cerimônias sacrificiais nos moldes do que aqui foi mostrado. Dificilmente haverá alguma festa que não seja precedida de sacrifício.

# 4

Primeiro uma distinção: toques ou giras são cerimônias públicas periódicas, em que os caboclos vêm para "trabalhar", isto é, dar consulta aos necessitados, oferecer conforto aos carentes. Festas são celebrações públicas, geralmente anuais, em que os caboclos vêm para serem homenageados, para dançar e conviver com seus devotos e amigos, como ocorre com as festas dos orixás.

Em São Paulo os toques de caboclo podem ser semanais, quinzenais ou mensais. Em alguns terreiros não têm periodicidade, podendo-se tocar eventualmente. Há pequenas variações de caso para caso, mas em geral eles têm essa sequência: *padê* (oferenda de farofa com dendê para Exu), *xirê* (cantos em língua ritual, geralmente do rito angola, para os orixás ou inquices), *Angoroci* (espécie de louvor aos caboclos), chegada dos caboclos no transe ritual, cantos de invocação, intervalo para paramentar os caboclos, retorno dos caboclos ao barracão com seus cumprimentos e danças e, finalmente, consultas à assistência.

Os caboclos fumam charutos — fumar é o atributo indígena por excelência — e bebem bebidas alcoólicas (cerveja, vinho e a bebida ritual jurema), que costumam compartilhar com seus consulentes. Algumas equedes auxiliam nas consultas, seja traduzindo algumas expressões ou tomando notas. Nos toques as pessoas formam filas para a consulta e em algumas casas chegam até a utilizar senhas. É grande a semelhança com uma sessão de umbanda.

A ênfase das consultas é a cura dos males do corpo, chamando a atenção a quantidade de idosos entre os consulentes. Alguns trazem velas, outros flores ou algum outro artefato prescrito anteriormente pelo caboclo. O fato é que todos depositam nele suas esperanças e com ele mantém relação de cumplicidade. Problemas afetivos, da intimidade ou de ordem material são também abordados, mas secundariamente. Para essas questões parece haver duas alternativas: procurar entidades da umbanda como exus, pombagiras e baianos ou recorrer ao oráculo do jogo de búzios, que é prerrogativa do pai ou da mãe de santo, sem intermediários. Esta última opção é sem dúvida importante na estratégia dos terreiros de candomblé, seja porque abre caminho para o ingresso de um novo aspirante, que deverá aprofundar seus laços também com os orixás, seja porque gera renda, dado que o jogo de búzios é invariavelmente pago. Os caboclos podem sugerir ao consulente qual seria seu orixá, mas convidando--o a voltar outro dia e jogar búzios com a mãe de santo, a fim de obter a confirmação sobre o seu "dono de cabeça".

Ainda com relação à distinção entre consulta espiritual com caboclo e jogo de búzios, vale apontar que o primeiro é considerado subordinado ao segundo, cabendo ao jogo de búzios as decisões consideradas mais sérias e as confirmações. Como nos garantiu um pai de santo, o caboclo ensina banho, remédio, mas não desfaz um malfeito, ele apenas alivia. Ele pode dizer o que foi feito, mas não pode tirar. Isso só é feito com ebó, depois do jogo de búzios.

A comunicação com os caboclos nos toques atende, portanto, a pessoas que buscam respostas imediatas e acessíveis, senão gratuitas, a suas aflições. É também uma porta de entrada para o jogo de búzios, o qual pode significar um início do processo de arregimentação religiosa, uma vez que o adepto em potencial passa a interagir mais de perto com a mãe de santo, ou então a consolidação da condição de cliente.

## 5

As festas de caboclo acontecem anualmente em data que varia de terreiro para terreiro, embora alguns prefiram o 2 de julho, segundo a tradição baiana.[4] São em geral grandes encontros dos quais participam, além dos filhos de santo da casa, amigos, parentes dos iniciados, clientes, simpatizantes e convidados de outros terreiros.

Diferente dos toques, as festas não são caracterizadas pelo atendimento ao público, mas sim pelas danças, brincadeiras e pela comida que é distribuída ao final. Nessa ocasião os caboclos não vêm para "trabalhar", mas para ser homenageados.

Segundo a forma que mais se observa, a festa de caboclo é iniciada com um toque aos inquices. Mesmo os terreiros de tradição iorubá (queto e efã) costumam realizar esta parte preliminar do culto com ritmos e cânticos do candomblé angola, reconhecidamente a nação mais próxima dos caboclos, embora haja terreiros queto que tocam em queto quando os orixás são homenageados nesta primeira parte da festa de caboclo.

Segundo o costume angola, toca-se primeiro para Pambu Njila-Bombogira-Aluviá (Exu), com uma oferta de farofa e bebida ou água, depois para os inquices masculinos, apro-

---

4. Data de comemoração da Independência na Bahia (1823), caracterizada por um desfile que conduz uma estátua de indígena e conhecida como Festa de Caboclo. Ver Santos (1995).

ximadamente nesta ordem: Roximucumbe-Incôci, Catendê, Gomgobira-Mutacalambô, Cafunã-Cavungo, Angorô, Tempo, Zázi, Vúngi. Seguem-se os cânticos para os inquices femininos, Matamba-Bamburucema, Dandalunda, Nzumba, Cucuetu--Caiá, encerrando-se com a homenagem a Lembá e Nzambi.[5]

Na festa ocorrida em 6 de setembro de 1998 no terreiro de candomblé angola Sociedade Beneficente Caboclo Sete Flechas, também conhecido como Inzo N'kisi Mussambu, localizado em Carapicuíba, na Grande São Paulo, depois da sequência de cantigas aos inquices e antes do início das homenagens aos caboclos, ouviu-se a preleção de Tata Tauá, o pai de santo, que interrompeu o toque e falou:

Bem-vindos todos. O pessoal de outros terreiros, as visitas, os da umbanda sintam-se todos em casa. Esta é uma festa de caboclos. Mas alguém pode perguntar: "por que estão cantando para inquice?" Nós louvamos primeiro os inquices por uma questão de espaço físico. Eles são donos desse espaço aqui e por isso nós cantamos para eles antes. Mas caboclos e inquices não têm nada a ver, eles têm fundamentos diferentes. São duas coisas diversas. Como não temos um espaço separado para cada um, cantamos primeiro para os inquices e pedimos licença. Nós vamos cantar agora pra caboclo.

O terreiro está todo enfeitado para a ocasião. O barracão está ornado com as características bandeirinhas de papel de seda forrando o teto. Folhas, flores e objetos indígenas decoram as paredes. Num quarto ao lado foi armada a *junça*, o quarto do caboclo, povoado de imagens de caboclos e objetos indígenas, onde estão as comidas preparadas com as carnes dos sacrifícios realizados no dia anterior, muitas folhas e uma enorme profusão de frutas. A cabana do caboclo é um elemento indispensável na festa de caboclo, podendo ser montada, com bambu e folhas de coqueiro, no próprio

5. Para a correspondência entre inquice e orixá, ver Prandi (1996, p. 48-49).

barracão, quando o espaço o permite, ou fora dele. Nunca faltará a moranga, prato predileto do encantado, nem o pote de jurema, bebida fermentada preparada com a casca do arbusto da jurema (*Pithecolobium torti*), devidamente trazida da Bahia, vinho doce, mel, noz-moscada, gengibre, cravo e canela, ao que alguns terreiros adicionam sangue dos sacrifícios ou dendê, e que em certas casas recebe o nome de menga.

"Abre-te campo formoso..." Com este verso, de uma cantiga que faz alusão ao local imaginário onde os seres encantados habitam, dá-se início à chamada dos caboclos, para mais uma vinda deles ao mundo dos mortais, ao mundo do candomblé.

Não importa o local do encontro, se pequeno e modesto, imenso e abarrotado de símbolos do imaginário dos terreiros, o mais importante é a festa em si, sinônimo de reunião de pessoas com o fim de louvar, orar e estar na companhia dos caboclos.

Na abertura, ao som dos atabaques e demais instrumentos de percussão (xequerê, maraca, agogô etc.), canta-se:

*Abre-te campo formoso* (bis)
*Cheio de tanta alegria*
*Cheio de tanta alegria*

A atmosfera do terreiro já é de muita alegria e, com uma segunda cantiga, os caboclos são chamados a participar da festa:

*E lá vem seu boiadeiro*
*E lá vem seu capangueiro*
*Cheio de tanta alegria*
*Cheio de tanta alegria*

No terreiro Inzo N'kisi Mussambu, a mãe de santo dança rodeada por seus filhos, que chamam pelo maior caboclo da casa, Sete Flechas, gritando *"Xeto Marrumbaxeto!"* Chega o caboclo da mãe de santo com seu *ilá*, seu grito característico. É uma grande festa. Um a um os caboclos vão apossando-se de seus "cavalos" (filhas e filhos de santo por eles possuídos). Ouvem-se palmas, salvas, gritos. Batendo compassadamente a mão espalmada na boca, os filhos de santo emitem um som muito característico, como o que se ouve em filmes americanos de indígenas. O clima de entusiasmo ganha o espaço do terreiro num crescendo. A entrada em transe ganha todas as atenções e um a um os filhos e as filhas vão se deixando "tomar" por seus encantados. Mas depois de certo tempo ainda resistem heroicamente ao transe alguns "cavalos", vários deles demonstrando por gestos e expressões faciais que não desejam ser "possuídos". Aqui observa-se algo inscrito no código do terreiro, revelando uma dimensão da distribuição hierárquica do poder religioso no candomblé. Os "mais velhos de santo", isto é, iniciados há mais tempo, demoram um pouco mais a serem possuídos. Detêm maior controle do transe, pois conhecem o código da possessão mais apuradamente, podendo manobrar seus sinais e sabendo "correr" na hora em que esses sinais se fazem sentir mais agudamente. Com o adiamento do transe, afirmam sua posição na hierarquia do grupo de culto. Isto faz parte da "cena" da possessão.

Na tentativa de trazer mais caboclos para o encontro, os ogãs, assumindo ares de superioridade que os caracteriza, põem-se a cantar:

*Ainda tem caboclo debaixo da samambaia*
*Ainda tem caboclo debaixo da samambaia*
*Debaixo da samambaia*
*No pé da samambaia*
*Ainda tem caboclo*

Os renitentes vão finalmente deixando aflorar o encantado. Não se pode escapar ao poder desta cantiga "de fundamento". Quem não quer entrar em transe tem que sair do barracão até passar o perigo.

Estão todos "em terra" agora: caboclos e caboclas, boiadeiros e marujos. É hora de paramentar os encantados. É costume levar os caboclos em transe para o roncó (quarto de reclusão) para serem vestidos com trajes completos ou ao menos serem adornados com os *atacans*, espécie de tiras de pano amarradas no tronco, terminadas em laços, de modo a permitir livres movimentos nas danças. Vestem-nos com tecidos de uma profusão de cores. Cocares de penas e chapéus de vaqueiro adornam as cabeças, dependendo se são caboclos ou boiadeiros. Alguns trazem nas mãos lanças, arco e flecha ou chocalhos.

Vestidos, voltam em fila ao barracão, dançando a seguinte cantiga:

*Toté, toté de maiongá maiongonbê*

Dançam com o corpo inclinado para frente, com os braços estendidos à frente do corpo, num movimento de vaivém. Os pés acompanham o movimento dos braços, levando o corpo para a frente. Ao mesmo tempo, cumprimentam os presentes, dando precedência às autoridades religiosas presentes, terminando com os mais simples presentes na plateia que se aglomeram no espaço do barracão reservado aos clientes e visitantes.

A precedência por tempo de iniciação também é observada no momento em que os caboclos retornam ao barracão e também no momento em que cada um saúda a casa e o público presente com suas salvas e cantos de chegada. Um por um, numa ordem que revela a importância do tempo de iniciação na composição da hierarquia dos caboclos, começando pelo caboclo da mãe ou pai de santo, seguido dos mais velhos, cada caboclo posta-se na frente dos atabaques, um joelho apoiado no chão, e canta as cantigas que lhe dão identidade. O caboclo reza sua oração e todos cantam com ele.

Dentre muitas cantigas do vasto repertório dos caboclos, poderemos escutar:

*E boa noite meus senhores*
*Boa noite minhas senhoras*
*Sou eu, Sete Flechas*
*que cheguei aqui agora*

*Campestre Verde, a meu Jesus* (bis)
*Madalena e Maria no pé da cruz* (bis)
*Com sete dias minha mãe me deixou* (bis)
*Me deixou numa clareira*
*Osanha quem me criou* (bis)

*É um xeto ê, é um xetô a* (bis)
*Boiadeiro Trilheiro veio aqui prá vos saudar* (bis)

E assim vão cantando e dançando no ritmo frenético dos atabaques.

Ouve-se um misto de louvações sobre as coisas e lugares do Brasil, saudações aos orixás ou alusões a Jesus Cristo e santos católicos, emergindo daí todo um sincretismo presente com certeza nesse culto dos caboclos, os ditos senhores desta terra. Como exemplo, citamos algumas cantigas:

*E lá em Roma tem uma igreja* (bis)
*E dentro dela tem morador* (bis)
*Lá tem um anjo de braços abertos* (bis)
*E esse anjo é Nosso Senhor* (bis)

*Aqui nesta aldeia*
*tem um caboclo que ele é real*
*Ele não mora longe*
*mora aqui mesmo neste canzuá*

*Pisa caboclo aqui nesta aldeia*
*Mostra o teu sangue que corre nas veias* (bis)
*Caboclo flecheiro, tu és da nação do Brasil*

*Tu és da nação do Brasil, meu caboclo*
*Caboclo flecheiro*

*Mas ele vem pelo rio de Contas*
*Vem caminhando por aquela rua* (bis)
*Olha que beleza,*
*seu Lua Nova no clarão da lua* (bis)

*Caça, caça no Canindé Cura ê, cura ô*
*Caça, caça no Canindé Pena Verde é caçador*
*Aê Juçara, dona Juçara eu vim te ver*
*Aê Juçara, dona Juçara como vai você*

*Pedrinha de um lado*
*Pedrinha do outro*
*Pedrinha lá na mata é*
*Quem pode mais é Deus do céu Jesus, Maria e José*

*Pedrinha miudinha na Aruanda ê*
*Lajedo tão grande*
*Tão grande na Aruanda ê*

 Não somente os ogãs puxam as cantigas, mas também os caboclos apreciam fazê-lo.
 Muitas vezes as cantigas trazem um pouco da história mítica de cada um, assim:

*Aê Iemanjá* (bis)
*Rainha sereia*
*Sô Cabocla do Mar* (bis)

*Sô caboclo, sô flecheiro Sindara cuiá*
*Sô Oxóssi, sô guerreiro Sindara cuiá*
*Eu venho lá da mata Sindara cuiá*
*Sô filho de Iemanjá Sindara cuia*

*Verde e amarelo*

> *Mar do norte e sul*
> *Sô Cabocla do Mar*
> *Andando no mar azul*
> *Caboclinho da Mata Virgem das ondas do mar*
> *Sô filho da Vizala*
> *Filho da sereia do mar*

Apesar da aparente desordem no barracão, os caboclos respeitam-se entre si e se fazem respeitar por todos os presentes. São criteriosos ao solicitar algo, mesmo que seja um charuto ou uma bebida, e fazem-no de modo jocoso, revelando, contudo, sempre um formalismo, cuja etiqueta faz parte das exigências cotidianas do candomblé:

> *Ô dona da casa*
> *Por Deus e Nossa Senhora*
> *Dá-me o que beber*
> *Senão eu vou-me embora!*
> *Sem beber não faço samba*
> *Sem beber, não sei sambar*

Se por um lado existe o respeito mútuo, por outro pode-se estabelecer entre eles a disputa pela melhor performance nas danças, ou o chamado sotaque, em que um chama o outro para uma espécie de desafio de cantigas, duelo verbal tão caro à cultura popular nordestina.

Depois é hora de dançar por sobre uma vara de madeira colocada no chão em frente aos atabaques. Os caboclos devem dançar pulando de um lado a outro da vara, como se estivessem embriagados, sem tropeçar ou mover o objeto no chão. Neste ato lúdico, a disputa é sempre acirrada e muitas vezes cria uma verdadeira competição na qual o caboclo do dono da casa deverá sempre sair-se bem, sob pena de ver posto em dúvida seu poder mágico. Afinal, as entidades do chefe da casa, quer se trate de orixá, inquice ou caboclo, são sempre consideradas as mais poderosas.

Entre outras cantigas podemos citar:

*Ô piaba, pula por cima do pau*
*ô piaba* (bis)
*Bate tambor solta a piaba*

*Caboclo do junco caboclo da mata*
*Caboclo na mata corta dendê dendê de samba angolê*

A festa é uma profusão de danças, em que um a um os caboclos vão fazendo seu solo. Os ritmos, muito próximos do samba da música popular que deles se originou, são alegres e contagiantes. Os encantados puxam suas cantigas que são repetidas pelos alabês, demais caboclos, adeptos e simpatizantes da plateia. Fumam charuto o tempo todo e bebem numa cuia um preparado fermentado, quando não vinho, cerveja ou outra bebida alcoólica. Os alabês tocam os três atabaques, sempre percutidos com as mãos, em ritmos característicos do candomblé angola, enquanto os caboclos oferecem sua cuia aos amigos e autoridades presentes, os quais bebem virando-se de costas para o caboclo, para que ele não o veja beber, conforme manda a etiqueta dos tempos em que não se bebia na presença dos mais velhos.

Mais adiante os caboclos convidam presentes a dançar uma ou outra cantiga, fazendo grande estardalhaço:

*Se eu era branco eu não era caboclo*
*Põe a moça bonita pra dançar na roda*

Não se estabelece rigorosamente a duração da festa. O caboclo do dono da casa é autoridade máxima nesse ritual e decidirá, na maioria das vezes, quando deve ser finalizada a festa.

Ao final, um ogã canta uma cantiga de agradecimento a Deus pela presença dos caboclos. É o deus cristão que é lembrado:

*Graças a Deus,*
*ora meu Deus*

*Louvado seja Deus,*
*ora meu Deus Graças a Deus,*
*ora meu Deus*
*O dia em que Laje Grande nasceu*
*ora meu Deus.*

O caboclo da dona da casa agradece a todos pela presença. Seguido pelos outros caboclos, abraça cada um dos presente, e finalmente canta sua despedida:

*Eu já vou, já vou*
*Eu já vou prá lá*
*O meu pai me chama, eu sou filho obediente*
*Eu não posso mais ficar*

Novamente a fila dos caboclos é precedida por ele e dançando, um a um, cumprimentam a porta do terreiro, o ariaxé (ponto da força sagrada do terreiro), os atabaques, e encaminham-se para o roncó onde são despachados. Antes saúdam os presentes com os abraços característicos do candomblé, em que se tocam os ombros alternadamente por três vezes.

Às vezes a saída dos caboclos vai se fazendo aos poucos, retirando-se primeiro os com menos tempo de iniciação, enquanto os outros continuam dançando, até sobrarem dois ou três, que insistem em querer ficar:

*Eu estava indo deste arraial*
*Eu já ia embora deste arraial*
*Resolvi, não vou mais*

Todos aplaudem e apoiam a decisão do caboclo, mas já é hora da festa terminar e sempre alguma autoridade do terreiro mostrará ao caboclo que seu tempo acabou.

Aos poucos os filhos "desvirados" vão voltando ao barracão. Todos estão cansados, cavalos e ogãs. Apesar dos semblantes exaustos de cada um dos presentes, todos demonstram contentamento. Muitas palavras de alento também foram escutadas dos caboclos. A festa não foi somente canto e dança. Os caboclos estiveram na terra também para trazer mensagens, talvez dos próprios orixás, ensinaram beberagens para vários males, assim como deram conselhos a muitos, estabelecendo um laço de confiança para que se perpetue a sua imagem de pai e protetor. Mas sobretudo dançaram, porque é dia de festa, não de trabalho. Há um clima geral de alegria e um sentimento compartilhado de missão cumprida. Agora vamos comer.

Uma festa termina com comida farta. Arroz, farofa, carnes, saladas são pratos preferenciais. E muita fruta, pois não há festa de caboclo sem uma profusão de frutas de todas as espécies: jaca, melancia, melão, laranja, tangerina, abacaxi, mamão, abacate, banana, fruta-do-conde, caju, carambola, maçã e até kiwi, além de moranga, comida predileta dos caboclos. Refrigerante e cerveja completam o banquete dos caboclos.

## 6

Na grande maioria dos terreiros de candomblé de São Paulo, praticamente todos os filhos da casa têm caboclo, com exceção, evidentemente, dos não rodantes ogãs e equedes. Alguns caboclos foram trazidos diretamente da umbanda, a religião anterior de parte dos adeptos. Na passagem da umbanda ao candomblé, contudo, transcorre certo tempo antes que o caboclo volte a se manifestar. Somente após ter o filho de santo aprendido as novas posturas, formas de dançar e se expressar características do candomblé, geralmente na obrigação de um ano, o caboclo "baixa" no candomblé, já tendo assumido mudanças no jeito de falar e no gestual. Muitos, no entanto, não conheceram a umbanda, começando a carreira religiosa afro-brasileira diretamente no candomblé.

Não raramente, outras entidades umbandistas que não o caboclo podem também estar presentes em terreiros de candomblé. São os pretos velhos, as ciganas, os baianos, os exus da umbanda e as pombagiras. Esta mistura religiosa é tão evidente que facilmente justifica ter-se forjado o termo "umbandomblé", usado pelo próprio povo de santo para referir-se a terreiros de candomblé com entidades e ritos da umbanda. Por um lado, isto mostra a identificação simultânea de terreiros com duas modalidades. Por outro, demonstra que há um público que atende a essas duas vertentes. Afinal, os adeptos das religiões afro-brasileiras em São Paulo conheceram primeiro a umbanda e seus personagens povoam seu imaginário. Para o paulista, o candomblé dos orixás é de certa forma uma experiência cultural recente e sua compreensão ainda é mais difícil, como costumam explicar alguns líderes desta religião. Mas é verdade que a penetração da umbanda no candomblé não se restringe a São Paulo e outras cidades do Sudeste e do Sul, marcando já uma presença importante em terreiros de regiões do país identificadas como originárias das religiões afro-brasileiras tradicionais.

Um ritual religioso afro-brasileiro logo remete à imagem de pessoas incorporadas por espíritos, os guias, que oferecem consultas, dão conselhos e resolvem problemas. O candomblé de caboclo em São Paulo atende preferencialmente a um público que também se identifica com a umbanda, ou seja, pessoas que estão acostumadas a um traço específico da religião, a comunicação verbal com o espírito incorporado. Do ponto de vista econômico, trata-se de uma demanda evidente: uma população que busca o serviço religioso, mas não pode pagar o preço do jogo de búzios, que varia hoje entre trinta e cinquenta reais.

Na passagem da umbanda ao candomblé, os terreiros redefiniram vários elementos rituais e simbólicos, inclusive no âmbito do sincretismo católico, mas não deixaram de lado o culto ao caboclo. O encontro do culto de caboclo do antigo candomblé com o kardecismo gerou no passado a umbanda. Atualmente, o caboclo constitui, num outro movimento, um trunfo do novo candomblé para avançar sobre o espaço umbandista. Como se a força renovada do "dono da terra" estivesse atuando nos movimentos que têm marcado a história das religiões afro-brasileiras, história que não estaria por certo concluída, pois *"ainda tem caboclo debaixo da samambaia"*.

## referências bibliográficas

BACELAR, Jeferson Afonso et al. *In*: ENCONTRO DE NAÇÕES DE CANDOMBLÉ, 2., 1997, Salvador. *Anais* [...]. Salvador: Centro de Estudos Afro-Orientais da UFBA, 1997.

FERRETTI, Mundicarmo. *Desceu na guma*. São Luís: Sioge, 1993.

LANDES, Ruth. *A cidade das mulheres*. Rio de Janeiro: Civilização Brasileira, 1967.

LIMA, Vivaldo da Costa et al. *Encontro de nações de candomblé*. Salvador: Ianamá: Centro e Estudos Afro-Orientais da UFBA, 1984.

PRANDI, Reginaldo. *Os candomblés de São Paulo:* a velha magia na metrópole nova. São Paulo: Hucitec, 1991.

PRANDI, Reginaldo. *Herdeiras do axé*: sociologia das religiões afro-brasileiras. São Paulo: Hucitec, 1996.

PRANDI, Reginaldo. Nas pegadas dos voduns. *Afro-Ásia*, Salvador, n. 19-20, p. 109-134, 1999.

SANTOS, Jocélio Teles. *O dono da terra*. Salvador: Sarah Letras, 1995.

# 8.
## Os orixás e a natureza

### 1

Na aurora de sua civilização, o povo africano mais tarde conhecido pelo nome de iorubá, chamado de nagô no Brasil e lucumi em Cuba, acreditava que forças sobrenaturais impessoais, espíritos, ou entidades estavam presentes ou corporificados em objetos e forças da natureza. Tementes dos perigos da natureza que punham em risco constante a vida humana, perigos que eles não podiam controlar, esses antigos africanos ofereciam sacrifícios para aplacar a fúria dessas forças, doando sua própria comida como tributo que selava um pacto de submissão e proteção e que sedimenta as relações de lealdade e filiação entre os homens e os espíritos da natureza. Muitos desses espíritos da natureza passaram a ser cultuados como divindades, mais tarde designadas orixás, detentoras do poder de governar aspectos do mundo natural, como o trovão, o raio e a fertilidade da terra, enquanto outros foram cultuados como guardiões de montanhas, cursos d'água, árvores e florestas. Cada rio, assim, tinha seu espírito próprio, com o qual se confundia, construindo-se em suas margens os locais de adoração, nada mais que o sítio onde eram deixadas as oferendas. Um rio pode correr calmamente pelas planícies ou precipitar-se em quedas e corredeiras, oferecer calma travessia a vau, mas também se mostrar pleno de traiçoeiras armadilhas, ser uma benfazeja fonte de alimentação piscosa, mas igualmente afogar em suas águas os que nelas se banham. Esses atributos do rio, que o torna ao mesmo tempo provedor e destruidor, passaram a ser também o de sua divindade guardiã. Como cada rio é diferente, seu espírito, sua alma, também tem características específicas. Muitos dos espíritos dos rios são homenageados até hoje, tanto na África, em território iorubá, como nas Américas, para onde o culto foi trazido pelos negros durante a escravidão e num curto período após a abolição, embora tenham, com o passar do tempo, se tornado independentes de sua base original na natureza. São eles Iemanjá, divindade do rio Ogum, Oiá ou Iansã, deusa do rio Níger, assim como Oxum, Obá, Euá, Logum Edé, Erinlé e Otim, cujos rios conservam ainda hoje o mesmo nome de sua divindade. No Brasil, assim como em Cuba, Iemanjá ganhou o patronato do mar, que na África pertencia a Olocum, enquanto os demais orixás de rio deixaram de estar referidos a seus cursos d'água originais, ganhando novos domínios, cabendo a Oxum o governo dos rios em geral e de todas as águas doces.

A economia desses povos desenvolveu-se com base na agricultura, na caça, na pesca e no artesanato, com intensa e importante atividade comercial concentrada nos mercados das cidades, para onde acorria a produção das diferentes aldeias e cidades. Podemos ver nessa sociedade em formação um deslocamento dos orixás do plano dos fenômenos da natureza para o plano da divisão social do trabalho, assumindo os orixás a característica de guardiões de atividades essenciais para a vida em sociedade. O culto às divindades continuou sendo local, podendo a mesma atividade ser guardada por deuses locais distintos. Só muito mais tarde alguns orixás foram elevados à categoria de orixás nacionais. Assim, na agricultura encontramos o culto a Ogum e Orixá-Ocô, enquanto as atividades de caça estavam guardadas por Oxóssi, Logum Edé, Erinlé, e muitos outros orixás caçadores conhecidos genericamente pelo nome de Odé, que significa Caçador. No Brasil, onde a geografia africana deixou de ter sentido, alguns orixás de rio, como Logum e Erinlé, ficaram restritos à caça, embora se faça referência também a seus atributos de pescadores, especialmente no caso de Logum Edé.

No caso de Ogum, há uma relação direta entre a agricultura e o artesanato do ferro, que permitiu a produção das ferramentas agrícolas, o mesmo ferro com que se fazem as armas de guerra, faca, facão, espada, e que transformou Ogum no deus da metalurgia e da guerra, numa emblemática expansão de um culto que se iniciou em referência ao plano da natureza (o ferro) para depois se fixar no domínio das atividades humanas (agricultura, metalurgia, guerra). A importância do minério extraído da natureza define-se por sua aplicação na cultura e leva à constituição de um culto que ao mesmo tempo deseja propiciar as forças sobrenaturais para garantir o acesso ao minério e o sucesso nas atividades que usam artefatos com ele produzidos. Quanto mais o trabalho se especializava, mais o orixá se liberava do mundo natural e mais próximo se situava do mundo do trabalho, isto é, do mundo da cultura, das atividades sociais, do mundo do homem, enfim.

A antiga religião de caráter animista, ou seja, de crença de que cada objeto do mundo em que vivemos é dotado de um espírito, em algum momento primordial fundiu-se com o culto dos antepassados. Podemos definir o culto dos antepassados como o conjunto de crenças, mitos e ritos que regulam os vínculos de uma comunidade com um número grande de mortos que viveram nessa comunidade e que estão ligados a ela por parentesco, segundo linhagens familiares, acreditando-se que os mortos têm o poder de interferir na vida humana, devendo então ser propiciados, aplacados por meio das práticas sacrificiais para o bem-estar da comunidade. Através do sacrifício, o antepassado participa da vida dos viventes, compartilhando com eles o fruto do sucesso das colheitas, das caçadas, da guerra e assim por diante. Embora todo morto mereça respeito e sacrifício, são os mortos ilustres os que se colocam no centro do culto. São os fundadores das antigas linhagens familiares, os heróis conquistadores, fundadores de cidades, o que inclui os falecidos pertencentes à família real, especialmente o rei.

Alguns antepassados, sobretudo os de famílias e de cidades que lograram expandir seu poder e seu domínio além de seus muros, acabaram sendo hevemerizados, isto é, deificados, ocupando no universo religioso o mesmo *status* de um orixá da natureza, muitas vezes confundindo-se com eles. Assim, Xangô é ao mesmo tempo o orixá do trovão, que rege as intempéries, e o antepassado mítico hevemerizado que um dia teria sido o quarto rei da cidade de Oió. Como rei, é o regulador das atividades ligadas ao governo do mundo profano, do qual é o magistrado máximo, assumindo assim, o patronato da justiça. Muitos reis, míticos ou não, foram alçados à dignidade de orixá. Por outro lado, muitos orixás que já mereciam culto ganharam também a conotação de antepassado, especialmente como reis. Como ocorreu com Ogum, lembrado como rei de Irê, e Oxaguiã, rei de Ejibô, entre outros. Ainda hoje no Brasil essas cidades são lembradas nas cantigas que falam de Ogun Onirê, o rei de Irê, e Oxaguiã Elejibô, o rei de Ejibô.

Confrarias de sacerdotes especializados também se organizaram em função de divindades relacionadas a atividades mágico-religiosas específicas, como os adivinhadores ou babalaôs, reunidos no culto de Orunmilá ou Ifá, o deus do oráculo, e os curadores herbalistas, ou olossains, dedicados a Ossaim, o orixá que detém o poder curativo das plantas. Tanto Orunmilá como Ossaim tiveram culto nacional em território iorubá, uma vez que seus sacerdotes ofereciam seus serviços a todos os que deles precisassem, não estando suas atividades circunscritas aos cultos familiares ou de cidades. Exu, orixá do mercado e da comunicação entre os deuses e entre estes e os humanos, também ganhou culto sem fronteiras familiares ou citadinas. Com a expansão política de algumas cidades e a incorporação de outros territórios, deuses locais passaram a ter um culto mais generalizado, o que transformou Xangô num deus cultuado em todo o território controlado por Oió, que teve o maior dos impérios iorubás. Iemanjá, originalmente uma divindade ebgá de rio, cultuada em território de Abeocutá, transformou-se em objeto do culto às ancestrais femininas, sendo homenageada no início dos festejos dedicados às grandes mães ancestrais no festival Geledé, cuja celebração envolve várias cidades. Através da instituição do culto aos antepassados, os antigos iorubás estabeleceram as bases míticas de sua própria origem como povo, deificando seus mais antigos heróis, fundadores de cidades e impérios, aos quais se atribuiu a criação não somente do povo iorubá como de toda a humanidade. Dá-se assim a gênese do orixá Odudua, rei e guerreiro, considerado o criador da Terra, e de Obatalá, também chamado Orixanlá e Oxalá, o criador da humanidade, além de muitos outros deuses que com eles fazem parte do panteão da criação, como Ajalá e Oxaguiã.

O contato entre os povos africanos, tanto em razão de intercâmbio comercial como por causa das guerras e domínio de uns sobre outros, propiciou a incorporação pelos iorubás de divindades de povos vizinhos, como os voduns dos povos fons, chamados jejes no Brasil, entre os quais se destaca Nanã, antiga divindade da terra, e Oxumarê, divindade do arco-íris. O deus da peste, que recebe os nomes de Omulu, Olu Odo, Obaluaê, Ainon, Sakpatá e Xamponã ou Xapanã, resultou da fusão da devoção a inúmeros deuses cultuados em territórios iorubá, fon e nupe. As transformações sofridas pelo deus da varíola, descritas por Claude Lépine (1998), até sua incorporação ao panteão contemporâneo dos orixás, mostra a importância das migrações e das guerras de dominação na vida desses povos africanos e seu papel na constituição de cultos e conformação de divindades.

Quanto mais os orixás foram se afastando da natureza, mais foram ganhando forma antropomórfica. Os mitos falam de deuses que pensam e agem como os humanos, com os quais partilham sentimentos, propósitos, comportamentos e emoções. Seus patronatos especializaram-se em aspectos da cultura e da vida em sociedade que melhor atendiam às necessidades individuais dos seus devotos, embora possam manter referências ao original mundo natural (Prandi, 2001).

# 2

Com a vinda para as Américas, ao processo de antropomorfização e mudança ou diversificação do patronato adicionou-se a unificação do panteão, passando orixás de diferentes localidades a ser cultuados juntos nos mesmos locais de culto, no caso do Brasil, os terreiros de candomblé, ocorrendo mais forte especialização na divisão do trabalho dos deuses guardiões. Assim, Iemanjá, agora rainha do mar, é a protetora da maternidade e do equilíbrio mental; Oxum ganha as águas doces e a prerrogativa de governar a fertilidade humana e o amor; Ogum governa o ferro e a guerra, mas também é aquele que abre todos os caminhos e oportunidades sociais; Xangô, orixá do trovão, é o dono da justiça. E assim por diante. Como a religião dos orixás foi refeita no Brasil por africanos ou descendentes que, no século 19, viviam nas grandes cidades costeiras, ocupando-se em atividades urbanas, fossem eles escravizados ou livres, a preocupação com atividades agrícolas era muito secundária, de sorte que os orixás do campo foram esquecidos ou tiveram seus governos reorganizados. O culto a Orixá-Ocô se perdeu e hoje raramente alguém se lembra de Ogum como orixá do campo. Também os orixás da caça perderam com a nova sociedade. Oxóssi ganhou a responsabilidade de zelar pela fartura de alimentos, mas não há mais caçadores para cultuá-lo e muitos Odés foram reagrupados no culto de Oxóssi, como ocorreu com Erinlé e Otim. O grande papel de Oxóssi no Brasil na verdade decorre de sua condição de patrono da nação queto, instituída com a fundação dos candomblés baianos Casa Branca do Engenho Velho, Gantois e Axé Opô Afonjá, e que é uma referência à cidade africana de Queto, hoje situada no Benin, da qual Oxóssi era o orixá da casa real e onde atualmente está praticamente esquecido. Mudanças recentes nas condições de vida, inclusive em termos de saúde pública, fizeram de Omulu o médico dos pobres brasileiros, mas hoje ele está longe de ser cultuado por causa da varíola, seu domínio original, praticamente eliminada em nossa sociedade.

No Brasil, com a concentração do culto aos orixás nos terreiros, sob a autoridade suprema do pai ou da mãe de santo, antigas confrarias africanas especializadas desapareceram, uma vez que o pai de santo passou a controlar toda e qualquer atividade religiosa desenvolvida nos limites de sua comunidade de culto. Os orixás dessas confrarias foram esquecidos ou se transformaram. Assim, com a extinção dos babalaôs, os sacerdotes do oráculo, o culto a Orunmilá praticamente desapareceu, subsistindo marginalmente em alguns poucos terreiros pernambucanos. O oráculo, agora prerrogativa do chefe de cada terreiro, passou a ser guardado por Exu e Oxum, que na África já eram estreitamente ligados às atividades de adivinhação. A confraria dos curadores herbalistas, os olossains, também não se manteve nos moldes africanos, ficando os olossains restritos às atribuições de colher folhas e cantar para sua sacralização, tendo perdido para o pai de santo as prerrogativas do curador. Em decorrência, o culto de Ossaim ganhou novas feições, ficando mais assemelhado ao culto dos outros orixás celebrados nos terreiros, podendo inclusive ser recebido em transe como os demais, o que não acontecia na África. Espíritos das velhas árvores foram antropomorfizados e iroco, que na África é simplesmente o nome de uma grande árvore, aqui se transformou no orixá Iroco, que recebe oferendas na cameleira branca e desce em transe, ganhando, cada vez mais, independência em relação à árvore, situando-se, por conseguinte, mais longe da natureza.

O desenvolvimento científico e tecnológico, ao promover a expansão do controle da natureza pelo homem, controle que vai desde a previsão das intempéries e catástrofes naturais até a obtenção da fecundação *in vitro*, passando pela cura da maioria das moléstias, garantindo a redução das taxas de mortalidade infantil, afastando as endemias e epidemias, aumentando a esperança de vida, tudo isso foi desviando cada vez mais o olhar do homem religioso da natureza, uma vez que esta já o preocupa menos, representando menos riscos, menos perigo. Diferentes povos tiveram diferentes preocupações com a natureza. Os iorubás, como povo da floresta, pouco se interessaram pelos astros, que ocuparam posição importante nos sistemas religiosos de povos que viviam em lugares abertos e altos. Para os iorubás, as florestas e os rios eram mais importantes que a lua ou as estrelas. Sua semana de quatro dias não tem relação com as fases da lua, que em muitos povos originou a semana de sete dias. Habitando o interior, longe do mar, lhes faltou certamente a observação da maré associada às fases da lua para estabelecer um calendário lunar. A morada dos deuses e dos espíritos dos iorubás, emblematicamente, não fica no céu, mas sob a superfície da terra.

No Brasil, as referências à natureza foram, contudo, simbolicamente mantidas nos altares sacrificiais, que são os assentamentos dos orixás e em muitos outros elementos rituais. Desse modo, como a África, seixos provenientes de algum curso d'água não podem faltar no assentamento dos orixás de rio, confundindo-se as pedras com os próprios orixás. Pedaços de meteoritos, as pedras de raio do assento de Xangô, lembram a identificação deste orixá com o raio e o trovão. Objetos de ferro são usados para o assentamento de Ogum. E assim por diante. O candomblé também conserva a ideia de que as plantas são fonte de axé, a força vital sem a qual não existe vida ou movimento e sem a qual o culto não pode ser realizado. A máxima iorubá "kosi ewê kosi orixá", que pode ser traduzida por "não se pode cultuar orixás sem usar as folhas", define bem o papel das plantas nos ritos. As plantas são usadas para lavar e sacralizar os objetos rituais, para purificar a cabeça e o corpo dos sacerdotes nas etapas iniciáticas, para curar as doenças e afastar males de todas as origens. Mas a folha ritual não é simplesmente a que está na natureza, mas aquela que sofre o poder transformador operado pela intervenção de Ossaim, cujas rezas e encantamentos proferidos pelo devoto propiciam a liberação do axé nelas contido. Há algumas décadas a floresta fazia parte do cenário do terreiro de candomblé e as folhas estavam todas disponíveis para colheita e sacralização. Com a urbanização, o mato rareou nas cidades, obrigando os devotos a manter pequenos jardins e hortas para o cultivo das ervas sagradas ou então se deslocar para sítios afastados, onde as plantas podem crescer livremente. Com o passar do tempo, novas especializações foram surgindo no âmbito da religião e hoje as plantas rituais podem ser adquiridas em feiras comuns de abastecimento e nos estabelecimentos que comercializam material de culto. Exemplo maior, no Mercadão de Madureira, no subúrbio do Rio de Janeiro, pródigo na oferta de objetos rituais, vestimentas e ingredientes para o culto dos orixás, mais de vinte estabelecimentos vendem, exclusivamente, toda e qualquer folha necessária aos ritos de Ossaim. Bem longe da natureza.

Embora a concepção de orixá esteja hoje bem distante da natureza, muitas celebrações se fazem em locais que lembram as antigas ligações, como as festas de Iemanjá junto ao mar, como os despachos feitos na água corrente, na lagoa, no mato, na pedreira, na estrada etc., de acordo com o orixá a que se destinam. Com a recente preocupação com o meio ambiente, o candomblé tem sido muito lembrado como religião da natureza, apontando-se muitos terreiros como modelares na preservação ambiental. Alguns líderes, de fato, têm procurado se engajar em movimentos preservacionistas, alertando os seguidores dos orixás da necessidade de se defender da poluição ambiental locais usados pela religião, como cachoeiras e fontes, lagos e bosques. Alguns defendem a necessidade do próprio candomblé deixar de usar nas oferendas feitas fora do terreiro e nos despachos material não biodegradável.

# 3

Nesse clima de "retorno ao mundo natural", de preocupação com a ecologia, um orixá quase inteiramente esquecido no Brasil vem sendo aos poucos recuperado. Trata-se de Onilé, a Dona da Terra, o orixá que representa nosso planeta como um todo, o mundo em que vivemos. O mito de Onilé pode ser encontrado em vários poemas do oráculo de Ifá, estando vivo ainda hoje, no Brasil, na memória de seguidores do candomblé iniciados há muitas décadas. Assim a mitologia dos orixás nos conta como Onilé ganhou o governo do planeta Terra:

> Onilé era a filha mais recatada e discreta de Olodumare.
> Vivia trancada em casa do pai e quase ninguém a via.
> Quase nem se sabia de sua existência.
> Quando os orixás seus irmãos se reuniam no palácio
>     do grande pai
> para as grandes audiências em que Olodumare comunicava
>     suas decisões, Onilé fazia um buraco no chão e
>     se escondia,
> pois sabia que as reuniões sempre terminavam em festa, com
>     muita música e dança ao ritmo dos atabaques.
> Onilé não se sentia bem no meio dos outros.
>
> Um dia o grande deus mandou os seus arautos avisarem:
>     haveria uma grande reunião no palácio
> e os orixás deviam comparecer ricamente vestidos,
> pois ele iria distribuir entre os filhos as riquezas do mundo
>     e depois haveria muita comida, música e dança.
> Por todo os lugares os mensageiros gritaram esta ordem
> e todos se prepararam com esmero para o
>     grande acontecimento.
>
> Quando chegou por fim o grande dia,
>     cada orixá dirigiu-se ao palácio na maior ostentação, cada
>     um mais belamente vestido que o outro,
>     pois este era o desejo de Olodumare.
> Iemanjá chegou vestida com a espuma do mar, os braços
>     ornados de pulseiras de algas marinhas,
>     a cabeça cingida por um diadema de corais e pérolas,
>     o pescoço emoldurado por uma cascata de madrepérola.
>         Oxóssi escolheu uma túnica de ramos macios,

enfeitada de peles e plumas dos mais exóticos animais.
Ossaim vestiu-se com um manto de folhas perfumadas.
Ogum preferiu uma couraça de aço brilhante,
enfeitada com tenras folhas de palmeira.
Oxum escolheu
cobrir-se de ouro,
trazendo nos cabelos as águas verdes dos rios.
As roupas de Oxumarê mostravam todas as cores, trazendo
nas mãos os pingos frescos da chuva.
Iansã escolheu para vestir-se um sibilante vento
e adornou os cabelos com raios que colheu da tempestade.
Xangô não fez por menos e cobriu-se com o trovão.
Oxalá trazia o corpo envolto em fibras alvíssimas de algodão
a testa ostentando uma nobre pena vermelha de papagaio.
E assim por diante.
Não houve quem não usasse toda a criatividade
para apresentar-se ao grande pai com a roupa mais bonita.
Nunca se vira antes tanta ostentação, tanta beleza,
tanto luxo.
Cada orixá que chegava ao palácio de Olodumare
provocava um clamor de admiração,
que se ouvia por todas as terras existentes.
Os orixás encantaram o mundo com suas vestes.
Menos Onilé.
Onilé não se preocupou em vestir-se bem. Onilé não se
interessou por nada.
Onilé não se mostrou para ninguém.
Onilé recolheu-se a uma funda cova que cavou no chão.

Quando todos os orixás haviam chegado,
Olodumare mandou que fossem acomodados
confortavelmente, sentados em esteiras dispostas ao
redor do trono.
Ele disse então à assembleia que todos eram bem-vindos.
Que todos os filhos haviam cumprido seu desejo e que
estavam tão bonitos que ele não saberia

escolher entre eles qual seria o mais vistoso e belo. Tinha
    todas as riquezas do mundo para dar a eles, mas nem
    sabia como começar a distribuição.
Então disse Olodumare que os próprios filhos,
ao escolherem o que achavam o melhor da natureza, para
    com aquela riqueza se apresentar perante o pai, eles
    mesmos já tinham feito a divisão do mundo.
Então Iemanjá ficava com o mar, Oxum com o ouro e
    os rios.
A Oxóssi deu as matas e todos os seus bichos, reservando as
    folhas para Ossaim.
Deu a Iansã o raio e a Xangô o trovão.
Fez Oxalá dono de tudo que é branco e puro, de tudo que
    é o princípio, deu-lhe a criação. Destinou a Oxumarê
    o arco-íris e a chuva.
A Ogum deu o ferro e tudo o que se faz com ele, inclusive
    a guerra.
E assim por diante.
Deu a cada orixá um pedaço do mundo,
uma parte da natureza, um governo particular. Dividiu de
    acordo com o gosto de cada um.
E disse que a partir de então cada um seria o dono e
    governador daquela parte da natureza.
Assim, sempre que um humano tivesse alguma necessidade
    relacionada com uma daquelas partes da natureza,
deveria pagar uma prenda ao orixá que a possuísse.
Pagaria em oferendas de comida, bebida ou outra coisa que
    fosse da predileção do orixá.
Os orixás, que tudo ouviram em silêncio, começaram a
    gritar e a dançar de alegria, fazendo um grande alarido
    na corte.
Olodumare pediu silêncio, ainda não havia terminado.
Disse que faltava ainda a mais importante das atribuições.
    Que era preciso dar a um dos filhos o governo da Terra,
o mundo no qual os humanos viviam
e onde produziam as comidas, bebidas e tudo o mais que
    deveriam ofertar aos orixás.

Disse que dava a Terra a quem se vestia da própria Terra.
"Quem seria?", perguntavam-se todos.
"Onilé", respondeu Olodumare. "Onilé?", todos
   se espantaram.
Como, se ela nem sequer viera à grande reunião? Nenhum
   dos presentes a vira até então.
Nenhum sequer notara sua ausência.
"Pois Onilé está entre nós", disse Olodumare
e mandou que todos olhassem no fundo da cova,
onde se abrigava, vestida de terra, a discreta e recatada filha.
Ali estava Onilé, em sua roupa de terra.
Onilé, a que também foi chamada de Ilê, a casa, o planeta.
Olodumare disse que cada um que habitava a Terra
   pagasse tributo a Onilé,
pois ela era a mãe de todos, o abrigo, a casa. A humanidade
   não sobreviveria sem Onilé. Afinal, onde ficava cada
   uma das riquezas que Olodumare partilhara com filhos
   orixás? "Tudo está na Terra", disse Olodumare.
"O mar e os rios, o ferro e o ouro,
Os animais e as plantas, tudo", continuou.
"Até mesmo o ar e o vento, a chuva e o arco-íris, tudo existe
   porque a Terra existe,
assim como as coisas criadas para controlar os homens
e os outros seres vivos que habitam o planeta,
como a vida, a saúde, a doença e mesmo a morte". Pois
   então, que cada um pagasse tributo a Onilé, foi a
   sentença final de Olodumare.
Onilé, orixá da Terra, receberia mais presentes que
   os outros, pois deveria ter oferendas dos vivos e
   dos mortos,
pois na Terra também repousam os corpos dos que já não
   vivem. Onilé, também chamada Aiê, a Terra, deveria
   ser propiciada sempre, para que o mundo dos humanos
   nunca fosse destruído.
Todos os presentes aplaudiram as palavras de Olodumare.
Todos os orixás aclamaram Onilé.
Todos os humanos propiciaram a mãe Terra.

E então Olodumare retirou-se do mundo para sempre
e deixou o governo de tudo por conta de seus filhos orixás.[1]

Cultuada discretamente em terreiros antigos da Bahia e em candomblés africanizados, a Mãe Terra desperta curiosidade e interesse entre os seguidores dos orixás, sobretudo entre aqueles que compõem os seguimentos mais intelectualizados da religião. Onilé é assentada num montículo de terra vermelha e acredita-se que guarda o planeta e tudo que há sobre ele, protegendo o mundo em que vivemos e possibilitando a própria vida. Na África, também é chamada Aiê e Ilê, recebendo em sacrifício galinhas, caracóis e tartarugas (Abimbola, 1977, p. 111). Onilé, isto é, a Terra, tem muitos inimigos que a exploram e podem destruí-la. Para muitos seguidores da religião dos orixás, interessados em recuperar a relação orixá-natureza, o culto de Onilé representaria, assim, a preocupação com a preservação da própria humanidade e de tudo que há em seu mundo.

---

1. Narrado pelo oluô Agenor Miranda Rocha, em pesquisa de campo no Rio de Janeiro, em 1999. Fragmentos em Wande Abimbola (1977, p. 111; 1997, p. 67-68). Versão apresentada em Prandi (2001, p. 410-415).

# referências bibliográficas

ABIMBOLA, Wande. *Ifá Divination Poetry*. Nova York: Nok Publishers, 1977.

ABIMBOLA, Wande. *Ifá will mend our broken world*: Thoughts on Yoruba religion and culture in Africa and the diaspora. Roxbury: Aim Books, 1997.

LÉPINE, Claude. As metamorfoses de Sakpatá, deus da varíola. *In*: MOURA, Carlos Eugênio Marcondes de (org.). *Leopardo dos olhos de fogo*. São Paulo: Ateliê Editorial, 1998.

PRANDI, Reginaldo. *Mitologia dos orixás*. São Paulo: Companhia das Letras, 2001.

# 9.
# O candomblé e o tempo

## 1

Diferentes sociedades e culturas têm concepções próprias do tempo, do transcurso da vida, dos fatos acontecidos e da história. Em sociedades de cultura mítica, também chamadas sem-história, que não conhecem a escrita, o tempo é circular e se acredita que a vida é uma eterna repetição do que já aconteceu num passado remoto narrado pelo mito. As religiões afro-brasileiras, constituídas a partir de tradições africanas trazidas pelos escravizados, cultivam até hoje uma noção de tempo que é muito diferente do "nosso" tempo, o tempo do Ocidente e do capitalismo (Fabian, 1983). A noção de tempo, por se ligar à noção de vida e morte e às concepções sobre o mundo em que vivemos e o outro mundo, é essencial na constituição da religião.

Muitos dos conceitos básicos que dão sustentação à organização da religião dos orixás em termos de autoridade religiosa e hierarquia sacerdotal dependem do conceito de experiência de vida, aprendizado e saber, intimamente decorrentes da noção de tempo ou a ela associados. Assim, muitos aspectos das religiões afro-brasileiras podem ser melhor compreendidos quando se consideram as noções básicas de origem africana que os fundamentam. Da mesma maneira se pode ampliar o conhecimento sobre valores e modos de agir observáveis entre os seguidores dessas religiões quando consideramos a herança africana original em oposição a concepções ocidentais com que a religião africana teve e tem de se confrontar no Brasil, sobretudo nas situações em que concepções de diferentes origens culturais se opõem e provocam ou propiciam mudanças naquilo que os próprios religiosos acreditam ser a tradição afro-brasileira, seja ela doutrinária, seja ritual. As noções de tempo, saber, aprendizagem e autoridade, que são as bases do poder sacerdotal no candomblé, de caráter iniciático, podem ser lidas em uma mesma chave, capaz de dar conta das contradições em que uma religião que é parte constitutiva de uma cultura mítica, isto é, a-histórica, se envolve ao se reconstituir como religião numa sociedade de cultura predominantemente ocidental, na América, onde tempo e saber têm outros significados.

O candomblé de que trata o presente texto é a religião dos orixás formada na Bahia, no século 19, a partir de tradições de povos iorubás, ou nagôs, com influências de costumes trazidos por grupos fons, aqui denominados jejes, e residualmente por grupos africanos minoritários. O candomblé iorubá, ou jeje-nagô, como costuma ser designado, congregou, desde o início, aspectos culturais originários de diferentes cidades iorubanas, originando-se aqui diferentes ritos, ou nações de candomblé, predominando em cada nação tradições das cidades ou região que acabou lhe emprestando o nome: queto, ijexá, efã (Silveira, 2000; Lima, 1984). Esse candomblé baiano, que proliferou por todo o Brasil, tem sua contrapartida em Pernambuco, onde é denominado xangô, sendo a nação *egba* sua principal manifestação, e no Rio Grande do Sul, onde é chamado batuque, com sua nação oió-ijexá (Prandi, 1991). Outra variante iorubá, fortemente influenciada pela religião dos voduns daomeanos, é o tambor de mina nagô do Maranhão. Além dos candomblés iorubás, há os de origem banta, especialmente os denominados candomblés angola e congo, e aqueles de origem marcadamente fon, como o jeje-mahim baiano e o jeje-daomeano do tambor de mina maranhense.

Foram principalmente os candomblés baianos das nações queto (iorubá) e angola (banto) que mais se propagaram pelo Brasil, podendo hoje ser encontrados em toda parte. O primeiro veio a se constituir numa espécie de modelo para o conjunto das religiões dos orixás, e seus ritos, panteão e mitologia são hoje praticamente predominantes. O candomblé angola, embora tenha adotado os orixás, que são divindades nagôs, e absorvido muito das concepções e ritos de origem iorubá, desempenhou papel fundamental na constituição da umbanda, no início do século 20, no Rio de Janeiro e em São Paulo. Hoje, todas essas religiões e nações congregam adeptos que seguem ritos distintos, mas que se identificam, nos mais diversos pontos do país, como pertencentes a uma mesma população religiosa, o chamado povo de santo, que compartilha crenças, práticas rituais e visões de mundo, que incluem concepções da vida e da morte. Terreiros localizados nas mais diferentes regiões e cidades interligam-se por meio de teias de linhagens, origens e influências que remetem a ascendências que convergem, na maioria dos casos para a Bahia, e que daí apontam, no caso das nações iorubás, para antigas e, às vezes, lendárias cidades hoje situadas na Nigéria e no Benim.

A ideia que norteia o presente trabalho é refazer inicialmente essa trajetória, religando a África dos orixás aos terreiros de candomblé de nações iorubás, que podem hoje ser encontrados na Bahia, no Rio de Janeiro, em São Paulo, no Distrito Federal e em outros estados, para, num segundo momento, procurar entender como e por que as antigas heranças religiosas vão sofrendo mudanças e adaptações no contexto das transformações socioculturais que modelam o Brasil atual. Embora o texto presente esteja focado na observação do candomblé iorubá, para o qual podemos contar com uma etnografia que permite estabelecer comparações entre o que se observou na África e o que se observa no Brasil, é fato que muitas das conclusões podem ser, em maior ou menor grau, aproximadas para o conjunto das religiões afro-brasileiras, quando não extravasadas para além do universo estritamente religioso, em outras dimensões da cultura popular brasileira.

# 2

Um novo adepto do candomblé ou outra religião afro-
-brasileira tradicional que tenha nascido e sido criado fora
dessa religião, na qual ele ingressa por escolha pessoal, não
é caso raro (Prandi, 2000a). Desde que o candomblé se
transformou numa religião aberta a todos, independentemente da origem racial, étnica, geográfica ou de classe social,
grande parte dos seguidores, ou a maior parte em muitas
regiões do Brasil, é de adesão recente, não tendo tido anteriormente, nem mesmo no âmbito familiar, maior contato
com valores e modos de agir característicos dessa religião.
Na maioria dos casos, aderir a uma religião também significa
mudar muitas concepções sobre o mundo, a vida, a morte.
O novo adepto do candomblé, ao frequentar o terreiro, o
templo, e participar das inúmeras atividades coletivas indispensáveis ao culto, logo se depara com uma nova maneira
de considerar o tempo. Ele terá que ser ressocializado para
poder conviver com coisas que, nos primeiros contatos, lhe
parecerão estranhas e desconfortáveis. Ele tem de aprender
que tudo tem sua hora, mas que essa hora não é simplesmente determinada pelo relógio e sim pelo cumprimento de
determinadas tarefas, que podem ser completadas antes ou
depois de outras, dependendo de certas ocorrências, entre as
quais algumas imprevisíveis, o que pode adiantar ou atrasar
toda a cadeia de atividades. Aliás, esses termos "atrasar" e
"adiantar" são estranhos à situação que desejo considerar,
pois no candomblé, como já disse, tudo tem seu tempo, e
cada atividade se cumpre no tempo que for necessário. É a
atividade que define o tempo e não o contrário.

As festas de candomblé, quando são realizadas as celebrações públicas de canto e dança, as chamadas cerimônias
de barracão, durante as quais os orixás se manifestam por
meio do transe ritual, são precedidas de uma série de ritos
propiciatórios, que envolvem sacrifício de animais, preparo
das carnes para o posterior banquete comunitário, fazimento
das comidas rituais oferecidas aos orixás que estão sendo

celebrados, cuidado com os membros da comunidade que estão recolhidos na clausura para o cumprimento de obrigações iniciáticas, preparação da festa pública e, finalmente, a realização da festa propriamente dita, ou seja, o chamado toque. Preparar o toque inclui cuidar das roupas, algumas costuradas especialmente para aquele dia, que devem ser lavadas, engomadas e passadas a ferro (é sempre uma enormidade de roupas para engomar e passar!); pôr em ordem os adereços, que devem ser limpos e polidos; preparar as comidas que serão servidas a todos os presentes e providenciar as bebidas; decorar o barracão, colhendo-se para isso as folhas e as flores apropriadas etc. etc.

Num terreiro de candomblé, praticamente todos os membros da casa participam dos preparativos, sendo que muitos desempenham tarefas específicas de seus postos sacerdotais. Todos comem no terreiro, ali se banham e se vestem. Às vezes, dorme-se no terreiro noites seguidas, muitas mulheres fazendo-se acompanhar de filhos pequenos. É uma enormidade de coisas a fazer e de gente as fazendo. Há uma pauta a ser cumprida e horários mais ou menos previstos para cada atividade, como "ao nascer do sol", "depois do almoço", "de tarde", "quando o sol esfriar", "de tardinha", "de noite". Não é costume fazer referência e nem respeitar a hora marcada pelo relógio, e muitos imprevistos podem acontecer. No terreiro, aliás, é comum tirar o relógio do pulso, pois não tem utilidade. Durante a matança, os orixás são consultados por meio do jogo oracular para se saber se estão satisfeitos com as oferendas, e podem pedir mais. De repente, então, é preciso parar tudo e sair para providenciar mais um cabrito, mais galinhas, mais frutas, ou seja, lá o que for. Em qualquer dos momentos, orixás podem ser manifestar e será preciso cantar para eles, se não dançar com eles. Os orixás em transe podem, inclusive, impor alterações no ritual. Eles podem ficar muitas horas "em terra" enquanto todos os presentes lhes dão atenção e tudo o mais espera.

Durante o toque, a grande cerimônia pública, a presença não prevista de orixás em transe implica o alargamento do tempo cerimonial, uma vez que eles devem também ser vestidos e devem dançar. A chegada de dignitários de outros terreiros, com seus séquitos, obriga a homenagens adicionais e outras sequências de canto e dança. Embora haja um roteiro mínimo, a festa não tem hora para acabar. Não se sabe exatamente o que vai acontecer no minuto seguinte, o planejamento é inviabilizado pela intervenção dos deuses. Quando se vai ao terreiro, é aconselhável não marcar nenhum outro compromisso fora dali para o mesmo dia, pois não se sabe quando se pode ir embora, não se sabe quanto tempo vai durar a visita, a obrigação, a festa. Aliás, candomblé também não tem hora certa para começar. Começa quando tudo estiver "pronto". Os convidados e simpatizantes vão chegando num horário mais ou menos previsto, mas podem esperar horas sentados. Então muitos preferem chegar bem tarde, o que pode acarretar novos atrasos. E não adianta reclamar, pois logo alguém dirá que "candomblé não tem hora". Uma vez, depois de muita espera, perguntei a que horas iria o candomblé realmente começar. A resposta foi: "Depois que mãezinha (a mãe de santo) trocar de roupa." Enfim, o tempo será sempre definido pela conclusão das tarefas consideradas necessárias no entender do grupo, a fórmula: "quando estiver pronto".

Essa ideia de que o tempo está sujeito ao acontecer dos eventos e ao sabor da realização de tarefas necessárias pode ser observada no cotidiano dos terreiros também fora das festas. Pesquisadores que estão se iniciando em trabalho de campo se espantam muito com a "falta de horário" das mães e dos pais de santo, tendo que esperar horas e horas, se não dias, para fazer uma entrevista que pensavam estar agendada para um horário bem determinado. Clientes que vão ao terreiro para o jogo de búzios ou outros serviços mágicos também podem se sentir incomodados pelo modo como o povo de santo usufrui do tempo.

Em 1938, a antropóloga americana Ruth Landes veio ao Brasil para estudar as relações raciais entre nós e permaneceu vários meses em pesquisa junto aos candomblés de Salvador.

É muito interessante o relato de seu primeiro encontro com a jovem Mãe Menininha do Gantois, que décadas depois viria a ser a mais famosa mãe de santo do Brasil. Marcada a visita, Menininha a recebeu e com ela começou a conversar com muita simpatia. Chegou então uma filha de santo que cumprimentou a mãe com todas as reverências, dizendo--lhe alguma coisa em voz baixa. Menininha pediu licença à antropóloga para se retirar um momento, dizendo-lhe que ficasse à vontade e que voltaria em seguida. A tarde se esvaiu, com muita movimentação na casa, muitas pessoas chegando e saindo, mas a mãe de santo não voltou à sala. Com o dia já escuro, discretamente, Ruth Landes voltou para seu hotel. Só tempos depois pôde continuar sua conversa com a ialorixá. Soube mais tarde a antropóloga que a mulher que interrompera a entrevista trazia problemas e que a mãe fora cuidar dos rituais necessários para resolver a aflição da filha (Landes, 1967, p. 86-99). Comentando o episódio, Ruth Landes escreveu: "Durante a minha permanência na Bahia pasmava-me a liberdade que as mães tomavam com o tempo. Menininha não voltou à sala aquele dia e como soube, subsequentemente, sempre se atrasava, sempre demorava. Era um privilégio da sua posição, aceito como natural numa terra de aristocracia e escravidão. Que era o tempo? O tempo era o que se faz com ele e ela estava sempre ocupada" (Landes, 1967, p. 95). O que Landes atribuiu a privilégios numa terra de aristocracia e escravidão era, entretanto, a expressão de uma concepção africana de tempo muito diferente daquela a que estamos habituados por força de nossa cultura europeia.

Para o pensador africano John Mbiti, enquanto nas sociedades ocidentais o tempo pode ser concebido como algo a ser consumido, podendo ser vendido e comprado como se fosse mercadoria ou serviço potenciais — tempo é dinheiro —, nas sociedades africanas tradicionais o tempo tem que ser criado ou produzido. Mbiti afirma que "o homem africano não é escravo do tempo, mas, em vez disso, ele faz tanto tempo quanto queira". Comenta que, por não conhecerem essa concepção, muitos estrangeiros ocidentais não raro julgam que os africanos estão sempre atrasados naquilo que fazem, enquanto outros dizem: "Ah! Esses africanos ficam aí sentados desperdiçando seu tempo na ociosidade" (Mbiti, 1990, p. 19).

## 3

Antes da imposição do calendário europeu, os iorubás, que são a fonte principal da matriz cultural do candomblé brasileiro (Prandi, 2000b), organizavam o presente numa semana de quatro dias. O ano era demarcado pela repetição das estações e eles não conheciam sua divisão em meses. A duração de cada período de tempo era marcada por eventos experimentados e reconhecidos por toda a comunidade. Assim, um dia começava com o nascer do sol, não importando se às cinco ou às sete horas, em nossa contagem ocidental, e terminava quando as pessoas se recolhiam para dormir (Mbiti, 1990, p. 19), o que podia ser às oito da noite ou à meia-noite em nosso horário. Essas variações, importantes para nós, com nosso relógio que controla o dia, não o eram para eles.

Cada um dos quatro dias da semana iorubá tradicional, chamada *ossé*, é dedicado a uma divindade (Ojô Awô, Ojô Ogum, Ojô Xangô, Ojô Obatalá, respectivamente, dia do segredo ou de Ifá, dia de Ogum etc.), regulando uma atividade essencial para a vida de todos os iorubás tradicionais: o mercado. O mercado, ou feira, funciona em cada aldeia e cidade num dos dias da semana, todas as semanas ou a cada duas, três ou quatro semanas. Até hoje, as mulheres vão vender seus produtos nos mercados de diferentes cidades, fazendo dessa atividade uma instituição fundamental para a sociabilidade iorubá e a regulação do cotidiano. Os iorubás tradicionais reconheciam a existência do mês lunar, mas lhe davam pouca importância, sendo muito mais importantes as épocas de realização das grandes festas religiosas, marcadas pelas estações e fases agrícolas do ano, que eles chamavam de *odum*. O dia era dividido não em horas, mas em períodos, que poderíamos traduzir por expressões como "de manhã cedo", "antes do sol a pino", "com o sol na vertical", "de tardinha" etc. A noite era marcada pelo cantar do galo.

A contagem dos dias e das semanas era praticada em função de cada evento, de modo que a mulher era capaz de controlar a duração de sua gestação, assim como o homem contava o desenrolar dos seus cultivos, mas sem datação (Ellis, 1974, p. 142-151). Os iorubás tradicionais consideravam duas grandes estações, uma chuvosa e outra seca, separadas por uma estação de fortes ventos, de modo que cada ano podia durar alguns dias a mais ou a menos, dependendo do atraso ou do adiantamento das estações, mas isso não importava, uma vez que os dias não eram contados. Os anos passavam como passavam as semanas e os dias, num fruir repetitivo, não se computando aritmeticamente cada repetição.

Nas cortes dos reis iorubás havia funcionários encarregados de manter viva a memória dos reis, e eles eram treinados para recitar os eventos importantes que marcaram o reinado de cada soberano, mas os episódios não eram datados, fazendo com que a reconstrução recente da história dos povos iorubás não comportasse uma cronologia para os tempos anteriores à chegada dos europeus, vendo-se obrigada a operar com mitos e memórias lançados num passado sem datas (Johnson, 1921).

Como o tempo é cíclico, fatos inesperados são recebidos com espanto. Assim, as ocorrências cíclicas da natureza — por exemplo, as fases da lua e as estações climáticas — são encaradas como acontecimentos normais da vida, mas o que escapa do ritmo normal do tempo é visto com preocupação e medo, como um eclipse, uma enchente etc. O nascimento de gêmeos, que contraria o desenlace normal da gestação, constitui também um fato excepcional.

Os afrodescendentes assimilaram o calendário e a contagem de tempo usados na sociedade brasileira, mas muitas reminiscências da concepção africana podem ser encontradas no cotidiano dos candomblés. A chegada de um novo *odum*, ano novo, é festejada com ritos oraculares para se saber qual orixá o preside, pois cada ano vê repetir-se a saga do orixá que o comanda: será um ano de guerra, se o orixá for um guerreiro, como Ogum, de fartura, se o orixá for um provedor, como Oxóssi, será de reconciliações, se for de um orixá da temperança, como Iemanjá, e assim por diante. O *ossé*, a semana, constituiu-se num rito semanal de limpeza e troca das águas dos altares dos orixás. Cada dia da semana, agora a semana de sete dias, é dedicado a um ou mais orixás, sendo cada dia propício a eventos narrados pelos mitos daqueles orixás, por exemplo, a quarta-feira é dia de justiça porque é dia de Xangô. As grandes festas dos deuses africanos adaptaram-se ao calendário festivo do catolicismo por força do sincretismo que, até bem pouco tempo, era praticamente compulsório, mas o que a festa do terreiro enfatiza é o mito africano, do orixá, e não o do santo católico.

Embora o candomblé e outras religiões de origem africana sejam de formação recente, aqui constituídas somente depois das primeiras décadas do século 19, as datas de fundação dos terreiros, assim como as que marcam os reinados de sucessivas mães e pais de santo no início, são desconhecidas. Seus nomes são bem lembrados e seus feitos são cantados e festejados nas cerimônias que louvam os antigos fundadores — o *padê* nos candomblés mais velhos —, mas nada de datas. Esse passado brasileiro também já se fez mito.

# 4

Nas palavras de Wole Soyinka, "o pensamento tradicional opera não uma sucessão linear de tempo mas uma realidade cíclica" (Soyinka, 1995, p. 10). O tempo escalar, que se mede matematicamente, podendo ser somado, subtraído, dividido etc., não faz nenhum sentido para o pensamento africano tradicional. Para os ocidentais, o tempo é uma variável contínua, uma dimensão que tem realidade própria, independente dos fatos, de tal modo que são os fatos que se justapõem à escala do tempo. É o tempo da precisão, que objetiva o cálculo, que viabiliza a projeção e fundamenta a racionalidade — tempo da ciência histórica e da modernidade. Nessa escala ocidental do tempo, os acontecimentos são enfileirados uns após outros, em sequências que permitem organizá-los como anteriores e posteriores, uns como causa e outros como consequência, construindo-se uma cadeia de correlações e causações que conhecemos como história. Entre nós, o relógio e o calendário permitem contar o tempo transcorrido entre dois eventos, sendo possível, mesmo num passado distante, saber que fatos estão mais próximos entre si e quais mais se distanciam. Um segmento de tempo pode ser comparado com outro, por exemplo, o tempo médio da vida de um homem. Assim, todos os fatos relevantes são datados, isto é, descritos num calendário sequencial escalonado em intervalos iguais (século, ano, mês, dia, hora). Esse tempo é projetado para a frente, de modo que o que vai acontecer compõe com o presente e com o já acontecido uma linha sem solução de continuidade, estando o futuro determinado pelo que o precede, podendo assim ser controlado pela ação no presente.

Para os africanos tradicionais, o tempo é uma composição dos eventos que já aconteceram ou que estão para acontecer imediatamente. É a reunião daquilo que já experimentamos como realizado, sendo que o passado, imediato, está intimamente ligado ao presente, do qual é parte, enquanto o futuro nada mais é que a continuação daquilo que já começou a acontecer no presente, não fazendo nenhum sentido a ideia do futuro como acontecimento remoto desligado de nossa realidade imediata (Mbiti, 1990, p. 16-17). O futuro que se expressa na repetição cíclica dos fatos da natureza, como as estações, as colheitas vindouras, o envelhecer de cada um, é repetição do que já se conheceu, viveu e experimentou, não é futuro. Não há sucessão de fatos encadeados no passado distante, nem projeção do futuro. A ideia de história como a conhecemos no Ocidente não existe; a ideia de fazer planos para o futuro, de planejar os acontecimentos vindouros, é completamente estapafúrdia. Se o futuro é aquilo que não foi experimentado, ele não faz sentido nem pode ser controlado, pois o tempo é o tempo vivido, o tempo acumulado, o tempo acontecido. Mais que isso, o futuro é o simples retorno do passado ao presente, logo, não existe.

Para os iorubás e outros povos africanos, antes do contato com a cultura europeia, os acontecimentos do passado estão vivos nos mitos, que falam de grandes acontecimentos, atos heroicos, descobertas e toda sorte de eventos dos quais a vida presente seria a continuação. Ao contrário da narrativa histórica, os mitos nem são datados nem mostram coerência entre si, não existindo nenhuma possibilidade de julgar se um mito é mais verossímil, digamos, do que outro. Cada mito atende a uma necessidade de explicação tópica e justifica fatos e crenças que compõem a existência de quem o cultiva, o que não impede de haver versões conflitantes quando os fatos e interesses a justificar são diferentes. O mito fala do passado remoto que explica a vida no presente. O tempo mítico é apenas o passado distante, e fatos separados por um intervalo de tempo muito grande podem ser apresentados nos mitos como ocorrências de uma mesma época, concomitantes. Cada mito é autônomo e os personagens de um podem aparecer em outro, com outras características e relações, às vezes, contraditórias, sem que isso implique algum tipo de questionamento da sua veracidade. Os mitos são narrativas parciais e sua reunião não propicia o desenho de qualquer totalidade. Não existe um fio narrativo na mitologia, como aquele que norteia a construção da história para os ocidentais. O tempo do mito é o tempo das origens, e parece existir um tempo vazio entre o fato contado pelo mito e o tempo do narrador. No mundo mítico, os eventos não se ajustam a um tempo contínuo e linear. A mitologia dos orixás, que fala da criação do mundo e da ação dos deuses na vida cotidiana, bem o demonstra (Prandi, 2001).

Esse passado remoto, de narrativa mítica, é coletivo e fala do povo como um todo. Passado de geração a geração, por meio da oralidade, é ele que dá o sentido geral da vida para todos e fornece a identidade grupal e os valores e normas essenciais para a ação naquela sociedade, confundindo-se plenamente com a religião. O tempo cíclico é o tempo da natureza, o tempo reversível, e também o tempo da memória, que não se perde, mas se repõe. O tempo da história, em contrapartida, é o tempo irreversível, um tempo que não se liga nem à eternidade, nem ao eterno retorno (Prigogine, 1991, p. 59). O tempo do mito e o tempo da memória descrevem um mesmo movimento de reposição: sai do presente, vai para o passado e volta ao presente — não há futuro. A religião é a ritualização dessa memória, desse tempo cíclico, ou seja, a representação no presente, através de símbolos e encenações ritualizadas, desse passado que garante a identidade do grupo — quem somos, de onde viemos, para onde vamos? É o tempo da tradição, da não mudança, tempo da religião, a religião como fonte de identidade que reitera no cotidiano a memória ancestral. No candomblé, emblematicamente, quando o filho de santo entra em transe e incorpora um orixá, assumindo sua identidade representada pela dança característica que lembra as aventuras míticas dessa divindade, é o passado remoto, coletivo, que aflora no presente para se mostrar vivo, o transe ritual repetindo o passado no presente, numa representação em carne e osso da memória coletiva.

## 5

Como parte da vida que transcorre no presente, e numa dimensão diferente daquela do passado mítico, existe um passado próximo formado pelos eventos que compõem a vivência particular do indivíduo e que depende de sua memória pessoal. Os mortos, por exemplo, enquanto são lembrados pelos parentes vivos, fazem parte desse passado recente que se confunde com o presente e, assim, participam da experiência presente dos vivos enquanto estiverem vivos na lembrança dos vivos. Continuam a fazer parte da família, sendo por ela louvados e alimentados, até que um dia possam retornar reencarnados. Com a reencarnação tudo se repete, o ciclo se recompõe. Assim como se repetem as estações do ano, as fases da lua, os ciclos reprodutivos, o desenrolar das semeaduras às colheitas, a vida do homem se repete na reencarnação: cíclica é a natureza, cíclica é a vida do homem, cíclico é o tempo.

Para os iorubás tudo acontece em três planos: o *Aiê*, que é este nosso mundo, o do tempo presente; o *Orum*, que é o outro mundo, a morada dos deuses orixás e dos antepassados, o mundo mítico do passado remoto; e o mundo intermediário dos que estão aguardando para renascer. Este mundo dos que vão nascer está próximo do mundo aqui e agora, o *Aiê*, e representa o futuro imediato, atado ao presente pelo fato de que aquele que vai nascer de novo continua vivo na memória de seus descendentes, participando de suas vidas e sendo por eles alimentados, até o dia de seu renascimento como um novo membro de sua própria família. Para o homem, o mundo das realizações, da felicidade, da plenitude é o mundo do presente, o *Aiê* (Babatunde, 1992, p. 33). Não há prêmio nem punição no mundo dos que vão nascer, nada ali acontece. Os homens e mulheres pagam por seus crimes em vida e são punidos pelas instâncias humanas. As punições impostas aos humanos pelos deuses e pelos antepassados por causa de atos maus igualmente não os atingem após a morte, mas se aplicam a toda coletividade à qual o infrator pertence, e isso também acontece no *Aiê*. Trata-se de uma concepção ética focada na coletividade e não no indivíduo (Mbon, 1991, p. 102), não existindo a noção ocidental cristã de salvação no outro mundo nem a de pecado. O outro mundo habitado pelos mortos é temporário, transitório, voltado para o presente dos humanos. Nem a vida espiritual tem expressão no futuro.

É preciso que o morto não tenha sido esquecido pelos seus familiares para poder nascer de novo, pois seu lugar é sempre na família. São duas as condições para se continuar vivo na memória, no presente. Primeiro, é preciso ter tido muitos filhos, pois um homem sem prole não tem quem cultive sua memória. Um homem sem prole não tem uma grande família onde ele possa renascer. Para tanto é necessário ter muitas mulheres e poder sustentá-las. Segundo, deve ter vivido muito, para que seus atos memoráveis tenham sido testemunhados pelos filhos, netos e, quem sabe, bisnetos. Muitos nomes iorubás dados a uma nova criança referem-se àquele de quem ela se acredita ser simplesmente o retorno, como Babatundê, que quer dizer o pai está de volta; Iyabó, a mãe retorna; Babatunji, o pai acordou de novo. A memória depende da convivência, e é graças a ela que se conhece, ama e respeita o outro. A lembrança é um sentimento de veneração respeitosa e afetiva. Para renascer, então, tem que se viver até uma idade provecta. Ai dos que morrem cedo, estes terão dificuldade para renascer. Quando se morre na tenra infância pode-se renascer como outra criança gerada no útero da mesma mãe (Oduyoye, 1996, p. 113). Contudo, este não é um nascimento festejado, pelo contrário, é temido, pois a criança renascida não tem compromisso com o presente, com a família, com o *Aiê*, e pode perfeitamente querer morrer de novo cedo, sem viver, pelo simples e degenerado prazer de nascer por nascer. Essas criaturas, chamadas *abicus*, literalmente, nascido para morrer, só fazem sofrer as mães e frustrar os pais, que precisam desesperadamente de uma longa descendência, pois os filhos que geram filhos são a garantia da eternidade celebrada no presente.

Quando a memória do morto extravasa os limites de sua família particular e passa a ser louvada pela comunidade mais ampla da aldeia, da cidade, de uma grande linhagem que reúne muitas famílias, quando esta lembrança deixa de ser privativa de alguns indivíduos para se incorporar na lembrança coletiva, o morto não precisa mais renascer entre os vivos para garantir o ciclo de sua eternidade. Ele vai para o *Orum*, tornando-se, então, um antepassado. Isso acontece com os grandes reis, heróis, fundadores e líderes.

Do *Orum*, o mundo mítico onde habita com os deuses orixás, ele passa a atuar diretamente nos acontecimentos do *Aiê*: vai interferir no presente, ajudando e punindo os humanos. O passado mítico é um passado vivo, e seus habitantes o tempo todo agem e interferem no presente. Os antepassados, que os iorubás chamam de egunguns, não se recusam a vir ao *Aiê* e conviver com os humanos e o fazem através de seus sacerdotes nos grandes festivais de máscaras em que se cultua a memória ancestral coletiva daquela comunidade (Drewal, 1992, cap. 6).

Quando, numa outra dimensão, o antepassado conquista o respeito de todo um povo, quando sua cidade impõe seu culto a outras, quando ele se desprende da comunidade original e passa a fazer parte da memória de toda uma sociedade, a reverência por ele recebida se expande, sua influência no *Aiê* cresce, seu poder no mundo do presente se eterniza: ele é, então, um orixá, um entre os deuses iorubás. Sua relação não é mais com os parentes nem com os membros da sua comunidade, mas com a humanidade. Ele pode até mesmo ser reverenciado em terras do além-mar, onde se fará atuante no presente de muitos outros povos, como ocorreu com a diáspora iorubá na América por força da escravidão, com a fundação de novos cultos e religiões, como o candomblé, o tambor de mina, o xangô e o batuque, no Brasil, e a santeria, em Cuba. Ele é parte do passado mítico, e o passado mítico responde pelo presente. O passado mítico é o que existe desde o começo dos tempos, o que sempre foi, o que não é datado.

Os iorubás acreditam que o espírito do ser humano é constituído de diversas partes imateriais, sua alma não é indivisível como na concepção judaico-cristã. Há uma individualidade espiritual chamada *ori* que só existe no presente, isto é, enquanto se vive no *Aiê*. Ela é responsável pelas realizações humanas, contém o destino de cada pessoa. O *ori* morre e é destruído juntamente com o corpo material. Outra parte é constituída da memória cultuada pela família do morto, o *egum*, que volta ao presente por meio da reencarnação, que mantém o morto no presente. E, como parte fundamental, talvez a mais importante, há o orixá particular da pessoa, considerado o seu antepassado remoto. O orixá particular da pessoa é uma ínfima porção do orixá geral cultuado por todos. É o vínculo do ser humano com o divino, o eterno, o passado mítico. Com a morte do corpo, o orixá pessoal retorna ao orixá geral, àquele que existe desde o princípio dos tempos. O *ori* representa o presente do ser humano; o *egum*, a sua capacidade de retornar sempre a esse presente, ou se eternizar no *Orum* como antepassado egungum; o orixá pessoal, a ligação do presente com o mito, com o passado remoto que age sobre o presente e do qual recebe as honrarias sacrificiais. O passado reproduzido no presente pela infinidade de humanos, nos quais os orixás se perpetuam a cada nascimento, pois cada ser humano descende de um orixá, fecha de novo o ciclo africano do tempo.

    A escravidão destruiu as estruturas familiares dos africanos trazidos como escravizados para a América, submeteu-os a um ritmo de trabalhado compulsório e alienado, impôs novas crenças e um novo modo de vida cotidiana que pressupunha uma outra maneira de contar o tempo e de o conceber. Assim, quando a religião dos orixás foi reconstruída entre nós, muitos dos aspectos e conceitos da antiga cultura africana deixaram de fazer sentido e muitos desapareceram. Mas muito das velhas ideias e noções se reproduziram na cultura religiosa dos terreiros de candomblé e de outras religiões dedicadas aos orixás iorubanos, voduns fons e inquices bantos, assim como muita coisa se conservou, em maior ou menor escala, em aspectos não religiosos da cultura popular de influência africana.

    No Brasil dos dias de hoje, o candomblé continua a cultuar a memória de seus mortos ilustres, invocados em diferentes cerimônias e relembrados de geração a geração, mas não pôde preservar a ideia de que os mortos renascem na família carnal, pois a adesão ao candomblé é individual e a família de santo não corresponde necessariamente à família biológica. A ideia do antepassado egungum veio ocupar um lugar secundário na religião, apenas complementar na religião dos orixás, que na maioria dos terreiros de formação recente é praticada sem essa referência. Como a religião dos orixás congrega grupos minoritários, cada um pertencente a um determinado terreiro, autônomo em relação aos demais, grupos formados por adeptos que fazem parte de uma sociedade mais ampla, cuja cultura é predominantemente ocidental e cristã, o culto a antepassados coletivos que controlam a moralidade de uma cidade inteira, digamos, como ocorria originalmente em terras africanas, não se viabilizou por razões evidentes. O mundo brasileiro fora dos muros do terreiro não é território dos antepassados, como era na África tradicional.

A concepção iorubá de reencarnação sofreu na América a influência da ideia cármica de reencarnação do espiritismo kardecista — religião de origem europeia que prega a reencarnação como mecanismo de um sistema ético de premiação e punição dos atos praticados em vida e que permite ao espírito do morto aperfeiçoar-se através de muitas vidas (Prandi, 2000c). O kardecismo tem uma concepção de tempo repetitivo em espiral, que expressa mudança, evolução espiritual, aperfeiçoamento voltado para o futuro neste e no outro mundo, tudo muito diferente da visão africana. Além da influência kardecista, as concepções africanas da morte também foram se borrando no contato da religião dos orixás com as noções próprias do catolicismo hegemônico, durante mais de um século de sincretismo. O rito funerário do axexê (Prandi, 1999), celebrado para desligar o morto da vida presente, para que ele possa partir e depois voltar como outra pessoa, rito que representa a quebra de todos os vínculos do morto com o *Aiê*, continua a ser praticado, mas tende hoje a ser realizado com mais frequência nas exéquias dos líderes mais expressivos do terreiro de candomblé. Raramente se realiza quando o morto ocupa um lugar inferior na hierarquia religiosa.

Justifica-se hoje mais pela etiqueta da corte do que pela concepção tradicional de reencarnação. Não parece, contudo, que os seguidores do candomblé e de outras religiões afro-brasileiras tenham incorporado decisivamente nem a noção de carma do espiritismo nem a ideia salvacionista cristã de julgamento, prêmio e punição após a morte, de tal modo que o futuro que se descortina depois desta vida, segundo a concepção cristã, continua a ser para os religiosos brasileiros afrodescendentes, pelo menos em certa medida, um tempo desprovido de sentido: depois da morte, o que se esperaria, assim, é voltar para este mundo, para o presente do *Aiê*.

## 6

Para os iorubás o tempo é cíclico, tudo o que acontece é repetição, nada é novidade. Aquilo que nos acontece hoje e que está prestes a acontecer no futuro imediato já foi experimentado antes por outro ser humano, por um antepassado, pelos próprios orixás. O oráculo iorubano, praticado pelos babalaôs, que são os sacerdotes de Ifá ou Orunmilá, o deus da adivinhação, baseia-se no conhecimento de um grande repertório de mitos que falam de toda sorte de fatos acontecidos no passado remoto e que voltam a acontecer, envolvendo personagens do presente. É sempre o passado que lança luz sobre o presente e o futuro imediato.

Conhecer o passado é deter as fórmulas de controle dos acontecimentos da vida dos viventes. Esse passado mítico, que se refaz a cada instante no presente, é narrado pelos *odus* do oráculo de Ifá. Cada *odu* é um conjunto de mitos, cabendo ao babalaô descobrir qual deles conta a história que está acontecendo ou que vai acontecer na vida presente do consulente que o procura em busca de solução para suas aflições. Quando o adivinho identifica o mito que se relaciona com o presente do consulente, e o faz usando seus apetrechos mágicos de adivinhação, fica sabendo quais procedimentos rituais — como sacrifícios, recolhimento e purificações — devem ser usados para sanar os males que afligem o cliente. A fórmula receitada é a mesma aplicada no passado, quando foi usada com sucesso, conforme narra o mito. Nada é novo, tudo se refaz. Também é atribuição do babalaô identificar, no nascimento de uma criança, a reencarnação de um ente querido. Não se pode dar nome a uma criança sem antes saber de onde ela vem, pois um nascimento não é uma tábua rasa. É um retorno. O babalaô é ao mesmo tempo o guardião do passado e o decifrador do presente. Ele usa o passado para a decifração do presente. Seu demorado e penoso treinamento o obriga a aprender de cor milhares de versos, os poemas de Ifá, que narram o passado mítico de seu povo, seus deuses e seus heróis (Prandi, 1996, cap. 3).

Desde 1943, quando morreu Martiniano do Bonfim, não há mais babalaôs tradicionais no Brasil; mas os pais e mães de santo operam as antigas técnicas oraculares. Não aprendem os poemas de Ifá, atribuição dos antigos babalaôs, mas sua magia ainda consiste em descobrir o *odu* que rege cada situação presente, como meio de desvendar no presente as mesmas causas dos acontecimentos no passado. E saná-las, com o mesmo receituário.

# 7

À concepção africana de tempo no candomblé e em outras denominações religiosas de origem negro-africana estão intimamente associadas as ideias de aprendizado, saber e competência. Para os africanos tradicionais, o conhecimento humano é entendido, sobretudo, como resultado do transcorrer inexorável da vida, do fruir do tempo, do construir da biografia. Sabe-se mais por que se é velho, porque se viveu o tempo necessário da aprendizagem. A aprendizagem não é uma esfera isolada da vida, como a nossa escola, mas um processo que se realiza a partir de dentro, participativamente. Aprende-se à medida que se faz, que se vive. Com o passar do tempo, os mais velhos vão acumulando um conhecimento a que o jovem só terá acesso quando tiver passado pelas mesmas experiências. Mesmo quando se trata de conhecimento especializado, o aprendizado é por imitação e repetição.

As diferentes confrarias profissionais, especialmente as de caráter mágico e religioso, dividem as responsabilidades de acordo com a senioridade de seus membros e estabelecem ritos de passagem que marcam a superação de uma etapa de aprendizado para ingresso em outra, que, certamente, implica o acesso a novos conhecimentos, segredos ou mistérios da confraria. A importância dos ritos de passagem foi enfaticamente preservada nas religiões afro-brasileiras; ritos que são sua marca mais notável. Na carreira iniciática, cada etapa corresponde, evidentemente, ao compromisso de novas obrigações e ao alcance de novos privilégios. A passagem de uma etapa para outra não é determinada pelo tempo escalar, nem poderia, mas por aquilo que realmente o iniciado é capaz de fazer. Mais uma vez, o que conta é a experiência. Ser mais velho é saber certo, fazer mais e melhor. Muitas das diferentes atribuições profissionais, talvez as mais importantes, são herdadas, passadas de pai para filho, de mãe para filha, numa clara reafirmação de que a vida é repetição.

Os iorubás só conheceram a escrita com a chegada dos europeus. Assim, todo o conhecimento tradicional baseia-se na oralidade. Mitos, fórmulas rituais, louvações, genealogias, provérbios, receitas medicinais, encantamentos, classificações botânicas e zoológicas, tudo é memorizado. Tudo se aprende por repetição, e a figura do mestre acompanha por muito tempo a vida dos aprendizes. Os velhos são os depositários da cultura viva do povo e a convivência com eles é a única maneira de aprender o que eles sabem. Os velhos são os sábios e a vida comunitária depende decisivamente de seu saber, de seus mistérios. O ancião detém o segredo da tradição. Sua palavra é sagrada, pois é a única fonte de verdade.

Essa forma de conceber o aprendizado e o saber entra em crise nos candomblés quando seus membros, já escolarizados, passam a se valer das fórmulas escritas que, pouco a pouco, vão surgindo disponíveis nos livros e em outras publicações. Mais que isso, os seguidores das religiões dos orixás, voduns e inquices são, hoje em dia, provenientes das mais diferentes origens e classes sociais e todos eles, ou sua grande maioria, conhecem a experiência efetiva de se aprender na escola. Esta é orientada para a efetivação do aprendizado rápido, racional e impessoal, o saber premido pelo tempo de calendário. A escola, mecanismo de transmissão de todo o saber considerado importante pela sociedade, é uma instituição para jovens. Em nossa sociedade, é na juventude que se domina o conhecimento e espera-se que os jovens saibam mais do que os velhos. De fato, um jovem de vinte anos, hoje, pode saber mais do que seus pais e muito mais do que seus avós, porque aprende na escola, onde o conhecimento avança rapidamente. O saber está fora de casa, fora da família. E o conhecimento nunca é definitivo, pois está em permanente expansão e constante reformulação, devendo cada um atualizar-se, tomar ciência das novas descobertas que surgem sem cessar.

Em nossa sociedade, a velhice é concebida como a idade da estagnação, do atraso, da aposentadoria, que significa etimologicamente recolhimento aos aposentos e consequente abandono da vida produtiva e pública. O jovem não aprende mais convivendo com os mais velhos, aprende com a leitura e as instituições da palavra escrita, e não há professor sem livro. O conhecimento através da escrita, cujo acesso se amplia com a aquisição de livros, com as consultas às bibliotecas, e agora com a chamada navegação na internet, não tem limites, e muito menos segredo. Tudo está ao alcance dos olhos e nem é preciso esperar. Etapas do aprendizado podem ser queimadas, nada pode deter a vontade de saber.

Essa nova maneira de conceber o aprendizado, a idade e o tempo interferem muito nas noções de autoridade religiosa, hierarquia e poder religioso, dando lugar a contradições e conflitos no interior do candomblé, questionando a legitimidade do poder dos mais velhos, provocando mudanças no processo de iniciação sacerdotal.

# 8

Ainda hoje nos candomblés do Brasil procura-se ensinar que a experiência é a chave do conhecimento, que tudo se aprende fazendo, vendo, participando. Cada coisa no seu devido tempo. Assim, o conhecimento do velho é o conhecimento legítimo, ao qual se chega ao longo de toda uma vida. Roger Bastide, que estudou o candomblé na década de 1950, escreveu que "são os sacerdotes que têm a noção do valor do tempo; é o tempo que amadurece o conhecimento das coisas; o ocidental tudo quer saber desde o primeiro instante, eis por que, no fundo, nada compreende" (Bastide, 1978, p. 12).

Toda a hierarquia religiosa é montada sobre o tempo de aprendizagem iniciática, numa lógica segundo a qual quem é mais velho viveu mais e, por conseguinte, sabe mais. Mas para o jovem de mentalidade ocidental, o tempo urge, o tempo deve ser vencido. A palavra escrita é o meio de acesso ao saber e a oralidade não faz mais nenhum sentido. Só faz sentido quando se acredita que a fórmula aprendida pela via da oralidade é a única capaz de se mostrar eficaz, mas isso é uma imposição religiosa defendida apenas pelos amantes da tradição, seja lá o que isso possa significar. Numa sociedade como a nossa, em que a ciência já desmascarou o segredo, é difícil acreditar que tudo tem o seu tempo, e que é preciso esperar a hora certa, pois a vida diária e a luta pela sobrevivência se encarregam de mostrar o contrário. Em nossa cultura, é premiado quem chega primeiro.

Os membros de um candomblé são classificados basicamente em duas grandes categorias de idade iniciática: os iaôs, aqueles iniciados há pouco tempo e que formam o grupo júnior, e os ebomes, os iniciados há bastante tempo e que assim são capazes de realizar, com autonomia, atividades rituais mais complexas, o grupo sênior. A palavra ebome, do iorubá ebome, significa exatamente "meu mais velho", e era assim que na antiga família poligínica iorubá as esposas mais velhas se tratavam. Iaô, nessa família tradicional, era a denominação dada às esposas mais novas. No candomblé, enquanto os ebomes conquistam certa autonomia em relação à autoridade suprema da mãe ou do pai de santo e são encarregados de tarefas rituais importantes, de prestígio dentro do grupo, com privilégios e honras especiais, as iaôs (ou os iaôs, pois há muito a palavra iaô perdeu no candomblé a conotação de esposa), os jovens iniciados, enfim, só fazem obedecer, usando símbolos e cultivando gestos e posturas que denotam a sua inferioridade hierárquica. Lembrando que a estrutura organizacional do candomblé é uma reprodução simbólica da estrutura tradicional da família iorubá, de resto perdida no Brasil, evidencia-se a importância da experiência acumulada na constituição dos grupos de autoridade. Os ebomes são os que sabem, porque são mais velhos, viveram mais, acumularam maior experiência. Sua autoridade é dada pelo tempo acumulado, que pressupõe saber maior.

Como o candomblé é religião e em nossa sociedade a religião é uma das esferas autônomas da cultura (o que faz da religião dos orixás na América algo bem diferente do que foi na África), a noção de tempo acumulado no âmbito religioso entre nós tende a ser, e cada vez é mais, descolada do tempo que marca o transcurso da vida. Pode-se ingressar no candomblé, por livre escolha, em qualquer momento da vida, em qualquer idade. Assim, a idade biológica da pessoa não é a mesma da idade iniciática, de modo que um jovem iniciado há muito tempo pode ser o ebome de um iaô que se iniciou depois de maduro. O tempo de iniciação transformou-se no tempo que realmente conta. Evidentemente, nos primórdios do candomblé, a passagem de uma sacerdotisa júnior para a categoria sênior era o resultado natural do saber religioso acumulado durante o tempo necessário, durasse quanto durasse. O reconhecimento por parte do grupo de sua capacidade e competência na realização de atribuições rituais complexas era resultado natural do fazer dessas atribuições, combinado com a dedicação religiosa expressa por meio de sucessivas obrigações rituais a que se submetia a devota. Cuidar de seu orixá pessoal, oferecendo-lhe os necessários sacrifícios periódicos, e trabalhar com autonomia em benefício do grupo eram as condições que indicavam maturidade, competência nos ritos, capacidade de liderança, saber e autoridade.

Numa determinada época da consolidação do candomblé, foi necessária a criação de rito de passagem específico que tornasse público o reconhecimento da condição de senioridade, rito hoje conhecido pelo nome de decá, a partir do qual a iaô assume a posição de ebome, de mais velho. Agora fazendo parte de uma sociedade em que o tempo que conta é o tempo do calendário, dotado em nossa cultura de objetividade inquestionável, o candomblé acabou por mensurar em anos o tempo de aprendizagem do iaô. Depois de se submeter ao grande rito de passagem que o inclui no candomblé como sacerdote júnior, a chamada feitura de orixá, o iaô pode, depois de anos de aprendizado, e tendo cumprido os ritos intermediários, ascender ao grau de ebome, conquistando assim sua senioridade. Como sênior poderá receber incumbências de mando, assumir tarefas de prestígio e iniciar novos adeptos, podendo, se quiser, abrir seu próprio terreiro. Em algum momento no meio do curso do século 20 — e ninguém sabe dizer como foi nem de onde veio a iniciativa —, a lei do santo, espécie de código consensual não escrito que regula os costumes e a vida religiosa nos terreiros, em permanente constituição, fixou em sete o número mínimo de anos necessários ao recebimento do grau de senioridade, o tempo do decá, tempo de autoridade. O decá é o coroamento de uma sequência de obrigações que inclui, depois da feitura, a obrigação de um ano, a de três anos e finalmente a de sete anos, tudo definido numa escala de tempo ocidental. Evidentemente, atrasos eventuais em qualquer etapa arrastam para adiante o período total. O tempo de iniciação, agora computado em termos de anos, meses e dias, e em certos casos horas, impõe-se como chave do ordenamento hierárquico no grupo, instituindo-se o que os antropólogos chamam de *pecking order*, a "ordem das bicadas", uma disposição hierárquica que pode ser observada nos galinheiros. Ali, uma galinha, certamente a mais forte, a líder inconteste, bica todas as demais e não é bicada por nenhuma; uma segunda é bicada pela primeira e bica as outras; uma terceira é bicada por essas duas e bica as demais, e assim por diante, até a última galinha, que é bicada por todas e não bica nenhuma. Esse esquema, muito característico de sociedades de estruturação social mais simples e de associações iniciáticas, é rigorosamente observado nos candomblés. Pode ser apreciado na ordem em que as filhas de santo se colocam na roda das danças, na ordem dos pedidos de bênção — quem beija a mão de quem — e em quase todos os momentos em que a etiqueta do terreiro imprime a marca do tempo.

Um lema da chamada lei do santo muito cultivado afirma que o mais velho sabe mais e que sua verdade é incontestável. Saber é poder, é proximidade maior com os deuses e seus mistérios, é sabedoria no trato das coisas de axé, a força mística que move o mundo, manipulada pelos ritos. Por isso, o mais novo prostra-se diante do mais velho e lhe pede a bênção, não lhe dirige a palavra se não for perguntado, pede licença — *Agô* ebome, licença meu mais velho — para falar na sua presença, oferece-lhe sua comida antes de começar a comer — *Ajeum*, vamos comer, servido? —, abaixa a cabeça quando dele se aproxima, curva-se à sua passagem, inclina-se e o cumprimenta juntando as mãos — Mojubá, salve! — quando se canta para o orixá a que este mais velho é devotado. Tudo isso acontece numa ordem na qual cada um conhece bem o seu posto, ou pelo menos deveria conhecer.

Contudo, no mundo em que vivem, os jovens aprendem que idade não é sinônimo de sabedoria. No candomblé, experimentam que nem sempre os mais velhos em iniciação sabem mais. O jovem aprende no terreiro, mas pode ampliar seus conhecimentos religiosos por meio de outras fontes, sendo que a leitura pode ser uma porta aberta que o leva a um universo de informação sobre as coisas da religião do qual o mais velho nem suspeita. O jovem perde a confiança no mais velho, contesta sua sabedoria, rompe sua lealdade para com aqueles que o iniciaram e pode abandonar o grupo à procura de outros líderes que lhe pareçam mais apropriados, mudando de axé, como se diz, mudando de terreiro, de família de santo, de filiação religiosa. Muitos que se iniciam hoje no candomblé têm uma aspiração ocupacional muito clara: desejam ser pais e mães de santo, buscando nessa religião, como acontece nas outras, um meio de vida e uma oportunidade de ascensão social. Para esses, quanto mais cedo for alcançada a senioridade, melhor, não raro burlando a contagem dos sete anos.

A busca do conhecimento transforma-se, então, numa luta contra o tempo, invertendo completamente sua noção original, quebrando a ideia de que o tempo é a soma das experiências de vida. O terreiro passa a ser visto como uma escola ocidental, que estipula prazos e, ao final deles, outorga títulos e diplomas que atribuem direitos no mercado profissional. O lugar do tempo africano, o tempo do mito, é tomado pelo tempo do relógio.

# 9

Velhos iniciados contam que nos idos e saudosos tempos do candomblé antigo o recolhimento à clausura, onde se processa a iniciação, não tinha duração predeterminada. O filho de santo ficava recolhido no terreiro o tempo necessário à sua aprendizagem de sacerdote e à realização de todas as atividades que os ritos de uma feitura de orixá envolvem. Podia ficar meses, muitos meses, isolado do mundo, totalmente mergulhado na sua iniciação. Isso ficou para trás. Hoje, cada iniciação, que se faz num período que não soma os dias de um mês, tem de ser cuidadosamente planejada, de modo a encaixar os dias de recolhimento do filho de santo nas suas férias de trabalho ou nos momentos vagos deixados pelos compromissos da vida secular. O tempo da iniciação passa a ser regulado pelo tempo do mercado de trabalho. O tempo africano do terreiro é vencido pelo tempo da sociedade capitalista.

Nesta nossa sociedade do tempo irreversível, cada vez mais as imagens e referências do tempo circular vão se perdendo: o relógio analógico, com seus ponteiros sempre dando a volta para retornarem ao ponto zero, são substituídos pelo relógio digital; os supermercados 24 horas e outros negócios essenciais ao consumo na vida cotidiana não fecham para descanso; os canais de televisão ficam no ar noite e dia; trabalha-se em qualquer período; a internet mantém ininterrupto o acesso aos arquivos de informação dos computadores ligados na rede mundial; até o amor se faz a qualquer hora nos motéis full-time; a eletricidade há muito acabou com a escuridão e fez da noite, dia; a engenharia dos transgênicos nos faz sonhar com uma natureza transformada a cada colheita. Se até na natureza o tempo cíclico vai perdendo importância, que dirá na vida do terreiro.

Os velhos do candomblé falam do passado como um tempo perdido, que já não se repete, vencido por um presente em que imperam a pressa, o gosto pela novidade, a falta de respeito para com as caras tradições e, sobretudo, o descaso para com os mais velhos. Dizem que "o candomblé hoje vive de comércio, é pura exibição", reclamam que "uns querem ser mais que os outros", falam que "os que mal saíram das fraldas, que não sabem nada, já empinam a cabeça para os antigos", lamentam que "os velhos babás e as velhas iás não têm mais voz em nada", asseveram que "os jovens o que querem é sugar os seus mais velhos e depois chutar seu traseiro e buscar outro lugar onde podem mandar à vontade". Falam com saudade daquele mundo ideal que ficou para trás e gostam sempre de frisar que "no meu tempo não era assim", repetindo que "hoje ninguém mais tem humildade, querendo saber mais do que os antigos, essas crianças presunçosas, esses jovens cheios de vento". Seu discurso triste revela certamente muito de nostalgia da juventude, mas é também o testemunho verdadeiro de perdas efetivas. O presente agora se descortina como ruptura, descontinuidade. O passado não explica mais, nem se completa no presente. Os mitos vão sendo esquecidos, os *odus* simplificados, os deuses ganham ares mais condizentes com a modernidade. Os jovens acusam os mais velhos de levarem para o túmulo segredos iniciáticos que não transmitem para ninguém, enfraquecendo os mistérios da religião e sua força, o axé, mas de fato não se importam muito com isso. Acreditam menos na existência dos segredos do que os mais velhos diziam acreditar. Aprenderam que a tradição é e pode ser construída a cada instante, pois a lei do santo, que ordena as tradições do candomblé, não tem mais do que um século de vida, nem uma única versão, e está sempre mudando. E levam adiante sua religião, pensando no futuro.

## 10

Para o Ocidente, o futuro é a grande incógnita a ser decifrada, controlada, um tempo a ser planejado para melhor ser usufruído. A esperança sempre se deposita num tempo vindouro para o qual são pensadas as grandes realizações que devem ser introduzidas em prol da felicidade humana. Investe-se no futuro. Olha-se para o passado procurando os erros cometidos e que devem ser evitados no presente para garantir um futuro melhor. A história ensina como agir com sabedoria e responsabilidade em face do devir. Um emblemático mote de Karl Marx diz que na história nada se repete, a não ser como farsa. Para o africano tradicional é o contrário: a repetição é o almejado, o certo, o inquestionável. O novo, o inesperado, o que não vem do passado, é o falso, o perigoso, o indesejável.

    O candomblé dos dias de hoje está posto entre esses dois conceitos opostos de tempo. Um e outro remetem a concepções diversas de aprendizado, saber e autoridade. Levam a noções divergentes sobre a vida e a morte, a reencarnação e a divinização. Nesse embate, a religião muda, adapta--se, encontra novas fórmulas e adota novas linguagens. Os orixás ganham novos territórios, conquistam adeptos nas mais diferentes classes sociais, origens raciais e regiões deste e outros países. O que a realidade social das religiões no Brasil tem mostrado é que a religião dos orixás cresce e prospera (Pierucci, Prandi, 1996). Sobretudo se transforma, cada vez mais brasileira, cada vez menos africana. Mesmo o movimento de africanização, que procura desfazer o sincretismo com o catolicismo e recuperar muitos elementos africanos de caráter doutrinário ou ritualístico perdidos na diáspora, não pode fazer a religião dos orixás no Brasil retornar a conceitos que já se mostraram incompatíveis com os da civilização contemporânea. O tempo africano perde sua grandeza, vai se apagando. Permanece, contudo, nas pequenas coisas, fragmentado, manifestando-se mais como ordenador de um modo peculiar de organizar o cotidiano característico de uma religião que se mostra exótica, extravagante e enigmática.

E pouco a pouco o povo de santo acerta seus relógios. Sabe que o candomblé deixou de ser uma religião exclusiva dos descendentes de escravizados africanos — uma pequena África fora da sociedade, o terreiro como sucedâneo da perdida cidade africana, como ainda o encontrou Roger Bastide quase meio século atrás (Bastide, 1971, p. 517-518) — para se tornar uma religião para todos, disposta a competir com os demais credos do país no largo e aberto mercado religioso. Uma instituição dos tempos atuais em um processo de mudança que reformula a tradição e elege novas referências, para o bem e para o mal. O tempo é tempo de mudar.

## referências bibliográficas

BABATUNDE, Emmanuel D. *A critical study of bini and yoruba value systems of Nigeria in change*: culture, religion and the self. Lewinston: The Edwin Mellen Press, 1992.

BASTIDE, Roger. *As religiões africanas no Brasil*. São Paulo: Pioneira, 1971.

BASTIDE, Roger. *O candomblé da Bahia*: rito nagô. 3. ed. São Paulo: Nacional, 1978.

DREWAL, Margaret Thompson. *Yoruba ritual*: performers, play, agency. Bloomington: Indiana University Press, 1992.

ELLIS, A. B. *The yoruba-speaking peoples of the slave coast of West Africa*. 2. ed. Londres: Pilgrim, 1974.

FABIAN, Johannes. *Time and the other*: how anthropology makes it object. Nova York: Columbia University Press, 1983.

JOHNSON, Samuel. *The history of the yorubas*. Lagos: CSS Bookshops, 1921.

LANDES, Ruth. *The city of women*. Nova York: Macmillan, 1947. Edição brasileira: A *cidade das mulheres*. Rio de Janeiro: Civilização Brasileira, 1967.

LIMA, Vivaldo da Costa. Nações de candomblé. *In*: LIMA, Vivaldo da Costa (org.). *Encontro de nações de candomblé*. Salvador: Centro de Estudos Afro-Asiáticos da UFBA e Ianamá, 1984.

MBITI, John S. *African religions and philosophy*. 2. ed. Ibadan: Heinemann Educational Books, 1990.

MBON, Friday M. African traditional socio-religious ethics and national development: the nigerian case. *In*: OLUPONA, Jacob K. (ed.). *African traditional religions in contemporary society*. St. Paul: Paragon House, 1991.

ODUYOYE, Modupe. *Words & meaning in yoruba religion*. Londres: Karnak House, 1996.

PERUCCI, Antônio Flávio; PRANDI, Reginaldo. *A realidade social das religiões no Brasil*. São Paulo: Hucitec, 1996.

PRANDI, Reginaldo. *Os candomblés de São Paulo*: a velha magia na metrópole nova. São Paulo: Hucitec, 1991.

PRANDI, Reginaldo. *Herdeiras do axé*: sociologia das religiões afro-brasileiras. São Paulo: Hucitec, 1996.

PRANDI, Reginaldo. Conceitos de vida e morte no ritual da axexê: tradição e tendências recentes dos ritos funerários no candomblé. *In:* MARTINS, Cléo; LODY, Raul (org.). *Faraimará*: o caçador traz alegria: Mãe Stella, 60 anos de iniciação. Rio de Janeiro: Pallas, 1999.

PRANDI, Reginaldo. Religião, biografia, conversão. *Tempo e Presença*, Rio de Janeiro, n. 310, p. 34-44, mar./abr. 2000a.

PRANDI, Reginaldo. African gods in contemporary Brazil. *International Sociology*, Londres, v. 15, n. 4, p. 641-663, dez. 2000b.

PRANDI, Reginaldo. Hipertrofia ritual das religiões afro-brasileiras. *Novos Estudos Cebrap*, São Paulo, n. 56, p. 77-88, mar. 2000c.

PRANDI, Reginaldo. *Mitologia dos orixás*. São Paulo: Companhia das Letras, 2001.

PRIGOGINE, Ilya. *O nascimento do tempo*. Lisboa: Edições 70, 1991.

SILVEIRA, Renato da. Jeje-nagô, iorubá-tapá, aon efan e ijexá: processo de constituição do candomblé da Barroquinha, 1764-1851. *Revista Cultura Vozes*, Petrópolis, v. 94, n. 6, p. 80-101, 2000.

SOYINKA, Wole. *Myth, literature and the African world*. 2. ed. Cambridge: Cambridge University Press, 1995.

# 10.
# Uma síntese do Brasil na dança dos caboclos

## 1

Aprendemos na escola que a população brasileira foi formada pelos europeus colonizadores, que se mesclaram com os indígenas que aqui já viviam antes da chegada dos portugueses e com os africanos trazidos pelo escravismo. Somos ao mesmo tempo brancos, indígenas e negros. São essas as nossas raízes, às quais mais tarde vieram se juntar povos do Oriente Próximo, do Extremo Oriente e de outras partes do mundo. Somos um povo mestiço, com uma cultura mestiça, mas o assumir dessa identidade só veio a ganhar alguma legitimidade por volta dos anos 20 do século passado, época, inclusive, em que se formaram duas importantes marcas dessa ascendência: o samba, no universo da música popular brasileira, e a umbanda, síntese das diversidade religiosa afro-brasileira.

Negros e indígenas: impossível pensar o Brasil sem essas duas origens. Suas marcas estão na constituição física do brasileiro e também na sua cultura, sobressaindo-se a música e a religião, mas incluindo também dimensões como língua, culinária, estética, valores sociais e estruturas mentais. Mas é nas religiões afro-brasileiras que estão registradas a presença decisiva e a diversidade da contribuição negra.

Durante quase quatro séculos, negros africanos foram caçados e levados ao Brasil para trabalhar como escravizados. Separados para sempre de suas famílias, de seu povo, do seu solo (de fato apenas alguns poucos conseguiram retornar depois da abolição da escravidão), os africanos foram aos poucos se adaptando a uma nova língua, novos costumes, novo país. Foram se misturando com os brancos europeus colonizadores e com os indígenas da terra, formando a população brasileira e sua cultura, como também aconteceu em outros países da América. Muitos foram os povos africanos representados na formação brasileira, os quais podem ser classificados em dois grandes grupos linguísticos: os sudaneses e os bantos (Prandi, 2000).

São chamados sudaneses os povos situados nas regiões que hoje vão da Etiópia ao Chade e do sul do Egito a Uganda, mais o norte da Tanzânia. Seu subgrupo denominado sudanês central é formado por diversas etnias que abasteceram de escravizados o Brasil, sobretudo os povos localizados na região do Golfo da Guiné, povos que no Brasil conhecemos pelos nomes genéricos de nagôs ou iorubás (mas que compreendem vários grupos de língua e cultura iorubá de diferentes cidades e regiões), os fons ou jejes (que congregam os daomeanos e os mahis, entre outros), os hauçás, famosos, mesmo na Bahia, por sua civilização islamizada, e outros grupos que tiveram importância menor ou nenhuma na formação de nossa cultura, como os grúncis, tapas, mandingos, fantis, achantis e outros não significativos para nossa história. Para enfatizar a especificidade de cada uma dessas culturas ou subculturas, talvez seja suficiente lembrar que duas das cidades iorubás ocupam papel especial na memória da cultura religiosa que se reproduziu no Brasil: Oió, a cidade de Xangô, e Queto, a cidade de Oxóssi, além de Abeocutá, centro de culto a Iemanjá, e Ilexá, a capital da sub-etnia ijexá, de onde são provenientes os cultos a Oxum e Logum Edé. O candomblé jeje-nagô da Bahia, o batuque do Rio Grande do Sul, o tambor de mina do Maranhão e o xangô de Pernambuco são heranças brasileiras desses povos.

Os bantos são povos da África Meridional que falam entre setecentas e duas mil línguas e dialetos aparentados, estendendo-se para o sul, logo abaixo dos limites sudaneses, até o cabo da Boa Esperança, compreendendo as terras que vão do Atlântico ao Índico. Os bantos trazidos para o Brasil eram falantes de várias dessas línguas, sobressaindo-se, principalmente, os de língua quicongo, falada no Congo, em Cabinda e em Angola; o quimbundo, falado em Angola acima do rio Cuanza e ao redor de Luanda; e o umbundo, falada em Angola, abaixo do rio Cuanza e na região de Benguela. A importância dos grupos falantes dessas três línguas na formação do Brasil pode ser aferida pela quantidade de termos que a língua portuguesa aqui falada deles recebeu (Castro, 2001), além de outras contribuições nada desprezíveis, como a própria música popular brasileira. Na esfera das religiões afro-brasileiras, a participação dos bantos foi fundamental, pois é da religiosidade desses povos ou sob sua influência decisiva que se formou no Brasil o candomblé de caboclo baiano e outras variantes regionais de culto ao antepassado indígena, como o catimbó de Pernambuco e da Paraíba, que mais tarde vieram a se reunir na formação da umbanda e que também constituíram uma espécie de contrapartida brasileira ao panteão das divindades africanas cultuadas no candomblé, no xangô, no batuque e no tambor de mina.

## 2

As diferentes etnias africanas chegaram ao Brasil em distintos momentos, predominando os bantos até o século 18 e depois os sudaneses, sempre ao sabor da demanda por mão de obra escravizada que variava de região para região, de acordo com os diferentes ciclos econômicos de nossa história, e do que se passava na África em termos do domínio colonial europeu e das próprias guerras intertribais exploradas, evidentemente, pelas potências coloniais envolvidas no tráfico de escravizados. Nas últimas décadas do regime escravista, os sudaneses iorubás eram preponderantes na população negra de Salvador, a ponto de sua língua funcionar como uma espécie de língua geral para todos os africanos ali residentes, inclusive bantos (Rodrigues, 1976). Nesse período, a população negra, formada de escravizados, negros libertos e seus descendentes, conheceu melhores possibilidades de integração entre si, com maior liberdade de movimento e maior capacidade de organização. O cativo já não estava preso ao domicílio do senhor, trabalhava para clientes como escravo de ganho, e não morava mais nas senzalas isoladas nas grandes plantações do interior, mas se agregava em residências coletivas concentradas em bairros urbanos próximos de seu mercado de trabalho. Foi quando se criou no Brasil, num momento em que tradições e línguas estavam vivas em razão de chegada recente, o que talvez seja a reconstituição cultural mais bem acabada do negro no Brasil, capaz de preservar-se até os dias de hoje: a religião afro-brasileira.

Assim, em diversas cidades brasileiras da segunda metade do século 19, surgiram grupos organizados que recriavam no Brasil cultos religiosos que reproduziam não somente a religião africana, mas também outros aspectos da sua cultura na África. Nascia a religião afro-brasileira chamada candomblé, primeiro na Bahia e depois pelo país afora, tendo também recebido, como já disse, nomes locais, como xangô em Pernambuco, tambor de mina no Maranhão, batuque no Rio Grande do Sul. Os principais criadores dessas religiões foram negros das nações iorubás ou nagôs, especialmente os provenientes de Oió, Lagos, Queto, Ijexá, Abeocutá e Iquiti, e os das nações fons ou jejes, sobretudo os mahis e os daomeanos. Floresceram na Bahia, em Pernambuco, em Alagoas, no Maranhão, no Rio Grande do Sul e, secundariamente, no Rio de Janeiro.

## 3

Simultaneamente, por iniciativa de negros bantos, surgiu na Bahia uma religião equivalente às dos jejes e dos nagôs, conhecida pelos nomes de candomblé angola e candomblé congo. A modalidade banta lembra muito mais uma transposição para as línguas e os ritmos bantos das religiões sudanesas do que propriamente cultos bantos da África Meridional, tanto em relação ao panteão de divindades e seus mitos como no que respeita às cerimônias e aos procedimentos iniciáticos, mas tem características que fizeram dela uma contribuição essencial na formação do quadro religioso afro-brasileiro: o culto ao caboclo. Ora, os bantos tinham chegado muito tempo antes dos iorubás e dos fons, estavam bastante adaptados aos costumes predominantes no país, falavam a língua portuguesa e tinham assimilado o catolicismo. Mas, num país de escravizados, ainda eram considerados africanos, como todos os negros e mestiços, e seu lugar na sociedade, por isso, era à margem; sua identidade ainda era africana. Em outras palavras, eram contraditoriamente brasileiros e africanos ao mesmo tempo. Como africanos meridionais que eram, suas remanescentes tradições os orientavam no sentido de cultuar os antepassados, antepassados que na África banta estavam fixados na terra, de modo que cada aldeia tinha seus próprios ancestrais como parte integrante daquele território geográfico e que usualmente não se deslocavam para outros lugares. Como brasileiros que também já eram, tinham consciência de uma ancestralidade genuinamente brasileira, o indígena. Da necessidade de cultuar o ancestral e do sentimento de que havia uma ancestralidade territorial própria do novo solo que habitavam, os bantos e seus descendentes criaram o candomblé de caboclo, que celebrava espíritos dos indígenas ancestrais (Santos, 1995; Prandi; Vallado; Souza, 2001c).

Apesar de os bantos estarem no Brasil havia muito mais tempo, indícios históricos nos levam a crer que é tardia a formação de um candomblé banto de culto a divindades africanas, o qual teria surgido apenas quando os candomblés de orixá e de voduns já estavam organizados ou se organizando. Embora todos os negros e mestiços fossem considerados iguais, na medida em que ocupavam na sociedade branca posição oficialmente subalterna e marginalizada, as identidades étnicas estavam preservadas nas irmandades religiosas católicas, que reuniam em igrejas e associações específicas os diferentes grupos africanos étnico-linguístico. Pois quando nagôs e jejes reunidos nas irmandades católicas (Silveira, 2000) refizeram no Brasil suas religiões africanas de origem, os bantos os acompanham. Pelas razões que já apontei, sua religião de inquices (divindades ancestrais bantas) teve uma reconstituição muito mais problemática, obrigando-se a empréstimos sudaneses nos planos do panteão, dos ritos e dos mitos.

No campo religioso foi, portanto, dupla a contribuição banta originada na Bahia: o candomblé de caboclo e o candomblé de inquices denominado angola e congo — duas modalidades que se casariam num único complexo afro-indígena-brasileiro, povoando, a partir da década de 1960, praticamente o Brasil todo de terreiros angola-congo--caboclo.

Não foi, entretanto, só na Bahia que surgiram os cultos das entidades caboclas. Onde quer que tenham se formados grupos religiosos organizados em torno de divindades africanas, podiam também ser reconhecidos agrupamentos locais que buscavam refúgio na adoração de espíritos de humanos. Esses cultos de espíritos ganharam, evidentemente, feições locais dependentes de tradições míticas ali enraizadas, podendo estas serem mais acentuadamente indígenas, de caráter mais marcado pelo universo cultural da escravidão, ou mesmo mais próximas da mitologia ibérica transplantada para o Brasil colonial. Em cada lugar surgiram cultos a espíritos de indígenas, de negros e de brancos. Essa tendência foi muito reforçada pela chegada ao Brasil, no finalzinho do século 19, de uma religião europeia de imediata e larga aceitação no Brasil: o espiritismo kardecista.

Em cada uma dessas denominações religiosas caboclas, a concepção dos espíritos cultuados também variou bastante. Na Bahia, por exemplo, o caboclo é o indígena que viveu num tempo mítico anterior à chegada do homem branco, mas um indígena que conheceu a religião católica e se afeiçoou a Jesus, a Maria e a outros santos; um indígena que viveu e morreu neste país — este é o personagem principal do candomblé de caboclo, que, com o tempo agregou outros tipos sociais, sobretudo os mestiços boiadeiros do sertão. A proximidade com religiões indígenas é atestada pela presença ritual do tabaco, que, antes da chegada das multinacionais do fumo, foi uma das grandes riquezas da Bahia, antigo centro nacional da indústria fumageira e importante produtor de charutos. O charuto é até hoje um símbolo forte dos espíritos caboclos.

Na Paraíba e em Pernambuco, os espíritos, que ali se chamam mestres podiam ser espíritos de indígenas, de brasileiros mestiços ou brancos, entre os quais se destacavam antigos líderes da própria religião já falecidos, os mestres, designação esta que acabou prevalecendo para designar todo e qualquer espírito desencarnado. Essas manifestações também herdaram das religiões indígenas o uso do tabaco, ali fumado com o cachimbo, usado nos ritos curativos, além da ingestão cerimonial de uma beberagem mágica preparada com a planta da jurema. Catimbó e jurema, os nomes pelos quais essa modalidade religiosa é conhecida resultam desses dois elementos. Catimbó é provavelmente uma deturpação da palavra cachimbo, e jurema, o nome da planta e da sua beberagem sagrada (Bastide, 2001; Brandão; Rios, 2001).

Mais ao norte, no Maranhão e no Pará, os espíritos cultuados são personagens lendários que um dia teriam vivido na Terra, mas que, por alguma razão, não conheceram a morte, tendo passado da vida terrena ao plano espiritual por meio de algum encantamento: são os encantados (Ferretti, 1993 e 2001). Essa tradição de encantamento estava e está presente na cultura ocidental (lembremo-nos nas histórias de fadas, com tantos príncipes e princesas encantados), bem como na mitologia indígena. Os encantados são de muitas origens: indígenas, africanos, mestiços, portugueses, turcos, ciganos etc. Lendas portuguesas de encantaria, como a história do rei português dom Sebastião, que desapareceu com sua caravela na batalha de Alcácer-Quibir em 1578, em luta contra os mouros, e que os portugueses acreditavam que um dia voltaria, estão vivas nessa religião. A luta dos cristãos contra os mouros, tão cara ao imaginário português, se transformou em mitologia religiosa, mas os turcos da encantaria são agora aliados, não inimigos. Elementos da encantaria amazônica, como as histórias de botos que viram gente e vice-versa; lendas de pássaros fantásticos e peixes miraculosos, tudo isso foi compondo, ao longo do tempo, a religião que se convencionou chamar encantaria ou encantaria do tambor de mina, no Maranhão (Prandi; Souza, 2001b), e sua vertente paraense (Leacock; Leacock, 1975). Todas essas formas de cultos nascidas no Brasil, que podemos genericamente chamar de religião dos encantados ou religião cabocla, são religiões de transe. As entidades cultuadas se manifestam em transe no corpo de devotos devidamente preparados para isso, tal como ocorre nos cultos dos orixás, voduns e inquices. Como também se dá no conjunto todo das religiões afro-brasileiras, todas desenvolvem ampla atividade mágico-curativa e de aconselhamento oracular, todas elas são dançantes e sua música é acompanhada de tambores e ritmos de origem africana, embora em modalidades como o catimbó a dança tenha sido adotada mais tarde, nesta provavelmente por influência do xangô. Diferentemente das religiões de orixás, voduns e inquices, as religiões caboclas são, contudo, cantadas em português, o que confirma seu caráter brasileiro e mestiço. Em nenhum momento fica escondida a mistura básica que compõe cada uma delas: América, África e Europa, indígena, negro e branco, são estas as fontes indispensáveis da sua constituição. E todas elas são sincréticas com o catolicismo, resultado de um momento histórico, o de sua formação no século 19, em que ninguém podia ser brasileiro se não fosse igualmente católico. O catolicismo era a religião hegemônica, oficial e a única tolerada em solo brasileiro.

    Essas três manifestações afro-indígena-brasileiras de culto dos ancestrais da terra — candomblé de caboclo, catimbó-jurema e encantaria de mina — não foram evidentemente as únicas. Muitas outras formas locais puderam ser registradas nas diferentes partes do Brasil, tendo sido algumas delas absorvidas por alguma das formas que lograram melhor se expandir e se perpetuar, ou pela umbanda que se formou mais tarde (Senna, 2001). Outras tantas, embora se mantendo com certa autonomia, ajudaram a compor cosmovisões e panteões de religiões irmãs, como no caso da contribuição da pajelança amazônica (Maués; Villacorta, 2001) à encantaria de mina. Por todo lado, diferentes expressões locais da religiosidade cabocla se encontraram, se influenciaram, se fundiram e se espalharam.

Não se pode deixar de notar que essas práticas religiosas acabaram por se justapor aos cultos das divindades africanas, estabelecendo com eles relações de simbiose. O candomblé de caboclo acabou se tornando tributário de candomblé angola e congo; a jurema passou a compor com o xangô, sobretudo o de nação xambá; e a encantaria associou-se ao tambor de mina nagô. Os grupos religiosos de culto a orixás e voduns mais comprometidos com raízes sudanesas se mantiveram, pelo menos até um determinado momento e em algumas casas de tradição mais ortodoxa, alheios ao culto caboclo. Era mesmo de se esperar que assim fosse, pois o culto a caboclo é, desde sua origem, de natureza mestiça.

## 4

Por muito tempo tanto os candomblés de divindades africanas e os cultos que giravam em torno de espíritos brasileiros e europeus (isto é, o candomblé de caboclo, a encantaria de mina, o catimbó ou jurema dos mestres) permaneceram mais ou menos confinados a seus locais de origem. Mas logo no início de sua constituição, com o fim da escravidão, muitos negros haviam migrado da Bahia para o Rio de Janeiro, levando consigo suas religiões de orixás, voduns e inquices e também a de caboclos, de modo que na então capital do país reproduziu-se um vigoroso candomblé de origem baiana, que se misturou com formas de religiosidade negra locais, todas eivadas de sincretismos católicos, e com o espiritismo kardecista, originando-se a chamada macumba carioca e, pouco mais tarde, nos anos 20 e 30 do século passado, a umbanda. A umbanda e o samba, símbolo maior da nacionalidade mestiça, constituíram-se mais ou menos na mesma época, ambos frutos do mesmo processo, que caracterizou aqueles anos, de valorização da mestiçagem e de construção de uma identidade mestiça para o Brasil que então se pretendia projetar como país moderno, grande e homogêneo, e por isso mesmo mestiço, o "Brasil Mestiço, onde a música samba ocupava lugar de destaque como elemento definidor da nacionalidade", nas palavras de Hermano Vianna (1995, p. 20).

A migração para o Rio de Janeiro, que a partir dos anos 1950 e 1960 seria deslocada para São Paulo, com a nova industrialização, não se resumiu, evidentemente, aos baianos, embora inicialmente eles tenham sido em maior número. Chegava ao Rio gente de todos o Nordeste e também do Norte, cada um trazendo seus costumes, suas crenças, seus deuses e seus espíritos. Cultos de mestres e encantados acabaram desaguando fartamente nos terreiros dos caboclos e dos pretos velhos da chamada macumba carioca, que ia gestando a umbanda numa grande síntese, ali na capital federal da república recém-nascida para onde convergiam as mais diversas manifestações culturais de âmbito regional, e onde essas diferenças regionais e locais foram se apagando para se formar um todo único capaz de representar simbolicamente o Brasil como um todo, como uma única nação, envolvendo todos os seus matizes raciais e as diversas fontes culturais que animavam a construção da brasilidade.

Mais tarde, no final anos 1960 e começo dos 1970, iniciou-se junto às classes médias do Sudeste a recuperação das raízes de nossa civilização, reflexo de um movimento cultural muito mais amplo, denominado Contracultura. Nos Estados Unidos e na Europa, e daí para o Brasil, esse movimento questionava as verdades da civilização ocidental, o conhecimento universitário tradicional, a superioridade dos padrões burgueses vigentes, os valores estéticos europeus, voltando-se para as culturas tradicionais, sobretudo as do Oriente, e buscando novos sentidos nas velhas subjetividades, em esquecidos valores e escondidas formas de expressão. No Brasil verificou-se um grande retorno à Bahia, com a redescoberta de seus ritmos, seus sabores culinários e toda a cultura dos candomblés. As artes brasileiras em geral (música, cinema, teatro, dança, literatura, artes plásticas) ganharam novas referências, o turismo das classes médias do Sudeste elegeu novo fluxo em direção a Salvador e demais pontos do Nordeste. O candomblé se esparramou muito rapidamente por todo o país, deixando de ser uma religião exclusiva de negros, a música baiana de inspiração negra fez-se consumo nacional, a comida baiana, nada mais que comida votiva dos terreiros, foi para todas a mesas, e assim por diante.

Mas o candomblé somente se disseminou pelo Brasil muito tempo depois da difusão da umbanda. Primeiro o Brasil como um todo conheceu e se familiarizou com o culto dos caboclos e outras entidades "humanas" da umbanda, em que os orixás ocupavam uma posição simbólica importante, porém menos decisiva no dia a dia da religião. Somente mais tarde o candomblé introduziu os brasileiros de todos os lugares numa religião propriamente de deuses africanos. Mesmo assim, os caboclos nunca perderam o lugar que já tinham conquistado. Unidade e diversidade foram preenchendo a tessitura nacional da cultura afro-brasileira de âmbito religioso e profano.

Em todos os lugares onde se constituiu o culto ao caboclo, alguns tipos sociais regionais importantes foram incorporados. Foi assim que surgiu, por exemplo, para compor com o tradicional e destemido indígena da terra e com o sábio e paciente escravizado preto velho, o caboclo boiadeiro. O boiadeiro é a representação mítica do sertanejo nordestino, o mestiço valente do sertão. É o bravo homem acostumado a lidar com o gado e a enfrentar as agruras da seca, símbolo de resistência e determinação. Outro tipo social elevado à categoria de entidade de culto foi o marinheiro. Num país em que as viagens de longa distância, sobretudo entre as capitais da costa, eram feitas por navegação de cabotagem, sendo que todas as novidades eram trazidas pelos navios, o marinheiro era figura muito conhecida e de inegável valor. O marinheiro podia representar ideais de mobilidade e inovação, capacidade de adaptação a cenários múltiplos, amor pela aventura de descobrir novas cidades e outras gentes.

Cada tipo um estilo de vida, cada personagem um modelo de conduta. São exemplos de um vasto repertório de tipos populares brasileiros, emblemas de nossa origem plural, máscaras de nossa identidade mestiça. As entidades sobrenaturais da umbanda não são deuses distantes e inacessíveis, mas sim tipos populares como a gente, espíritos do homem comum numa diversidade que expressa a diversidade cultural do próprio país. Uma vez escrevi que a "umbanda não é só uma religião, ela é um palco do Brasil" (Prandi, 1991, p. 88). Não estava errado.

## 5

A aproximação com o kardecismo foi vital para a formação da umbanda em termos ideológicos (Negrão, 1996). Veio do espiritismo de Kardec a concepção de mundo que proporcionou a remodelação das bases éticas, ou aéticas, da religião afro-brasileira, fosse ela africana ou cabocla. Era o nascimento da umbanda, de feições brancas, porém mestiça, uma nova forma de organizar e unificar nacionalmente as tradições caboclas das religiões afro-brasileiras.

Surgida na cidade do Rio de Janeiro, o primeiro cenário da modernização cultural brasileira e contexto de acelerada mudança e diversificação social, a umbanda foi ao mesmo templo plural e uniforme, uma espécie de linguagem comum num diversificado meio social urbano, integrando negros pobres iletrados e brancos escolarizados de classe média baixa. Sua capacidade de reunir em um só panteão entidades espirituais de diversas origens a fazia uma representante da diversidade, ao mesmo tempo que homogeneizava os espíritos caboclos em função de seus papéis rituais. A umbanda manteve da matriz africana o culto aos orixás, o transe de possessão e o rito dançado, mas seus ritos, celebrados em português, são bem mais simples e acessíveis. Diferente do modelo africano, sua concepção de mundo é fortemente marcada pela valorização da caridade, isto é, o trabalho desinteressado em prol do outro, muito característico do kardecismo, religião de inspiração cristã no plano dos valores. O controle moral na umbanda se estende sobre a atividade religiosa de tal modo que as entidades espirituais, os espíritos dos mortos, devem praticar a caridade, ajudando seus fiéis e seus clientes a resolverem toda sorte de problemas. A noção de que os espíritos vêm à Terra para trabalhar é basilar no kardecismo. Igualmente, as práticas de ajuda mágica vão constituir o centro do ritual umbandista. A incorporação da noção cristã de um mundo cindido entre o bem e o mal, associada à necessidade de praticar a caridade, fez com que a umbanda se afirmasse como religião voltada precipuamente para a prática do bem. Todas as forças religiosas deveriam ser canalizadas na prática da caridade. Isso não impediu, no entanto, que junto à prática do bem pelas entidades do chamado panteão do bem ou da direita, surgisse, desde o início, ainda que de modo escondido, uma "face inconfessa" do culto umbandista: uma espécie de universo paralelo em que as práticas mágicas de intervenção no mundo não sofrem o constrangimento da exigência ética, em que todos os desejos podem ser atendidos. Afinal, a herança africana foi mais forte que a moralidade kardecista e impôs a ideia de que todos têm o direito de ser realizados e felizes neste mundo, acima do bem e do mal.

Foi nesse espaço em que a questão do bem e do mal está suspensa que a umbanda construiu um novo modelo de entidade espiritual denominado exu, frequentemente associado ao diabo dos cristãos. Os exus-diabos da quimbanda na verdade nem são o demônio cristão nem o orixá Exu do candomblé africano. São espíritos de seres humanos cujas biografias terrenas foram plenas de práticas antissociais. É nesse modelo que todas os personagens de moralidade questionável, como as prostitutas e os marginais, são acomodados. Para resumir, o bem conta com entidades do bem, que são os caboclos, os pretos velhos e outros personagens cuja mitologia fala de uma vida de conduta moralmente exemplar (Concone, 2001). São as entidades da direita. Os de má biografia pertencem à esquerda, não se constrangem em trabalhar para o mal, quando o mal é considerado incontornável. Formam as fileiras dos exus e suas contrapartidas femininas, as pombagiras (Prandi, 2001a). Compõem com outros tipos sociais já referidos uma espécie de mostruário plural das facetas possíveis do brasileiro comum. Para não integrar os exus e as pombagiras no mesmo espaço das entidades da direita, em que se movimentam os praticantes do bem, a umbanda os reuniu num espaço à parte, num culto que por muitas décadas foi mantido subterrâneo, escondido e negado, a chamada quimbanda. Tipos antissociais e indesejáveis sim, mas excluídos não — afinal, cada um com sua espiritualidade e sua força mágica nada desprezível. A umbanda não exclui ninguém, na busca de uma síntese para o Brasil nada pode ser deixado de fora.

No panteão das entidades da esquerda, as mulheres ganharam um lugar especial. As religiões tradicionais sempre trataram as mulheres como seres perigosos, voltadas para o feitiço, para o desencaminhamento dos homens, fontes de pecado e perdição. É o que nos conta o mito bíblico judaico-cristão de Eva e toda a tradição iorubá das velhas mães feiticeiras, as Iá Mi Oxorongá. As pombagiras teriam sido mulheres de má vida; elas desconhecem limites para a ação e são capazes, a fim de atender os desejos de seus devotos e de sua vasta clientela, de fazer o mal sem medir as consequências. As famosas pombagiras, os exus femininos, foram em vida mulheres perdidas, prostitutas, cortesãs, companheiras bandidas dos bandidos amantes, alcoviteiras e cafetinas, jogadoras de cassino e artistas de cabaré, atrizes de vida fácil, mulheres dissolutas, criaturas sem família e sem honra. A elas coube sobretudo a fatia da magia relacionada a assuntos amorosos. No fundo, o culto ao panteão dos exus e pombagiras aponta para a redenção de tipos sociais usualmente rejeitados, com a assunção de perversões da alma que se enredam na vida real e na fantasia do homem e da mulher comuns. Como já disse, a umbanda é resultante de um processo de síntese, de uniformização. A inclusão em seu panteão de personagens dos cultos caboclos regionais teve que obedecer ao modelo dicotômico da direita e da esquerda, e isso provocou transformações radicais em muitas entidades que migraram para a umbanda. Assim Zé Pelintra, por exemplo, que na origem é um mestre do catimbó, foi, no Rio de Janeiro, transmutado em exu, trabalhando para a esquerda. Igualmente Maria Padilha, originalmente também mestra da jurema, foi feita pombagira de renome e sucesso nas giras de quimbanda. Até mesmo a encantada Cabocla Mariana, filha do Rei da Turquia, figura famosa da encantaria do tambor de mina, muito festejada tanto Maranhão quanto no Pará (Leacock; Leacock, 1975), viu-se em São Paulo quase transformada em pombagira. O mesmo aconteceu com muitos outros guias espirituais.

    Uma vez que a umbanda foi se alastrando pelo Brasil inteiro, os cultos caboclos regionais, que se mantiveram vivos em seus locais de origem, começaram a passar por um processo de umbandização. Hoje, no sertão do Nordeste, quiçá no Brasil todo, é difícil ver um culto de jurema que não seja no interior de um terreiro de umbanda. Até na Bahia exus da quimbanda dançam em velhos terreiros do candomblé de caboclo (Assunção, 2001; Caroso; Rodrigues, 2001; Shapanan, 2001). Com o grande trânsito que hoje existe em todo o universo religioso afro-brasileiro, personagens como os referidos Zé Pelintra e Maria Padilha retornam aos seus locais de origem completamente transformados.

# 6

Mas essa história ainda não terminou. Há algum tempo o pluralismo religioso brasileiro vem se desenvolvendo amplamente, possibilitando a criação de um mercado mágico-religioso em que as religiões afro-brasileiras se expandem e ganham maior visibilidade. Cada vez mais as escolhas religiosas são livres e as religiões ampliam suas ofertas religiosa, adequando-se aos novos tempos, novos mercados, novos gostos religiosos. Por todo lado há novas religiões, novos santos, novos deuses. Nos dias de hoje, a religião tem que se atualizar para poder competir com as outras. A sociedade em permanente mudança impõe um novo movimento de valorização da diversidade cultural. Os antigos cultos caboclos de caráter regional vão também se tornando conhecidos nos mais diferentes rincões do país e suas entidades ganham o *status* de objetos de culto de âmbito nacional. Caminhos se refazem, personagens se reconstituem. Não é mais tempo de buscar uma identidade brasileira que seja única, homogênea, capaz de representar a nacionalidade num só símbolo, como ocorreu nos anos 20 e 30 do século passado. No final do século 20, alvorecer do 21, quando a umbanda já é quase centenária, importa agora enfatizar as diferenças, manter as especificidades, festejar o pluralismo.

Nossos personagens sagrados, nossos mestiços espíritos caboclos da umbanda também ganham novas feições nesse novo processo de busca da diversidade, pois é preciso sempre se atualizar. O caboclo e o preto velho são as entidades fundantes da umbanda e continuam sendo ainda as mais cultuadas. Indígena e negro são matrizes tanto do povo brasileiro como dessa religião, mas, já no contexto do Brasil urbano contemporâneo, em que o catolicismo já perdeu cerca de um quarto de seus seguidores e seus modelos de moralidade dual perdem importância na sociedade, outro tipo social vem ganhando cada vez mais adeptos no universo umbandista: o baiano (Souza, 2001). Surgido nas últimas décadas, o baiano já ganhou significativa popularidade. Sua origem mítica remete aos velhos pais de santo da Bahia, aos homens negros e mulatos das cidades litorâneas do Brasil, sobretudo migrantes residentes no Rio de Janeiro. São em grande parte personagens da chamada malandragem carioca, pouco afeitos às convenções sociais, mas que não chegam a ser interesseiros e maus-caracteres nem arruaceiros e perigosos como os exus da quimbanda. Nem tampouco são exímios curandeiros como os caboclos ou sábios conselheiros como os pretos velhos. Estão exatamente na fronteira entre o bem e o mal, apagando essa distinção dicotômica moral. E rapidamente a umbanda vai deixando se fazer distinção entre esses dois lados, o do bem e o do mal, reassumindo a visão africana de que tudo anda junto, tudo é ambíguo e contraditório. Talvez por isso os baianos vêm sendo tão valorizados. Eles são símbolos exemplares do novo caráter de síntese moral umbandista que vai abandonando a dualidade cristã. Assim, apaga-se a fronteira entre a direita e a esquerda, e os exus e as pombagiras vão deixando de ser vistos como entidades perigosas, suspeitas e socialmente indesejáveis, cujo culto devia ser mantido secreto, escondido. Zé Pelintra e Maria Padilha, nossos emblemáticos migrantes, já podem voltar a ser mestres da jurema, simplesmente. A encantada Mariana pode continuar a ser a Bela Turca.

A flexibilidade e a enorme capacidade de adaptação da religião mestiça afro-brasileira estava já, evidentemente, inscrita no seu nascedouro: é esta a herança dos bantos escravizados no Brasil e seus descendentes. Seus seguidores nos dias de hoje já não são mais necessariamente nem bantos e nem negros, mas brasileiros de todas as origens raciais que partilham desse universo religioso mestiço. São adeptos dos encantados caboclos que se reúnem em congressos e seminários para discutir o caráter de suas entidades e guias espirituais e questionar suas raízes, reafirmando sua crença em sua religião. Os fiéis creem que seus caboclos, mestres e encantados, de todas as origens, seguem em sua dança de transe, abrindo-lhes o caminho na religação deste mundo material e passageiro dos humanos ao mundo eterno e espiritual habitado pelos deuses.

---

# referências bibliográficas

ASSUNÇÃO, Luiz. Os mestres da jurema. *In*: PRANDI, Reginaldo (org.). *Encantaria brasileira*. Rio de Janeiro: Pallas, 2001.

BASTIDE, Roger. Catimbó. *In*: PRANDI, Reginaldo (org.). *Encantaria brasileira*. Rio de Janeiro: Pallas, 2001.

BRANDÃO, Maria do Carmo; RIOS, Luís Felipe. O catimbó--jurema do Recife. *In*: PRANDI, Reginaldo (org.). *Encantaria brasileira*. Rio de Janeiro: Pallas, 2001.

CAROSO, Carlos; RODRIGUES, Núbia. Exus no candomblé de caboclo. *In*: PRANDI, Reginaldo (org.). *Encantaria brasileira*. Rio de Janeiro: Pallas, 2001.

CASTRO, Yeda Pessoa de. *Falares africanos no Brasil*. Rio de Janeiro: Top Books: Academia Brasileira de Letras, 2001.

CONCONE, Maria Helena Villas Bôas. Caboclos e pretos-velhos da umbanda. *In*: PRANDI, Reginaldo (org.). *Encantaria brasileira*. Rio de Janeiro: Pallas, 2001.

FERRETTI, Mundicarmo Maria Rocha. *Desceu na Guma*: o caboclo no tambor de mina no processo de mudança de um terreiro de São Luís. A Casa Fanti-Ashanti. São Luís: Sioge, 1993.

FERRETTI, Mundicarmo Maria Rocha. Terecô, a linha de Codó. *In*: PRANDI, Reginaldo (org.). *Encantaria brasileira*. Rio de Janeiro: Pallas, 2001.

LEACOCK, Seth; LEACOCK, Ruth. *Spirits of the Deep*: a study of an Afro-Brazilian cult. New York: The American Museum of Natural History, 1975.

MAUÉS, Raymundo Heraldo; VILLACORTA, Gisela Macambira. Pajelança e encantaria amazônica. *In*: PRANDI, Reginaldo (org.). *Encantaria brasileira*. Rio de Janeiro: Pallas, 2001.

NEGRÃO, Lísias. *Entre a cruz e a encruzilhada*: formação do campo umbandista em São Paulo. São Paulo: Edusp, 1996.

PRANDI, Reginaldo. *Os candomblés de São Paulo*. São Paulo: Hucitec, 1991.

PRANDI, Reginaldo. Nas pegadas dos voduns. *Afro-Ásia*. Salvador, n. 19-20, p. 109-133, 1998.

PRANDI, Reginaldo. De africano a afro-brasileiro: etnia, identidade e religião. *Revista USP*, São Paulo, n. 46, p. 52-65, 2000.

PRANDI, Reginaldo. Exu, de mensageiro a diabo: sincretismo católico e demonização do orixá Exu. *Revista USP*, São Paulo, n. 50, p. 46-65, 2001a.

PRANDI, Reginaldo; SOUZA, Patrícia Ricardo de. Encantaria de mina em São Paulo. *In*: PRANDI, Reginaldo (org.). *Encantaria brasileira*. Rio de Janeiro: Pallas, 2001b.

PRANDI, Reginaldo; VALLADO, Armando; SOUZA, André Ricardo de. Candomblé de caboclo em São Paulo. *In*:

PRANDI, Reginaldo (org.). *Encantaria brasileira*. Rio de Janeiro: Pallas, 2001c.

RODRIGUES, Nina. *Os africanos no Brasil*. 4. ed. São Paulo: Nacional, 1976.

SANTOS, Jocélio Teles dos. *Os donos da terra*: o caboclo nos candomblés da Bahia. Salvador: Sarah Letras, 1995.

SENNA, Ronaldo de Salles. Jarê, a religião da Chapada Diamantina. *In*: PRANDI, Reginaldo (org.). *Encantaria brasileira*. Rio de Janeiro: Pallas, 2001.

SHAPANAN, Francelino de. Entre caboclos e encantados. *In*: PRANDI, Reginaldo (org.). *Encantaria brasileira*. Rio de Janeiro: Pallas, 2001.

SILVEIRA, Renato da. Jeje-nagô, iorubá-tapá, aon efan e ijexá: processo de constituição do candomblé da Barroquinha, 1764-1851. *Revista Cultura Vozes*, Petrópolis, v. 94, n. 6, p. 80-101, 2000.

SOUZA, André Ricardo de. Baianos, novos personagens afro-brasileiros. *In*: PRANDI, Reginaldo (org.). *Encantaria brasileira*. Rio de Janeiro: Pallas, 2001.

VIANNA, Hermano. *O mistério do samba*. Rio de Janeiro: Jorge Zahar, 1995.

# 11.
# Hipertrofia ritual das religiões afro-brasileiras

## 1

As religiões afro-brasileiras podem ser caracterizadas como religiões rituais cuja dimensão mágica supera em muito a dimensão que diz respeito aos aspectos morais, tanto que, num outro estudo, referi-me ao candomblé como uma religião aética, propriedade que, de certa forma, explica seu sucesso no mercado religioso de hoje (Prandi, 1991). O candomblé e outras modalidades religiosas de origem africana não estão sozinhos quando atribuímos sua expansão recente ao seu caráter de agência prestadora de serviços mágicos. O pentecostalismo e o neopentecostalismo congregam inúmeras denominações mais interessadas em resolver problemas pessoais por meio dos poderes sobrenaturais do que propriamente internalizar valores éticos (Mariano, 1999; Pierucci; Prandi, 1996). O catolicismo, na sua bem-sucedida versão da Renovação Carismática, no percurso inverso do catolicismo das comunidades eclesiais de base, deixou de lado o interesse pelas questões sociais e preocupações de ordem solidária para centra-se no indivíduo e resolver, pela via mágica, suas eventuais terrenas aflições (Prandi, 1997). A imensa gama de variantes esotéricas à disposição no mercado de serviços mágicos completa esse quadro em que a religião é cada vez menos ética, mais ritual e mais mágica, em que a religião é menos religião e mais magia, em que a religião é menos instituição agregadora e mais serviço, menos formação e mais consumo. As religiões e seus templos de hoje são agências de ajuda sobrenatural e espaços de espetáculo e de lazer baseados ambos na expansão da emoção e fruição coletiva de sensações. São, sobretudo, instituições de filiação temporária que disputam entre si clientes e adeptos que, agora como clientes, devem igualmente pagar pelos favores religiosos, transformando as religiões naquilo que chamei de religião paga (Prandi, 1996).

Nesse quadro de falência ética das religiões no Brasil quero situar as religiões afro-brasileiras, mais especificamente o candomblé, buscando identificar alguns fatores que teriam contribuído para sua hipertrofia ritual e supervalorização do individualismo. Chamo a atenção para o fato de que a maior parte das observações apresentadas para o candomblé vale hoje igualmente, em grau maior ou menor, para as diferentes modalidades que compõem as religiões afro-brasileiras, tanto em suas regiões de origem como naquelas em que se instalaram no curso do século 20. Delas, certamente a umbanda é que apresenta ritual mais conciso e despojado, o que, entretanto, não corresponde a uma contrapartida ética mais robusta.

## 2

As religiões afro-brasileiras constituídas até o início deste século e aqui denominadas candomblé, xangô, tambor de mina e batuque reproduzem em muitos aspectos as religiões originais dos orixás, voduns e inquices africanos. Delas herdaram o panteão, aqui reorganizado, as línguas rituais, de significado esquecido, os ritos, as concepções e valores míticos. A dimensão da religião mais ligada ao controle da moralidade, na África atendida pela celebração dos ancestrais, embora parcialmente reproduzido em cultos isolados e de certo modo independentes, perdeu no Brasil muito de sua importância original. Os valores que orientam o comportamento dos seguidores na vida cotidiana não pressupõem o bem-estar comum do grupo, da sociedade ou da humanidade como categoria genérica. As denominações mais recentes, como a umbanda, reelaboraram toda a parte ritual das religiões afro-brasileiras de que se originaram e incorporaram muito dos valores cristãos do kardecismo, adotando uma visão maniqueísta do mundo, não tendo desenvolvido nunca, contudo, um código de ética voltado para a orientação da moralidade dos fiéis em termos coletivos. Tantos as religiões afro-brasileiras tradicionais como as variantes modernas parecem desinteressadas do controle ético de seus membros.

A religião dos orixás, dos voduns e dos inquices reconstituiu simbolicamente no Brasil do século passado a África que os negros africanos perderam com a escravidão, conforme já nos mostrou Bastide (1975), mas, embora fosse na origem uma religião de negros, a sociedade já era a brasileira, com instituições totalmente outras, sobretudo a família, uma sociedade que contava com o catolicismo como fonte decisiva de identidade e sociabilidade. Não era então possível ser brasileiro sem ser católico, mesmo que se fosse negro e mesmo que ser brasileiro fosse uma imposição (Prandi, 1999). Assim, a religião africana no Brasil constitui-se como religião de negros católicos, que já haviam perdido a família africana, com seus clãs, suas genealogias e seus antepassados. Embora os candomblés tenham reconstituído nas estruturas religiosas brasileiras e seus postos sacerdotais as hierarquias de poder e as regras de administração características da família e dos reinos africanos, uma parte decisiva da religião foi deixada para trás: a presença dos antepassados e de muitas entidades sobrenaturais que na África respondiam pelo controle moral dos homens e das mulheres.

Entre os povos sudaneses, que deram às religiões afro-brasileiras os principais elementos formadores, o rei de cada cidade era o magistrado supremo, a quem se devia a administração da justiça. Mas eram várias a instituições que zelavam pela manutenção da moralidade, desde os conselhos familiares e dos clãs até as sociedades secretas de cunho religioso. Entre os iorubás, pelo menos três dessas sociedades eram muito importantes, e ainda hoje lá sobrevivem, cobrindo cada uma extensos e diferentes territórios iorubanos: a sociedade Egungum, a sociedade Ogboni e a sociedade Orô, sendo as três sociedades exclusivamente masculinas. Os egunguns são os antepassados da cidade, espíritos de antigos fundadores de troncos familiares, vilas e cidades (Babayemi, 1980). Anualmente recebem oferendas e são celebrados num festival de mascarados que os representam e dançam pelas ruas da cidade, julgando pendências, resolvendo disputas, apontando infratores da ordem familiar e pública, condenando criminosos. Diz Abraham que o egungum é "um inquisidor sobrenatural que vem para julgar a conduta doméstica do povo, especialmente as mulheres e os criminosos" (Abraham, 1981, p. 149-151). O antepassado também julgava os acusados de feitiçaria, que podiam ser condenados à pena capital. A sociedade Ogboni, muito enfraquecida pela administração colonial a partir do século 19, era formada por chefes locais encarregados de resolver questões políticas e também morais. A sociedade de Orô, temida entidade que habitava o interior de uma caverna mítica e cuja voz troava como o terrível rugido de um boi enfurecido, julgava feiticeiros, mulheres adúlteras, ladrões etc. Os condenados eram levados durante a noite para um bosque e ali executados pelos sacerdotes de Orô.

O culto aos antepassados, egunguns, reproduziu-se na ilha de Itaparica (Braga, 1992), mas como modalidade religiosa circunscrita aos limites do terreiro, perdendo completamente suas características de instituição ética. Não dispondo de base territorial e muito menos comunitária em que pudesse exercer qualquer tipo de poder, formou-se nos moldes dos candomblés de orixás, como grupo de culto particular e independente dos demais candomblés, da população negra e da sociedade local, embora se mantivesse como culto secreto e estritamente masculino, preservando ritos e indumentária. Os raros terreiros de egungum de Itaparica tiveram uma ou outra ramificação em Salvador, Rio de Janeiro e São Paulo, mas jamais alcançaram a importância dos candomblés de orixás e nem têm sobre estes qualquer poder real de controle moral.

Sobre o culto de Orô temos vagas notícias registradas no final do século passado (Rodrigues, 1935). Confundido com Gonocô, entidade possivelmente de origem tapa, Orô vivia nas matas da periferia de Salvador e seu castigo era impiedoso, mas com o passar do tempo acabou completamente esquecido. A sociedade Ogboni, que implicava a existência do controle da administração de diferentes cidades, sobreviveu apenas na memória de poucos e em mitos de seus orixás patronos.

Uma outra importante sociedade iorubá de mascarados, esta controlada pelas mulheres, também não teve futuro no Brasil, a sociedade Gueledé. A sociedade Gueledé de mulheres encarrega-se na África do culto às ancestrais femininas, assim como Egungum celebra os ancestrais masculinos (Lawal, 1996). Também organiza os festivais anuais com danças de mascarados nas ruas. Mulheres de antigos candomblés da Bahia tentaram instituir entre nós a sociedade Gueledé, mas parece que disputas entre diferentes terreiros impediram a iniciativa de ir adiante. Restaram algumas máscaras dessa época, que podem ser vistas em museus e coleções particulares. Embora a sociedade Gueledé não tivesse a importância das que citei anteriormente em termos de controle da moralidade, sua não instituição completa o quadro de falência da reconstituição em solo brasileiro das instituições religiosas iorubás de organização coletiva encarregadas de agregar toda a população, zelar pelos bons costumes e punir os que se desviavam das normas, fossem eles, ladrões, assassinos, perjuros, incestuosos, adúlteros, traidores, desonestos, feiticeiros e outros indesejáveis sociais.

## 3

Quando aqui se constituiu a religião africana, o controle da moralidade pública dizia respeito às instituições policiais e jurídicas e ao catolicismo, que era a fonte axiológica máxima para o comportamento e tribunal supremo da intimidade e da consciência. Como católicos e brasileiros, os negros que se reuniam nos candomblés de orixás, voduns, inquices e caboclos tinham suas ações em sociedade vigiadas e punidas pela igreja e pelo estado. Em contrapartida, coube ao candomblé regular as relações de cada fiel com sua divindade, relações que são particulares, uma vez que cada humano está ligado por descendência mítica a uma divindade específica, numa pluralidade delas. Ao sacerdote supremo do terreiro cabe então desvendar a filiação divina do fiel, oficiar os ritos que permitem estabelecer o pacto de interdependência entre o fiel e seu deus ou deusa, identificar os tabus do iniciado e prescrever periodicamente as oferendas que o fiel deve propiciar à sua divindade para que ela o recompense com saúde, vida longa, conforto material, sucesso profissional, reconhecimento social, felicidade familiar, amorosa e sexual. Nessas atividades vale-se do oráculo do jogo de búzios, que é prerrogativa exclusiva do chefe do terreiro. Direitos e deveres, assim como lealdades e reciprocidades, são estabelecidos e cobrados na relação fiel-divindade, com as necessárias lealdades e pagamentos ao sacerdote-chefe e seu corpo hierárquico-institucional, isto é, a mãe de santo e seu terreiro, já que sem essa intermediação o acesso ao mundo sobrenatural não se realiza.

Embora atendendo a uma comunidade de culto, os candomblés formaram-se como empreendimentos individuais, dirigidos segundo a vontade de seus chefes fundadores e fazendo parte de seu patrimônio particular. A mãe de santo, ou o pai, sempre foi a autoridade máxima do terreiro, e todas as decisões, que, segundo a crença do candomblé expressam a vontade do orixá dono do terreiro, que é o mesmo da mãe ou pai de santo, são incontestáveis. A mãe de santo é a mãe da família espiritual, a família de santo, e proprietária de fato da casa de culto, e embora todo o grupo se estruture em hierarquias e cargos que dependem do tempo de iniciação, relações de parentesco e obrigações iniciáticas já cumpridas, a designação de filhos para postos de prestígio e a nomeação para funções rituais que implicam compartilhar do poder da mãe dependem única e exclusivamente da vontade da mãe de santo, que pode quebrar regras e expectativas e nomear pessoa de sua relação mais íntima, passando por cima de outros que suspostamente já estavam ritualmente preparados para o cargo em questão. Tudo é muito pessoal, tudo deve atender aos interesses de quem manda e facilmente se observa a facilidade com que relações afetivas suplantam direitos formais. Desde a origem, o candomblé é uma religião personalista e individualista.

**4**

O adepto do candomblé somente presta contas de suas ações à sua divindade particular, com a qual ele pode contar para ter uma vida livre de desgraças, perdas e frustrações. Basta que ele cuide bem do orixá, fazendo suas oferendas nas épocas regulamentares, oferecendo-se a ele em transe nas cerimônias em que os orixás compareçam para dançar com sua comunidade de humanos e respeitando os tabus rituais. São os tabus que definem o que o fiel não pode fazer e não são os mesmos para cada um, dependendo do orixá da pessoa e de seu odu, que é uma espécie de regência mítica originária, que acompanha o iniciado por toda a vida. Os tabus são sobretudo proibições alimentares, também restringindo certos comportamentos que não incluem significativamente a relação com os outros, como, por exemplo, não tomar banho de mar, não subir em árvore, não usar roupa alheia, não raspar panela com faca. Tudo o que não é tabu do orixá ou do odu é permitido, havendo muita flexibilidade, podendo os tabus ser substituídos por outros e mesmo pouco cobrados.

As noções de certo e errado, as pautas de direitos e deveres, as interdições, assim como as regras de lealdade e reciprocidade são moldadas na relação entre o seguidor e seu orixá, entre o filho humano e o pai divino. Esta relação está acima de qualquer outra coisa e acredita-se que a personalidade do filho reflete a personalidade do orixá que é seu pai ou sua mãe no plano mítico, o que lhe atribui por herança uma gama de comportamentos e atitudes aceitos e justificados pelos mitos dos orixás e que contrastam muito com os modelos de conduta cristãos. Não há um modelo geral válido para todos, pois depende-se sempre da origem mítica de cada um, sendo múltiplas as origens possíveis, uma vez que são muitos os orixás dos quais os homens e mulheres descendem. Na lógica politeísta do candomblé, não se pode esperar que filhos de orixás diferentes tenham os mesmos comportamentos, qualidades morais, desejos e aspirações.

Por outro lado, os mitos dos orixás "naturalizam" e aceitam comportamentos que implicam o envolvimento em atos como disputa, guerra, desavença, traição, suborno, corrupção, usurpação, falsificação, rapto, incesto, sedução, estupro, assédio sexual, roubo, destruição, assassinato, logro, fraude, fingimento etc. Em qualquer desses atos, o ideal é sair-se como o ganhador, igualmente quando se é a vítima e o algoz, o que valoriza qualidades como coragem, determinação e astúcia. Estar sempre atento e preparado para o possível e iminente ataque que vem do outro é uma condição necessária para a vida neste mundo, naturalmente concebido como um território competitivo e conflituoso. Mesmo no terreiro o cotidiano é encarado como espaço de disputa, no qual a afirmação das qualidades míticas herdadas é constantemente incentivada. As contendas dentro e entre terreiros não somente são vividas, mas são apontadas como inteiramente esperadas.

Embora grande parte dos mitos tenha se perdido, muito de seu conteúdo foi preservado nos ritos que representam a saga dos orixás, sobretudo nas cerimônias públicas realizadas no barracão sob o olhar de uma plateia de devotos visitantes, curiosos e simpatizantes. Assim, atitudes beligerantes, bem como as que indicam a sensualidade da conquista amorosa, por exemplo, são enfaticamente expressas na gestualidade das danças dos orixás, quando o rito revive o mito.

# 5

Com o passar das gerações, as línguas rituais do candomblé foram esquecidas. Embora todos os ritos sejam cantados (são centenas de cantigas e rezas), somente palavras avulsas têm ainda conhecido seu significado e ninguém mais pode se comunicar na língua do candomblé, seja ela de origem iorubá, fon, quimbundo, quicongo etc., conquanto alguns grupos venham se esforçando no sentido de reaprender, na escola, a língua esquecida.

O etnólogo e babalaô nigeriano Wande Abimbola, não sem razão, atribui ao esquecimento da língua a ênfase ritual excessiva, que ele chama de "over-ritualization", que se observa nos países da diáspora, especialmente Brasil e Cuba (Abimbola, 1997, p. 114). A perda do sentido das palavras e o consequente esquecimento da literatura oral teriam sido compensados pela complicação e elaboração excessiva dos ritos. Como as inovações são da iniciativa de cada terreiro, foi se formando um enorme repertório que não é compartilhado por todos, aumentando os pontos de tensão entre as diferentes casas.

A ênfase crescente nos ritos foi acompanhada sempre de muita criatividade e certos exageros. Um desses exageros pode ser observado na prescrição de sacrifícios, como também sublinha Abimbola. Assim, nos casos em que na Nigéria se costuma oferecer uma ave a um determinado orixá, aqui o número de animais pode chegar a uma dezena ou mais, pois além de oferecer a prenda àquele orixá, o devoto vê-se obrigado também a fazer oferenda ao orixá mensageiro, ao orixá do pai de santo, aos orixás patronos da casa etc., devendo pois sustentar com seus recursos um rito extremamente dispendioso e quase sempre fora do alcance de seu bolso, um luxo, diz Abimbola, que um africano não pode sustentar (Abimbola, 1997, p. 115). O iniciado passa grande parte do tempo preocupado com a obtenção dos recursos materiais necessários à sua obrigação, o que inclui também os gastos com roupas, utensílios sagrados do orixá, dinheiro para a festa e para pagamento das espórtulas do pai ou da mãe de santo, já que na maioria dos casos o chefe do terreiro vive de sua atividade sacerdotal. Quando sua obrigação se concretizar e o fruto de sua dedicação, pelo menos na etapa final que quebra o sigilo iniciático, for exposto ao público na festa do barracão, todos os olhos estarão voltados para o apuro estético e o fausto da apresentação. Ninguém estará preocupado com virtudes e sentimentos religiosos, pois a religiosidade aqui se expressa pela sua exterioridade, a forma embotando o conteúdo.

Com a crescente importância do rito, expandiu-se uma verdadeira indústria de artefatos sacros e se constituiu um diversificado conjunto de produtores e vendedores de artigos religiosos, nacionais e importados. Objetos antes feitos por artesãos que pertenciam às comunidades de culto foram sendo substituídos por artigos produzidos industrialmente; comerciantes especializaram-se na importação de tecidos e roupas e na produção e distribuição de rendas e bordados. Verdadeiros supermercados de artigos religiosos passaram a estar disponíveis nos mais diferentes pontos das grandes cidades. O Mercadão de Madureira, no subúrbio do Rio de Janeiro, reúne dezenas de lojas especializadas, onde tudo pode ser comprado, desde tecidos, roupas, objetos de assentamento, contas, búzios, favas e sementes, velas, adereços, artigos de palha, louça, cerâmica e ferro, ingredientes para os pratos da cozinha dos orixás, até folhas e animais para sacrifício. Algumas lojas fazem em ferro, na hora, ferramentas de orixá de acordo com o gosto e o desenho do freguês.

Esse mercado de artigos religiosos põe à disposição do seguidor do candomblé uma oferta que se renova a cada onda da moda e faz dele um consumidor contumaz. Os paramentos dos orixás compostos de saias, calçonas, laços e faixas, mais as coroas, capacetes, braceletes, peitorais, tornozeleiras, além das insígnias de mão, como espadas, arcos e flechas, cetros, bastões, leques, espelhos, espanta-moscas, tudo isso é produzido de acordo com a moda da época. Notadamente no Rio de Janeiro e em São Paulo, onde os profissionais que ditam a moda no candomblé são em geral os mesmos produtores estéticos das escolas de samba, não é difícil perceber como o desfile de carnaval antecipa as preferências em desenho e material que vestirão e adornarão os orixás em transe nos barracões de candomblé naquele ano.

A relação de interdependência entre religião, mercado consumidor e espetáculo limita cada vez mais a atenção, o interesse e a concepção de religião do devoto do orixá, orientando o foco de sua percepção para o rito, que aparece como sinônimo pleno de religião. De fato, quando algo na vida do devoto não dá certo, quando incidentes inesperados lhe trazem sofrimento e dor, quando suas expectativas não se realizam, acredita ele que algum erro foi cometido na realização do rito, frequentemente atribuindo a culpa à mãe de santo que, por ignorância ou má-fé, não teria sabido aplicar as fórmulas corretas. Não lhe ocorre imputar a desdita a seu merecimento, à qualidade de sua intenção, à sua fé e esperança, como se dá, em contraposição, em religiões em que a dimensão moral é preponderante. A oferenda, a obrigação, o rito funcionam *ex opere operato*. Uma vez realizado corretamente, o ritual deve proporcionar os fins pretendidos, independentemente de intenções e atitudes envolvidas no rito, seja da parte do ofertante seja da parte do oficiante. É preciso, pois, conhecer e realizar corretamente o rito. Se não der certo, deve ser corrigido.

A hipertrofia ritual reflete-se na supervalorização da representação cênica das assim chamadas cerimônias de barracão, quando os seguidores, em transe de seus orixás e outras divindades e entidades, dançam, caracteristicamente paramentados, ao som das cantigas rituais acompanhadas pelo ritmo de atabaques, agogôs e xequerês, para uma plateia de crentes, clientes e curiosos. Dançam ao som de cânticos, cujas palavras tiveram seu significado perdido nos caminhos da diáspora, para uma plateia de curiosos que ali estão para usufruir da celebração religiosa como espetáculo de exótica estética, e também para uma plateia de crentes pertencentes a outros terreiros e a outras famílias de santo que estão ali para avaliar, criticar e muito raramente elogiar a organização cerimonial e a beleza das danças, das roupas e dos adereços. Que estão ali também para usufruir do candomblé como lazer. É um lema que quem oferece festa deve oferecer a melhor festa, reunião que se conclui com um quase sempre muito generoso e concorrido banquete ritual preparado com o produto do sacrifício. Tudo isso implica, certamente, competição, imitação e exercício da capacidade de invenção e criatividade. Frequentar um local como o mercado de Madureira, o que para muitos representa momentos de lazer e sociabilidade, propicia o contato com a moda com seus objetos sugestivos recém-criados e novas matérias primas interessantes, de modo que cada um pode elaborar pessoalmente seus próprios artefatos e arranjos, num exercício infindável de reelaboração e enriquecimento material do rito.

## 6

Ao reproduzir originalmente no terreiro a estrutura da família poligínica africana, o candomblé adotou padrões de incesto severos, impedindo casamento e relações sexuais entre os membros de um terreiro, que na verdade representa uma família extensa. Também a mãe de santo estava impedida de iniciar, por exemplo, seus filhos carnais, o que obrigava o terreiro a estabelecer laços iniciáticos com outros terreiros, reforçando as relações de reciprocidade entre as diferentes casas de culto. Igualmente, o cônjuge de uma iniciado deveria ser iniciado pela mãe ou pelo pai de outra casa, já que no plano religioso, se ambos fossem iniciados pela mesma mão, passariam a ser irmãos. A disputa ferrenha entre as casas de santo, a falta de confiança entre os líderes, a ambição dos chefes no sentido de ter cada vez mais e mais filhos de santo enfraqueceram e mudaram os tabus de parentesco, passando-se, por exemplo, a se considerar irmãos apenas aqueles cuja cabeça pertence ao mesmo orixá, mesmo assim podendo-se mudar um deles para se evitar relações entre irmãos. As regras do tabu hoje não representam impedimento categórico, havendo muita flexibilidade para alterar as regras caso a caso, de acordo com os interesses do terreiro e de seu chefe. Praticamente todas as relações são admitidas dentro de um mesmo grupo de culto, sendo muitos os artifícios aceitos para burlar as interdições. O candomblé costuma ser apresentado como religião libertária, sobretudo no que diz respeito à sexualidade. Já no final dos anos 1930, os relatos de campo da antropóloga americana Ruth Landes (1967) sublinhavam as liberdades de escolha sexual de homens e mulheres dos terreiros de Salvador, não parecendo haver restrições sobre a conduta sexual, seja ela referida a preferências hétero ou homossexual. Num segmento social caracterizado pela grande presença de famílias parciais ou incompletas, em que a mulher era a chefe e provedora, as relações conjugais estáveis não eram a norma e a preocupação com valores morais associados à manutenção da família monogâmica estável estava longe da realidade. Numa época em que os valores sociais que regulavam a vida em família e a vida sexual eram muito estritos, valores como vida sexual exclusivamente no casamento não faziam sentido para a população que se ligava ao candomblé. O alargamento de possibilidade de escolha de parceiros sexuais, inclusive homossexuais, deve ter minado completamente os tabus do incesto que, originalmente, proibiam relações entre os filhos de santo de uma mesma casa (já que eram irmãos entre si), entre pais e seus iniciados etc. Logo os tabus religiosos estavam reduzidos à ingestão de alimentos e pequenas ações.

Embora se faça muita crítica ao comportamento moral do outro, sempre na forma de fofoca e maledicência, o candomblé não dispõe de nenhum mecanismo formal de censura, aceitando em seu corpo de iniciados qualquer pessoa, mesmo quando se trata de indivíduos cuja conduta moral, sexual ou não, os torna indesejáveis para outras religiões, que só os aceitam quando são capazes de mudá-los. Exemplo emblemático está estampado numa reportagem da *Revista da Folha* de 29 de setembro de 1999, em que sete pais de santo, fotografados em grupo com suas roupas litúrgicas afro-brasileiras, vêm a público para expor sua homossexualidade e falar da liberdade sexual no candomblé, liberdade que se justifica por meio de comparações, nem sempre fiéis, com ações e atitudes das próprias divindades narradas pelos mitos dos orixás, às vezes de fonte duvidosa. De fato, o candomblé é capaz de justificar as opções e as condutas não somente de ordem sexual, mas qualquer outra. Não se cultiva, de todo modo, um modelo de conduta geral recomendado para todos; a diferença é aceita plenamente e cada um responde por aquilo que é. A pauta de ações a ser cumprida obriga o filho de santo a cuidar do seu orixá, a quem deve alimentar, vestir e apresentar em festa. Se tais ações estritamente rituais forem cumpridas nos períodos das obrigações devidas ao orixá, cada um é livre para ser e fazer o que quiser.

## 7

Em meados do século 20, quando deixou de ser uma religião exclusiva de negros e se abriu para todos, o candomblé já se mostrava como religião ritual e mágica, em parte dependente, em termos financeiros e de prestígio social, de um mercado de serviços mágicos para uma clientela sem laços religiosos com a comunidade de culto. A abertura para os segmentos não negros da população e sua expansão para o Sudeste e posterior propagação por todo o país só fez acentuar esta faceta do candomblé. O pai de santo passou definitivamente a se apresentar como o feiticeiro competente, capaz de fazer e desfazer qualquer magia em benefício do cliente pagante. A carreira sacerdotal transformou-se numa perspectiva profissional aberta a muitos jovens pobres e sem escolaridade em busca de mobilidade social, uma vez que, com sete anos de iniciação (às vezes menos e muito menos) qualquer pessoa pode legitimamente se estabelecer como mãe ou pai de santo, iniciar filhos e angariar clientela. A aceitação plena do homossexualismo fez do candomblé talvez a única opção religiosa possível para muitos jovens discriminados pelas outras religiões e demais instituições socais, sobretudo no caso do pobre sem perspectiva de mobilidade. A história de muitos pais de santo revela terem alcançado um sucesso ocupacional com um grau de ascensão social que dificilmente teriam logrado se não fossem as oportunidades oferecidas pela religião dos orixás, constituindo-se para os jovens seguidores como modelos de sacerdotes bem-sucedidos, independentemente de serem ou não modelos de virtude. O valor da ostentação, que parece tão caro a muitas culturas africanas, ganha relevo especial, devendo o pai de santo apresentar-se em público com roupas vistosas e caras, preferencialmente importadas de países africanos, com a cabeça envolta em torços de tecidos espalhafatosos, trazendo na mão emblemas da realeza tradicional, num conjunto de estética própria, que o identifica imediatamente com o candomblé a partir de estereótipos fartamente explorados pela televisão.

Podendo contar com uma sólida oferta de produtos rituais que ampliam a riqueza e a diversidade do rito como espetáculo que busca o reconhecimento alheio, o pai de santo dispõe ainda, no mercado interno dos serviços religiosos, de músicos aptos à realização dos toques e cantos indispensáveis às celebrações públicas, os quais trabalham por remuneração. O pai de santo não está sozinho à frente de sua comunidade, mas conta com a ajuda importante dessas ofertas, que podem ser mais ou menos demandadas, dependendo da própria capacidade do pai de prover seus próprios ritos sem a presença de auxiliares contratados.

Além do fato de o tempo iniciático mínimo mostrar-se curto para um aprendizado mais detido dos fundamentos e práticas religiosas, mesmo porque em geral um iniciado divide seu tempo de iniciação com seu tempo de trabalho na vida profana, a maioria das atividades do aprendizado sacerdotal concentra-se na produção e na realização da festa, e em muitos casos o período de treinamento regulamentar de sete anos é reduzido em favor dos interesses de iniciados ansiosos em se estabelecer por conta própria como chefes de terreiro. As casas de santo raramente desenvolvem atividades de desenvolvimento intelectual e moral de seus quadros, mantendo-se sempre um falso clima de mistério, segredo e reserva sobre questões de doutrina, doutrina pouco ensinada e discutida e fartamente ignorada por pais e mães que não tiveram tempo, interesse ou oportunidade de aprender, desconhecendo-se, por exemplo, as concepções de nascimento, morte e reencarnação que são fundamentais na religião dos orixás.

Aos fatores que favorecem a hipertrofia ritual junta-se, pois, a concepção corrente que se tem da profissão de pai de santo como sendo um feiticeiro agora socialmente legitimado pelo consumo esotérico e midiático, que trabalha por dinheiro para resolver os problemas de quem dele precisar, como qualquer outro profissional do bem-estar do indivíduo. Para se situar bem no mercado de muitos competidores, terá este profissional que se fazer visível, bem visível. Nada melhor, para alcançar a publicidade, que esmerar-se no rito, sobretudo quando não se tem o treino necessário para se impor pela presença intelectual nem o carisma para se afirmar como líder espiritual. Como sói acontecer, em graus variados, também com os novos sacerdotes do catolicismo carismático, do neopentecostalismo e de tantos e tantos credos disponíveis no mercado mágico contemporâneo.

# referências bibliográficas

ABIMBOLA, Wande. *Ifá will mend our broken world*: thoughts on Yoruba religion and culture in Africa and the diaspora. Roxbury: Aim Books, 1997.
ABRAHAM, R. C. *Dictionary of modern Yoruba*. Londres: Hodder and Stoughton, 1981.
BABAYEMI, S. O. *Egungun among the Oyo Yoruba*. Ibadan: Board Publications, 1980.
BASTIDE, Roger. *As religiões africanas no Brasil*. São Paulo: Pioneira, 1975.
BRAGA, Júlio. *Ancestralidade afro-brasileira*: o culto de babá egum. Salvador: Ianamá: CEAO: UFBA, 1992.
LANDES, Ruth. *A cidade das mulheres*. Rio de Janeiro: Civilização Brasileira, 1967.
LAWAL, Babatunde. *The Gèlèdé Spectacle*: art, gender and social harmony in an African culture. Seatle: University of Washington Press, 1996.
MARIANO, Ricardo. *Neopentecostais*: sociologia do novo pentecostalismo no Brasil. São Paulo: Loyola, 1999.
PIERUCCI, Antônio Flávio de; PRANDI, Reginaldo. *A realidade social das religiões no Brasil*. São Paulo: Hucitec, 1996.
PRANDI, Reginaldo. *Os candomblés de São Paulo*: a velha magia na metrópole nova. São Paulo: Hucitec/Edusp, 1991.
PRANDI, Reginaldo. Religião paga, conversão e serviço. *In*: PIERUCCI, Antônio Flávio de; PRANDI, Reginaldo. *A realidade social das religiões no Brasil*. São Paulo: Hucitec, 1996.
PRANDI, Reginaldo. *Um sopro do espírito*: a renovação conservadora do catolicismo carismático. São Paulo: Edusp, 1997.
PRANDI, Reginaldo. Referências sociais das religiões afro--brasileiras: Sincretismo, branqueamento, africanização. *In*: CAROSO, Carlos; BACELAR, Jeferson (org.). *Faces da tradição afro-brasileira*. Rio de Janeiro: Pallas: CEAO, 1999.
REVISTA DA FOLHA. *A bênção, painho*: pais de santo falam sobre homossexualidade. São Paulo, n. 382, p. 36-37, 29 ago. 1999.
RODRIGUES, Nina. *O animismo fetichista dos negros baianos*. 2. ed. Rio de Janeiro: Civilização Brasileira, 1935.

# 12.
# Conceitos de vida e morte no ritual do axexê

## 1

Nas mais diferentes culturas, a concepção religiosa da morte está contida na própria concepção da vida e ambas não se separam. Os iorubás e outros grupos africanos que formaram a base cultural das religiões afro-brasileiras acreditam que a vida e a morte se alternam em ciclos, de tal modo que o morto volta ao mundo dos vivos, reencarnando-se num novo membro da própria família. São muitos os nomes iorubás que exprimem exatamente esse retorno, como Babatundê, que quer dizer O-pai-está de volta.

Para os iorubás, existe um mundo em que vivem os homens em contato com a natureza, o nosso mundo dos vivos, que eles chamam de *aiê*, e um mundo sobrenatural, onde estão os orixás, outras divindades e espíritos, e para onde vão os que morrem, mundo que eles chamam de *orum*. Quando alguém morre no *aiê*, seu espírito, ou uma parte dele, vai para o *orum*, de onde pode retornar ao *aiê* nascendo de novo. Todos os homens, mulheres e crianças vão para um mesmo lugar, não existindo a ideia de punição ou prêmio após a morte e, por conseguinte, inexistindo as noções de céu, inferno e purgatório nos moldes da tradição ocidental-cristã. Não há julgamento após a morte e os espíritos retornam à vida no *aiê* tão logo possam, pois o ideal é o mundo dos vivos, o bom é viver. Os espíritos dos mortos ilustres (reis, heróis, grandes sacerdotes, fundadores de cidades e de linhagens) são cultuados e se manifestam nos festivais de *egungum* no corpo de sacerdotes mascarados, quando então transitam entre os humanos, julgando suas faltas e resolvendo as contendas e pendências de interesse da comunidade.

O papel do ancestral *egungum* no controle da moralidade do grupo e na manutenção do equilíbrio social através da solução de pendências e disputas pessoais, infelizmente, não se reproduziu no Brasil. Embora o culto ao *egungum* tenha sido reconstituído na Bahia em uns poucos terreiros especializados, o candomblé de *egungum* da ilha de Itaparica (Braga, 1992), mais tarde também presente na cidade de Salvador e em São Paulo, está muito distante da prática diária dos candomblés de orixás e praticamente divorciados da vida na sociedade profana, perdendo completamente as funções sociais africanas originais, de tal modo que a religião africana no Brasil, disseminada pelos terreiros de orixás, acabou por se constituir numa religião estritamente ritual, uma religião a-ética, uma vez que seus componentes institucionais de orientação valorativa e controle do comportamento em face de uma moralidade coletiva exercitada nos festivais dos antepassados *egunguns* ausentaram-se completamente da vida cotidiana dos seguidores da religião dos orixás.

O ideal iorubá do renascimento é as vezes tão extremamente exagerado que alguns espíritos nascem e em seguida morrem somente pelo prazer de rapidamente poder nascer de novo. São os chamados *abicus* (literalmente, nascido para morrer), que explicam na cultura iorubá tradicional as elevadas taxas de mortalidade infantil. Em geral, um *abicu* renasce seguidamente do útero da mesma mãe. Quando uma criança é identificada como sendo um *abicu*, muitos são os ritos ministrados para impedir sua morte prematura. Assim como a sociedade *Egungum* cultua os antepassados masculinos do grupo (Babayemi, 1980), outra sociedade de mascarados, a sociedade *Gueledé*, celebra a mães ancestrais, às quais cabe também zelar pela saúde e pela vida das crianças, inclusive os *abicus* (Lawal, 1996). Os festivais Gueledé não sobreviveram no Brasil (segundo o professor Agenor Miranda

Rocha, em consequência de disputas, no começo do século, entre lideranças do candomblé da Casa Branca do Engenho Velho, que provocaram a cisão do grupo e fundação do Axé Opô Afonjá por Mãe Aninha Obá Bií). Também não sobreviveu integralmente a ideia de *abicu* e o termo passou a designar, em muitos candomblés, as pessoas que são consideradas como tendo nascido já iniciadas para o orixá a que pertencem, não devendo, assim, ser raspadas, como devem ser os demais que se iniciam na religião. A maneira fragmentária como a religião africana foi se reconstituindo no Brasil implicou, claramente, em acentuadas mudanças nos conceitos de vida e morte, mudanças que vão afetar o sentido de certas práticas rituais, especialmente quando sofrem a concorrência de ritos católicos e de concepções ensinada pela Igreja.

A tradição cristã ensina que o ser humano é composto de corpo material e espírito indivisível, a alma. Na concepção iorubá, existe também a ideia do corpo material, que eles chamam de *ara*, o qual com a morte decompõe-se e é reintegrado à natureza, mas, em contrapartida, a parte espiritual é formada de várias unidades reunidas, cada uma com existência própria. As unidades principais da parte espiritual são 1) o sopro vital ou *emi*, 2) a personalidade-destino ou *ori*, 3) identidade sobrenatural ou identidade de origem que liga a pessoa à natureza, ou seja, o *orixá pessoal* e 4) o espírito propriamente dito ou *egum*. Cada parte destas precisa ser integrada no todo que forma a pessoa durante a vida, tendo cada uma delas um destino diferente após a morte. O *emi*, sopro vital que vem de Olorum e que está representado pela respiração, abandona na hora da morte o corpo material, fabricado por Oxalá, sendo reincorporado à massa coletiva que contém o princípio genérico e inesgotável da vida, força vital cósmica do deus-primordial Olodumare-Olorum. O *emi* nunca se perde e é constantemente reutilizado. O *ori*, que nós chamamos de cabeça e que contém a individualidade e o destino, desaparece com a morte, pois é único e pessoal, de modo que ninguém herda o destino de outro.

Cada vida será diferente, mesmo com a reencarnação. O *orixá individual*, que define a origem mítica de cada pessoa, suas potencialidades e seus tabus, origem que não é a mesma para todos, como ocorre na tradição judaico-cristã (segundo a qual todos vêm de um único e mesmo deus-pai), retorna com a morte ao orixá geral, do qual é uma parte infinitésima. Finalmente, o *egum*, que é a própria memória do vivo em sua passagem pelo *aiê*, que representa a plena identidade e a ligação social, biográfica e concreta com a comunidade, vai para o *orum*, podendo daí retornar, renascendo no seio da própria família biológica. Quando se trata de alguém ilustre, os vivos podem cultuar sua memória, que pode ser invocada através de um altar ou assentamento preparado para o *egum*, o espírito do morto, como se faz com os orixás e com outras entidades espirituais. Sacrifícios votivos são oferecidos ao *egum* que integra a linhagem dos ancestrais da família ou da comunidade mais ampla. Representam as raízes daquele grupo e são a base da identidade coletiva.

Na África tradicional, dias depois do nascimento da criança iorubá, realiza-se a cerimônia de dar o nome, denominada *ekomojadê*, quando o babalaô consulta o oráculo para desvendar a origem da criança. É quando se sabe, por exemplo, se se trata de um ente querido renascido. Os nomes iorubás sempre designam a origem mítica da pessoa, que pode referir-se ao seu orixá pessoal, geralmente o orixá da família, determinado patrilinearmente, ou à condição em que se deu o nascimento, tipo de gestação e parto, sua posição na sequência dos irmãos, quando se trata, por exemplo daquele que nasce depois de gêmeos, a própria condição de *abicu* e assim por diante. A partir do momento do nome, desencadeia-se uma sucessão de ritos de passagem associados não só aos papéis sociais, como a entrada na idade adulta e o casamento, mas também à própria construção da pessoa, que se dá através da integração, em diferentes momentos da vida, dos múltiplos componentes do espírito. Com a morte, esses ritos são refeitos, agora com a intenção de liberar essas unidades espirituais, de modo que cada uma delas chegue ao destino certo, restituindo-se, assim, o equilíbrio rompido com a morte.

No Brasil, nas comunidades de candomblé e demais denominações religiosas afro-brasileiras que seguem mais de perto a tradição herdada da África, a morte de um iniciado implica a realização de ritos funerários. O rito fúnebre é denominado axexê na nação queto, *tambor de choro* nas nações mina-jeje e mina-nagô, *sirrum* na nação jeje-mahim e no batuque, *ntambi* ou *mukundu* na nação angola, tendo como principais fins os seguintes: 1) desfazer o assentamento do *ori*, que é fixado e cultuado na cerimônia do *bori*, cerimônia que precede o culto do próprio orixá pessoal; 2) desfazer os vínculos com o orixá pessoal para o qual aquele homem (ou mulher) foi iniciado, o que significa também desfazer os vínculos com toda a comunidade do terreiro, incluindo os ascendentes (mãe e pai de santo), os descendentes (filhos de santo) e parentes de santo colaterais; e 3) despachar o *egum* do morto, para que ele deixe o *aiê* e vá para o *orum*. Como cada iniciado passa por ritos e etapas iniciáticas ao longo de toda a vida, os ritos funerários serão tão mais complexos quanto mais tempo de iniciação o morto tiver, ou seja, quanto mais vínculos com o *aiê* tiverem que ser cortado (Santos, 1976). Mesmo o vínculo com o orixá, divindade que faz parte do *orum*, representa uma ligação com o *aiê*, pois o assentamento do orixá é material e existe no *aiê*, como representação de sua existência no *orum*, ou mundo paralelo. Mesmo um *abiã*, o postulante que está começando sua vida no terreiro e que já fez o seu *bori*, tem laços a cortar, pois seu assento de *ori* precisa ser despachado, evidentemente numa cerimônia mais simples.

Em resumo, podemos dizer que a sequência iniciática por que passa um membro do candomblé, xangô, batuque ou tambor de mina (*bori*, feitura de orixá, obrigações de um, três e cinco anos, *decá* no sétimo ano, obrigações subsequentes a cada sete anos) representa aprofundamento e ampliação de laços religiosos, quando novas responsabilidades e prerrogativas vão se acumulando: com a mãe ou pai de santo, com a comunidade do terreiro, com filhos de santo, com o conjunto mais amplo do povo de santo etc.

Com a morte, tais vínculos devem ser desfeitos, liberando o espírito, o *egum*, das obrigações para com o mundo do *aiê*, inclusive a religião. O rito funerário é, pois, o desfazer de laços e compromissos e a liberação das partes espirituais que constituem a pessoa. Não é de se admirar que, simbolizando a própria ruptura que tal cerimônia representa, os objetos sagrados do morto são desfeitos, desagregados, quebrados, partidos e despachados.

O termo axexê, que designa os ritos funerários do candomblé de nação queto e outras variantes de origem iorubá e fon-iorubá, ou jeje-nagô, como são mais conhecidas, é provavelmente uma corruptela da palavra iorubá àjèjé. Em terras iorubás, por ocasião da morte de um caçador, era costume matar-se um antílope ou outra caça de quatro pés como etapa do rito fúnebre. Uma parte do animal era comida pelos parentes e amigos do morto, reunidos em festa em homenagem ao defunto, enquanto a outra parte era levada ao mato e oferecida ao espírito do falecido caçador. Juntamente com a carne do animal, depositavam-se na mata os instrumentos de caça do morto. A este *ebó* dava-se o nome de àjèjé (Abraham, 1962, p. 38). O axexê que se realiza no candomblé brasileiro pode ser pensado como um grande *ebó*, com a oferenda, entre outras coisas, de carne sacrificial ao espírito do morto, e no qual se juntam seus objetos rituais.

Sendo o candomblé uma religião de transe, várias divindades participam ativamente do rito funerário, especialmente os orixás associados à morte e aos mortos, ocupando Oiá ou Iansã lugar de destaque. Iansã é considerada o orixá encarregado de levar os mortos para o *orum*, atribuindo-se a ela o patronato do axexê, conforme mito narrado por Mãe Stella Odé Kaiodé, ialorixá do Axé Opô Afonjá, que resume bem a ideia do axexê como cerimônia de homenagem ao morto.

Assim diz o mito:

Vivia em terras de Queto um caçador chamado Odulecê.
Era o líder de todos os caçadores.
Ele tomou por sua filha uma menina nascida em Irá,
que por seus modos espertos e ligeiros foi
conhecida por Oiá.
Oiá tornou-se logo a predileta do velho caçador,
conquistando um lugar de destaque entre aquele povo.
Mas um dia a morte levou Odulecê, deixando Oiá
muito triste.
A jovem pensou numa forma de homenagear o seu
pai adotivo.
Reuniu todos os instrumentos de caça de Odulecê e
enrolou-os num pano.
Também preparou todas as iguarias que ele tanto gostava
de saborear.
Dançou e cantou por sete dias,
espalhando por toda parte, com seu vento, o seu canto,
fazendo com que se reunissem no local todos os caçadores
da terra.
Na sétima noite, acompanhada dos caçadores,
Oiá embrenhou-se mata adentro
e depositou ao pé de uma árvore sagrada os pertences
de Odulecê.
Nesse instante, o pássaro "agbé" partiu num voo sagrado.
Olorum, que tudo via,
emocionou-se com o gesto de Oiá-Iansã
e deu-lhe o poder de ser a guia dos mortos em sua
viagem para o *Orum*.
Transformou Odulecê em orixá
e Oiá na mãe dos espaços sagrados.
A partir de então, todo aquele que morre tem seu espírito
levado ao *Orum* por Oiá.
Antes, porém, deve ser homenageado por seus entes queridos,
numa festa com comidas, canto e dança.
Nascia, assim, o ritual do axexê. (Santos, 1993, p. 91)

# 2

Também participam do axexê os orixás Nanã, Euá, Omulu, Oxumarê, Ogum e eventualmente Obá, não se incluindo, contudo, nesta lista Xangô, que dizem ter pavor de *egum*, conforme narram outros mitos.

A sequência do axexê começa imediatamente após a morte, quando o cadáver é manuseado pelos sacerdotes para se retirar da cabeça a marca simbólica da presença do orixá, implantada no alto do crânio raspado durante a feitura, através do *oxo*, cone preparado com *obi* mascado e outros ingredientes e fixado no couro cabeludo sobre incisões rituais. O cabelo nesta região da cabeça é retirado e o crânio lavado com amaci (preparado de folhas) e água. Esta lavagem da cabeça inverte simbolicamente o primeiro rito iniciático, quando as contas e a cabeça do novo devoto são igualmente lavadas pela mãe de santo. O líquido da lavagem é o primeiro elemento que fará parte do grande despacho do morto.

Depois do enterro, tem início a organização do axexê propriamente dito. Ele varia de terreiro para terreiro e de nação para nação. É mais elaborado quando se trata de altos dignitários e pode contar com posses materiais da família do morto. Genericamente conserva os procedimentos básicos de inversão da iniciação, havendo sempre: 1) música, canto e dança, 2) transe, com a presença pelo menos de Iansã incorporada, 3) sacrifício e oferendas variadas ao *egum* e orixás ligados ritualmente ao morto, sendo sempre e preliminarmente propiciado Exu, que levará o carrego, evidentemente, e os antepassados cultuados pelo grupo, 4) destruição dos objetos rituais do falecido (assentamentos, colares, roupas, adereços etc.), podendo parte permanecer com algum membro do grupo como herança, 5) despacho dos objetos sagrados "desfeitos" juntamente com as oferendas e objetos usados no decorrer da cerimônia, como os instrumentos musicais próprios para a ocasião, esteiras etc.

Quando, no final, o despacho é levado para longe do terreiro, tudo juntado num grande balaio, nenhum objeto religioso de propriedade do morto resta no templo. Ele não faz mais parte daquela casa e só futuramente poderá ser incorporado ao patrimônio dos ancestrais ilustres, se for o caso, podendo então ser assentado e cultuado. Por ora, o *egum* está livre para partir. Igualmente, o orixá ou os orixás pessoais do falecido já não dispõem de assentos (*ibá-orixá*) no terreiro, tendo, portanto, seus vínculos desfeitos. O *ori*, que pereceu junto com seu dono, também não mais existe fixado num *ibá-ori* (assentamento). Se algum objeto ou assento foi dado a alguém, ele tem novo dono, para quem é transferida a responsabilidade do zelo religioso. Nada mais é do morto. Nada mais há que o prenda ao terreiro.

Durante o axexê, acredita-se que o morto pode expressar suas últimas vontades e para isso o sacerdote que preside o ritual faz uso constante do jogo de búzios. Assim, antes de cada um dos objetos religiosos que lhe pertenceram em vida ser desfeito, rasgado ou quebrado, o oficiante pergunta no jogo se tal peça deve ficar para alguém de seu círculo íntimo. Não é de bom-tom, contudo, deixar de despachar pelo menos grande parte dos objetos. Quando se trata de fundador de terreiro ou outra pessoa de reconhecidos méritos sacerdotais, é costume deixar os assentos de seus orixás principais para o terreiro, os quais passam a ser zelados por toda a comunidade. Não raro, assentos de orixás de mãe e pais de grande prestígio costumam ser disputados por filhos com grande estardalhaço, havendo mesmo relatos de roubos e até de disputas a faca e bala.

O axexê é realizado no terreiro em dois espaços: num recinto reservado, preferencialmente uma cabana especialmente construída com galhos e folhas, e no barracão. Na cabana, em que poucos entram, são colocados os objetos do morto, onde são desfeitos, aí se realizando os sacrifícios para os orixás e para o *egum*. No barracão são celebradas as danças, aí permanecendo os membros do terreiro, os parentes e amigos do finado.

O morto é representado no barracão por uma cabaça vazia, que vai recebendo moedas depositadas pelos presentes, no momento em que cada um dança para o *egum*. Todos devem dançar para o *egum*, como homenagem pessoal. Apesar dos cânticos e das danças, o clima da celebração é propositalmente constrito e triste. Os atabaques são substituídos por um pote de cerâmica, do qual se produz um som abafado com uso de leques de palha batidos na boca, e por duas grandes cabaças emborcadas em alguidares com água e tocadas com as varetas *aguidavis*. Os presentes usam tiras da folha do dendezeiro, *mariô*, atadas no pulso, como proteção contra eventual aproximação dos *eguns*. Todo esse material, ao final, comporá o carrego do morto. No barracão também é servido o repasto preparado com as carnes do sacrifício, reservando-se aos ancestrais, orixás e egum as partes que contêm *axé*.

No quarto reservado, o morto é representado por recipientes de barro ou cerâmica virgens, os quais futuramente podem ser usados para assentar o espírito do falecido juntamente com os demais antepassados ilustres daquela comunidade religiosa, ou despachados.

Por influência do catolicismo, que costuma repetir a missa fúnebre em intervalos regulares, em muitos terreiros o rito do axexê é repetido depois de um mês, um ano e a cada sete anos, especialmente quando se trata do falecimento do babalorixá ou da ialorixá. Mas a maioria dos iniciados, entretanto, acaba não recebendo sequer um dia de axexê. Isto ocorre por falta de interesse da família carnal do morto, muito frequentemente não participante do candomblé, por dificuldades financeiras, já que é alto o custo da celebração, ou por incapacidade do pessoal do terreiro para oficiar a cerimônia. Na melhor das hipóteses, os *otás*, pedras sagradas dos assentamentos, são despachadas com um pouco de canjica, reaproveitando-se todos os demais objetos sagrados.

# 3

Hoje, com a grande e rápida expansão do candomblé, o axexê parece estar em franca desvantagem com relação às demais cerimônia. Sobretudo em São Paulo, onde o candomblé não completou sequer cinquenta anos, poucos terreiros dispõem de sacerdotes e sacerdotisas capazes de cantar e conduzir o rito fúnebre, obrigando a comunidade, em caso de morte, a se valer dos serviços religiosos de pessoa estranha ao terreiro, que costuma cobrar e cobrar muito caro pelo serviço. Vários adeptos do candomblé, que se profissionalizam como sacerdotes remunerados, especializam-se em axexê. São então chamados para a cerimônia quando um terreiro necessita de seus préstimos. Isto, evidentemente, encarece muito a cerimônia, o que acaba por inviabilizá-la na maioria dos casos. Mesmo quando morre um sacerdote dirigente de terreiro, há grande dificuldade para a realização dos ritos funerários, sobretudo naquelas situações em que a morte do chefe leva ao fechamento da casa, provocada tanto por disputas sucessórias como por apropriação da herança material do terreiro pela família civil do falecido. Vale lembrar que se pode contar nos dedos os terreiros que, por todo o Brasil, sobreviveram a seus fundadores. Em geral, a família do finado não tem qualquer interesse em realizar o axexê e nem está disposta a gastar dinheiro com isso. Por outro lado, pouquíssimos pais e mães de santo, sobretudo em São Paulo e no Rio de Janeiro, se dispõem a realizar qualquer tipo de cerimônia sem o pagamento por parte do interessado, mesmo quando o interessado é membro de seu próprio terreiro. Muitos pais e mães de santo mantêm terreiros especialmente como meio de vida, de modo que as regras do mercado suplantam em importância e sentido as motivações da vida comunitária.

Ao que parece, o empenho das comunidades de culto na realização dos ritos funerários, na maioria dos casos, é muito reduzido quando comparado com o interesse, o esforço e o empenho despendidos nos atos de iniciação e feitura, como se, com a morte, pouca coisa mais importasse. Cria-se assim uma situação em que a preocupação em completar o ciclo iniciático vai perdendo importância, alterando-se profundamente, em termos litúrgicos e filosóficos, a concepção da morte e, por conseguinte, a própria concepção da vida. Os conceitos originais africanos de vida e morte vão se apagando e o candomblé vai cada vez mais adotando ideias mais próximas do catolicismo, do kardecismo e da umbanda, criando-se, provavelmente, uma nova religião, que hoje já se esparrama pela cidades brasileiras a partir de São Paulo e Rio de Janeiro, e que muitos chamam, até pejorativamente, de umbandomblé, em que os *eguns*, que são na concepção iorubá ancestrais particulares de uma específica comunidade, vão perdendo suas características africanas para se transformar em entidades genéricas, não ligadas a nenhuma comunidade de culto em particular, que baixam nos terreiros para "trabalhar", assumindo a justificativa da caridade, ideal e prática cristã-kardecistas que aos poucos vão suplantando os modelos africanos de ancestralidade e seus ideais de culto à origem e valorização das linhagens. Essa nova maneira de pensar a morte e a vida por grande parte dos adeptos do candomblé, sobretudo os de adesão mais recente, constitui forte razão para a crescente perda de interesse na realização do axexê para todos os iniciados. Com isso, certamente, ganham terreno as concepções e ideais da umbanda e perdem as do candomblé. Isto é o contrário do movimento de africanização[1] e já há muito se constituiu num processo oposto, o da umbandização do candomblé. Sem axexê, a feitura de orixá não faz sentido, pelo menos nos termos das tradições africanas que deram origem à religião dos orixás no Brasil. O ciclo simplesmente não se fecha e a repetição mítica, tão fundamental no conceito de vida segundo o pensamento africano, não pode se realizar.

---

1. Africanização é o processo de retomada das tradições religiosas africanas iniciado na década de 1960 em terreiros de nação de origem iorubá ou nagô. Implica reaprendizado da língua iorubá, recuperação da mitologia e de rituais esquecidos e alterados na diáspora, inclusive os procedimentos oraculares, e abandono das práticas sincréticas católicas e do culto de entidades de origem não iorubá, como os caboclos (Prandi, 1991; 1996). Mãe Stella Odé Kaiodé, ialorixá do Axé Opô Afonjá, de Salvador, Bahia, tem sido uma das lideranças mais expressivas, em âmbito local e nacional, na luta contra o sincretismo católico, tendo o terreiro que governa há muito abandonado, ao menos formalmente, as práticas católicas que usualmente estão mescladas com o pensamento e o ritual do candomblé.

# referências bibliográficas

ABRAHAM, R. C. *Dictionary of modern Yoruba*. Londres: Hodder and Stoughton, 1962.
BABAYEMI, S. O. *Egungun among the Oyo Yoruba*. Ibadan: Oyo State Council for Arts and Culture, 1980.
BRAGA, Júlio. *Ancestralidade afro-brasileira*: o culto de babá egum. Salvador: CEAO: Ianamá, 1992.
LAWAL, Babatunde. *The Gèlèdé Spectacle*: art, gender, and social harmony in an African culture. Seatle: University of Washington Press, 1996.
PRANDI, Reginaldo. *Os candomblés de São Paulo*: a velha magia na metrópole nova. São Paulo: Hucitec: Edusp, 1991.
PRANDI, Reginaldo. *Herdeiras do axé*: sociologia das religiões afro-brasileiras. São Paulo: Hucitec, 1996.
SANTOS, Juana Elbein dos. *Os nàgó e a morte*. Petrópolis: Vozes, 1976.
SANTOS, Maria Stella de Azevedo. *Meu tempo é agora*. São Paulo: Odudwa, 1993.

# 13.
# Axé, umbanda e candomblé no mercado religioso

## 1

O candomblé, religião brasileira dos orixás e outras divindades africanas que se constituiu na Bahia no século 19, e demais modalidades religiosas conhecidas pelas denominações regionais de xangô, em Pernambuco, tambor de mina, no Maranhão, e batuque, no Rio Grande do Sul, formavam, até meados do século 20, uma espécie de instituição de resistência cultural, primeiramente dos africanos, e depois dos afrodescendentes, resistência à escravidão e aos mecanismos de dominação da sociedade branca e cristã que marginalizou os negros e os mestiços mesmo após a abolição da escravatura. Eram religiões de preservação do patrimônio étnico dos descendentes dos antigos escravizados. Assim foram conhecidas e analisadas por Roger Bastide, que, entretanto, já observava a presença de brancos no candomblé no final da década de 1940, antecipando a transformação do candomblé e congêneres em religiões de caráter universal (Bastide, 1945, 1971, 1978). De lá para cá, muita coisa mudou, fazendo dessas religiões organizações de culto desprendidas das amarras étnicas, raciais, geográficas e de classes sociais. Não tardou e foram lançadas no mercado religioso, o que significa competir com outras religiões na disputa por devotos, espaço e legitimidade.

No início do século 20, enquanto os cultos africanos tradicionais eram preservados em seus nascedouros brasileiros, uma nova religião se formava no Rio de Janeiro, a umbanda, síntese dos antigos candomblés banto e de caboclo transplantados da Bahia para o Rio de Janeiro, na passagem do século 19 para o 20, com o espiritismo kardecista, chegado da França no final do século 19. Rapidamente disseminada por todo o Brasil, a umbanda prometia ser a única grande religião afro-brasileira destinada a se impor como universal e presente em todo o país (Camargo, 1961). E de fato não tardou a se espalhar também por países do Cone Sul e depois mais além (Oro, 1993). Chamada de "a religião brasileira" por excelência, a umbanda juntou o catolicismo branco, a tradição dos orixás da vertente negra e símbolos, espíritos e rituais de referência indígena, inspirando-se, assim, nas três fontes básicas do Brasil mestiço.

No curso da década de 1960, entretanto, o velho candomblé surgiu como forte competidor da umbanda. Com sua lógica própria e sua capacidade de fornecer ao devoto uma rica e instigante interpretação do mundo, o candomblé foi se espalhando da Bahia para todo o Brasil, seguindo a trilha já aberta pela vertente umbandista. Foi se transformando e se adaptando a novas condições sociais e culturais. Religião que agora é de todos, o candomblé enfatiza a ideia de que a competição na sociedade é bem mais aguda do que se podia pensar, que é preciso chegar a níveis de conhecimento mágico e religioso muito mais densos e cifrados para melhor competir em cada instante da vida, que o poder religioso tem amplas possibilidades de se fazer aumentar. Ensina que não há nada a esconder ou reprimir em termos de sentimentos e modos de agir, com relação a si mesmo e com relação aos demais, pois neste mundo podemos ser o que somos, o que gostaríamos de ser e o que os outros gostariam que fôssemos — a um só tempo (Prandi, 1991; 1996). Como agência de serviços mágicos, que também é, oferece ao não devoto a possibilidade de encontrar solução para problema não resolvido por outros meios, sem maiores envolvimentos com a religião. Sua magia passou a atender a uma larga clientela, o jogo de búzios e os ebós do candomblé rapidamente se popularizaram, concorrendo com a consulta a caboclos e pretos velhos da umbanda.

Parcela importante da legitimidade social que a cultura negra do candomblé desfruta hoje foi gestada a partir de uma nova estética formulada pela classe média intelectualizada do Rio de Janeiro e de São Paulo nas décadas de 1960 e 1970, que adotou e valorizou mais do que nunca aspectos negros da cultura baiana, seus artistas e intelectuais. Começava o que chamei de processo de africanização do candomblé (Prandi, 1991), em que o retorno deliberado à tradição significa o reaprendizado da língua, dos ritos e mitos que foram deturpados e perdidos na adversidade da Diáspora; voltar à África não para ser africano, nem para ser negro, mas para recuperar um patrimônio cuja presença no Brasil é agora motivo de orgulho, sabedoria e reconhecimento público, e assim ser o detentor de uma cultura que já é, ao mesmo tempo, negra e brasileira, porque o Brasil já se reconhece no orixá, o Brasil com axé.

Em resumo, ao longo do processo de mudanças mais geral que orientou a constituição das religiões dos deuses africanos no Brasil, o culto aos orixás primeiro misturou-se ao culto dos santos católicos para ser brasileiro, forjando-se o sincretismo; depois apagou elementos negros para ser universal e se inserir na sociedade geral, gestando-se a umbanda; finalmente, retomou origens negras para transformar também o candomblé em religião para todos, iniciando um processo de africanização e dessincretização para alcançar sua autonomia em relação ao catolicismo. Nos tempos atuais, as mudanças pelas quais passam essas religiões são devidas, entre outros motivos, à necessidade da religião se expandir e se enfrentar de modo competitivo com as demais religiões. A maior parte dos atuais seguidores das religiões afro-brasileiras nasceu católica e adotou a religião que professa hoje em idade adulta. Não é diferente para evangélicos e membros de outros credos.

# 2

Segundo o recenseamento de 2000, apenas 0,3% da população brasileira adulta declaram-se pertencentes a uma das religiões afro-brasileiras, o que corresponde a pouco mais de 470 mil seguidores, embora pesquisas feitas com metodologia mais precisa indicam valores maiores, da ordem de pelo menos o dobro das cifras encontradas pelo censo (Pierucci; Prandi, 1996). Quando se trata das religiões afro-brasileiras, as estatísticas sobre os seguidores costumam oferecem números subestimados, o que se deve às circunstâncias históricas nas quais essas religiões surgiram no século 19, quando o catolicismo era a única religião tolerada no país, a religião oficial, e a fonte básica de legitimidade social. Para se viver no Brasil, mesmo sendo escravizado, e principalmente depois, sendo negro livre, era indispensável, antes de mais nada, ser católico. Por isso os negros que recriaram no Brasil as religiões africanas dos orixás, voduns e inquices se diziam católicos e se comportavam como tais. Além dos rituais de seu ancestrais, frequentavam também os ritos católicos. Continuaram sendo e se dizendo católicos, mesmo com o advento da República, no fim do século 19, quando o catolicismo perdeu a condição de religião oficial e deixou de ser a única religião tolerada no país.

Desde o início as religiões afro-brasileiras se fizeram sincréticas, estabelecendo paralelismos entre divindades africanas e santos católicos, adotando o calendário de festas do catolicismo, valorizando a frequência aos ritos e aos sacramentos da Igreja católica. Assim aconteceu com o candomblé da Bahia, o xangô de Pernambuco, o tambor de mina do Maranhão, o batuque do Rio Grande do Sul e outras denominações, todas elas arroladas pelo censo do Instituto Brasileiro de Geografia e Estatística (IBGE) sob o nome único e mais conhecido: candomblé. Até recentemente, essas religiões eram proibidas e, por isso, duramente perseguidas por órgãos oficiais. Continuam a sofrer agressões, hoje menos da polícia e mais de seus rivais pentecostais, e seguem sob forte preconceito, o mesmo preconceito que se volta contra os negros, independentemente de religião. Por tudo isso, é muito comum, mesmo atualmente, quando a liberdade de escolha religiosa já faz parte da vida brasileira, muitos seguidores das religiões afro-brasileiras ainda se declararem católicos, embora sempre haja uma boa parte que declara seguir a religião afro-brasileira que de fato professa. Isso faz com que as religiões afro-brasileiras apareçam subestimadas nos censos oficiais do Brasil, em que o quesito religião só pode ser pesquisado de modo superficial.

Com o tempo, as religiões afro-brasileiras tradicionais se espalharam pelo Brasil todo, passando por muitas inovações, mas quanto mais tradicionais os redutos pesquisados, mais os afro-brasileiros continuam se declarando, e se sentindo, católicos. Mais perto da tradição, mais católico. Um mapeamento dos afro-brasileiros declarados nas diferentes regiões mostra isso muito bem: eles são em número relativamente pequeno no Nordeste, região em que a religião afro-brasileira tradicional se formou, o que pode parecer paradoxal, e em número bem maior nas regiões em que se instalou mais recentemente, já no século 20, e onde a mudança religiosa no campo afro-brasileiro tem se mostrado mais vigorosa, casos do Sudeste e do Sul. Até hoje o catolicismo é uma máscara usada pelas religiões afro-brasileiras, máscara que, evidentemente, as esconde também dos recenseamentos.

Por sua vez, a umbanda é igualmente problemática quando se trata de quantificar seus seguidores. No início, a nova religião denominou-se espiritismo de umbanda, e não é incomum, ainda atualmente, os umbandistas se chamarem de espíritas, quando não de católicos. A umbanda conservou do candomblé o sincretismo católico: mais que isto, assimilou preces, devoções e valores católicos que não fazem parte do universo do candomblé. Na sua constituição interna, a umbanda é muito mais sincrética que o candomblé.

Voltemos à questão dos números. O crescimento das cifras de adeptos declarados do candomblé e da umbanda, de um censo para outro, poderia ser atribuído a duas fontes de variação. Primeiro, os números refletiriam um aumento real no número de seguidores; segundo, seria consequência do fato de que a expansão da liberdade de crença no Brasil faria com que mais adeptos do candomblé e umbanda, que antes se escondiam sob a rubrica de católicos e espíritas, se declarassem de religião afro-brasileira. Os números crescentes mostrariam que a religião cresce porque tem mais fiéis ou porque uma parcela maior dos antigos seguidores passa a se declarar abertamente.

Feitas essas ressalvas, o que os dados disponíveis nos mostram é que o conjunto das religiões afro-brasileiras vem perdendo adeptos nos últimos vinte anos, os números são decrescentes. Considerando que, atualmente, são menos imperativas as razões que têm levado os afro-brasileiros a se declararem católicos ou espíritas, a queda recentemente observada só pode ser real, e pode até mesmo ser maior, uma vez que em censos anteriores as taxas de "escondidos" podiam ser maiores que as de agora.

De todo modo, o pequeno contingente de afro--brasileiros declarados, em 1980, representava apenas 0,6% da população brasileira residente. Em 1991, eles eram 0,4% e agora, em 2000, são 0,3%. De 1980 a 1991, os afro-brasileiros perderam 30 mil seguidores declarados, perda que na década seguinte subiu para 71 mil. Ou seja, o segmento das religiões afro-brasileiras está em declínio.

Podem ser muitas as razões do declínio afro-brasileiro, mas certamente elas estão associadas às novas condições da expansão das religiões no Brasil no contexto do mercado religioso. A oferta de serviços que a religião é capaz de propiciar aos consumidores religiosos e as estratégias de acessar os consumidores e criar novas necessidades religiosas impõem mudanças que nem sempre religiões mais ajustadas à tradição conseguem assumir. É preciso, sobretudo, enfrentar-se com os concorrentes, atualizar-se. Para religiões antigas, podem ocorrer mudanças que mobilizam apenas um setor dos líderes e devotos, como, por exemplo, ontem, a fração das Comunidades Eclesiais de Base e, hoje, a parcela da Renovação Carismática do catolicismo (Prandi, 1997). Isso vale para os grandes grupos religiosos. No caso dos evangélicos, avançam os renovados pentecostais, mas declinam algumas das denominações históricas.

Certamente, o sincretismo católico, que por quase um século serviu de guarida aos afro-brasileiros, não deve mais lhes ser tão confortável. Quando o próprio catolicismo está em declínio, a âncora sincrética católica pode estar pesando desfavoravelmente para os afro-brasileiros, fazendo-os naufragar. Por outro lado, é sabido como muitas igrejas neopentecostais têm crescido às custas das religiões afro-brasileiras, sendo que para uma de suas mais bem-sucedidas versões, a Igreja Universal do Reino de Deus, o ataque sem trégua ao candomblé e à umbanda e a seus deuses e entidades é constitutivo de sua própria identidade (Mariano, 1999).

Mas se o conjunto dos afro-brasileiros está em declínio, essa queda é devida ao segmento umbandista, que cai, enquanto sobe o candomblé. Os censos de 1991 e 2000 fornecem dados separados para a umbanda e o candomblé, sendo que a classificação candomblé reúne as chamadas religiões afro-brasileiras tradicionais (candomblé, xangô, tambor de mina, batuque). Como, pelo menos desde a década de 1950, a umbanda tem sido majoritária no conjunto afro-brasileiro, seu peso maior reflete diretamente na estatística geral do conjunto, indicando declínio.

Mas a participação relativa do candomblé tem aumentado. Em 1991, o candomblé já tinha conquistado 16,5% dos seguidores das diferentes denominações de origem africana. Em 2000, esse número passou a 24,4%. O candomblé cresceu para dentro e para fora do universo afro-brasileiro. Seus seguidores declarados eram cerca de 107 mil em 1991 e quase 140 mil em 2000, o que representa um crescimento de 31,3% num período em que a população brasileira cresceu 15,7%. Sem dúvida, um belo crescimento. Por outro lado, a umbanda, que contava com aproximadamente 542 mil devotos declarados em 1991, viu seu contingente reduzido para 432 mil em 2000. Uma perda enorme, de 20,2%. E porque o peso da umbanda é maior que o do candomblé na composição das religiões afro-brasileiras, registrou-se para este conjunto nada mais nada menos que um declínio de 11,9% numa só década. Na década anterior, fato para o qual Ricardo Mariano chamou a devida atenção (Mariano, 2001), as religiões afro-brasileiras já tinham sofrido uma perda de 4,5%, declínio que não somente se confirmou como se agravou na década seguinte. O conjunto encolheu, mas o candomblé cresceu.

## 3

Em seu processo de transformação em religião universal, isto é, religião que se oferece para todos, o candomblé conheceu o que chamamos de movimento de africanização, que implica certas reformas de orientação fortemente intelectual, como o reaprendizado das línguas africanas esquecidas ao longo de um século, a recuperação da mitologia dos deuses africanos, que em parte também se perdeu nesses anos todos de Brasil, e a restauração de cerimoniais africanos (Prandi, 1991, 2000). Um elemento importante do movimento de africanização do candomblé e sua constituição como religião autônoma inserida no mercado religioso é o processo de dessincretização, com o abandono de símbolos, práticas e crenças de origem católica. É a descatolização do candomblé, que se descentra do catolicismo e se assume como religião autônoma.

Esse processo de africanização, evidentemente, é muito desigual e depende das diferentes situações com que se depara aqui e ali. Podemos, contudo, afirmar com segurança que o candomblé que mais se espalha pelo Brasil, o que mais cresce, é esse que vai cada vez mais deixando de lado as ligações com o catolicismo. Um seguidor desse candomblé pode, se quiser, frequentar ritos da igreja católica, mas essa participação já não será mais vista como parte do preceito obrigatório a que estavam sujeitos os membros dos candomblés mais antigos; já não é mais um dever ritual. Não é mais necessário mostrar-se católico para poder louvar os deuses africanos, assim como não é mais necessário ser católico para ser brasileiro.

Um seguidor da umbanda está longe dessas preocupações. Ao contrário, em vez de fortalecer sua identidade religiosa, uma aspiração muito corrente entre os umbandistas é a de se iniciarem também no candomblé. Muitos o fazem e entre esses não são poucos os que acabam abandonando a umbanda definitivamente para se dedicar aos orixás segundo o rito do candomblé. Assim se enfraquece a autonomia umbandista. Nos ritos da umbanda, as preces católicas e a invocação de Jesus, Maria e santos da igreja nas letras dos cantos sagrados continuam indispensáveis. Num hipotético processo de dessincretização da umbanda, grande parte de seu hinário teria que ser abandonada, pois as referências às crenças católicas são muito explícitas.

Umbanda e candomblé são religiões mágicas. Ambas pressupõem o conhecimento e o uso de forças sobrenaturais para intervenção neste mundo, o que privilegia o rito e valoriza o segredo iniciático. Além do sacerdócio religioso, a magia é quase que uma atividade profissional paralela de pais e mães de santo, voltada para uma clientela sem compromisso religioso (Pierucci, 2001). Nesses termos, o candomblé é visto dentro do próprio segmento afro-brasileiro como fonte de maior poder mágico que a umbanda, o que atrai para o seio do candomblé muitos umbandistas.

Para o candomblé, que está mais perto do pensamento africano que a umbanda, o bem e o mal não se separam, não são campos distintos. A umbanda, porém, quando se formou, se imaginou também como religião ética, capaz de fazer a distinção entre o bem e o mal, à moda ocidental, cristã. Mas acabou criando para si uma armadilha. Separou o campo do bem do campo do mal. Povoou o primeiro com seus guias de caridade, os caboclos, pretos velhos e outros espíritos bons, à moda kardecista. Para controlar o segundo, arregimentou um panteão de exus-espíritos e pombagiras, entidades que não se acanham em trabalhar para o mal quando o mal é considerado necessário (Prandi, 2001a). Ficou dividida entre dois campos éticos opostos, "entre a cruz e a encruzilhada", na feliz expressão de Lísias Nogueira Negrão (1996).

Tratado durante muito tempo com discrição e segredo, o culto dos exus e das pombagiras, identificados erroneamente como figuras diabólicas, veio recentemente a ocupar na umbanda lugar aberto e de realce (Prandi, 1996, cap. 4, 2001a). Era tudo de que precisava um certo pentecostalismo: agora o diabo estava ali bem à mão, nos terreiros adversários, visível e palpável, pronto para ser humilhado e vencido. O neopentecostalismo leva ao pé da letra a ideia de que o diabo está entre nós, incitando seus seguidores a divisá-lo nos transes rituais dos terreiros de candomblé e umbanda. Pastores da Igreja Universal do Reino de Deus, em cerimônias fartamente veiculadas pela televisão, submetem desertores da umbanda e do candomblé, em estado de transe, a rituais de exorcismo, que têm por fim humilhar e escorraçar as entidades espirituais afro-brasileiras incorporadas, que eles consideram manifestações do demônio (Mariano, 1999).

A umbanda e o candomblé, cada qual a seu modo, são bastante valorizados no mercado de serviços mágicos e sempre foi grande a sua clientela, mas ambos enfrentam hoje a concorrência de incontáveis agências de serviços mágicos e esotéricos de todo tipo e origem, sem falar de outras religiões, que inclusive se apropriam de suas técnicas, sobretudo as oraculares. Concorrem entre si e concorrem com os outros. Por fim, foram deixados em paz pela polícia (quase sempre), mas ganharam inimigos muito mais decididos e dispostos a expulsá-los do cenário religioso, contendores que fazem da perseguição às crenças afro-brasileiras um ato de fé, o que se pode testemunhar tanto no recinto fechado dos templos como no ilimitado e público espaço da televisão e do rádio. Não foi um ato isolado e gratuito o discurso do pastor fluminense Samuel Gonçalves, da Assembleia de Deus, um dos apoiadores do candidato evangélico Anthony

Garotinho à Presidência da República, em que afirmou que uma das "três maldições" do Brasil é a religião africana (*Folha de S.Paulo*, 30/7/2002, p. A6).

4

Candomblé e umbanda são religiões de pequenos grupos que se congregam em torno de uma mãe ou de um pai de santo, denominando-se terreiro também cada um desses grupos. Embora se cultivem relações protocolares de parentesco iniciático entre terreiros, cada um deles é autônomo e autossuficiente, e não há organização institucional eficaz alguma que os unifique ou que permita uma ordenação mínima capaz de estabelecer planos e estratégias comuns na relação da religião afro-brasileira com as outras religiões e o resto da sociedade. As federações de umbanda e de candomblé, que supostamente uniriam os terreiros, não funcionam, pois não há autoridade acima do pai ou da mãe de santo (Concone; Negrão, 1987). Além disso, os terreiros competem fortemente entre si e os laços de solidariedade entre os diferentes grupos são frágeis e circunstanciais. Não há organização empresarial e não se dispõe de canais eletrônicos de comunicação. Sobretudo, nem o candomblé em suas diferentes denominações nem a umbanda têm quem fale por eles, muito menos quem os defenda. Muito diferente das modernas organizações empresariais das igrejas evangélicas, que usam de técnicas modernas de marketing, que treinam seus pastores-executivos para a expansão e a prosperidade material das igrejas, que contam com canais próprios e alugados de televisão e rádio, e com representação aguerrida nos legislativos municipais, estaduais e federal. Mais que isso, a derrota das religiões afro-brasileiras é item explícito do planejamento expansionista pentecostal: há igrejas evangélicas em que o ataque às religiões afro-brasileiras e a conquista de seus seguidores são práticas exercidas com regularidade e justificadas teologicamente. Por exemplo, na prática expansiva de uma das mais dinâmicas igrejas neopentecostais, fazer fechar o maior número de terreiros de umbanda e candomblé existentes na área em que se instala um novo templo é meta que o pastor tem que cumprir.

Grande parte da fraqueza das religiões afro-brasileiras advém de sua própria constituição como reunião não organizada e dispersa de grupos pequenos e quase domésticos, que são os terreiros. Num passado recente, entre as décadas de 1950 e 1970, as religiões de conversão se caracterizavam pela formação de pequenas comunidades, em que todos se conheciam e se relacionavam. A religião recriava simbolicamente relações sociais comunitárias que o avanço da industrialização e da urbanização ia deixando de lado. Tanto no terreiro afro-brasileiro como na igreja evangélica, o adepto se sentia parte de um pequeno e bem definido grupo. Ao contrário disso, a religião típica da década de 1980 em diante é uma religião de massa. As reuniões religiosas são realizadas em grandes templos, situados preferencialmente nos lugares de maior fluxo de pessoas, com grande visibilidade, que funcionam o tempo todo — algumas 24 horas — e que reúnem adeptos vindos de todos os lugares da cidade, adeptos que podem frequentar a cada dia um templo localizado em lugar diferente. Os crentes seguem a religião, mas já não necessariamente se conhecem. O culto também é oferecido dia e noite no rádio e na televisão e o acesso ao discurso religioso é sempre imediato, fácil. Os pastores são treinados para um mesmo tipo de pregação uniforme e imediatista. No catolicismo carismático, por sua vez, a constituição dos pequenos grupos de oração teve que se calçar na criação dos grandes espetáculos de massa das missas dançantes celebradas pelos padres cantores (Souza, 2001). Nesses vinte anos, mudou muito a forma como a religião é oferecida pelos mais bem-sucedidos grupos religiosos. São mudanças a que o candomblé e a umbanda não estão afeitos. Não são capazes de se massificar, mesmo porque a vida religiosa de um afro-brasileiro se pauta principalmente pelo desempenho de papéis sacerdotais dentro de um grupo de características eminentemente familiares. Não é à toa que o grupo de culto é chamado de família de santo. Mais que isso: as cerimônias secretas das obrigações e dos sacrifícios não são abertas sequer a todos os membros de um terreiro, havendo sempre uma seleção baseada nos níveis iniciáticos, não sendo concebível a sua exposição a todos, muito menos sua divulgação por meio televisivo.

Além de se constituírem em pequenas unidades autônomas, reunindo, em geral, não mais que cinquenta membros, os terreiros de candomblé e de umbanda usualmente desaparecem com o falecimento da mãe ou do pai de santo, tanto pelas disputas de sucessão como pelo fato bastante recorrente de que os herdeiros civis da propriedade e demais bens materiais do terreiro, tudo propriedade particular do finado chefe, não se interessam pela continuidade da comunidade religiosa. A não ser em uma dúzia de casas que se transformaram em emblemas de importância regional ou mesmo nacional para a religião, dificilmente um terreiro sobrevive a seu fundador. Tudo sempre começa de novo, pouco se acumula.

Fragmentada em pequenos grupos, fragilizada pela ausência de algum tipo de organização ampla, tendo que carregar o peso do preconceito racial que se transfere do negro para a cultura negra, a religião dos orixás tem poucas chances de se sair melhor na competição — desigual — com outras religiões. Silenciosamente, assistimos hoje a um verdadeiro massacre das religiões afro-brasileiras. Sem um projeto novo de expansão e de reorientação num quadro religioso que se tornou extremamente complexo e competitivo, a umbanda talvez tenha menos recursos que o candomblé para enfrentar a nova conjuntura. Os dados dos censos mostram que é da umbanda que vem o encolhimento demográfico do segmento religioso afro-brasileiro, e o vigor do novo candomblé não tem sido suficiente para compensar as perdas. Nem seus líderes, em grande parte pouco escolarizados, têm sabido como reagir ou como se organizar, mais preocupados que estão em garantir o funcionamento de seus terreiros. A umbanda tem menos de cem anos de idade e parece não conseguir se adaptar às novas demandas que a sociedade apresenta. Já o candomblé, que é pelo menos um século mais antigo que a umbanda, porém renovado pelas mutações que vem sofrendo em sua expansão, tem se mostrado mais ágil para se adequar aos novos tempos. É mais uma demonstração de que a religião que não muda morre.

De todo modo, a importância cultural da umbanda, do candomblé, do xangô, do tambor de mina, do batuque e outras denominações menores no cenário cultural brasileiro tem sido sempre maior que seu alcance demográfico em termos da efetiva filiação de seguidores. Sua contribuição às mais diferentes áreas da cultura brasileira é riquíssima, como acontece também em outros países americanos em que se constituíram religiões de origem negro-africana. Mas, se se confirma que o Brasil vem se tornando religiosamente menos afro-brasileiro, a fonte viva de valores, visões de mundo, arranjos estéticos, aromas, sabores, ritmos etc. que são os terreiros de candomblé e de umbanda pode entrar em processo de extinção. Não seria um horizonte promissor para o cultivo da diferença cultural e do pluralismo religioso, cujo alargamento alimentou promessas do final do século 20 de mais democracia, diversidade, tolerância e liberdade.

## 5

Houve tempo em que a mudança de religião representava uma ruptura social e cultural, além de ruptura com a própria biografia, com adesão a novos valores, mudança de visão de mundo, adoção de novos modelos de conduta etc. A conversão era um drama, pessoal e familiar, representava uma mudança drástica de vida. O que significa hoje mudar de religião, quando a mudança religiosa parece não comover ninguém, como se mudar de religião fosse já um direito líquido e certo daquele que se transformou numa espécie de consumidor, consumidor religioso, como já se chamou esse converso? Certamente o drama é menos profundo Pierucci; Prandi, 1996; Prandi, 2001b).

As mais díspares religiões, assim, surgem nas biografias dos adeptos como alternativas que se pode pôr de lado facilmente, que se pode abandonar a uma primeira experiência de insatisfação ou desafeto, a uma mínima decepção. São inesgotáveis as possibilidades de opção, intensa a competição entre elas, fraca sua capacidade de dar a última palavra. A religião de hoje é a religião da mudança rápida, da lealdade pequena, do compromisso descartável. Mas não somente o crente muda de um credo para outro, desta para aquela religião. As religiões mudam também e mudam muito rapidamente, muitas vezes suas transformações apontando para um outro público-alvo, visando a uma clientela anteriormente fora do alcance de sua mensagem. É verdade que a religião muda a reboque da sociedade, sobretudo no que diz respeito aos modelos de conduta que prega e valores que propaga, frequentemente adaptando-se a transformações sociais e culturais já plenamente em curso, num esforço para não perder o trem da história, como tem ocorrido especialmente com a igreja católica. Hoje, provavelmente, muitas das mudanças contemplam não especificamente a sociedade em transformação, mas o conjunto das diferentes religiões que se oferecem como alternativas sacrais, o que significa que a religião muda para poder melhor competir com as outras crenças em termos da adesão de fiéis, e não em razão de se pôr numa posição axiológica mais compatível com os avanços da sociedade, embora isso também possa ser importante e às vezes pressuposto na dinâmica do próprio mercado religioso. Posições anteriormente alcançadas, tanto no plano da filosofia religiosa como no das consequências políticas e de orientação na vida cotidiana, que derivam dos valores então assumidos, podem ser completamente abandonadas, com a busca de novos modelos que possam melhor apetrechar aquela religião na concorrência com as demais.

Grupos religiosos, igrejas e denominações cindem-se e se multiplicam, ampliando ainda mais a oferta. Outras apresentam facetas múltiplas, mantendo a unidade institucional, mas sendo capazes de atender a demandas variadas a partir de mensagens diferentes e movimentos particulares, embora gostem de advogar que a diversidade que contemplam e produzem repousa em verdades teológicas únicas. É bastante notória a facilidade com que um adepto do candomblé muda de terreiro, de nação, de grupo religioso, sempre à procura de soluções que acredita poder encontrar fora da comunidade de culto em que se iniciou, trafegando pela enorme variedade de modos de proceder o culto existente no interior do próprio candomblé. Quando não abandona a própria religião para experimentar as mesmas promessas de conforto e felicidade em território pentecostal, por exemplo, o que tem sido uma tendência nada desprezível do trânsito religioso brasileiro nas duas últimas décadas.

Evidentemente, os motivos que reforçam a diversidade religiosa não se encontram somente no âmbito dos crentes seguidores, os consumidores de religião, agindo, sobretudo, no interior da própria organização religiosa. Mudanças internas da religião não significam necessariamente perigo para a sua sobrevivência institucional, não implicam apenas separação e ruptura. Ao contrário, quem não muda não sobrevive. Interesses vários podem então ser exercitados com maior liberdade, numa competição interna cujo sucesso se mede não pelos alcances teológicos possíveis, mas pela adesão de crentes. A própria carreira sacerdotal se vê compelida a incorporar novas habilidades, como aquelas até bem pouco mais apropriadas aos homens de negócios e mais marcadamente atributivas de artistas, ginastas e estrelas de TV, entre outras qualidades. Vejam-se, por exemplo, as mudanças profundas que o movimento de Renovação Carismática introduziu no modelo do clérigo católico brasileiro (Prandi, 1997).

Se isso ocorre em religiões unificadas institucionalmente, pode-se imaginar o que acontece em religiões sem unidade administrativa e doutrinária, como as afro-brasileiras, em que cada terreiro tem para com as demais obrigações apenas protocolares, cada um com seu governo independente.

Mesmo em se tratando de religiões severamente consolidadas em termos de organização sacerdotal e obrigações hierárquicas, surgem novos horizontes de mobilidade social baseada na capacidade pessoal de inovação e empreendimento do sacerdote.

Nas grandes igrejas, muitas das quais atuando como conglomerados empresarias de acumulação econômica internacional, assim como nas religiões em que a unidade administrativa e sacerdotal é reduzida, fraca ou inexistente, como ocorre em todo o segmento afro-brasileiro, em certas correntes evangélicas e no conjunto das práticas esotéricas, o sucesso do líder religioso, e por conseguinte da sua religião ou modalidade religiosa, depende da sua capacidade de atrair devotos e clientes e gerar renda necessária à expansão daquela denominação.

Tanta oferta, que é crescente, depende de demanda grande e diversificada. Aquilo que se entende por religião deve contemplar necessidades, gostos e expectativas que escapam às velhas definições da religião, surgindo as mais inusitadas formas de acesso ao sagrado e sua manipulação mágica, como ocorre com muita propriedade no vasto e pouco definido universo do esoterismo.

Experimentar novos sentimentos e formas da religião, contudo, não significa necessariamente mudar de religião. Não é preciso sair da religião que se professa para provar da mudança religiosa. Quantas vezes não ouvimos pessoas mais velhas do candomblé reclamar que sua religião não é mais como costumava ser nos seus tempos de juventude? Para os mais velhos, que sentem a mudança como perda, a religião certa é a que não muda. As próprias religiões costumam se apresentar como verdades eternas e imutáveis. "Assim como era no princípio, agora e sempre", afirma o Credo católico, oração afirmativa de uma religião em constante transformação.

Tudo isso vale igualmente para o candomblé e a umbanda. Os seguidores dos orixás também acreditam na eternidade das verdades religiosas e na perenidade dos ritos. Sabem que muito se perdeu e se modificou ao longo da história do culto dos orixás no Brasil, quer em razão das adversidades sociais e culturais que enfrentou, a começar da própria escravidão, que por causa da displicência dos sacerdotes mais antigos, que teriam levado para o túmulo muito conhecimento que preferiram não passar adiante. É o que se imagina. Pois bem, esse conhecimento perdido, esquecido, escondido existe em algum lugar, e é imperativo recuperá-lo, para o revigoramento da própria religião e o fortalecimento do poder de seus rituais, é o que se acredita.

A ideia de que é preciso recuperar o mistério perdido ao longo da história da religião no Brasil (língua, rezas, cantigas, *oriquis*, mitos, *odus*, ebós, tabus etc.) parte do suposto de que em algum lugar existe sobrevivência ou registro do que se perdeu, que alguém de grande conhecimento é capaz de ensinar a fórmula almejada, que algum processo iniciático em outro templo, nação ritualística, cidade ou país pode resgatar o patrimônio que as gerações anteriores de pais e mães de santo, por impedimento sociocultural, egoísmo e desleixo, não souberam transmitir às gerações seguintes. Recobrar segredos guardados é imperativo para restaurar o grande poder mágico da religião. O livro é uma das fontes possíveis, viagens à África e consultas com africanos ou mesmo com velhos sacerdotes brasileiros é outra. Em geral se paga por um segredo guardado, cujo acesso quase sempre depende de submissão a alguma obrigação iniciática. No candomblé, o que é pago é mais valorizado; sem dinheiro não há axé, não há fluxo da força sagrada. Mas a adoção de fórmulas ou elementos recuperados se faz de acordo com a interpretação pessoal, a vontade e o interesse de cada pai ou mãe de santo, e se dá de modo diferente em cada terreiro. Assim, recuperar o passado perdido também significa adaptar, inovar, criar.

Uma das mais profundas mudanças observadas no candomblé nas últimas décadas do século 20 foi sua universalização, quando passou de religião étnica a religião de todos, com a incorporação, entre seus seguidores, de novos adeptos de classe média e de origem não africana. Segundo o censo demográfico do IBGE, apenas 16,7% dos umbandistas se constituíam, no ano 2000, de pessoas que declararam ser de cor preta, cifra que para os dos adeptos do candomblé também foi expressivamente pequena: 22,8%. Surpreendentemente, o censo de 2000 mostrou também que as religiões afro-brasileiras apresentaram a segunda maior média de anos de escolaridade de seus seguidores declarados, ficando atrás apenas do espiritismo kardecista, religião sabidamente de classe média e de seguidores com escolaridade elevada. Para o ano 2000, a média de anos de escolaridade dos membros declarados do candomblé e da umbanda foi de 7,2 anos, quando a média da população total do Brasil era igual a 5,9 anos, a dos espíritas kardecistas 9,6 anos, a dos católicos 5,8 anos e a dos evangélicos pentecostais 5,3 anos. São indicadores inequívocos da penetração da classe média branca escolarizada. Certamente esse segmento, que não é a maioria, declara-se afro-brasileiro no quesito de religião do censo com maior frequência que os pobres e negros.

De fato, a base social do candomblé mudou, e mudou muito. Grande parte, certamente a maioria ainda, é de gente pobre, com muitas dificuldades para arcar com os gastos financeiros impostos pela exuberância e pela complexidade dos ritos iniciáticos. Mas a classe média branca e escolarizada já está no terreiro, muitas vezes competindo com os negros pobres, que, evidentemente, pela sua condição de afrodescendentes, se sentem com frequência os legítimos donos das tradições dos orixás. Disputam cargos, regalias e posições de mando e de prestígio no intrincado jogo de poder dos terreiros. Levam consigo valores, costumes e aspirações próprios de sua condição social. O hábito de leitura, o gosto pelo estudo e o prazer do consumo descortinam um mundo de novidades a serem buscadas nos livros, nas revistas, na internet, nas atividades universitárias, no mercado de artigos religiosos. No terreiro aprendem o quanto é valorizado o saber religioso. Há tesouros a descobrir em termos da mitologia e dos ritos, segredos perdidos a recuperar. Frequentemente, vem a decepção: os segredos são de polichinelo, acrescentam pouco ou quase nada ao que se sabia e praticava antes. Pior que isso: mais saber religioso não confere necessariamente mais poder, seja o poder de mando, seja o de manipulação mágica. A procura, entretanto, não cessa, outros caminhos são buscados.

Nas religiões dos orixás, cada terreiro tem plena autonomia administrativa, ritual e doutrinária, e tudo depende das decisões pessoais da mãe ou do pai de santo. O controle social exercido entre terreiros, no conjunto geral do chamado povo de santo, se faz por redes informais de comunicação, em que a fofoca ocupa lugar privilegiado (Braga, 1998), sem que a independência do sacerdote-chefe de terreiro, contudo, sofra realmente qualquer limitação eficaz. É costume se dizer que no candomblé "nada pode e tudo pode" e que tabus são para ser quebrados (Augras, 1987). Assim, cada comunidade de culto é livre para experimentar inovações ou retornar a formas anteriores, incorporando práticas que para outros da mesma religião podem não fazer o menor sentido. Cada terreiro exerce o direito de copiar e incorporar novidades, mas costuma dotá-las de outros significados. Pode mudar, afirmando que se mantém na rígida tradição. Terreiros nascem uns dos outros, mas não há dois iguais, mesmo quando se observam os terreiros mais antigos, surgidos da mesma matriz fundante.

Os seguidores são unânimes, entretanto, ao acreditar que o futuro da religião depende tanto da manutenção das velhas tradições, das quais os centenários terreiros da Bahia ainda representam a fonte mais legítima, como da recuperação do conhecimento que se perdeu desde que os velhos fundadores foram arrancados de suas famílias e de suas cidades africanas para serem brutalmente escravizados no Brasil. Pensam o futuro da religião em termos estritamente religiosos e atribuem o progresso ou o declínio de seus cultos não em função de planos, políticas e estratégias institucionais, mas à vontade dos orixás. Acreditam que sempre é tempo de recuperar a tradição que não chegou até os dias de hoje, adaptando-a para o presente da religião, pois em algum lugar ainda existe, conforme repetem com muita frequência, muitos segredos guardados.

# referências bibliográficas

AUGRAS, Monique. Quizilas e preceitos: transgressão, reparação e organização dinâmica do mundo. *In*: MOURA, Carlos Eugênio Marcondes de (org.). *Candomblé desvendando identidades*. São Paulo: EMW, 1987.
BASTIDE, Roger. *Imagens do Nordeste místico em preto e branco*. Rio de Janeiro: O Cruzeiro, 1945.
BASTIDE, Roger. *As religiões africanas no Brasil*. São Paulo: Pioneira, 1971.
BASTIDE, Roger. *O candomblé da Bahia*: rito nagô. São Paulo: Nacional, 1978.
BASTIDE, Roger. *O candomblé da Bahia*: rito nagô. 2. ed. São Paulo: Companhia das Letras, 2001.
BRAGA, Júlio. *Fuxico de candomblé*: estudos afro-brasileiros. Feira de Santana: Editora da Universidade Estadual de Feira de Santana, 1998.
CAMARGO, Candido Procopio Ferreira de. *Kardecismo e umbanda*. São Paulo: Pioneira, 1961.
CONCONE, Maria Helena Villas Boas; NEGRÃO, Lísias Nogueira. Umbanda: da repressão à cooptação. *In*: *UMBANDA & política*. Cadernos do Iser, 18. Rio de Janeiro: Iser: Marco Zero, 1987.
MARIANO, Ricardo. *Neopentecostais*. São Paulo: Loyola, 1999.
MARIANO, Ricardo. *Análise sociológica do crescimento pentecostal no Brasil*. 2001. Tese (Doutorado em Sociologia) – Universidade de São Paulo, São Paulo. 2001.
NEGRÃO, Lísias Nogueira. *Entre a cruz e a encruzilhada*. São Paulo: Edusp, 1996.
ORO, Ari Pedro. As religiões afro-brasileiras: religiões de exportação. *In*: ORO, Ari Pedro (org.). *As religiões afro--brasileiras no Cone Sul*. Porto Alegre: UFRGS, 1993. Cadernos de Antropologia n. 10.
PIERUCCI, Antônio Flávio; PRANDI, Reginaldo. *A realidade social das religiões no Brasil*. São Paulo: Hucitec, 1996.
PIERUCCI, Antônio Flávio. *Magia*. São Paulo: Publifolha, 2001.
PRANDI, Reginaldo. *Os candomblés de São Paulo*. São Paulo: Hucitec, 1991.
PRANDI, Reginaldo. *Herdeiras do axé*. São Paulo: Hucitec, 1996.
PRANDI, Reginaldo. *Um sopro do espírito*: a renovação conservadora do catolicismo carismático. São Paulo: Edusp, 1997.
PRANDI, Reginaldo. *Mitologia dos orixás*. São Paulo: Companhia das Letras, 2000.
PRANDI, Reginaldo. Exu, de mensageiro a diabo: sincretismo católico e demonização do orixá Exu. *Revista USP*, São Paulo, n. 50, p. 46-65, 2001a.

PRANDI, Reginaldo. Religião, biografia e conversão. *In*: BARBOSA, Dimas Lara (org.). *O itinerário da fé*. São Paulo: Paulus, 2001b. v. 1, p. 51-76.

SOUZA, André Ricardo de. *Padres cantores, missas dançantes*: a opção da igreja católica pelo espetáculo com mídia e marketing. 2001. Dissertação (Mestrado em Sociologia) – Universidade de São Paulo, São Paulo, 2001.

# 14.
# Recriações religiosas da África no Brasil

## 1

A herança africana, variada, intensa, diversificada, está impregnada na cultura brasileira a ponto de nem reconhecermos mais, em nossa prática diária, que muitos gestos, valores e sentidos têm sua origem na África. Talvez o exemplo mais emblemático seja o modo de andar. O gingado brasileiro, seja ele de um branco ou de um negro, afrodescendente ou de origem italiana, alemã, ou que for, o gingado masculino ou feminino, está tão ligado ao nosso "DNA cultural", por assim dizer, quanto a constituição física do nosso corpo está ligada à nossa herança genética.

Enquanto algumas instituições e costumes brasileiros, porém, têm uma origem africana mais marcante, outras manifestam apenas traços e lembranças da ascendência negra. Tais práticas herdadas da África não eram todas, necessariamente, religiosas — essa distinção nem sempre era muita clara numa sociedade tradicional que ainda não conhecia bem a autonomia das esferas da cultura (Weber, 1988 [1920]; Pierucci, 1998). São exemplos dessa herança não religiosa: a capoeira e certos componentes do carnaval; a presença de palavras de línguas africanas no léxico da língua portuguesa falada no Brasil; a música popular que tem o samba por matriz; a culinária em que o azeite de dendê é o ingrediente característico; o gosto pelas cores fortes e muito mais (Moura, 1983; Prandi, 2005).

De todo o modo, as instituições que talvez melhor representem a África entre nós, pelo fato de terem conservado características, línguas e estruturas próprias de sua origem num conjunto que não perdeu o sentido original, sejam as religiões afro-brasileiras. Suas versões são múltiplas e variadas, dependendo de onde e quando se formaram e das etnias que contribuíram a mais ou a menos em sua formação. Quando se fala em religião de origem africana, fala-se de candomblé, tambor de mina, xangô, batuque, umbanda e outras modalidades menos divulgadas. Vou tratar aqui especialmente do candomblé, que é a modalidade que exerce a maior influência no conjunto geral das religiões afro--brasileiras. O próprio candomblé se divide em diversas versões rituais, as chamadas nações de candomblé (Lima, 2003 [1977]), que se distinguem por suas origens étnicas e grupos formadores e, portanto, podem diferir em aspectos relacionados ao panteão cultuado, à língua ritual, ao cerimonial, aos ritmos e danças, à organização sacerdotal etc.

Do grupo iorubá ou nagô fazem parte o candomblé de nação queto, alaqueto, efã, ijexá, egbá, oió, além do tambor de mina nagô. Todas as variantes desse ramo iorubá cultuam os deuses chamados orixás. Já os fons ou jejes deram origem ao candomblé jeje, com vários sub-ritos, e ao tambor de mina jeje, cultuam os deuses voduns. Os bantos, por sua vez, nos deram os candomblés angola, congo e caboclo, entre outras modalidades, sendo também a base afro-brasileira da umbanda. Eles cultuam os inquices e os caboclos, que são espíritos de indígenas brasileiros, e outras entidades espirituais. O candomblé queto, por fim, é aquele que mais vem se difundindo e o que, até hoje, serve de modelo para os candomblés das demais nações, que dele adaptaram rituais e formas de organização sacerdotal. O nome queto é uma referência à cidade do Queto (Ketu), hoje localizada no Benin, e que é a cidade do orixá Oxóssi. É queto o templo de candomblé tido como o mais antigo do Brasil e consagrado a Xangô, a Casa Branca do Engenho Velho, localizado em Salvador, Bahia, até hoje em funcionamento, tombado como patrimônio nacional e reverenciado como terreiro-mãe do candomblé. As raízes culturais da Casa Branca do Engenho

Velho estão, entretanto, mais próximas de Oió — a cidade africana do orixá Xangô, hoje localizada na Nigéria. Entre as décadas de 1930 a 1950, quando o candomblé da Bahia começou a ser estudado por antropólogos e sociólogos locais e de outras partes do Brasil e do mundo, os terreiros queto eram chamados de nagôs ou jeje-nagôs. Entre os pioneiros estão o baiano Edson Carneiro, os estadunidenses Ruth Landes e Donald Pierson e o francês Roger Bastide. Foi apenas a partir dos anos 1960 que se popularizaram os nomes "iorubá" e "queto", certamente por influência de cientistas e intelectuais interessados em investigar as origens dessa religião. O próprio termo iorubá não existia antes do século 19 e foi criado para se referir a um conjunto de cidades e aldeias autônomas, que falavam a mesma língua, com variações dialetais, e que cultuavam os orixás. Não havia, contudo, um panteão unificado. Cada localidade tinha seus próprios orixás e apenas alguns cultos eram comuns a diferentes cidades (Akintoe, 2010).

## 2

Para tratar das recriações religiosas africanas em nosso país, vou me concentrar no candomblé queto, estudado sociologicamente pela primeira vez por Roger Bastide, precursor da sociologia das relações raciais no Brasil e das religiões afro-brasileiras (Bastide, 2001 [1958]). Bastide veio da França compondo a missão europeia contratada para instalar a Universidade de São Paulo e desde logo se interessou pelo candomblé, buscando no Brasil a continuidade da África que ele havia estudado antes. Devemos a Bastide, ainda hoje, a teoria mais completa que se tem a respeito de como uma religião é transposta de um lugar para outro. Embora muita pesquisa tenha sido feita desde então, muitas coisas tenham sido descobertas e colocadas em seus devidos lugares, a pesquisa de Bastide ainda é importante. É dele a ideia de que o candomblé representava uma espécie de retorno momentâneo dos negros exilados no Brasil à África da qual foram tirados pelo escravismo. Ou seja, era através do candomblé que o negro podia, eventual e temporariamente, sair da sociedade branca, católica, escravista, dominante e adversa, para voltar à sua civilização de origem, o mundo negro, o mundo da comunidade, da raiz, da família, da origem e assim em diante.

Bastide chamou essa passagem simbólica de "princípio de corte": no momento em que o negro punha o pé no templo africano refeito no Brasil, no momento em que ultrapassava o portão do terreiro, ele se reencontrava com sua antiga civilização, com a família africana, e voltava a ser o que ele havia sido: um africano livre (Bastide, 1971). Esse princípio, hoje menos aplicável ao candomblé, é importante para se entender o sucesso da aclimatação da religião dos orixás em solo brasileiro. Apesar de já ter sido uma religião exclusiva dos negros africanos e de seus descendentes, religião étnica, o candomblé hoje é uma religião como qualquer outra, que acolhe brancos, negros, amarelos, vermelhos, enfim, gente de toda a cor, de toda a origem e de todas as camadas sociais. Mas, até hoje, ele preserva antigas estruturas, que vieram do continente africano e que aqui foram pouco a pouco sendo montadas como uma grande bricolagem.

O candomblé, que é uma religião formada no Brasil, tem por base o terreiro, que pode ser considerado uma representação do que era a família iorubá tradicional, com suas hierarquias, composição demográfica e divisão do trabalho. A essa representação da família se juntaram muitos títulos e cargos, que originalmente diziam respeito à administração das cidades, de tal modo que o mundo do terreiro se reporta o tempo todo à antiga sociedade iorubá ou nagô por meio do panteão, da língua ritual, dos ritos, de títulos e cargos.

A residência da família africana também era o local de culto religioso do grupo. Tudo era feito sob a autoridade do chefe familiar, contando com sacerdotes formados na própria família para o desempenho das atividades sagradas. O culto se realizava ao ar livre, no pátio do complexo de casas que abrigava os membros da família. Nos primeiros tempos de

Brasil, as cerimônias públicas dedicadas aos orixás eram igualmente realizadas ao ar livre, nos quintais das casas, no fundo das igrejas e no mato, escondidas dos olhares curiosos e nada tolerantes da sociedade católica branca e de sua polícia. Na Bahia, terreiro era qualquer espaço aberto usado para trabalho ou lazer. A praça principal de Salvador, por exemplo, se chama Terreiro de Jesus. No estado de São Paulo, quando o café era a cultura dominante, terreiro era, e ainda hoje é, um espaço de chão cimentado ou de terra batida, na fazenda ou no sítio, que se usava para secar o café — após a colheita, o café deve passar por um processo de secagem, exposto ao sol no terreiro, assim como grãos de outras culturas, como o feijão. Era nesse terreiro, que na ocasião recebia uma cobertura de folhas de coqueiro ou de encerados de lona, que se faziam as festas da zona rural, sobretudo as festas juninas e os bailes, que eram realizados em setembro e outubro, época de final de colheita e, portanto, tempo de descanso, festejo, namoro e casamento. A festa se dividia em duas partes: primeiro a reza do rosário aos santos católicos, depois a sanfona com o baile, aguardente e comida.

Com o tempo, o local de culto aos orixás ganhou uma ou mais construções rústicas, com paredes de pau a pique e cobertura de sapê ou de folhas de coqueiro, e mais recentemente estruturas de madeira, tijolos, telhas etc. Hoje há terreiros que dispõem de edificações de alvenaria, com piso cerâmico e até ar condicionado. Na medida em que os terreiros deixaram de ser espaços improvisados e passaram a contar com edificações próprias, o lugar onde se dançava — porque o candomblé é uma religião dançante (Lühning, 1990) — passou a se chamar barracão. Até hoje, o salão de um terreiro destinado às danças sagradas, mesmo tendo um chão de taco polido, cortinas de veludo e cadeiras confortáveis, continua a ser chamado de barracão. O mesmo barracão destinado às cerimônias dançantes pode ser usado para fins profanos. Quando o ritual termina, o barracão se transforma em local de feijoada, samba, dança, sociabilidade, namoro, pois, cumpridos todos os preceitos, é hora de diversão, tal como acontecia na sociedade rural brasileira tradicional.

As religiões prezam as tradições ou o que chamam de tradição. Pregam que tudo sempre foi igual, que suas verdades são eternas — tanto que a oração católica do credo diz "assim como era no princípio, agora e sempre, por todos os séculos dos séculos". Até por isso, elas não costumam mudar nomes consagrados pelo uso, a não ser quando esses nomes se tornam inconvenientes. Foi o que aconteceu com o termo "macumba", abandonado em razão da conotação pejorativa que lhe foi conferido pelos que mantinham e ainda mantêm com as religiões africanas uma relação preconceituosa.

Terreiro e barracão seguem designando, respectivamente, templo e salão das danças sagradas. Mas terreiro significa também a própria comunidade de culto, do grupo organizado em torno da mãe de santo (a ialorixá) ou do pai de santo (o babalorixá). O terreiro de candomblé se vê como uma família: os seguidores são considerados filhos da mãe de santo, irmãos de santo entre si. Mais do que isso, o terreiro é uma espécie de representação simbólica do que foi a família africana dos povos iorubás. Terreiro significa, dessa forma, tanto o lugar de culto, o templo — ilê axé, na língua iorubá —, como o próprio grupo de culto, a família de santo.

A família iorubá era uma família extensa, poligínica, ou seja, chefiada por um homem que se casava com muitas mulheres e tinha muitos filhos. Numerosa, envolvida numa economia familiar coletiva que se ocupava da agricultura, pecuária, caça e pesca, artesanato e comércio, com divisão de trabalho entre os gêneros e as idades. A família também era responsável pelo culto doméstico dos orixás dos quais se acreditava que descendiam os membros da casa. Cada família tinha seus próprios orixás e seus oriquis, versos que falavam das origens heroicas desse grupo e lhes imprimia identidade e que, como todo o conhecimento acumulado, eram transmitidos oralmente de geração a geração, uma vez que que os povos iorubás eram ágrafos até a chegada dos europeus.

O repertório oral dos iorubás falava da família, do povo iorubá e de seus reis, soldados e dos deuses, os orixás. Ele era contido em vasta mitologia aprendida de cor pelos babalaôs, sacerdotes encarregados de manter vivo o conhecimento construído por seu povo ao longo de séculos (Prandi, 2001; Abimbola, 1968). Tal conhecimento estava, evidentemente, ligado à religião, que também não se separava da família.

3

Os iorubás antigos acreditavam que tudo o que acontece num determinado tempo já aconteceu antes e voltará a acontecer de novo. A vida nada mais é do que mera repetição, infindáveis voltas num tempo circular (Prandi, 2005). A crença na reencarnação acompanhava essa concepção de tempo. Todo morto um dia renascerá, mas a condição necessária para reencarnar é não ser esquecido após a morte: o falecido deve ser constantemente homenageado por sua família, pois são essas homenagens que o chamam de volta à vida na Terra.

O morto espera a reencarnação no Orum, onde habitam os deuses orixás e outras entidades. O Orum é um mundo sem os atrativos terrenos. Ali não há muitas coisas que o homem e a mulher conheceram na Terra como essenciais à alegria e à felicidade: comida, bebida, música, dança, sexo etc. Tudo o que é bom, tudo o que é gostoso, tudo o que é bonito, tudo o que é odara lá não existe, e só pode ser experimentado no mundo material, que é esse mundo em que vivemos, o Aiê, a Terra. Os mortos não gostam de ficar muito tempo no Orum, o mundo espiritual, uma vez que foram feitos por Oxalá para habitar o Aiê. O espírito do morto, que é chamado egum, contudo, deve permanecer no Orum à espera de uma oportunidade para ser acolhido por um útero que o trará de novo à Terra, num corpo novo, numa nova matéria.

O morto reencarna na própria família, que é uma família extensa, grande, formada por não menos que 200 ou

300 pessoas, número resultante dos muitos casamentos do homem que a chefia. Nessa família, às esposas e seus filhos se juntam os agregados — sogras viúvas, tios, sobrinhos, parentes que eram parte de família dizimadas pela guerra ou pelos caçadores de escravizados, que a peste matou. Todos que têm algum grau de parentesco e ficam sozinhos vão se agregando na família extensa, cujo chefe é considerado o pai de todos. Muitas mortes e muitos nascimentos ocorrem a cada ano, de modo que cada nascimento na família é uma possibilidade que se abre para o morto à espera do renascimento. Cada nascimento é uma volta da roda do tempo, a vida que torna a se repetir.

A pior coisa que pode acontecer a um iorubá tradicional, portanto, é morrer antes de realizar uma obra que o torne inesquecível, antes de construir uma família numerosa. Morrer ainda criança é a pior das mortes, porque essa criança não teve tempo de construir uma biografia que justifique seu retorno. A morte de uma criança pode ser o elo final de uma cadeia de muitos renascimentos. A vida que ela representa pode ter se manifestado em várias encarnações, a criança pode até ter sido um rei, e esse ciclo acabaria interrompido, de repente, pelo azar de a última reencarnação terminar em uma criança que morreu cedo e que não será, por certo, lembrada por muito tempo. À vista disso, o candomblé conta com ritos — de certo modo hoje quase em completo desuso — que visam evitar esse tipo de problema, capaz de parar aquela roda do tempo (Ziegler, 1977 [1975]; Epega, 1994).

Seguindo a lógica dessa crença, quanto mais filhos, maior a garantia de receber homenagens, sacrifícios, ser lembrado após a morte, ser invocado e poder voltar de novo. Nos dias de hoje, com o padrão contemporâneo de se ter só um filho ou dois, poucos teriam chance de renascer sob o imperativo dessa concepção de vida e morte. A própria cultura dessa nova sociedade, entretanto, no próprio processo de criação do candomblé, cuidou de resolver o problema causado pela drástica diminuição do tamanho da família, que mesmo entre os negros assumiu o padrão de família nuclear monogâmica. Os membros de um terreiro são considerados irmãos entre si, irmãos de santo, membros de uma família muito numerosa, a família de santo, chefiada pela mãe de santo ou pelo pai de santo. O terreiro regenera, dessa maneira, a família perdida, apagando o imperativo dos velhos laços consanguíneos.

Na África iorubá tradicional, uma nova residência podia surgir quando um homem se casava e se propunha a fundar uma família, separando-se da família em que nasceu, mas mantendo com ela relações protocolares, além de cultivar as mesmas origens genealógicas e míticas. Esse homem construía um ilê para viver com a esposa e os filhos que tinha com ela. Caso prosperasse economicamente, podia ter outra mulher, e para isso agregava outro cômodo à casa, onde viveria a segunda esposa e seus filhos. Depois, outra mulher e outro cômodo. A cada nova esposa, mais um pedacinho era juntado à casa. Os filhos homens cresciam e se casavam com mulheres vindas de outras famílias, enquanto as filhas eram levadas por seus maridos para as casas deles. No fim das contas, essa residência não era mais apenas um ilê, uma casa, mas um agbolê ou agbô-ilê, uma casa comunitária, também chamada de *compound* (Falolá; Akinyemi, 2016).

Os iorubás creem que cada ser humano descende de um orixá, de modo que nem todos os humanos têm a mesma divindade em sua origem. Mas todos os filhos e as filhas de um mesmo agbô-ilê tinham o mesmo orixá, a mesma ancestralidade. Os filhos e as filhas herdavam o orixá do pai, que o recebeu do pai dele, e assim por diante, até a origem daquele tronco familiar. O principal orixá cultuado por uma família extensa era o orixá de seu fundador, que, por herança consanguínea, era o mesmo dos chefes que vão se sucedendo. Cada esposa, porém, tem o orixá que herdou do pai dela. Ao se casar, ela transmite a seus filhos um segundo orixá, que não será, contudo, transmitido aos netos. O orixá de cada esposa é cultuado apenas em seus aposentos privados. Assim, se a família é numerosa, com muitas esposas, são muitos os orixás cultuados pelo grupo, mas o do chefe ocupa o lugar central nas honrarias devidas aos deuses. A esses se juntam os orixás cujo culto extravasa os limites da família.

## 4

Os orixás não são cultuados apenas como deuses que vivem no Orum, de onde governam o mundo dos humanos. Considera-se que eles fazem parte intrínseca de cada ser humano, como uma das três almas do homem e da mulher (Prandi, 2011). O orixá é a alma que faz a ligação do ser humano com a natureza. Se, por exemplo, alguém tem em sua alma, em sua personalidade, a natureza do mar, diz-se que essa pessoa é descendente de Iemanjá; se sua natureza é o raio, é um descendente de Iansã; se sua natureza é o trovão, é um descendente de Xangô; se sua natureza é a água límpida, corrente, do riacho ou da cachoeira, sua ascendência vem de Oxum. Se a pessoa vem da lama, que é a matéria-prima de feitura da humanidade, tem em Nanã sua origem, e o mesmo se dá em relação aos demais orixás. Cada elemento da natureza tem uma divindade, uma deidade, um deus que o representa e que com ele se confunde, o orixá, que é a primeira alma de cada humano. O orixá é, dessa maneira, a primeira base da existência do ser humano no Aiê, o vínculo primordial que junta a materialidade da natureza ao mundo espiritual.

A segunda alma representa a comunidade, a sociedade, e é chamada de egum. É a alma que segue o processo de transmigração, que nasce, morre, renasce e morre de novo, repetindo-se o ciclo sempre que os preceitos são cumpridos. O egum de uma pessoa foi provavelmente o egum de um tio-avô ou outro parente, depois de ter sido o egum de um tetravô e assim em diante. Enquanto o egum é a alma que transmigra, o orixá da pessoa, quando a morte vem, volta para a natureza. O egum não morre, ele vai para o Orum para esperar seu tempo de renascer. Ele representa o social, que se reproduz na família extensa, no grupo. O egum, por meio da reencarnação, garante simbolicamente a continuidade da vida social, pois a sociedade vai se refazendo no ciclo vida, morte, vida.

Há ainda a terceira alma, chamada ori — palavra que também indica o que há dentro de nossa cabeça, uma espécie de ego, para se fazer um paralelo com a cultura do Ocidente. O ori é único, diferente em cada pessoa, e morre junto com o corpo, o chamado ara, que o egum recebe ao renascer. O ara é material e volta à terra do qual é feito. O ori contém nosso destino, nossos desejos, nossa inteligência, nossa mentalidade e nossas lembranças, em suma, nossa individualidade, e até nossa loucura. Acredita-se que o ori é escolhido pela pessoa no ato do nascimento, sendo ela, por isso mesma, responsável por seus atos durante a vida.

Cada ser humano carrega, assim, em suas almas, a natureza, a sociedade e a individualidade. O pai transmite o orixá, referência à natureza. O egum, o social, vem da família e sobrevém da reencarnação. O ori, que é único, determina a diferença em relação aos demais. Mas existem ainda outras entidades envolvidas na composição de cada pessoa. Além do orixá herdado do pai, cultuava-se o herdado da mãe, um segundo orixá, que no Brasil será chamado de juntó ou adjunto.

Alguns orixás eram cultuados por todas as famílias, caso de Exu, por exemplo. Orixá da comunicação, da transmissão, do movimento, é cultuado por todas as famílias e pessoas. Nada pode acontecer sem a interferência de Exu. Ele é o ponto de ligação entre duas ideias, duas ações, dois objetos, duas relações. Exu também é o senhor dos mercados, porque o mercado significa mercadorias em movimento, e guarda todas as passagens, razão pela qual seus altares são geralmente instalados na porta das casas, no portão de entrada dos terreiros, nas encruzilhadas.

O orixá Ifá, também chamado Orunmilá, cultuado em todo o território iorubá, ocupa um lugar especial no panteão. Como se crê que todas as histórias se repetem, os acontecimentos da vida são previsíveis a partir dos mitos que falam de tempos imemoriais, mitos que têm nos sacerdotes de Ifá. Chamado babalaô, que significa pai do segredo ou do conhecimento, cabe ao sacerdote de Ifá revelar, por meio de práticas divinatórias, qual é o mito que em um determinado momento está sendo repetido na vida de uma pessoa. Ifá não tem filhos humanos, como os demais orixás, mas guarda todo o conhecimento que torna a vida humana mais fácil, segura e feliz.

As religiões dos orixás, tal como praticadas hoje no Brasil, foram constituídas no século 19 por grupos organizados de escravizados urbanos e africanos já então forros e livres. É importante lembrar, porém, que a escravidão destruiu a identidade africana do negro, fazendo-o esquecer sua origem, apagando de sua memória sua aldeia e sua família original, dando-lhe um novo nome, uma nova família, uma nova religião, e matando algumas de suas almas ao fazer dele um cristão. O negro escravizado não sabia mais quem era, de onde vinha, quem era sua família, quem foi seu pai, quem foi seu avô e, o que é mais importante aqui, qual era seu orixá — porque orixá é uma coisa que vem no sangue. Sendo assim, ao buscar refazer sua religião do lado de cá do oceano, o negro enfrentou um impedimento que pode ser resumido em poucas palavras: sem família não tem orixá e sem orixá não tem religião.

Talvez por isso a recriação religiosa mais importante para que a religião dos orixás se constituísse no Brasil, em Cuba e em outros países das América (para mais tarde, migrar para a Argentina, Uruguai, Venezuela, diferentes partes dos Estados Unidos e vários países da Europa) tenha sido a criação de uma outra forma de determinar o orixá das pessoas.

Ainda que muito da tradição oracular de Ifá tenha se perdido na transposição da religião iorubá da África para o solo brasileiro, as sacerdotisas e os sacerdotes-chefes do candomblé são capazes de consultar um oráculo mais simples, que usa como instrumento de adivinhação o jogo de búzios e tem como patronos Oxum e Exu, tendo o culto de Ifá praticamente desaparecido no Brasil, assim como o sacerdócio do babalaô. Pois é por meio do jogo de búzios que a mãe de santo identifica o orixá de cada pessoa, além do segundo orixá, aquele na África se herdava da mãe biológica. As mães de santo já não conhecem a infinidade de mitos dos quais os babalaôs se valiam para a prática divinatória, mas sabem identificar, na caída dos búzios, de que assunto o jogo está tratando e quais são os orixás nele envolvidos. Isso as permite revelar qual é, afinal, o orixá da pessoa que a consulta.

É através dos búzios que a mãe de santo identifica, sempre pelos enredos que o jogo indica, os problemas vividos pelo consulente, como doenças, acidentes, dificuldades no amor, questões de trabalho, disputas de todo tipo, mas também as coisas boas da vida, como namoro, casamento, sucesso. As histórias associadas ao jogo de búzios contam também o que foi feito para resolver os eventuais problemas que podem afligir a pessoa. Evidentemente, para resolver qualquer problema, os orixás envolvidos na questão devem ser propiciados. Oferendas são recomendadas, rituais são prescritos. Para essa adivinhação, os terreiros são procurados por uma clientela interessada não na religião, mas no serviço oracular e nas oferendas propiciatórias.

Diferentemente da África, a definição do orixá da pessoa na América agora independe da família biológica. Para a prática religiosa, o que importa agora é a família de santo, a comunidade do terreiro (Lima, 2003). O novo modo de definir o orixá de uma pessoa sem a necessidade de considerar suas origens familiares, que já não contam, é sem dúvida o ponto basilar da recriação religiosa da África no Brasil. Numa sociedade moderna, de imigrantes, que prima pelo individualismo e atribui pouca ou nenhuma importância às origens familiares, essa inovação não poderia ter melhor acolhida.

# 5

Se a família perdeu importância na definição do orixá das pessoas, mesmo porque grande parte dos seguidores do candomblé de hoje e a maioria dos consulentes do jogo de búzios não tem ascendência africana, o mesmo não aconteceu com a organização da família iorubá, seus papéis, cargos e títulos, que foram incorporados pelo candomblé. O descolamento da definição do orixá em relação à família, além de romper os laços étnicos e raciais que a antiga concepção de herança biológica pressupunha, contribuiu para a posterior expansão do candomblé pelo país, notadamente a partir dos anos 1960 (Prandi, 1991), no momento em que o processo de secularização da sociedade avançava, liberando os membros da família para que cada um deles, motivado por interesses e gostos próprios, pudesse escolher qualquer religião, ou religião nenhuma.

Ainda assim, o candomblé é bastante devedor do modo de organização da família extensa iorubá. Sua hierarquia era baseada em uma complexa divisão do trabalho que, além de pressupor o desempenho de tarefas específicas aos diferentes membros, imprimia direitos e dignidades, proporcionava favores especiais, e dava a cada um a possibilidade de participar no poder que controlava a vida no interior do agbô-ilê, agora transmutado em terreiro de candomblé.

A esposa mais velha, a primeira esposa, detinha a prerrogativa de preparar a comida do chefe da casa, inclusive moendo a pimenta, absolutamente essencial na culinária e na nutrição iorubá (Lima, 1995). Um mito sobre Obá e Oxum, esposas de Xangô, narra justamente a disputa pelo direito de cozinhar para o rei, o chefe da casa, explicitando como a atividade culinária da esposa podia influir nos favores sexuais do marido. A hierarquia das esposas dependia do tempo de casamento. Elas eram divididas basicamente em dois grandes grupos: as esposas jovens, chamadas iaôs, a quem cabiam os trabalhos manuais mais simples e elementares, porque elas ainda tinham pouca experiência nos serviços domésticos; e as esposas mais velhas, que eram chamadas entre si e pelas mais jovens de ebomes, ou *egbon mi*, literalmente, minha irmã mais velha. Essa era a primeira grande divisão: as iaôs, esposas júniores e as ebomes, esposas sêniores. Somente as ebomes podiam receber cargo que definiam trabalhos específicos.

 Quando se vai a um terreiro de candomblé, a primeira coisa que se percebe é que há certa divisão entre seus membros, marcada por gestos, símbolos e modos de se comportar. Observando os que dançam na roda (hoje mulheres e homens), se verá que alguns dançam descalços e outros dançam de sandália ou sapato. Os que dançam descalços são iaôs, filhos de santo novos, as jovens esposas, que não têm cargo nenhum, nem papel sacerdotal específico — são apenas recém-iniciados. Eles usam um número grande de colares, que pesam muito e os mantêm inclinados, e devem sempre beijar a mão dos mais velhos e se curvar diante deles, quando não se prostrar diante dos mais titulados. Já os mais velhos, os ebomes, usam poucos colares porque estão liberados da posição inclinada que indica subserviência, e dançam calçados porque já não são escravizados (no tempo da escravidão, os negros só podiam andar calçados quando alcançavam a alforria ou nasciam livres), além de usarem objetos rituais e participar de atos cerimoniais interditados aos iaôs, podendo assumir tarefas e cargos importantes. O terreiro se espelha, portanto, na família iorubá tradicional, como se a sociedade fosse a mesma, e os tempos também.

 Na transposição da África para o Brasil se manteve a ideia de que o terreiro, o templo, pertence ao fundador. Uma adaptação significativa diz respeito à chefia. Se na África o fundador da família era sempre um homem, o chefe da família de santo no Brasil tendeu a ser, pelo menos nos primeiros tempos, uma mulher. A mulher negra, sobretudo se livre ou forra, mantinha certa independência econômica em relação ao homem, trabalhando, por conta própria, em atividades que dependiam de certo espírito empreendedor. Muitas delas gozavam de maior facilidade de organizar grupos religiosos por ocuparem lugar de destaque em confrarias católicas.

De início, os terreiros são dedicados ao culto dos orixás de sua fundadora e consagrados em nome do orixá principal. Na medida em que vão chegando os filhos de santo, com outras pessoas sendo iniciadas, o panteão vai se ampliando e cada orixá passa a receber um local próprio de culto dentro do terreiro. Se o terreiro é muito pequeno, tudo é colocado em um cômodo dividido em pequenos espaços: aquele canto é de Oxóssi; aquele canto é de Oxum; o canto de Oxalá é separado com um pano branco, pois as cores o desagradam e o azeite de dendê lhe é interditado. Conforme o terreiro vai alcançando uma melhor posição financeira, vão se construindo as diferentes casinhas, chamadas no Brasil de quartos de santo, ilês-orixás, de modo semelhante ao que acontecia no velho *compound* familiar.

A família africana dispunha de espaço de uso coletivo, um grande pátio aberto onde aconteciam as festas, onde as crianças brincavam e eram instruídas, onde as pessoas passavam a tarde conversando e discutindo, onde as mulheres trabalhavam e preparavam os diferentes tipos de cereais que deviam ser pilados e onde se realizavam as cerimônias religiosas públicas.

O barracão do terreiro corresponde a esse pátio africano, agora coberto, e há sempre cômodos onde os iniciados passam seus períodos de recolhimento, além das demais dependências necessárias à permanência dos devotos na casa por ocasião de festas e obrigações. O terreiro pode contar com uma residência para o sacerdote-chefe e outras autoridades. De todo modo, o quarto (ou capela) reservado ao orixá do fundador é sempre o mais espaçoso e bem cuidado.

Nas últimas décadas, na medida em que a concepção de tempo circular foi sendo abandonada e o terreiro foi assumindo a noção ocidental do tempo, do tempo corrido, irreversível, também os critérios de senioridade passaram a ser controlados pelo calendário ocidental. Hoje, iaô é o filho ou a filha de santo que tem menos de sete anos de iniciação (Verger, 2002).

Quando, no sétimo ano, passa pela obrigação de senioridade, o chamado decá (que em iorubá significa passagem), o filho de santo se transforma de iaô em ebome, adquirindo assim muitos direitos na hierarquia do terreiro. Entre esses direitos, está o de fundar uma nova casa ou, ao permanecer na mesma casa, o de ganhar cargos sacerdotais específicos. Assim como na numerosa família extensa iorubana, o poder nos terreiros é distribuído à algumas pessoas, o que ajuda no funcionamento da casa, embora possa provocar conflito e inveja, pois há entre os membros certa disputa velada pelos cargos sacerdotais (Vallado, 2010). Pode acontecer de uma pessoa deixar o terreiro por se sentir injustiçada, porque queria, por exemplo, ser a mãe-pequena, e o cargo foi dado a outra pessoa. Nessa família, a iabassê se encarrega da cozinha, a iatebexê canta as cantigas sagradas, a iamorô cuida do culto a Exu... A lista de atribuições no terreiro é longa e não se esgota nos cargos da família iorubá.

Na África, os diferentes agbôs-ilês estavam sob a autoridade do rei, e seu palácio tinha seu próprio *compound*. Das cidades iorubanas, uma se destaca na memória que o candomblé guarda da África. Trata-se de Oió, a sede de um império que dominou muitas outras cidades. Diz a mitologia que Xangô foi o quarto rei de Oió. Divinizado, Xangô se tornou um orixá muito reverenciado no Brasil, patrono do terreiro Casa Branca do Engenho Velho e de muitos outros. A cidade e a corte de Xangô, por ser a capital de um império, contavam com uma complexa organização administrativa, familiar e religiosa, com dezenas de cargos e funções (Fadipe, 1991). Tudo indica que as fundadoras dos primeiros candomblés da Bahia eram mulheres que tinham familiaridade com a corte de Oió. Eram conhecedoras não somente dos cargos religiosos, mas também daqueles ligados à administração e ao poder. Ianassô, nome de uma das primeiras mães de santo de candomblé do Brasil, teria sido um cargo que pertencia à corte de Oió (Silveira, 2007).

É possível citar o nome de uma série de cargos africanos, religiosos ou não, que foram preservados como uma espécie de referência constante às sociedades africanas de onde vieram os pais fundadores do candomblé e, depois, alguns de seus reformadores (Prandi; Vallado, 2010).

O baxorum era uma espécie de primeiro-ministro e presidente do conselho do rei de Oió. Seu poder era tanto que, às vezes, mandava mais que o próprio rei. Quando o rei morria ele era o regente até que o sucessor fosse escolhido. No candomblé, esse é um título de alguém que ajuda na administração do terreiro. O cargo de baxorum é muito desejado, mas é comum os pais de santo evitarem a nomeação de algum dos homens da casa para ocupar esse cargo, talvez receosos do poder que estariam transferindo a um filho.

O alapini, na África, era o encarregado do culto dos antepassados da casa, ocupando, portanto, um cargo religioso. Hoje, no Brasil, ele está presente nos candomblés de egungum, voltados para o culto dos mortos ilustres.

O balogum era um chefe militar, cargo muito importante, se consideramos o valor da guerra entre os povos da África tradicional e multiétnica. No candomblé, esse é um cargo masculino, geralmente ocupado por alguém que administra a comunidade dos filhos de Ogum. O professor Agenor Miranda Rocha, que morreu em 2004, com quase cem anos de idade, foi o balogum da Casa Branca do Engenho Velho por mais de setenta anos. Iniciado por mãe Aninha do Axé Opô Afonjá, Agenor também exercia o cargo de oluô e presidiu o oráculo na sucessão da mãe de santo em terreiros tradicionais.

O lagunã era um embaixador do rei e também uma espécie de ministro da agricultura. Por isso, ele também chefiava o culto do Orixá Ocô, orixá da agricultura. No candomblé ele mantém a responsabilidade de cuidar do bom desempenho das cerimônias ao Orixá Ocô, cujo ritual mais importante se realiza no dia 31 de dezembro.

O aquinicu era o chefe dos rituais fúnebres, o sacerdote que despachava o egum do morto (a alma que renasce) e fazia seu orixá voltar à natureza. No Brasil, o aquinicu virou um cargo exercido apenas temporariamente, durante um axexê (rito funerário). Ele pode ser ocupado por pais e mães de santo e outras dignidades.

O axipá é aquele que percorre todas as aldeias, uma espécie de olheiro do rei, que confere se todos os agbôs-ilês estão pagando impostos e se as leis estão sendo respeitadas. No Brasil, o axipá, é cargo masculino ligado ao culto dos antepassados.

Ianassô, nome de uma das fundadoras do candomblé no Brasil, era a sacerdotisa que cultuava o orixá pessoal do rei de Oió, Xangô. No candomblé brasileiro, ela é a mulher que cuida do culto do orixá do dono da casa. Trata-se de um cargo de grande poder e responsabilidade, pois acredita-se que, se o culto ao patrono do terreiro não seguir corretamente os preceitos, o orixá ficará descontente. Isso poderia acarretar enormes prejuízos e desgraças ao terreiro, como, por exemplo, ser invadido pela polícia ou, mais recentemente, por evangélicos.

As ialemoris eram, na África, mulheres que cuidavam das cabeças (oris) e que orientavam as crianças — uma espécie de preceptoras. Entre nós, ajudam nas oferendas ao ori, o ritual do bori. Na África, eram chefiadas pela iaquequerê (mãe-pequena). No Brasil, iaquequerê é o cargo da principal auxiliar da mãe de santo, podendo substituí-la em qualquer ritual. É a segunda autoridade do terreiro.

A equede-orixá, ou simplesmente equede (nome que significa a segunda pessoa do orixá), era a encarregada dos objetos sagrados do culto ao Xangô do rei, na corte de Oió. Ela nunca entrava em transe. No candomblé, as equedes são sacerdotisas que não entram em transe e que cuidam dos diferentes orixás manifestados no corpo dos iaôs. Elas os vestem para as cerimônias públicas e os acompanham e orientam nas danças no barracão. Têm o grau de senioridade desde o momento em que são iniciadas no cargo.

Na África era chamado de ogã, ou ogá, qualquer homem mais velho ao qual se tributava respeito e reverência. No candomblé, ogã é o título de homens iniciados que não entram em transe e desempenham tarefas essenciais ao culto: os alabês, que tocam os atabaques; o axogum, que executa os sacrifícios; e o pejigã, que cuida dos assentamentos (altares) dos orixás. Como na velha África, também é um título honorífico, atribuído a homens que ajudam e protegem o terreiro e seus filhos de santo.

Na medida em que o candomblé foi se consolidando, mais e mais cargos foram sendo adicionados à hierarquia sacerdotal. Na década de 1930, o terreiro Axé Opô Afonjá de mãe Aninha Obabií incorporou uma série de títulos para melhor marcar suas origens africanas e sua relação direta com o culto a Xangô. Esses títulos foram depois adotados por muitos outros terreiros. Nessa iniciativa, mãe Aninha foi orientada por Martiniano Eliseu do Bonfim, considerado o último babalaô do Brasil. Martiniano, nascido na Bahia, quando jovem, foi mandado à África por seu pai para estudar. Passou muitos anos em Lagos, estudando nas escolas públicas e aperfeiçoando seus saberes religiosos. Ao voltar para o Brasil, tornou-se professor de inglês, que é uma das línguas oficiais da Nigéria. Foi importante colaborador dos primeiros antropólogos e sociólogos que estudaram o candomblé na Bahia, na década de 1930, e dividiu com mães de santo muito do saber religioso aprendido na África.

Uma das inovações introduzidas no candomblé por Martiniano do Bonfim foi o conselho de ministros de Xangô, os obás ou mogbás de Xangô, um colegiado destinado a ajudar a mãe de santo na administração do terreiro (Lima, 1982). O conselho dos doze obás é um grupo formado de seis obás da direita, que têm direito a voz e a voto, e seis obás da esquerda, que têm direito a voz, mas não a voto, porque seria assim na corte de Oió. Esses cargos são preservados até hoje e, quando morre um de seus membros, a mãe de santo, em nome do orixá, nomeia outra pessoa de sua confiança para ocupar o mesmo cargo.

Os títulos dos obás da direita são os seguintes: Obá Abiodum, que na África significa aquele que nasceu em um dia de festa; Obá Aré, que é o título que se dá a uma pessoa importante da corte, que não tem necessariamente uma atribuição específica; Obá Arolu, cargo de um representante da comunidade no governo, indicado por voto, ouvidor popular que levava ao rei os problemas da comunidade; Obá Telá, um representante da realeza no conselho; Obá Odofim, o chefe da sociedade que julgava as mulheres acusadas de feitiçaria; por fim, Obá Cancanfô; o general mais importante do exército de Oió.

Os títulos dos obás da esquerda são: Obá Onaxocum, título atribuído ao pai do rei de Oió; Obá Aressá, título do rei de uma das cidades iorubás; Obá Elerim, título do rei de Erin, cidade do orixá Erinlé; Obá Onicoií, título do rei de Icoií; Obá Olugbom, título do rei de Igbom; e Obá Xorum, que era um chefe do conselho do rei de Oió.

Todos esses nomes designam no candomblé cargos religiosos, mas na África referiam-se tanto a cargos religiosos quanto a postos administrativos de homens que controlavam a sociedade iorubá e suas cidades. Eles têm em comum o fato de se referirem a posições masculinas de destaque no mundo iorubá, emprestando aos que os usam no candomblé dignidade e respeito por suas obras no terreiro ou na sociedade inclusiva. Muitos dos obás são gente da própria religião, nomes pouco conhecidos fora dos limites do povo de santo. Outros, entretanto, são personagens famosos do mundo brasileiro das artes, literatura, ciência, política etc. — caso de nomes como Dorival Caymmi, Jorge Amado, Carybé, Antônio Olinto, Mário Cravo, Muniz Sodré, Vivaldo da Costa Lima e Gilberto Gil.

# 6

Ainda que seus conteúdos fundamentais sejam genuinamente africanos, o candomblé, em sua organização brasileira, resulta de uma complexa bricolagem que visa acentuar exatamente aqueles aspectos trazidos da África. Trata-se de uma espécie de colcha de retalhos retrabalhados, às vezes com novos significados e sentidos, costurada inicialmente para servir de memória da origem roubada pela escravidão, mas que conseguiu se recompor e sobreviver. O candomblé, por isso, embora não seja mais uma religião exclusiva de negros, mostra-se como um espelho das condições da vida que se viveu um dia na África, com suas referências constantes ao cotidiano da família, da aldeia, da cidade, onde o poder é o poder africano, o governo é o governo do rei, a origem do poder do rei é o poder do orixá. O terreiro é uma miniatura de uma sociedade ideal, que se procura tornar real por meio dos termos que ele usa.

Como qualquer religião, o candomblé muda. Para isso, ele se vale também do que dizem os livros que falam dos orixás nos mais diversos lugares aos quais os deuses iorubás foram levados, do que encontram os devotos que viajam à África, do que se pode ouvir em encontros e congressos sobre a religião, do que se vê ao visitar outras cidades, outras nações de candomblé etc. Nessas mudanças, novos títulos e cargos sacerdotais vão sendo incorporados. O cargo do aramefá, por exemplo, hoje muito presente nos terreiros de Oxóssi, era apenas o título de um dos chefes dos caçadores na cidade de Queto. Mas se a cidade de Oxóssi é uma cidade sagrada, por ser a cidade de Oxóssi, o que vem de lá pode ser incorporado como sinal santificado.

Do mesmo modo, algumas práticas e conceitos que eram essenciais à religião na África desaparecem ou mudaram no Brasil, perdendo muito de seu sentido original, em resposta a uma nova sociedade na qual a religião se instalou. Por exemplo, o culto das ancestrais femininas, as Iá Mi Oxorongá, nossas mães feiticeiras, era realizado em praças públicas. O festival das mães ancestrais acontecia uma vez por ano em cada cidade, em datas não coincidentes entre as diferentes localidades. Como as cidades eram próximas, os fiéis podiam ir todo mês, a pé, de cidade em cidade, festejar Iá Mi Oxorongá. Os festivais Geledé, nome pelo qual são conhecidas a festa propriamente dita e as máscaras que representam as mães, promoviam uma grande integração entre as povoações próximas, juntavam as pessoas, permitiam que parentes se reencontrassem, que novos conhecimentos se fizessem (Beier, 1956). Esse culto desapareceu no Brasil. Quando o candomblé se constituiu, a praça não era do povo — contrariando versos libertários de Caetano Veloso —, era da Igreja Católica. A Igreja, que detinha o monopólio religioso, não admitia o culto de Iá Mi Oxorongá, no qual os homens se vestiam de mulher, usavam máscaras enfeitadas de pássaros e objetos de feitiços, e dançavam na praça pública, sabe-se lá em homenagem a quais demônios. O mesmo ocorreu com o culto aos antepassados masculinos, os egunguns, que, todavia, sobreviveu no Brasil em uns poucos terreiros dedicados exclusivamente a eles (Houlberg, 1978; Braga, 1992), mas perdeu importância em termos do papel de controle social que desempenhava na África iorubá tradicional.

Algo semelhante ocorreu com a ideia das três almas (natureza, sociedade e indivíduo), que tende cada vez mais a ser substituída pela concepção cristã de alma única, porque o candomblé se envolveu muito com o catolicismo e com o espiritismo no Brasil. Subsiste a ideia um pouco enfraquecida de reencarnação, mas nada muito próximo da noção original. Na concepção iorubá, o orixá existe dentro de cada ser humano e pode se mostrar, se manifestar, se exteriorizar quando seu portador é ritualmente iniciado para tanto. Afinal, a alma de um vivente habita seu corpo, está dentro, e não fora. Hoje, porém, muitos seguidores do candomblé acreditam que o orixá vem de fora da pessoa e toma posse de sua cabeça no processo ritual. Creem que o orixá possui seu filho, o toma como o cavaleiro que monta seu cavalo, que é uma concepção que a umbanda herdou do espiritismo kardecista (Prandi, 2012). No caso do candomblé, essa ideia de que "o santo baixa" em seu "médio" não deixa de ser uma invenção, mais uma recriação religiosa de uma África imaginária num Brasil que já experimentou muitas e nem sempre coerentes concepções formuladas por diferentes religiões.

Assim caminham as religiões, sobretudo na sociedade secularizada, onde elas interessam apenas aos indivíduos e grupos religiosos. Abandonadas pelo Estado à própria sorte e envolvidas entre si num processo competitivo, as religiões são compelidas a demonstrar sua autenticidade, que, neste caso, se expressa pelo retorno às origens, às marcas originais. Mudam para ser o que já foram, como procuram fazer crer, num retorno ao tempo mítico em que a humanidade se encontrava mais próxima de deus, mas próxima dos deuses. É, enfim, o sentido de qualquer recriação religiosa, de qualquer religião.

# referências bibliográficas

ABIMBOLA, Wande. Ifa as a body of knowledge and as an Academic Discipline. *Lagos Notes and Records*, Lagos, v. 2, n. 1, p. 30-40, 1968.
AKINTOYE, Stephen Adebanji. *A history of the Yoruba people*. Dakar: Amalion, 2010.
BASTIDE, Roger. *As religiões africanas no Brasil*. São Paulo: Pioneira, 1971.
BASTIDE, Roger. *O candomblé da Bahia:* rito nagô. São Paulo: Companhia das Letras, 2001.
BEIER, Ulli. Gelede Masks. *Odu*, Ibadan, v. 6, p. 5-24, 1956.
BRAGA, Júlio Santana. *Ancestralidade afro-brasileira*: o culto de babá egum. Salvador: Centro de Estudos Afro-Orientais da UFBA: IANAMÁ, 1992.
EPEGA, Sandra Medeiros. Egbe-Orun Abiku: crianças "nascidas para morrer" sucessivas vezes através da mesma mãe. *In*: CONGRESSO INTERNACIONAL DE TRADIÇÕES AFRICANAS E CULTO AOS ORIXÁS, 1994, São Paulo. *Anais* [...]. São Paulo: S.C.C., 1994.
FADIPE, N. A. *Sociology of the Yoruba*. 2. ed. [1. ed. 1970]. Ibadan: Ibadan University Press, 1991.
FALOLÁ, Toyin; AKINYEMI, Akintunde. *Encyclopedia of the Yoruba*. Bloomington: Indiana University Press, 2016.
HOULBERG, Marilyn Hammersley. Notes on Egungun Masquerades among the Oyo Yoruba. *African Arts*, Los Angeles, v. 11, n. 3, 1978.
LIMA, Vivaldo da Costa. Os obás de Xangô: organização do grupo de candomblé; estratificação, senioridade e hierarquia. *In*: MOURA, Carlos Eugênio Marcondes de (org.). *Bandeira de Alairá*. São Paulo: Nobel, 1982. p. 79-122.
LIMA, Vivaldo da Costa. Para uma antropologia da alimentação. *Alteridades*, Salvador, v. 2, p. 89-102, 1995.
LIMA, Vivaldo da Costa. *A família de santo nos candomblés jejes-nagôs da Bahia*. 2. ed. Rio de Janeiro: Pallas, 2003.
LÜHNING, Angela. Música: O coração do candomblé. *Revista USP*, São Paulo, n. 7, p. 115-24, 1990.
MOURA, Roberto. *Tia Ciata e a Pequena África no Rio de Janeiro*. Rio de Janeiro: Funarte, 1983.
PIERUCCI, Antônio Flávio. Secularização em Max Weber: da contemporânea serventia de voltarmos a acessar aquele velho sentido. *Revista Brasileira de Ciências Sociais*, São Paulo, v. 13, n. 37, p. 43-73, 1998.
PRANDI, Reginaldo. *Os candomblés de São Paulo*. São Paulo: Hucitec: Edusp, 1991.
PRANDI, Reginaldo. *Mitologia dos orixás*. São Paulo: Companhia das Letras, 2001.

PRANDI, Reginaldo. *Segredos guardados*. São Paulo: Companhia das Letras, 2005.

PRANDI, Reginaldo; VALLADO, Armando. Xangô, rei de Oió. *In*: BARRETTI FILHO, Aulo (org.). *Dos yorùbá ao candomblé kétu*. São Paulo: Edusp, 2010. p. 141-61.

PRANDI, Reginaldo. Axé, corpo e almas: concepção de saúde e doença segundo o candomblé. *In*: BLOISE, Paulo (org.). *Saúde integral*: a medicina do corpo, da mente e o papel da espiritualidade. São Paulo: Editora Senac, 2011. p. 277-94.

PRANDI, Reginaldo. *Os mortos e os vivos*: uma introdução ao espiritismo. São Paulo: Três Estrelas, 2012.

SILVEIRA, Renato da. *O candomblé da Barroquinha*. Salvador: Maianga, 2007.

VALLADO, Armando. *Lei do santo*: poder e conflito no candomblé. Rio de Janeiro: Pallas, 2010.

VERGER, Pierre Fatumbi. *Saída de iaô*: cinco ensaios sobre a religião dos orixás. São Paulo: Axis Mundi: Fundação Pierre Verger, 2002.

WEBER, Max. Rejeições religiosas do mundo e suas direções. *In*: WEBER, Max, *Textos selecionados*. São Paulo: Abril Cultural, 1988. p. 237-261.

ZIEGLER, Jean. *Os vivos e a morte*: uma sociologia da morte no Ocidente e na diáspora africana no Brasil e seus mecanismos culturais. Rio de Janeiro: Zahar, 1977.

# 15.
# Intolerância, politeísmo e questões afins

## 1

É de liberdade religiosa o clima que se respira hoje no Brasil. A própria Constituição vigente garante. As religiões crescem em números e se diversificam com grande velocidade. Os que preferem ter uma religião podem mudar dessa para aquela religião segundo suas conveniências, interesses e vontade. Quem o desejar pode não ter religião alguma e não se sentirá constrangido ao declarar sua escolha. A religião do brasileiro hoje é a religião que se escolhe, não mais necessariamente aquela em que se nasce. Mesmo quem permanece na religião em que nasceu e foi criado pode optar por diferentes denominações e igrejas ou ainda por movimentos distintos que enfatizam aspectos e até mesmo valores específicos daquele grupo.

Em termos religiosos, o Brasil de hoje é relativamente menos afro-brasileiro do que foi há vinte ou trinta anos. Nesta que é hoje, além de predominantemente católica, a maior nação pentecostal do mundo, o espaço relativo das religiões afro-brasileiras vem diminuindo dramaticamente. Um fato que não costuma ser discutido pelos seguidores da umbanda e do candomblé. Muitos preferem nem acreditar nisso, embora tropecem nas evidências — e nas consequências — o tempo todo.

A história do catolicismo no Brasil é a história de um permanente descenso: a cada ano diminui a porcentagem de católicos. Em contraposição, a porcentagem dos evangélicos nos censos demográficos cresce sempre. Eram 2,6% em 1940;

depois, em cada década seguinte, 3,4%; 4,0%; 5,8%; 6,6%; 9,0%, até os 15,4% de 2000. Desenhando uma curva com aceleração positiva, cresceu cinco vezes em sessenta anos. Até 1970 não há dados para as religiões afro-brasileiras, incluídas na categoria censitária "outras religiões". Uma vez que a categoria "outras religiões" cresceu significativamente, somos induzidos a pensar que as afro-brasileiros acompanharam esse crescimento. É algo assumido pelos pesquisadores das religiões. Mas isso mudou nas últimas décadas: ao lado do declínio constante do catolicismo contraposto ao crescimento permanente das religiões evangélicas, o que se registra, pelo menos a partir de 1980, é um declínio também das religiões afro-brasileiras, mais especificamente da umbanda.

É fato sabido que o evangelicalismo é hoje o principal concorrente das religiões afro-brasileiras e que o declínio das religiões de origem negra é em grande medida explicado pela atuação dos evangélicos em seus agressivos proselitismo e entusiasmo expansionista. Religiões evangélicas não só convertem com sucesso seguidores do candomblé e da umbanda como são responsáveis por intensa campanha midiática contra essas religiões, que identificam como do diabo. A intolerância exercitada sistematicamente contra os afro-brasileiros pelos evangélicos, sobretudo os neopentecostais, é explícita e presente em canais de televisão e estações de rádio. Notícias de jornal dão conta também de frequentes agressões físicas a terreiros e a seguidores dos orixás.

O descenso afro-brasileiro atual e o crescimento das igrejas evangélicas caracterizam a dinâmica da conversão religiosa no Brasil de hoje. Se a tolerância da sociedade civil e do Estado para com as religiões negras cresceu e se consolidou, a intolerância agora mostrada pelos evangélicos se agravou a ponto de ameaçar a sobrevivência das denominações afro-brasileiras.

Defrontar-se com a intolerância tem sido para as religiões afro-brasileiras, desde suas origens, condição antiga e recorrente de sua existência. Quando o candomblé se formou, na Bahia do século 19, o catolicismo era a religião oficial do

Brasil, e nenhuma outra era tolerada. Todo brasileiro, fosse branco, indígena ou negro, devia ser batizado católico. Senhores, escravizados e libertos tinham a mesma religião, o catolicismo, embora brancos e negros devessem frequentar igrejas separadas.

Antes de serem embarcados nos navios negreiros, ainda na África, os escravizados eram usualmente batizados e, uma vez no Brasil, minimamente familiarizados com as práticas rituais da Igreja católica. Desse modo, os negros que introduziram no Brasil a religião dos orixás eram, por força da sociedade da época, e da lei, também católicos. Acabaram por estabelecer paralelos entre as duas religiões, identificando, por meio de símbolos, de feitos heroicos ou patronatos comuns, orixás com santos católicos, Jesus Cristo ou Nossa Senhora. Constituiu-se o candomblé como religião subalterna e tributária do catolicismo.

Até recentemente, o candomblé sofreu intensa perseguição por parte de autoridades do governo, polícia e muitos órgãos da imprensa, que mantiveram nas páginas de jornais campanhas odiosas contra uma prática religiosa que julgavam, preconceituosamente, magia negra, coisa do diabo, coisa de negro, enfim. Como se fosse uma praga prejudicial ao Brasil — e a sua civilização —, que devesse ser erradicada. O preconceito racial, que considerava o negro africano um ser inferior ao homem branco, desdobrou-se em preconceito contra a religião fundada por negros livres e escravizados. Aos longo de mais de um século, em diferentes partes do país, terreiros foram invadidos, depredados e fechados, pais e filhos de santo presos, objetos sagrados profanados, apreendidos e destruídos. Isso obrigou o candomblé a se esconder, buscando lugares distantes, às vezes no meio do mato, para poder realizar suas cerimônias em paz. Transformou-se numa religião de muitos segredos, pois tudo tinha que ocultar dos olhares impiedosos da sociedade branca e da sanha policial. O sincretismo católico, serviu-lhe também de guarida e disfarce. A presença de um altar com os santos católicos ocupando um lugar de relevo no barracão do candomblé indicava, e em muitos terreiros ainda indica, que as pessoas ali reunidas são católicas, antes de mais nada. Nada disso é novidade. Como já foi dito, quem estuda as religiões afro-brasileiras sempre depara com a questão da intolerância. O que se agravou nos últimos decênios foi que a intolerância contra os afro-brasileiros, que surgia sempre como uma espécie de condição emblemática da existência dessas religiões, acabou por se revelar um fator talvez decisivo no processo de seu declínio recente.

A intolerância é uma dado antigo, o declínio afro--brasileiro é um dado novo. Só muito recentemente as ciências sociais começaram a se dar conta de que o número de seguidores da vertente africana vem diminuindo, uma descoberta do sociólogo Ricardo Mariano (1999, 2001).

## 2

Em *Segredos guardados* (Prandi, 2005), procurei mapear as possíveis causas do declínio afro-brasileiro, propondo explicações sociológicas que procuram enxergar a umbanda e o candomblé num contexto de transformação acelerada tanto da sociedade brasileira e sua cultura como do quadro religioso em particular. Um resumo das conclusões pode ser aqui tentado.

Candomblé e umbanda, antes de mais nada, são religiões de pequenos grupos — os terreiros — que se congregam em torno de uma mãe ou pai de santo. Embora se cultivem relações protocolares de parentesco iniciático entre terreiros, cada um deles é autônomo e autossuficiente, e não há nenhuma organização institucional eficaz que os unifique ou que permita uma ordenação mínima capaz de estabelecer planos e estratégias comuns na relação da religião afro-brasileira com as outras religiões e o resto da sociedade. Os terreiros competem fortemente entre si e os laços de solidariedade entre os diferentes grupos são frágeis e circunstanciais. As federações de umbanda e candomblé, que supostamente uniriam os terreiros, não funcionam, pois não há autoridade acima do pai ou da mãe de santo.

No âmbito afro-brasileiro, não há organização empresarial da religião e não se dispõe de canais eletrônicos de comunicação. Sobretudo, nem o candomblé, em suas diferentes denominações, nem a umbanda têm quem fale por eles, muito menos quem os defenda. Muito diferente das modernas organizações das igrejas evangélicas, que aplicam técnicas modernas de marketing, treinam os pastores-executivos para a expansão e prosperidade material das igrejas e que contam com canais próprios e alugados de televisão e rádio.

Os evangélicos adaptam-se rapidamente às novas formas de comunicação e congregação de pessoal, adotando o modelo de religião de massa. Seus cultos são oferecidos em templos amplos localizados em vias de grande movimento, de modo que o fiel pode atender ao culto aqui e ali, nos mais diferentes horário, mesmo a caminho do trabalho ou de casa, sem que seja necessário fazer parte permanente daquela comunidade de culto. Os afro-brasileiros seguem presos aos modelos comunitários tradicionais, funcionando o grupo como uma família bem estruturada, a família de santo, na qual cada membro tem um lugar previamente determinado. O terreiro frequentado por todos é sempre o mesmo, muitas vezes localizado em lugar bem distante, no qual o fiel passa muitas horas e não raro dias e noites inteiros. Diferente do evangélico, o afro-brasileiro não tem a menor chance de substituir sua presença no terreiro por um acompanhamento do culto através da televisão ou do rádio. O apego à tradição, efetiva ou idealizada, parece ser o dilema insuperável das religiões afro-brasileiras, especialmente no caso do candomblé, mesmo quando ele se transforma e deixa de ser uma religião étnica para ser universal, uma religião para todos, sem os limites de origem étnica, geográficos ou de classe.

Os evangélicos contam com representação aguerrida nos legislativos municipais, estaduais e federal. Alcançaram nas eleições recentes postos também no poder executivo, controlando prefeituras de cidades importantes. É fato conhecido seu uso da política no favorecimento de seus próprios interesses expansionistas. Os afro-brasileiros, por sua vez, estão completamente fora da política. Não elegem ninguém de sua religião para os representar, e seu voto ainda é minado pelas relações do fisiologismo que visa à satisfação de interesses ou vantagens pessoais em detrimento do bem comum.

A derrota das religiões afro-brasileiras é item explícito do planejamento expansionista pentecostal. Certas igrejas, copiando práticas empresariais comuns em nossos dias, estabelecem metas, e entre as metas que um pastor deve alcançar está o fechamento de um dado número de terreiros existentes no lugar. Não basta converter os afro-brasileiros: é preciso fechar seus templos, cortar o mal pela raiz. Entre um afro--brasileiro e outro, o alvo preferencial para a investida que visa a conversão são as lideranças, os pais e mães de santo; sabem que a família de santo não sobrevive sem a cabeça.

Umbanda e candomblé estão sempre na mira evangélica como religiões do diabo, que eles acreditam ser preciso combater a qualquer custo. As religiões afro-brasileiras, de certo modo, oferecem munição aos evangélicos: por conta do sincretismo católico, entidades espirituais afro-brasileiras como os exus e as pombagiras do panteão quimbandista são vistas e promovidas por muitos dos próprios seguidores do candomblé e da umbanda como formas do diabo. Ainda que se explique que no contexto doutrinário afro-brasileiro a dualidade cristã do bem contra o mal é superada pela visão africana que enxerga o bem e o mal como princípios constitutivos presentes em toda ação e seus agentes, o fato é que a iconografia dos exus e das pombagiras incorporaram os traços e símbolos mais característicos do diabo católico. A figura de exus de rabo, chifres e avantajado pênis ereto funciona como emblema acirrante da causa evangélica, como um tiro no pé. Pombagiras não ficam atrás na exibição de seus dotes eróticos. Difícil abandonar a imagem demoníaca que o sincretismo forjou para essas entidades e que agora se vira contra seus próprios criadores. Na sua perseguição obstinada ao diabo, o evangélico imagina que o tem bem à mão, ali no terreiro vizinho, incorporado na filha de santo, ao alcance de seu braço.

Os afro-brasileiros reagem fracamente a essas investidas, como se não lhes dissessem respeito. Em recente entrevista ao jornal *A Tarde*, de Salvador, mãe Stela de Oxóssi, ialorixá do Axé Opô Afonjá, uma das mais conceituadas e lúcidas mães de santo do candomblé, líder de famosa iniciativa contra o sincretismo católico do candomblé, autora de livros e palestrante muito requisitada em encontros religiosos, se mostra informada dos avanços pentecostais contra sua religião, mas afirma não se preocupar com isso, a seu ver coisa de pequenos grupos intolerantes que devem ser deixados de lado, preferindo ela se preocupar com os problemas internos de seu terreiro e com seus filhos de santo. Essa atitude não é exceção, mas a regra.

Esse pequeno resumo indica de certo modo o que sabemos sobre o jogo de oposição entre pentecostais e afro-brasileiros, mas não esgota a questão. Lembremos também que, quando se fala em intolerância contra o candomblé e a umbanda, e demais religiões afro-brasileiras, o agressor que nos vem à mente é o neopentecostal e o tempo, o de hoje. Mas as históricas relações das religiões afro-brasileiras com o catolicismo também se inscrevem nessa pauta.

# 3

O candomblé desde sua origem foi capaz de criar mecanismos eficazes de sobrevivência em meio hostil, no caso a sociedade brasileira católica. Mudou, adaptou-se, sincretizou-se, se escondeu e se mostrou com dissimulação e disfarces eficientes. Sobreviveu procurando não competir com a religião dominante, mas se mostrando como uma espécie de conjunto ritual e doutrinário complementar justificado culturalmente pela memória africana do Brasil. Sempre foi visto mais como cultura do que como religião propriamente.

Talvez como magia, sobretudo como folclore. O fato é que o candomblé aceitou plenamente o catolicismo. Teria sido uma estratégia de sobrevivência? É crença generalizada que sim. Como a crença de que o sincretismo nasceu como disfarce, como uma mentira usada pelos escravizados para enganar seus senhores, cantando e dançando para o santo católico quando, na verdade, estaria cantando e dançando para o orixá. Defendo a ideia de que a origem do sincretismo afro-católico está assentada em sentimentos sinceros, de que o sincretismo se instituiu não como artimanha, mas como resultado de relações de tolerância e assimilação decorrentes da condição politeísta da religião africana, que em solo brasileiro se encontrou com o politeísmo residual, difuso, mas efetivo do catolicismo ibérico e do seu culto aos santos. Essa relação não poderia se reproduzir no encontro das religiões afro-brasileiras com as religiões evangélicas, originadas de um protestantismo estritamente monoteísta.

A análise do diálogo entre afro-brasileiros, católicos e evangélicos se repõe assim sob um outro ângulo, o das relações entre politeísmo e monoteísmo, objeto central de pesquisa do presente projeto.

Faz parte da doutrina afro-brasileira acreditar que o mundo é governado pelos orixás, cada um cuidando de uma parte, numa espécie de divisão do trabalho divino. Além da regência que cada orixá desempenha sobre um aspecto da natureza, a cada um é reservada uma atividade específica no cuidado da sociedade, da cultura ou da psicologia do ser humano. Também há uma divisão do trabalho sagrado entre os santos católicos — resquício do velho paganismo politeísta em que medrou o catolicismo primitivo em países da Europa. Esse poder de cada um sobre determinadas dimensões do mundo natural e social juntou santo e orixá numa só devoção. Também são unidos num só por seus feitos mitológicos notáveis. Essa ideia de que o mundo é governado por diferentes deuses com poderes específicos é politeísmo.

Aqui se desenha talvez a principal diferença entre as religiões afro-brasileiras e as evangélicas: o politeísmo dos afro-brasileiros, que junta diferentes crenças e adota santos e deuses de outras origens através de mecanismos como o sincretismo, versus o monoteísmo radical evangélico tributário do protestantismo da Reforma, sectário, intolerante e combativo, que rejeita completamente a crença do outro, demoniza divindades, santos e entidades espirituais de outras origens e se propõe como missão religiosa a destruição do que lhe é religiosamente estranho.

É da natureza do candomblé aceitar o outro, assimilar a diferença. Já era assim na África, e é assim no Brasil. É próprio das religiões politeístas.

No politeísmo clássico, como acontecia no Egito, na Grécia, no império Romano, a religião é um agregado de cultos de deuses diversos, nem sempre provenientes de uma mesma origem. As divindades convivem em relativa harmonia, cada uma com seus poderes, seus territórios e seus patronatos. Dispõem de templos próprios e sacerdotes particulares. O culto não é o mesmo para todos, nem os sacrifícios que lhes são devidos, nem os tabus, nem os demais preceitos e obrigações iniciáticas. Como os mortais, competem entre si e tentam alargar os limites de seu poder divino. Ainda assim, deuses estrangeiros são facilmente assimilados e adotados em terras estranhas. Deuses locais podem se transformar em divindades nacionais, migram com seus devotos, têm seu culto ampliado com a vitória de seu povo sobre outros povos, declinam junto com sua gente.

Porque cada deus desempenha um papel diferente na divisão do trabalho divino, as diferentes religiões politeístas em contato umas com as outras acabam estabelecendo paralelo entre seus deuses, às vezes os igualando como manifestações de uma mesma divindade. A maioria dos deuses romanos — muitos deles herdados dos etruscos — podia ser cultuada como manifestações dos equivalente deuses gregos olímpicos. Nesse jogo de equivalências também podemos situar os orixás.

No Brasil, os negros estabeleceram conhecida correspondência dos orixás com os santos católicos: Xangô com São Jerônimo, pelo domínio do trovão; Oxóssi com São Jorge, pela luta mitológica contra o dragão da maldade; Ogum com Santo Antônio, pela capacidade guerreira de cada um; Nanã com Santana, pela senioridade; Logum Edé com São Miguel Arcanjo, por causa da balança que os simboliza; Iroco com São Francisco, pelo convívio com a natureza; Iemanjá com Nossa Senhora, pela maternidade; Iansã com Santa Bárbara, pelo poder contra o raio; Exu com o Diabo, por atributos eróticos e comportamento transgressivo; Oxalá com Jesus Cristo, pela posição superior de cada um nas duas religiões etc.

Podemos indicar algumas dessas correspondências no quadro seguinte, comparando algumas divindades egípcias, gregas e romanas com os orixás em função de seu poder específico sobre o mundo em que vivemos.

| EGÍPCIO | GREGO | ROMANO | ORIXÁ | O QUE OS IDENTIFICA |
|---|---|---|---|---|
| AMON | ZEUS | JÚPITER | XANGÔ | JUSTIÇA, ORDEM E GOVERNO |
| SECMET | ASCLÉPIO | ESCULÁPIO | OMULU | SAÚDE, DOENÇA E CURA |
| HÁTOR | AFRODITE | VÊNUS | OXUM | AMOR |
| BASTET | ARES | MARTE | OGUM | GUERRA |
| — | HERMES | MERCÚRIO | EXU | MENSAGEIRO DOS DEUSES |
| OSÍRIS | HADES | HADES | IANSÃ | MUNDO DOS MORTOS |
| — | ÁRTEMIS | DIANA | OXÓSSI | CAÇA |
| ÍSIS | — | — | IEMANJÁ | A GRANDE MÃE |
| — | POSÊIDON | NETUNO | IEMANJÁ | O MAR |

Exemplo emblemático da difusão de um culto e incorporação de sua divindade a panteões de outras religiões é o caso da deusa egípcia Ísis, que junto com seu irmão e marido Osíris ocupou o lugar de maior relevo no panteão egípcio. Dali foi levada para a Grécia e da Grécia para Roma. Foi cultuada em quase todo o território do império romano. Desapareceu com a queda de Roma e a ascensão do catolicismo para ressurgir, quase dois mil anos depois, como divindade de desaparecidas e agora restauradas religiões da Inglaterra antiga, ocupando recentemente lugar de honra na recém--criada wicca, a religião da deusa, que prolifera no Brasil.

A hipótese central deste projeto é a de que a característica politeísta da religião dos orixás contribuiu enormemente na formação do candomblé como religião sincrética. Adotar santos, que identifica com suas divindades, incorporar rituais e aceitar valores católicos se deu de modo tão normal como a anterior incorporação, ainda na África, de muitos voduns, divindades fons, ao panteão dos orixás iorubanos. Na concepção politeísta, o deus estrangeiro fortalece a religião; não é visto como um concorrente, mas como um poder a mais com que se pode contar. No fundo, a outra religião não é muito diferente: sim, há um deus supremo, que os católicos veem como Deus único, mas que no cotidiano está sempre auxiliado por outras figuras, os santos. Vem das origens pagãs o politeísmo católico, sobretudo quando se pensa na religião do povo, não na religião dos teólogos e órgãos oficiais que afirmam, atestam e impõem a religião como monoteísta. Também na religião dos orixás há um deus supremo, Olorum ou Olodumare, mas quem exerce de fato o poder divino sobre o mundo são os orixás. Aqui, o que importa sobretudo é como o africano vê o catolicismo, como aproxima as duas religiões e opera identidades e adoções de seus elementos.

Um politeísmo explícito, o africano, se encontrou no Brasil com um politeísmo residual, formalmente inexistente, mas bem preservado no imaginário católico. Foi bom para ambas as religiões. Serviu para acomodar na igreja católica os membros dos terreiros de candomblé, e para dar aos seguidores dos orixás a identidade católica necessária à sobrevivência na sociedade de então, quando a condição primeira de ser brasileiro era ser católico.

É outra a base doutrinária dos evangélicos: um efeito decisivo da Reforma protestante sobre a natureza do cristianismo foi acabar de vez com o politeísmo disfarçado que vicejou no catolicismo. Até a Virgem Maria, tão cara aos católicos, foi banida das celebrações protestantes. Essa herança monoteísta explícita foi sempre enfatizada também pelos evangélicos que vieram depois. Numa outra dimensão, o evangelicalismo, nascido como oposição doutrinária ao catolicismo, constituiu-se como uma espécie de religião de revisão permanente de verdades teológicas. E desde sempre se comporta como seita, no mais estrito sentido sociológico da palavra em termos weberianos.

Enquanto as religiões afro-brasileiras aceitam as outras religiões, assimilam seus valores e práticas, adiciona empréstimos a seu panteão, ampliando cada vez mais os limites do sincretismo — hoje muito além do catolicismo, como mostra a umbanda Nova Era —, o pentecostalismo radicaliza sua natureza monoteísta e orienta seu trabalho de conversão com o sentido de promover uma espécie de limpeza espiritual do mundo, combatendo o que para ele são os falsos deuses — já inadmissíveis por sua pluralidade numérica. Reforça com determinação seu caráter sectário, de que se abastece em sua guerra aberta contra seus inimigos preferenciais, os afro-brasileiros.

E como reagem os afro-brasileiros? Não reagem. A guerra de que são vítimas para eles não faz sentido. Têm até dificuldade em admitir sua existência. Nem acreditam que estão sendo dizimados.

Outro aspecto importante está na imagem que a religião afro-brasileira forma da outra religião e suas consequências. Não é capaz de a enxergar como oponente, não vê nela ameaça decisiva nem desenvolve mecanismos de defesa contra ela. Em matéria de convivência com outras religiões, as afro-brasileiras são especialmente tolerantes. Isso explica em grande parte a facilidade com que a umbanda atual agrega elementos das mais diferentes religiões e práticas mágicas diversas. Também explica a confortável presença em terreiros de candomblé, sobretudo nas regiões conquistadas mais recentemente, de elementos marcadamente umbandistas ou quimbandistas, como os exus e as pombagiras, para não falarmos dos caboclos, pretos velhos, baianos, boiadeiros e ciganos, entidades de umbanda com que o candomblé está há mais tempo familiarizado por sua histórica vizinhança com o candomblé de caboclo.

Por tudo isso, a aproximação estabelecida no passado entre a religião dos orixás e o catolicismo dos santos não pôde mais adiante ser reproduzida, quando as religiões afro-brasileiras, já constituídas e difundidas por todo o país, se encontraram com outra vertente cristã, o protestantismo, já ampliado em suas versões contemporâneas, com destaque para as igrejas pentecostais e neopentecostais. As religiões evangélicas, desde seu nascedouro como protestantes, rejeitam o culto aos santos, abandonando definitivamente qualquer resquício politeísta presente no catolicismo. A essa orientação doutrinária se soma a concepção de que todo o mal resulta da ação do diabo, que deve ser combatido a cada instante, em todo lugar, por todo cristão. E a ideia de que o demônio se personifica nos orixás e guias espirituais cultuados pela umbanda e candomblé. Daí, a intolerância que alimenta, exerce e não esconde se revela constitutiva e formadora. Para as igrejas evangélicas, o aspecto intolerante é tão natural como é o da tolerância nas religiões afro-brasileiras.

## 4

Isso é preocupante, pois mais do que a sobrevivência dessa ou daquela religião está em jogo. O enfraquecimento das religiões afro-brasileiras põe em perigo a existência de uma das fontes vivas mais importantes na conformação e transformação da cultura brasileira não religiosa. Difícil imaginar o Brasil desprovido das fontes que alimentam sua música, literatura, artes plásticas, teatro, televisão, Carnaval, culinária etc., fontes que estão nos terreiros afro-brasileiros, onde a cultura africana se mantém e de onde se esparrama pelo resto da sociedade como elemento da tradição não religiosa.

# referências bibliográficas

MARIANO, Ricardo. *Neopentecostais*: sociologia do novo pentecostalismo no Brasil. São Paulo: Loyola, 1999.

MARIANO, Ricardo. *Análise sociológica do crescimento pentecostal no Brasil*. 2001. Tese (Doutorado em Sociologia) – Universidade de São Paulo, São Paulo, 2001.

PRANDI, Reginaldo (org.). *Encantaria brasileira*: o livro dos mestres, caboclos e encantados. Rio de Janeiro: Pallas, 2004.

PRANDI, Reginaldo. *Segredos guardados*: orixás na alma brasileira. São Paulo: Companhia das Letras, 2005.

# 16.
# As religiões afro-brasileiras do centenário da Abolição aos dias de hoje

Com Luiz Jácomo e Teresinha Bernardo

## 1

Em 1991, publiquei *Os candomblés de São Paulo: a velha magia na metrópole nova*, livro que trata dos resultados de pesquisa realizada entre 1986 e 1988, sobre a chegada, instalação e expansão do candomblé em São Paulo a partir da década de 1960, pesquisa cujos resultados foram inicialmente apresentados à Universidade de São Paulo como tese de livre-docência em sociologia. Já nessa época, a umbanda estava definitivamente enraizada na cidade, como de resto em todo o país (Camargo, 1961; Concone, 1987; Negrão, 1996). Sua presença bem consolidada, porém, nunca escondeu a grande proximidade doutrinária que a umbanda mantém com valores reconhecidamente católicos e orientação de conduta marcada pela visão tradicional cristã de que tudo neste mundo se resume à eterna luta do bem contra o mal, maniqueísmo ausente do corpo doutrinário originariamente africano conservado nos terreiros de candomblé, nos quais a presença sincrética do catolicismo sempre foi mais uma questão de forma do que de conteúdo. Sem se comprometer necessariamente com o bem ou com o mal, o candomblé é capaz de enxergar os problemas humanos independentemente de qualquer restrição moral que possa implicar uma ideia de pecado.

Emoções, experiências, sensações, expectativas, tudo isso, antes de mais nada, é constitutivo do que possa ser a vida humana, espelhada nos mitos dos orixás que os homens e mulheres reproduzem no seu dia a dia. Com o candomblé, finalmente, uma pessoa religiosa poderia ser e se sentir aquilo que de fato é. *Os candomblés de São Paulo* procurou traçar as origens dos terreiros instalados na região metropolitana da capital, identificar suas diferentes nações étnicas e variantes rituais e doutrinárias e, sobretudo, entender o sentido de sua presença na cidade. A despeito de o candomblé nunca ter, antes dos anos 1960, se constituído significativamente como religião organizada em São Paulo, e apesar de se acreditar que a umbanda, no conjunto das tradições afro-brasileiras, era a expressão religiosa mais propriamente adequada e coerente com a sociedade industrial da grande metrópole do Sudeste, o candomblé viria a se mostrar como uma alternativa importante no quadro das religiões populares que disputavam o mercado religioso brasileiro (Camargo *et al.*, 1973). Mercado esse que se expandia, em consequência do avanço do processo de secularização que desqualificava definitivamente o catolicismo como a única religião capaz de servir de esteio à sociedade brasileira, ela mesma cada vez mais desinteressada da religião (Pierucci, 2004).

Tendo deixado de ser uma religião praticamente exclusiva de grupos negros — como foi em suas origens e ainda o é em certas cidades do Nordeste, sobretudo —, o candomblé em São Paulo arrebanhava adeptos de todas as origens étnicas e raciais, proliferava sobremaneira entre os pobres, como o pentecostalismo e a umbanda, oferecendo-se inclusive como agência religiosa especializada de serviços mágicos para uma demanda de clientes de qualquer classe social não comprometidos religiosamente.

Sua presença em São Paulo, já definida, naquele período, nos termos de uma religião competitiva capaz de se afirmar como religião de caráter universal, isto é, aberta a todos, representava uma terceira etapa de um processo iniciado com a introdução do kardecismo na sociedade brasileira, na virada do século 19 para o 20, e redirecionado com a consolidação da umbanda, numa segunda etapa, a partir dos anos 1950. A pesquisa de então mostrava o candomblé como religião capaz de atender a demandas muito características de uma sociedade que experimentava o gosto pelo individualismo, que nutria a ampliação da diversidade e da diferença na construção da identidade de cada um e que aprendia a aceitar a escolha religiosa como um valor para todos e um direito da pessoa, independentemente de tradições familiares e inserção social. Tudo muito diferente do que se podia observar nas religiões evangélicas, com as quais o candomblé e a umbanda competiam como alternativas religiosas aos que se afastavam ou se sentiam afastados do catolicismo. Aliás, é bom que se diga, nessa época havia pouca informação censitária sobre os números de seguidores das religiões afro--brasileiras e das denominações pentecostais, o que levava os estudiosos das religiões a crer que essas duas vertentes competiam em pé de igualdade em número de convertidos, duas alternativas viáveis para diferentes subjetividades dos candidatos à conversão (Fry, 1975).

O candomblé simplesmente não chegou e se instalou por aqui. Ele passou por muitas adaptações e foi objeto de diferentes movimentos e iniciativas. Os candomblés de São Paulo mostraram a grande preocupação recente dos novos seguidores dos orixás em recuperar para sua religião muitos elementos e aspectos esquecidos ou deixados de lado por força do processo histórico, opressivo e violento que marcou a reconstituição das religiões dos orixás no Brasil: primeiro, durante o escravismo, o apagamento da identidade familiar, da religião e de valores africanos, embasando o trabalho compulsório mantido a ferro em brasa e chibata sanguinolenta; depois, com o racismo que se segue à Abolição, a incompreensão, o não reconhecimento e a perseguição sem trégua por parte de muitas instituições da sociedade brasileira branca e católica, que viram na religião afro-brasileira durante muito tempo — e de certa forma continuam vendo — uma via de manifestação demoníaca, do mal.

Muito se perdeu por conta disso tudo, e era preciso repor as coisas no lugar: reaprender as línguas africanas usadas nos rituais, recuperar os mitos esquecidos, livrar-se do peso morto do sincretismo católico, encontrar mecanismos de legitimidade social e garantir um lugar cidadão para a religião numa sociedade que, ela também, tentava se refazer na luta pela reconquista de seus direitos violados (Prandi, 2005). De todo modo, estamos muito longe de essa travessia ter se completado.

## 2

Em 1988, por ocasião do centenário da Abolição legal da escravidão no Brasil, realizou-se na Universidade de São Paulo, de 7 a 11 de junho, o evento Escravidão — Congresso Internacional. A rigor, tratou-se do IV Congresso Afro--Brasileiro. O primeiro, datado de 1934, foi realizado em Recife por iniciativa de Gilberto Freyre, que no ano anterior publicara *Casa-grande & senzala*. Pretendia-se tratar de inúmeras questões referentes à população negra brasileira suscitadas pelo livro. Foram reunidos no congresso importantes autores, antropólogos, psiquiatras, escritores, advogados, historiadores, folcloristas, músicos e também sacerdotes, caso de Pai Adão, babalorixá do Terreiro de Iemanjá, dos mais antigos do país. Entre nomes famosos, se destacaram o próprio Gilberto Freyre, Mário de Andrade, Jorge Amado, Roquette-Pinto, Edison Carneiro, Arthur Ramos, Ulisses Pernambucano, Luís da Câmara Cascudo e o antropólogo americano Melville Herskovits (Freyre, 1935; 1937).

Já o II Congresso Afro-Brasileiro foi realizado em 1937, em Salvador, tendo à frente Edison Carneiro, que procurava dar continuidade, ainda que de forma crítica, à pesquisa pioneira de Raimundo Nina Rodrigues, que inaugurou no Brasil os estudos sobre o candomblé e tratou longamente, à moda racista de seu tempo, de questões referentes à população negra. Retornaram ao debate Herskovits, Edison Carneiro, Arthur Ramos e Jorge Amado, aos quais se juntaram muitos outros, além do sociólogo americano e professor emérito da USP, Donald Pierson, que conduziu seus estudos sobre o negro preocupado com os conceitos de cultura e classe social; o babalaô Martiniano do Bonfim, figura lendária do candomblé; e a igualmente famosa ialorixá Ana Eugênia Obabií dos Santos, Mãe Aninha, fundadora do Axé Opô Afonjá. Também esteve presente o africano Ladipô Sôlankê, que apresentou uma comunicação sobre a concepção de Deus entre os iorubás (Carneiro, 1940). Passados 45 anos, por ocasião das comemorações do cinquentenário da publicação de *Casa-grande & senzala*, realizou-se, novamente no Recife, em 1982, com a presença de Gilberto Freyre, o III Congresso Afro-Brasileiro, sob os auspícios do Instituto Joaquim Nabuco e com organização de Roberto Motta. Ao lado de consagrados autores brasileiros e estrangeiros, o evento trouxe uma nova geração de pesquisadores das populações negras, assim como novos temas. Entre os presentes, destacaram-se Raimundo de Souza Dantas, que foi o primeiro embaixador negro brasileiro, Manuela Carneiro da Cunha, Carlos Hasenbalg, Paulo Viana, Thales de Azevedo, João Baptista Borges Pereira, Clovis Moura, entre outros, além de especialistas em religiões afro-brasileiras que ocupam lugar importante na produção científica sobre essa herança africana: Juana Elbein dos Santos, René Ribeiro, Marco Aurélio Luz, Yeda Castro, Peter Fry, Waldemar Valente e o coordenador do congresso, Roberto Motta (Motta, 1985). Babalorixás importantes como Manoel do Nascimento Costa, mais conhecido como Papai, neto de Pai Adão, também apresentaram suas contribuições. Entre os temas candentes, tratou-se criticamente das condições do negro no contexto das classes sociais e do modo como o processo brasileiro de abolição foi conduzido. Transcorridos seis anos, em 1988, a realização do evento Escravidão — Congresso Internacional ganhou enorme amplitude, envolvendo diferentes unidades da USP a partir da organização da Faculdade de Filosofia, Letras e Ciências Humanas (FFLCH), sob a coordenação geral de José Jobson de Andrade Arruda, tendo como presidente de honra João Baptista Borges Pereira. Foram reunidos pesquisadores, músicos, sacerdotes, artistas, políticos, etc.

de todo o Brasil e de 22 outros países, num total de 377 participantes que apresentaram um ou mais trabalhos. Coube a Fernando Henrique Cardoso, então senador, proferir a conferência de abertura. O encontro foi organizado em 17 módulos, cada um deles cobrindo uma das grandes linhas do temário proposto, como, por exemplo: memória e iconografia; historiografia da escravidão; literatura; escravidão, liberdade e direitos; tráfico de escravizados, etc.

No que diz respeito às religiões afro-brasileiras, assunto do presente trabalho, as atividades foram agrupadas no módulo de número nove, intitulado "Cultura religiosa afro-americana", que contou com 74 expositores (Escravidão, 1988). Esse módulo aconteceu no prédio de Filosofia e Ciências Sociais da FFLCH. Além das apresentações orais, mesas e discussões, várias exposições foram montadas: um terreiro de umbanda; um terreiro de candomblé; um espaço de santeria cubana; uma mostra de trabalhos do artista Mestre Didi; uma mostra de objetos rituais do tambor de mina; uma exposição sobre o uso das cores nas religiões dos orixás; um herbário de folhas sagradas e uma mostra de instrumentos musicais do batuque gaúcho. O módulo reuniu importantes pesquisadores das religiões afro-brasileiras do país, além de sacerdotes de respeitados terreiros das diferentes modalidades religiosas de origem africana. Também estiveram presentes pesquisadores e sacerdotes de outros países. O Quadro 1 traz a lista completa dos pesquisadores, artistas e sacerdotes que se apresentaram no módulo "Cultura religiosa afro-americana".

O Brasil vivia um período de otimismo e esperança política. O flagelo da ditadura militar parecia superado, e a Assembleia Constituinte escrevia uma nova Carta Magna, a chamada Constituição Cidadã, que viria a ser promulgada nesse mesmo ano de 1988. Interessante notar que, no catálogo do congresso Escravidão, chamava-se a atenção para alguns nomes que constavam da programação e que deveriam ser oportunamente confirmados, uma vez que se ocupavam em Brasília das atividades constituintes. Pela primeira vez se viam circulando pela USP pais, mães e filhos de santos com suas roupas rituais, podendo-se apreciar objetos e imagens cerimoniais, instrumentos musicais típicos dos terreiros, participar de oficinas de música e dança, e provar da comida votiva. Foi a semana da USP com dendê. O clima era de euforia: as religiões afro-brasileiras se espalhavam pelo país e marcavam presença nos mais diversos espaços sociais e expressões culturais. Parecia não haver barreira para conter seu avanço.

## Quadro 1
PESQUISADORES, ARTISTAS E SACERDOTES QUE SE APRESENTARAM NO MÓDULO "CULTURA RELIGIOSA AFRO-AMERICANA" DO CONGRESSO INTERNACIONAL ESCRAVIDÃO E SUAS INSTITUIÇÕES
SÃO PAULO, USP, 1988

ALBERTO CUNHA (USP)
ANAÍZA VERGOLINO HENRY (UFPB)
ANDRÉ DE SOUZA (USP)
ANGELINA POLLAK-ELTS (UNIVERSIDADE CATÓLICA
   ANDRES BELLO, VENEZUELA)
ANTONIO A. SILVA (ARQUIDIOCESE DE SÃO PAULO)
ANTÔNIO O. SANTOS (IGREJA METODISTA, SÃO PAULO)
ARGELIERS LEÓN (CASA DAS AMÉRICAS, CUBA)
ARMANDO VALLADO, PAI (ILÊ AXÉ OGUM ATI OXUM, SÃO PAULO)
AULO BARRETTI-FILHO, PAI (FUNDAÇÃO DE APOIO AO CULTO
   E TRADIÇÃO YORUBÁ NO BRASIL)
BABATUNDÊ LAWALL (UNIVERSIDADE ILÊ-IFÉ, NIGÉRIA)
BEATRIZ GÓIS DANTAS (UFSE)
BENITO JUAREZ (USP)
CARLOS EUGÊNIO MARCONDES DE MOURA (USP)
CLAUDIA MOLA-FERNANDEZ (CASA DE ÁFRICA, CUBA)
DAMIANO COZZELLA (USP)
DEOSCÓREDES M. DOS SANTOS — MESTRE DIDI (SECNEB)
DILMA DE MELO SILVA (USP)
EDUARDO CONTRERA (CONJUNTO ALAYANDÊ)
EVANDRO BONFIM PARANÁ (CONJUNTO ALAYANDÊ)
FABIO LEITE (USP)
FRANCELINO DE XAPANÃ, PAI (CASA DAS MINAS DE TOIA JARINA)
FRANCISCO M. DIAS (GRUPO DE CONSCIÊNCIA NEGRA DA USP)
GILBERTO DE EXU FERREIRA, OGÃ (AFOXÉ FILHOS DA COROA DE DADÁ,
   SÃO PAULO)
GUILLERMO CUE-HERNANDES (CUBANACAN, CUBA)
GUILLERMO MONTANES-BEL (CONJUNTO FOLCLÓRICO
   DE SANTIAGO, CUBA)
HELENA STARZYNSKI (USP)
HELMY MANSOR MANZOCHI (USP)

JOÃO BAPTISTA BORGES PEREIRA (USP)
JOCÉLIO TELES DOS SANTOS (USP)
JORGE ITACI DE OLIVEIRA, PAI (TERREIRO DE IEMANJÁ, SÃO LUÍS)
JOSÉ CARLOS CARVALHO (USP)
JOSÉ FLAVIO PESSOA DE BARROS (UFF)
JOSÉ GUILHERME CANTOR MAGNANI (USP)
JOSÉ JORGE CARVALHO (UNB)
JOSÉ LUIS HERNANDES (MUSEU DE GUANABACOA, CUBA)
JOSILDETH GOMES CONSORTE (PUC-SP)
JUANA ELBEIN DOS SANTOS (SECNEB)
JUBERLI VARELA, PAI (TEMPLO ESPÍRITA DE UMBANDA MESTRE TUPINAMBÁ, SÃO PAULO)
JÚLIO SANTANA BRAGA (UFBA)
KABENGELE MUNANGA (USP)
LIANA TRINDADE (USP)
LÍSIAS NOGUEIRA NEGRÃO (USP)
LUIZ CARLOS GUELO (CONJUNTO ALAYANDÊ)
MANUEL PAPAI NASCIMENTO COSTA, PAI (SÍTIO DO PAI ADÃO, RECIFE)
MARCO ANTONIO DA SILVEIRA, PAI (ILÊ AXÉ EWE FUN MI, SÃO PAULO)
MARIA DO CARMO BRANDÃO (UFPE)
MARIA HELENA CONCONE (PUC-SP)
MARIA LAURA CAVALCANTI (INSTITUTO NACIONAL DO FOLCLORE, RIO DE JANEIRO)
MARIA STELLA DE OXÓSSI A. SANTOS, MÃE (AXÉ OPÔ AFONJÁ, SALVADOR)
MARIA THEREZA LEMOS DE ARRUDA CAMARGO (CENTRO DE ESTUDOS DA RELIGIÃO)
MARLENE DE OLIVEIRA CUNHA (USP)
MARTA HELOÍSA LEUBA SALUM (USP)
MAURO BATISTA (ARQUIDIOCESE DE SÃO PAULO)
MONIQUE AUGRAS (FGV-RJ)
MUNDICARMO FERRETTI (UFMA)
NAPOLEÃO FIGUEIREDO (MUSEU PARAENSE EMÍLIO GOELDI, BELÉM)
NORBERTO DIAS-UGARTE (CONJUNTO FOLCLÓRICO DE HAVANA, CUBA)
NORTON F. CORREA (UFRGS)
PATRÍCIA BIRMAN (ISER)
PAULO DE CARVALHO NETO (INSTITUTO BRASILEIRO DE EDUCAÇÃO, CIÊNCIA E CULTURA)
PAULO DIAS (USP)
RAQUEL TRINDADE (TEATRO POPULAR SOLANO TRINDADE, EMBU DAS ARTES)
RAUL LODY (INSTITUTO NACIONAL DO FOLCLORE, BRASIL)
REGINALDO PRANDI (USP)
RENATO CRUZ, PAI (OLÊ AXÉ OGUM ATI OXUM, SÃO PAULO)
RITA DE CÁSSIA AMARAL (USP)
RITA LAURA SEGATO CARVALHO (UNB)
ROBERTO MOTTA (UFPE)
ROGELIO M. FURÉ (CONJUNTO FOLCLÓRICO NACIONAL DE CUBA)
ROSA MARIA COSTA BERNARDO (USP)
RUTH SIMMS HAMILTON (UNIVERSIDADE DE COLUMBIA, EUA)
SÉRGIO FIGUEIREDO FERRETTI (USP)
VAGNER GONÇALVES DA SILVA (USP)
VIVALDO DA COSTA LIMA (UFBA)
YVONNE MAGGIE (UFRJ)

O clima de otimismo parecia igualmente se refletir no teor dos trabalhos apresentados no módulo de religião. Dava-se muita importância ao fato de que as religiões afro-brasileiras continuavam se expandindo rapidamente por todo o país, ampliando sua contribuição aos mais diversos setores da cultura não religiosa. Variantes étnicas dessas religiões, as chamadas nações, não estavam mais restritas a seus locais de origem, enclausuradas, mas se espalhavam e se encontravam por toda parte do país. O congresso era apenas uma pequena amostra, uma espécie de miniatura desse bom encontro em que as diferenças congraçavam e se enxergavam como parte de um Brasil único e fraterno. As religiões se apresentavam em seus conteúdos míticos, ritualísticos e iniciáticos. Cada *paper* mostrava como o culto em cada lugar era conduzido, como os terreiros se organizavam, o que se oferecia às divindades, como se cantava e se dançava para os orixás, os voduns, os inquices e os encantados. Os músicos presentes animavam a festa com o ritmo de seus atabaques, e os corais da USP se juntavam numa única e grande voz para oferecer a todos, no encerramento, a música sacra há tanto tempo circunscrita ao espaço dos terreiros. Tudo era festa. O Brasil era celebrado como o lugar privilegiado do pluralismo, inclusive religioso. Por outro lado, o esforço de redemocratização compartilhado por todos impunha uma necessária preocupação crítica com o próprio sentido da palavra "abolição" (termo intencionalmente não incluído no título do congresso que comemorava seu centenário), uma vez que, no Brasil, a abolição da escravidão também implicou a marginalização, no âmbito da economia e dos direitos individuais, dos negros libertados. Não é demais lembrar que, embora as religiões afro-brasileiras estivessem ganhando espaço, seguidores, visibilidade e prestígio, elas ainda carregavam consigo o peso do preconceito racial, como carregam até hoje. Mas tudo indicava que os velhos tempos em que foram duramente perseguidas por órgãos governamentais e por parte da mídia haviam ficado no passado. Sociólogos e antropólogos que à época se ocupavam do estudo da repressão contra os terreiros e seus devotos ainda se reportavam a esse passado que se supunha superado (Braga, 1995; Lúhning, 1995). Nenhum entre as dezenas de textos discutidos nas sessões do congresso tratou de algo que se assemelhasse à antiga perseguição sofrida pela religião negra em tempos anteriores. Afinal, o Brasil se redemocratizava e em breve daria à luz a Constituição que deveria enterrar de vez os horrores da ditadura militar e garantir definitivamente as liberdades civis, incluindo a liberdade de crença.

Uma análise do conjunto dos resumos das comunicações contidas no catálogo do congresso permite sumariar os temas apresentados no módulo de religião: tradição e modernização; artefatos religiosos; nações; sincretismo; folhas e ervas rituais; simbolismo material e cultural; multiplicidade das religiões afro-brasileiras; consumo e economia dos terreiros; relações de clientelismo e prestação de serviços; rituais de cura; identidade; ética; aspectos psíquicos e sociais do transe; diversidade religiosa; posição do catolicismo da teologia da libertação com respeito à religião dos orixás; desafios da negritude e participação política; visão de mundo e vivência religiosa; sacrifício ritual; dança, performance, gestualidade e técnicas corporais; iniciação, parentesco religioso e filiação; arquétipos; mitologia; sociedade de classes; teologia das religiões afro-brasileiras; federações e organizações religiosas; magia, oráculo e cura; passado e memória; aspectos domésticos dos cultos e sua organização; mudança e expansão das religiões de origem africana; africanização das religiões afro-brasileiras; sincretismo católico; e presença e expansão das religiões afro-brasileiras na metrópole.

À luz do que hoje se pode observar, alguns temas se destacaram notoriamente pela ausência. Não se tratou de coisas como perseguição, preconceito, discriminação religiosa, agressões a membros dessas religiões e invasões de terreiros em tempos atuais. O próprio sincretismo católico ficou num plano muito secundário. Nenhum pesquisador ou sacerdote tocou diretamente na questão do confronto entre as religiões afro-brasileiras e as igrejas evangélicas como algo de importância. A expressão "intolerância religiosa" não foi pronunciada nesse grande encontro de 1988, no centenário da Lei Áurea. Reafirmamos, portanto, que o clima do congresso era de indisfarçado otimismo e tranquilidade para com os fatos correntes. Aliás, também no livro *Os candomblés* de São Paulo (Prandi, 1991), desse mesmo período, em nenhum momento se fala de intolerância religiosa nem se cita a oposição entre o candomblé e as religiões evangélicas. Quem dividia a cena com o candomblé ainda era o catolicismo, sem agressão e intolerância, contudo.

# 3

Enquanto transcorria o congresso, voltamos a lembrar, encontrava-se em fase final de redação a nova Constituição, que balizou não somente o reingresso formal do país na trilha democrática, mas que também se tornou marco histórico importante da participação na política partidária de novos atores, até então mantidos, em sua maioria, fora da vida política: os evangélicos (Pierucci, 1989; Mariano, 2001; Prandi; Santos, 2015). Tal participação não tardou a significar para os afro-brasileiros, sem nenhuma representação no Congresso Nacional, que seu novo oponente no campo das conversões ficara mais forte, de mãos dadas com o poder do Estado, tendo na mão a feitura da lei.

Se a grande perseguição sofrida pelas religiões afro-brasileiras por parte da polícia, da imprensa e de outras instituições e agentes fazia praticamente parte do passado, ainda que recente, novos inimigos despontavam, mais empenhados e decididos. Primeiro, as religiões que competiam com os terreiros, ou seja, as igrejas evangélicas, mais particularmente as do ramo pentecostal e, muito especialmente, as do ramo neopentecostal. Mas os religiosos não seriam os únicos adversários abertos que os terreiros enfrentariam no dia a dia. Tratava-se especialmente de agentes e organizações que têm se apresentado como defensores do meio ambiente e dos animais[1] e que, a despeito das liberdades de culto garantidas pela Constituição, insistiam e ainda insistem, por ideologia não religiosa, em criar obstáculos aos cultos afro-brasileiros por meio de tentativa de aprovação de leis que impeçam o abate de animais nos terreiros, procurando assim inviabilizar o procedimento ritual fundamental em todo o processo de celebração dos deuses e entidades afro-brasileiros.

Vamos por partes, tratando primeiramente da questão religiosa. Passados trinta anos do congresso do centenário da Lei Áurea, o temário que recobre os estudos sobre as religiões afro-brasileiras ganhou profunda modificação. É muito difícil tratar hoje do candomblé, da umbanda, do tambor de mina, do batuque, do xangô e outras modalidades dessa origem sem ao menos esbarrar na questão da intolerância religiosa.

A década de 1990 é especialmente identificada por um conjunto amplo e diversificado de trabalhos de especialistas das ciências sociais que se ocupam das religiões tratando dessa nova temática do confronto entre evangélicos e afro-brasileiros, ou, melhor dizendo, da agressão aberta, sistemática e determinada sofrida pelos terreiros de religiões afro-brasileiras por parte de certas igrejas evangélicas. Os termos preferenciais, nesse período, para descrever essa disputa eram "conflito", "batalha", "batalha espiritual" e "guerra santa". Todos eles pressupondo dois lados medindo suas forças.

Os principais títulos da década de 1990 que fazem referência a esse cenário podem ser facilmente enumerados, a saber, "Guerra santa no país do sincretismo", de Mariza de Carvalho Soares (1990); "Deus e nós, o diabo e os outros:

---

1. Vale ressaltar que os tipos de concepção sobre o que representa uma ameaça ao meio ambiente e aos seres naturais são extremamente vastos e, em muitos casos, sua formulação está atrelada a pressupostos morais nem sempre percebidos ou explicitados (Santos, 2017).

a construção da identidade religiosa da Igreja Universal do Reino de Deus", de Airton Luiz Jungblut (1992); "A guerra dos pentecostais contra o afro-brasileiros: dimensões democráticas do conflito religioso no Brasil", de Luiz Eduardo Soares (1993); "Reflexões sobre a reação afro-brasileira à Guerra Santa", de Cecília Loreto Mariz (1997); "Neopentecostais e afro-brasileiros: quem vencerá esta guerra?", de Ari Pedro Oro (1997); "Males e malefícios no discurso neopentecostal", de Patrícia Birman (1997); e o livro *Neopentecostais*, de Ricardo Mariano (1999), que dedica o capítulo "A guerra contra o diabo" especialmente ao assunto da guerra santa — entre outros.

A importância desse novo tema na década de 1990 fica atestada pela preocupação de Cecília Loreto Mariz ao organizar, para a *Revista Brasileira de Informação Bibliográfica em Ciências Sociais* — BIB, em 1999, uma revisão bibliográfica sobre a teologia da batalha espiritual que então se travava (Mariz, 1999). Esses diferentes autores, ao tratar da década de 1990, não somente nos oferecem um quadro detalhado e explicativo dos diferentes embates em suas diferentes formas como também nos mostram de que modo muitas das denominações evangélicas reconstroem sua doutrina, identificando as raízes do mal não na velha e desgastada figura genérica do diabo cristão, mas sim no corpo doutrinário-mitológico que ilumina a ação de divindades e entidades sagradas do candomblé e da umbanda. A religião afro-brasileira transformava-se, assim, para um seguidor dessas igrejas, na casa e no coração do mal: o diabo a ser combatido até seu extermínio.

Não se tratava de um mero jogo simbólico, de diferentes visões do sagrado. Em 2001, Ricardo Mariano, analisando o crescimento evangélico em sua tese de doutorado, descobriu que as religiões afro-brasileiras — os demograficamente diminutos candomblé e umbanda somados — estavam perdendo fiéis significativamente.

Sua investigação aponta a causa, talvez a mais decisiva, desse declínio: o avanço do neopentecostalismo sobre os terreiros afro-brasileiros (Mariano, 2001). O conflito, a guerra religiosa ou qualquer outro nome que se dê a esse confronto já tinha um lado perdedor muito bem delineado. Ainda que a principal fonte doadora de convertidos para o pentecostalismo seja, de fato, o catolicismo, por evidentes razões demográficas, o candomblé, a umbanda e demais denominações afro-brasileiras são a fonte simbólica por excelência da investida evangélica. Não são deixados em paz, apesar do pequeno resultado numérico que possam representar, em razão mesmo do sentido religioso que eles oferecem para o evangélico na formação de sua identidade religiosa — como já dito.

Aliás, essas pequenas religiões de origem africana, sempre muito minoritárias, carregam consigo uma grande visibilidade, até mesmo desproporcional ao seu tamanho, devido a sua influência cultural para o país. Mais que isso: a corrosão evangélica nos meios católicos parece se dar de modo discreto e silencioso, especialmente a partir da enorme reação midiática e institucional que ocorreu no emblemático episódio do "chute na santa", quando, em 1995, a rede Record de televisão mostrou para o Brasil um bispo da Igreja Universal do Reino de Deus agredindo aos chutes e xingamentos uma imagem de Nossa Senhora Aparecida, a padroeira do Brasil (Almeida, 2007). Diante da reação de revolta, o bispo conheceu dias de exílio em terras estrangeiras, os santos católicos foram deixados em paz e a conversão de católicos, sem alarde, prosseguiu exitosamente. Já os orixás não têm quem os defenda e podem ser chutados à vontade, inclusive sob os aplausos de muitos.

## 4

De um lado, a ação dos religiosos evangélicos se caracteriza por ataques diretos, pessoais, dirigidos a seguidores dos orixás e aos seus templos, de tal modo que chegam a parecer atos de iniciativa individual, não orquestrados, que dependem muito mais de antipatias e inimizades locais e outras formas de desentendimento entre pessoas que pensam e creem de modos diferentes. Por outro, os representantes evangélicos no Congresso Nacional, nas assembleias legislativas e câmaras de vereadores mobilizam outro tipo de ataque, tentando agora criar obstáculos legais que procuram inviabilizar a prática religiosa não de seus vizinhos, conhecidos e desafetos pessoais, mas de toda uma população de seguidores das religiões afro-brasileiras inserida na sociedade brasileira.

A ofensiva não se dá mais somente no varejo, mas também no atacado. Para isso, contam com a adesão de legisladores católicos que comungam com evangélicos das mesmas pautas conservadoras. Um outro aliado tem sido encontrado em meio daqueles que se advogam como defensores de controversos direitos dos animais. O alvo da ação, nesse período, é o sacrifício votivo, ou abate animal, que constitui peça fundamental do ritual que parte do princípio segundo o qual as divindades, entendidas como antepassados, precisam ser alimentadas — princípio presente em importantes religiões tradicionais, mesmo quando o gesto sacrificial se realiza por meio de representação simbólica. Sacrifício, enfim, que está na raiz e na substância doutrinária e ritualística do judaísmo, do cristianismo, do islã e de diversas outras religiões ao redor do mundo.

De fato, as disputas e tensões envolvendo o sacrifício votivo de animais constituíram um novo campo de pesquisa para os estudiosos das religiões afro-brasileiras (Oro, 2005; Possebon, 2007; Coelho *et al.*, 2016; Oro *et al.*, 2017). Alguns líderes evangélicos fazem questão de enunciar, sempre que possível, um suposto caráter maligno nas tradições afro-brasileiras, associando, entre outras práticas, o abate de animais com atraso, magia negra, servidão aos demônios e práticas supostamente maléficas que costumam ser popularmente referidas pelo termo "macumba", palavra hoje evitada em razão de sua explícita conotação preconceituosa.

Muitos políticos, por motivação religiosa ou não, já conseguiram a aprovação de leis municipais e estaduais proibindo o sacrifício, leis que reiteradamente têm sido anuladas por tribunais superiores como inconstitucionais, uma vez que a Carta Magna reza, em seu artigo 5º, inciso VI, que "é inviolável a liberdade de consciência e de crença, sendo assegurado o livre exercício dos cultos religiosos e garantida, na forma da lei, a proteção aos locais de culto e a suas liturgias". Os opositores do abate religioso, por sua vez, valem-se de outra passagem da Constituição, o artigo 225, parágrafo 1o, inciso VII, que regula ser incumbência do poder público "proteger a fauna e a flora, vedadas, na forma da lei, as práticas que coloquem em risco sua função ecológica, provoquem a extinção de espécies ou submetam os animais a crueldade". De todo modo, na defesa dos animais, certamente seria mais produtivo que esses políticos, ativistas ambientais e evangélicos preocupados com o abate religioso fossem bater às portas dos frigoríficos e dos grandes pecuaristas. Aliás, em projetos de lei como esses, não é raro o preconceito religioso se disfarçar de proteção dos animais contra a crueldade. Tal dubiedade, porém, parece ter sido definitivamente resolvida pelo Supremo Tribunal Federal (STF) na votação do Recurso Extraordinário 494.601, concluída no dia 28 de março de 2019. Garantiu o pleno do Supremo que a defesa dos direitos dos animais não pode se sobrepor à liberdade da religião de praticar seus rituais segundo suas tradições. A tese produzida pelo Supremo, que garantiu por unanimidade o sacrifício votivo pelas religiões afro-brasileiras, diz que: "É constitucional a lei de proteção animal que, a fim de resguardar a liberdade religiosa, permite o sacrifício ritual de animais em cultos de religiões de matriz africana".[2] Por decisão majoritária, o STF decidiu também que alegações de crueldade contra os animais e questionamentos sobre o consumo das carnes não se aplicam no caso do sacrifício votivo.

---

2. Discurso completo no STF disponível em: https://www.youtube.com/watch?v=APCajsEGs_Y. Acesso em: 22 out. 2018.

Vale lembrar que o abate religioso de animais, segundo a fórmula halal, que só pode ser praticado por sacerdotes ou especialistas iniciados pela religião, da mesma maneira que se faz no candomblé, alimenta parcela significativa das exportações de carne brasileira para os mercados de países de maioria islâmica, sendo também praticado, em proporção menor, por outras religiões tradicionais no Brasil. Em termos comparativos, o volume do abate realizado pelo candomblé é irrisório, além do fato de que a carne resultante é consumida nos terreiros pelos praticantes da religião como ato de comunhão entre humanos e divindades.

Embora essas tentativas de impor leis impeditivas do sacrifício religioso não tenham logrado êxito — pelo menos até o momento —, em cada proposta de tal tipo de legislação são renovados os sentimentos e atos de perseguição, preconceito e intolerância contra uma religião que passou grande parte da história tendo que se esconder. É o velho racismo aplicado à religião, tentando usar a lei como disfarce.

Não se pode esquecer que, no candomblé e em outras religiões afro-brasileiras, a pertença do devoto se efetiva num processo iniciático em que diferentes etapas são marcadas pelo sacrifício votivo de animais (Motta, 1991). As carnes sacrificiais são consumidas no terreiro da mesma maneira como a maioria não vegetariana da população se serve diariamente à mesa. Assim como as receitas domésticas são preparadas de acordo com o gosto, o costume e as posses de cada família, a comida votiva segue receitas da tradição. Afinal, essas religiões reproduzem nada mais nada menos do que a antiga família extensa africana reconstituída no Brasil no plano simbólico (Prandi, 2017b). Não há nenhum mistério no abate praticado nos terreiros: as divindades são cultuadas com a oferenda de comida; essa comida se faz com carne e outros ingredientes, e a carne usada deve ser obtida segundo preceitos rituais. Impedir o abate nos terreiros significaria impedir a adoração das divindades, o mesmo que proibir a religião de ser praticada segundo a tradição.

# 5

Os anos recentes foram pródigos em mostrar que os problemas identificados a partir da década de 1990 vêm se tornando cada vez mais graves. Multiplicou-se o número de estudos que tratam, agora explicitamente, do que é chamado de intolerância religiosa (Silva, 2007). Aos poucos, e com muitas dificuldades, em consequência de sua própria constituição como religião formada de pequenos grupos sem nenhuma unidade formal nem chefia centralizada, os terreiros vêm tentando reagir, sobretudo, através de meios jurídicos, enveredando por processos que se arrastam por anos nos meandros das diferentes instâncias do Judiciário.

Raras e notórias lideranças surgiram à frente desses movimentos de defesa coletiva das religiões afro-bra-sileiras, caso de Hédio Silva Jr., que tem atuado em processos contra abusos sofridos por membros e locais de culto (Silva Jr., 2007). Assim como uns poucos outros, Silva Jr. tem agido no sentido de capacitar os seguidores das religiões afro-brasileiras em sua luta de defesa da religião, promovendo encontros e reuniões, publicando cartilhas e folhetos sobre legislação, direitos e modos de agir, conduzindo projetos de pesquisa e atuando judicialmente nos tribunais. Teve grande visibilidade, em agosto de 2018, sua participação no já referido julgamento pelo STF do abate animal com fins ritualísticos. Na abertura da sessão, em resposta às sustentações contra o abate animal para fins religiosos proferidas por representantes do Ministério Público do Rio Grande do Sul e do Fórum Nacional de Proteção e Defesa Animal, disse Hédio Silva Jr.:

> Prestei atenção nas sustentações, não só nas narrativas que foram feitas neste microfone, como também nos sapatos dos narradores, e por acaso os sapatos dos narradores são todos

sapatos de couro. [...] Você faz um discurso acalorado, entusiasmado em favor dos animais, calçando sapatos de couro!³

Da mesma forma, diferentes autores, órgãos do governo, instâncias do Judiciário e organizações não governamentais de defesa dos direitos da pessoa têm se mobilizado no sentido de cadastrar, classificar, dar visibilidade e tomar iniciativas de caráter legal nos casos de ocorrência de agressão a terreiros e seus membros por parte de seguidores de outras religiões, e mesmo de instituições e pessoas sem vínculo religioso.

Em 2018, a Secretaria Nacional de Cidadania do Ministério dos Direitos Humanos publicou o volume *Estado laico, intolerância e diversidade religiosa no Brasil: pesquisas, reflexões e debates*, organizado por Alexandre Brasil da Fonseca, que traz o Relatório sobre Intolerância e Violência Religiosa no Brasil (Rivir), juntamente com a análise de pesquisadores a respeito dos dados obtidos e organizados (Fonseca, 2018). Os números trazidos mostram que, de 2011 a 2015, os casos de intolerância religiosa registrados em processos judiciários, canais de denúncias e notícias na imprensa brasileira têm crescido com regularidade. Em 965 casos analisados, 35% das vítimas pertencem a religiões afro-brasileiras, 19% são evangélicas, 8% são católicas, 4% são espíritas, 2% são muçulmanas e 9% são de outras religiões, não havendo informação sobre religião para 23% dos casos (Fonseca, 2017, tab. 2). Considerando-se cada religião como um grupo em separado, os afro-brasileiros aparecem como vítimas em 98% dos casos, os espíritas em 87%, os católicos em 69% e os evangélicos em 51% dos casos. E aparecem como agressores 49% dos evangélicos, 31% dos católicos, 13% dos espíritas e 2% dos afro-brasileiros (Fonseca, 2017, gráf. 3). Nem sempre foi possível identificar o agressor e muito menos sua religião,

---

3. Discurso completo no STF disponível em: https://www.youtube.com/watch?v=APCajsEGs_Y. Acesso em: 22 out. 2018.

mas ao se levar em conta os casos em que a religião tanto da vítima como do agressor é conhecida, o quadro vai se tornando mais bem definido: em seu conjunto, as vítimas afro-brasileiras são agredidas por evangélicos em 78% dos casos, por católicos em 16%, por ateus em 4% e por outros afro-brasileiros em 2% dos casos. Quando as vítimas são evangélicas, seus agressores são assim classificados: 70% são outros evangélicos, 15% são católicos, 10% são espíritas e 5% são ateus. No caso das vítimas católicas, seus agressores assim se classificam: 73% são evangélicos, 20% são outros católicos e 7% são ateus. Não há registro de agressores das religiões afro-brasileiras contra evangélicos, católicos ou espíritas (Fonseca, 2017, gráf. 4).[4]

Também em 2018 foi publicada a edição bilíngue (português e inglês) do livro Intolerância religiosa no Brasil: relatório e balanço, organizado por Ivanir dos Santos e outros, que apresenta um conjunto bastante diversificado de casos de intolerância religiosa, obtidos a partir de mais de uma dezena de instituições que registram ocorrências desse tipo no estado do Rio de Janeiro (Santos *et al.*, 2018). Novamente, as religiões afro-brasileiras figuram como as mais atingidas por esse tipo de violência. Chama a atenção a pesquisa "Mapeamento de terreiros", da Pontifícia Universidade Católica do Rio de Janeiro, que identificou que quase 70% dos casos de intolerância atingem terreiros pequenos, com até cinquenta frequentadores — mais vulneráveis, portanto. Além disso, apenas 15% dessas agressões levaram a algum tipo de representação na polícia ou em entidades de denúncias (Santos *et al.*, 2018, p 34-36).

Os dados de ambos os relatórios sobre intolerância religiosa apontam que os evangélicos aparecem como os maiores responsáveis pelas supostas agressões, enquanto

---

[4]. Os resultados e pressupostos dessa pesquisa são apresentados aqui de modo breve e simplificado. Para uma discussão mais acurada, consultar o relatório original (Fonseca, 2018) e o artigo do coordenador do relatório (Fonseca, 2017).

as religiões afro-brasileiras surgem das estatísticas como suas vítimas preferenciais. No geral, os afro-brasileiros têm pequena participação como agressores. Porque são os que mais sofrem violações de direitos relacionados a sua religiosidade, os afro-brasileiros voltam, como no passado, a ter que se esconder, como acontece hoje, por exemplo, em escolas em que crianças iniciadas no candomblé ou na umbanda são obrigadas a ocultar sua pertença religiosa, deixando de usar qualquer símbolo material que denuncie sua identidade religiosa e se calando diante de colegas e professores sobre a crença que professam (Fonseca, 2017; Bernardo *et al.*, 2017).

Se esses dados já são sobejamente preocupantes, o período imediatamente seguinte ao analisado no Rivir apresenta uma situação bastante piorada. Segundo matéria da *Folha de S. Paulo*, comparando-se os meses de agosto a outubro de 2018 — época em que a própria campanha eleitoral para a Presidência traz para o debate as questões mais sensíveis da sociedade — com os meses de maio a julho do mesmo ano, observou-se um aumento dos casos de intolerância nos diferentes âmbitos considerados: 15% quando se tratou de raça ou cor, 75% quando o motivo identificado foi a homofobia ou transfobia, 83% para os casos relacionados à origem geográfica e de nacionalidade e, por fim, 171% de aumento nos casos de intolerância por motivos religiosos.[5] Para os que não aceitam a diferença, a religião parece ser o alvo preferencial.

## 6

Outra mudança importante verificada nos últimos trinta anos é o modo como a religião afro-brasileira muda de lugar na construção do objeto de estudo na pesquisa das religiões.

---

5. Matéria completa disponível em: https://www1.folha.uol.com.br/cotidiano/2019/01/registros de intolerancia-triplicaram-em-sp-na-ultima-campanha-eleitoral.shtml. Acesso em: 12 abr. 2019.

Muito mais do que explicar a religião, trata-se agora de investigar sua relação com outros aspectos da realidade. É o que se observa, por exemplo, quando a pesquisa procura entender como é que a religião de origem negra lida com os problemas da marginalidade social, da criminalidade, como elabora identidades não convencionais, como aborda questões de gênero e como trabalha situações conflitivas de convivência de negros e não negros nas escolas e outras instituições não religiosas (Bernardo *et al.*, 2017). É quando a religião não é mais o objeto principal da pesquisa, mas usada para melhor se entender a construção de concepções artísticas, por exemplo, quando se questiona sua importância na estruturação da gestualidade, na configuração da própria expressão corporal, no modo de se apresentar e se pentear, e assim por diante. Claro que há muito isso tudo tem sido investigado, mas o que muda é que a religião afro-brasileira passa a entrar no esquema explicativo como uma variável independente, a partir da qual as outras variáveis, que compõem o objeto principal, podem ser compreendidas. Trata-se, enfim, de lançar mão do candomblé, da umbanda, do tambor de mina, do batuque, do xangô, do catimbó, etc. para explicar aspectos do Brasil, inclusive o que ele pode ter de ruim, como querem os intolerantes detratores (Prandi, 2005). Estamos aqui, de fato, em 2019. Basta consultar a enorme lista de trabalhos publicados nesses anos todos para se ter ideia das transformações por que têm passado as religiões afro-brasileiras, tanto em termos de realidade como em termos de focos a ela dirigidos pelos pesquisadores.[6] Esse sucesso medido pela produção bibliográfica pertence em grande parte à cultura não religiosa, ainda que sua fonte originária seja o terreiro.

---

6. Ver bibliografia sobre as religiões afro-brasileiras preparada por Reginaldo Prandi e Carlos Eugênio Marcondes de Moura disponível em: https://sociedadesecularizada.files.wordpress.com/2019/04/bib-afbr.docx. Acesso em: 12 abr. 2019.

Se em 1988 a religião de origem africana estava sendo festejada e olhada com admiração por pesquisadores, intelectuais e formadores de opinião, hoje a tendência é enxergá-la como vítima. Quanto mais se expandiram as religiões evangélicas, mais encurralados se viram o candomblé e a umbanda, fato que se agravou com o avanço pentecostal na política eleitoral e o consequente aumento de sua presença no poder de legislação e de governo, em todos os níveis. Do lado afro-brasileiro, cresceram os relatos, os projetos de defesa, as tentativas jurídicas de proteção da religião, mas sua representação nas casas legislativas, por exemplo, permaneceu ínfima.

Sob o atual governo federal, o futuro das religiões afro-brasileiras não parece exatamente confortável, sobretudo se levarmos em conta a presença e a influência de representantes de igrejas evangélicas nos diferentes escalões governamentais. Desde as campanhas das eleições de 2018 até os primeiros atos do governo de Jair Bolsonaro, temas muito caros ao pensamento democrático e ao sentimento político pluralista foram deixados de lado, quando não rechaçados, e aí se inserem a defesa das minorias, o respeito pela diferença, a aceitação da diversidade de gênero, a valorização das conquistas femininas nos planos do trabalho e dos direitos reprodutivos, o apoio a novos padrões de casamento e família, o cuidado com a reparação da dívida histórica do país para com grupos indígenas e negros, o cuidado de marginalizados urbanos e desvalidos rurais. A lista certamente é maior, mas não se pode deixar de fora dela as religiões afro-brasileiras e suas tradições. Se tudo isso pode ser resumido numa única palavra, "minorias", as escolhas eleitorais que encerraram o ano de 2018 delas têm a dizer, na voz da maioria vencedora: — As minorias? Ora, elas que se danem!

# referências bibliográficas

ALMEIDA, Ronaldo de. Dez anos do "chute na santa": A intolerância com a diferença. *In*: SILVA, Vagner Gonçalves da (org.). *Intolerância religiosa*: impactos do neopentecostalismo no campo religioso afro-brasileiro. São Paulo: Edusp, 2007.

BERNARDO, Teresinha; MACIEL, Regimeire Oliveira; FIGUEIREDO, Janaina (org.). *Racismo e educação*: (des)caminhos da lei n. 10.639/2003. São Paulo: Educ, 2017.

BIRMAN, Patricia. Males e malefícios no discurso neopentecostal. *In*: BIRMAN, Patrícia; NOVAES, Regina; CRESPO, Samira. *O mal à brasileira*. Rio de Janeiro: Eduerj, 1997. p. 62-80.

BRAGA, Júlio Santana. *Na gamela do feitiço*: repressão e resistência nos candomblés da Bahia. Salvador: CEAO: EDUFBA, 1995.

CAMARGO, Candido Procopio Ferreira de. *Kardecismo e umbanda*. São Paulo: Pioneira, 1961.

CAMARGO, Candido Procopio Ferreira de et al. *Católicos, protestantes, espíritas*. Petrópolis: Vozes, 1973.

CARNEIRO, Edison (org.). *O negro no Brasil*: trabalhos apresentados ao 2º Congresso Afro-Brasileiro (Bahia). Rio de Janeiro: Civilização Brasileira, 1940.

COELHO, Carla Jeane H.; OLIVEIRA, Liziane Paixão S.; LIMA, Kellen J. Muniz. Sacrifício ritual de animais não humanos nas liturgias religiosas de matriz africana: "medo do feitiço" e intolerância religiosa na pauta legislativa. *Revista Brasileira de Direito Animal*, Salvador, v. 11, n. 22, p. 53-82, 2016.

CONCONE, Maria Helena Villas Boas. *Umbanda, uma religião brasileira*. São Paulo: FFLCH: USP, 1987.

ESCRAVIDÃO. *In*: CONGRESSO INTERNACIONAL: CATÁLOGO, PROGRAMAÇÃO E RESUMOS, 1988, São Paulo. *Anais* [...]. São Paulo: FFLCH: USP, 1988.

FONSECA, Alexandre Brasil da. Intolerância e violência religiosa no Brasil: notas sobre uma pesquisa de abrangência nacional. *Intolerância Religiosa*, v. 2, n. 1, jul./dez. 2017.

FONSECA, Alexandre Brasil da (org.). *Estado laico, intolerância e diversidade religiosa no Brasil*: pesquisas, reflexões e debates. Brasília: Secretaria Nacional de Cidadania do Ministério dos Direitos Humanos, 2018.

FREYRE, Gilberto (org.). *Estudos afro-brasileiros*: trabalhos apresentados ao 1º Congresso Afro-Brasileiro. Rio de Janeiro: Ariel Editora, 1935.

FREYRE, Gilberto (org.). *Novos estudos afro-brasileiros*: trabalhos apresentados ao 1º Congresso Afro-Brasileiro. Rio de Janeiro: Civilização Brasileira, 1937.

FRY, Peter. Duas respostas à aflição: umbanda e pentecostalismo. *Debate & Crítica*, São Paulo, n. 6, p. 79-94, 1975.
JUNGBLUT, Airton Luiz. Deus e nós, o diabo e os outros: a construção da identidade da Igreja Universal do Reino de Deus. *Cadernos de Antropologia*, n. 9, p. 45-62, 1992.
LÜHNING, Angela E. "Acabe com este santo, Pedrito vem aí...": mito e realidade da perseguição policial ao candomblé baiano entre 1920-1942. *Revista USP*, São Paulo, n. 28, p. 194-220, 1995.
MARIANO, Ricardo. *Neopentecostais*: sociologia do novo pentecostalismo no Brasil. São Paulo: Loyola, 1999.
MARIANO, Ricardo. *Análise sociológica do crescimento pentecostal no Brasil*. 2001. Tese (Doutorado em Sociologia) – Universidade de São Paulo, São Paulo, 2001.
MARIZ, Cecília Loreto. Reflexões sobre a reação afro-brasileira à guerra santa, *Debates do NER*, N. 1, p. 96-103, 1997.
MARIZ, Cecília Loreto. A teologia da batalha espiritual: uma revisão da bibliografia. BIB – *Revista Brasileira de Informação Bibliográfica em Ciências Sociais*, n. 47, p. 33-48, 1999.
MOTTA, Roberto. Os afro-brasileiros. *In*: CONGRESSO AFRO-BRASILEIRO, 3., 1985, Recife. *Anais* [...]. Recife: Fundação Joaquim Nabuco: Massangana, 1985.
MOTTA, Roberto. *Edjé balé*: alguns aspectos do sacrifício no xangô de Pernambuco. 1991. Tese (Titular de Antropologia) – Universidade Federal de Pernambuco, Recife, 1991.
NEGRÃO, Lísias Nogueira. *Entre a cruz e a encruzilhada*: formação do campo umbandista em São Paulo. São Paulo: Edusp, 1996.
ORO, Ari Pedro. Neopentecostais e afro-brasileiros: Quem vencerá esta guerra? *Debates do NER*, n. 1, p. 10-37, 1997.
ORO, Ari Pedro. O sacrifício de animais nas religiões afro-brasileiras: análise de uma polêmica recente no Rio Grande do Sul. *Religião & Sociedade*, Rio de Janeiro, v. 25, n. 2, p. 11-31, 2005.
ORO, Ari Pedro; CARVALHO, Erico Tavares de; SCURO, Juan. O sacrifício de animais nas religiões afro-brasileiras: uma polêmica recorrente no Rio Grande do Sul. *Religião & Sociedade*, Rio de Janeiro, v. 37, n. 2, p. 229-253, 2017.
PIERUCCI, Antônio Flávio. Representantes de Deus em Brasília: a bancada evangélica na Constituinte. *Ciências Sociais Hoje*, São Paulo, p. 104-132, 1989.
PIERUCCI, Antônio Flávio. Bye bye, Brasil: o declínio das religiões tradicionais no Censo 2000. *Estudos Avançados*, São Paulo, v. 18, n. 52, p. 17-28, 2004.
POSSEBON, Roberta Mottin. *A reação das religiões de matriz africana no Rio Grande do Sul*: conflitos com neopentecostais e defensores dos animais. 2007. Dissertação (Mestrado em Ciências Sociais) – PUC-RS, Porto Alegre, 2007.
PRANDI, Reginaldo. *Os candomblés de São Paulo*: a velha magia na metrópole nova. São Paulo: Hucitec: Edusp, 1991.

PRANDI, Reginaldo. *Segredos guardados*: orixás na alma brasileira. São Paulo: Companhia das Letras, 2005.

PRANDI, Reginaldo; SANTOS, Renan William. Mudança religiosa na sociedade secularizada: o Brasil 50 anos após o Concílio Vaticano II. *Contemporânea*, São Carlos, v. 5, n. 2, p. 351-79, 2015.

PRANDI, Reginaldo. Quem tem medo da bancada evangélica? Posições sobre moralidade e política no eleitorado brasileiro, no Congresso Nacional e na Frente Parlamentar Evangélica. *Tempo Social*, v. 29, n. 2, p. 187-213, 2017a.

PRANDI, Reginaldo. Recriações religiosas da África no Brasil. *In*: BAGGIO, Fábio; PARISE, Paolo; SANCHEZ, Wagner Lopes (org.). *Diásporas africanas e processos sociorreligiosos*. São Paulo: Paulus, 2017b. p. 67-93.

SANTOS, Renan William. *A salvação agora é verde*: ambientalismo e sua apropriação religiosa pela Igreja Católica. 2017. Dissertação (Mestrado em Sociologia) – Universidade de São Paulo, São Paulo, 2017.

SANTOS, Ivanir dos et al. (orgs.). *Intolerância religiosa no Brasil*: relatório e balanço (edição bilíngue). Rio de Janeiro: Ceap, 2018.

SILVA JR., Hédio. Notas sobre sistema jurídico e intolerância religiosa no Brasil. *In*: SILVA, Vagner Gonçalves da (org.). *Intolerância religiosa*: impactos do neopentecostalismo no campo religioso afro-brasileiro. São Paulo: Edusp, 2007. p. 303-23.

SILVA, Vagner Gonçalves da (org.). *Intolerância religiosa*: impactos do neopentecostalismo no campo religioso afro--brasileiro. São Paulo: Edusp, 2007.

SOARES, Luiz Eduardo. Dimensões democráticas do conflito religioso no Brasil: a guerra dos pentecostais contra o afro--brasileiro. *In*: *OS DOIS corpos do presidente e outros ensaios*. Rio de Janeiro: Iser: Relume Dumará, 1993. p.203-216.

SOARES, Mariza de Carvalho. Guerra santa no país do sincretismo. *Cadernos do Iser*, Rio de Janeiro, n. 23, p. 75-104, 1990.

# nota do autor

1

Este livro teve uma edição preliminar pela Arché Editora para o Festival da Corte, a maior festa de rua do litoral de São Paulo, realizado pela instituição OICD, em Itanhaém, de 11 a 13 de novembro de 2022. O Festival da Corte, em sua sexta edição, com apoio do Programa de Ação Cultural (Proac), da Secretaria de Cultura e Economia Criativa do Estado de São Paulo, consistiu numa série de conferências, shows, mostras, apresentações artísticas, contando com escolas de samba, conjuntos de música e dança tradicionais do litoral paulista, bandas e cantores de prestígio nacional, não faltando barracas de comidas típicas e muito mais. Aconteceu em lugares abertos e fechados, nas ruas e em auditórios, em tendas e grandes palcos armados, com transmissão ao vivo pelo YouTube.

Após participar de uma mesa-redonda em um dos auditórios da cidade, permaneci em uma das barracas da Corte autografando o livro *Brasil africano*, até terminar a quantidade de exemplares disponíveis para a ocasião. Os interessados que chegaram tarde em princípio poderiam adquirir depois seus exemplares nas livrarias e pontos de venda físicos ou na internet. Isso não aconteceu. O livro jamais circulou, nenhuma livraria ouviu falar de seu nome: sem aviso prévio, a Arché encerrou suas atividades, *Brasil africano* nunca foi distribuído, seu nome não respondia a nenhuma consulta à internet.

# 2

As editoras Cristina Fernandes Warth e Mariana Warth, da Pallas Editora, tomaram para si a tarefa de dar vida ao natimorto. Desse modo, esta é, de fato, a primeira edição de *Brasil africano*, a primeira que vem a público. Sou muito grato a elas por isso. Também não posso deixar de agradecer aos que participaram da edição preliminar, sobretudo ao João Luiz Carneiro, que editou o texto, ao Rodrigo Garcia, que cuidou da revisão, e ao Raul Loureiro, autor da capa, do projeto gráfico e da editoração. Os desenhos vieram das mãos de Pedro Rafael. Frederico Martins e Marina Garcia ajudaram-me com alguns dos textos, melhorando sua linguagem. Enfim, velhos parceiros meus no mundo dos livros. Felizmente, todo esse trabalho editorial pôde ser mantido nesta edição da Pallas, acessível a quem não esteve presente naquela tarde em Itanhaém.

Durante o meio século que os textos deste livro percorrem, publiquei várias obras sobre as religiões afro-brasileiras, sobretudo o candomblé, mas também sobre outras religiões, e algumas distantes da religião e mesmo da sociologia, que é minha área profissional de ensino e pesquisa.

Para encerrar o *Brasil africano*, escolhi um texto diferente desses que compõem este livro. A ideia foi mostrar alguma coisa do que faço em outros âmbitos da religião. Há certa especialização dos pesquisadores que, frequentemente, tratam de unidades temáticas específicas de um mesmo objeto. Desconfio que o mesmo aconteça com os leitores. Como a sociologia da religião me levou à mitologia, transitando de um universo a outro, gostaria que o *Brasil africano* terminasse apontando aos eventuais leitores um outro caminho que, a meu ver, merece ser percorrido, caso da mitologia afro-brasileira, uma das mais ricas mitologias vivas em todo o mundo. Incluí o mito "E foi inventado o candomblé", transcrito a seguir, que fecha o meu *Mitologia dos orixás* (2001), livro que está para completar 25 anos de publicação, com cerca de quarenta reimpressões. Acredito que esse mito recebeu um selo especial ao ser incluído na obra *Os melhores contos brasileiros de todos os tempos*, de Flávio Moreira da Costa (2009).

## 3

### E foi inventado o candomblé...

*No começo não havia separação entre
o Orum, o Céu dos orixás,
e o Aiê, a Terra dos humanos.
Homens e divindades iam e vinham,
coabitando e dividindo vidas e aventuras.
Conta-se que, quando o Orum fazia limite com o Aiê,
um ser humano tocou o Orum com as mãos sujas.
O céu imaculado do Orixá fora conspurcado.
O branco imaculado de Obatalá se perdera.
Oxalá foi reclamar a Olorum.
Olorum, Senhor do Céu, Deus Supremo,
irado com a sujeira, o desperdício e a displicência dos mortais,
soprou enfurecido seu sopro divino
e separou para sempre o Céu da Terra.
Assim, o Orum separou-se do mundo dos humanos
e nenhum humano poderia ir ao Orum e retornar de lá com vida.
E os orixás também não podiam vir à Terra com seus corpos.
Agora havia o mundo dos homens e mulheres
e o dos orixás, separados.
Isoladas dos humanos habitantes do Aiê,
as divindades entristeceram.
Os orixás tinham saudades de suas peripécias entre os humanos
e andavam tristes e amuados.
Foram queixar-se com Olodumare, que acabou consentindo
que os orixás pudessem vez por outra retornar à Terra.
Para isso, entretanto, teriam que tomar o corpo de seus devotos.
Foi a condição imposta por Olodumare*

*Oxum, que antes gostava de vir à Terra brincar com as mulheres,
dividindo com elas sua formosura e vaidade,*

ensinando-lhes feitiços de adorável sedução e irresistível encanto,
recebeu de Olorum um novo encargo:
preparar os mortais para receberem em seus corpos os orixás.
Oxum fez oferendas a Exu para propiciar sua delicada missão.
De seu sucesso dependia a alegria dos seus irmãos e amigos orixás.
Veio ao Aiê e juntou as mulheres à sua volta,
banhou seus corpos com ervas preciosas,
cortou seus cabelos, raspou suas cabeças,
pintou seus corpos.
Pintou suas cabeças com pintinhas brancas,
como as penas da galinha-d'angola.
Vestiu-as com belíssimos panos e fartos laços,
enfeitou-as com joias e coroas.
O ori, a cabeça, ela adornou ainda com a pena ecodidé,
pluma vermelha, rara e misteriosa do papagaio-da-costa.
Nas mãos as fez levar abebés, espadas, cetros,
e nos pulsos, dúzias de dourados indés.
O colo cobriu com voltas e voltas de coloridas contas
e múltiplas fieiras de búzios, cerâmicas e corais.
Na cabeça pôs um cone feito de manteiga de ori,
finas ervas e obi mascado,
com todo condimento de que gostam os orixás.
Esse oxo atrairia o orixá ao ori da iniciada e
o orixá não tinha como se enganar em seu retorno ao Aiê.
Finalmente as pequenas esposas estavam feitas,
estavam prontas, e estavam odara.
As iaôs eram a noivas mais bonitas
que a vaidade de Oxum conseguia imaginar.
Estavam prontas para os deuses.

Os orixás agora tinham seus cavalos,
podiam retornar com segurança ao Aiê,
podiam cavalgar o corpo das devotas.
Os humanos faziam oferendas aos orixás,
convidando-os à Terra, aos corpos das iaôs.
Então os orixás vinham e tomavam seus cavalos.
E, enquanto os homens tocavam seus tambores,

*vibrando os batás e agogôs, soando os xequerês e adjás,
enquanto os homens cantavam e davam vivas e aplaudiam,
convidando todos os humanos iniciados para a roda do xirê,
os orixás dançavam e dançavam e dançavam.
Os orixás podiam de novo conviver com os mortais.
Os orixás estavam felizes.
Na roda das feitas, no corpo das iaôs,
eles dançavam e dançavam e dançavam.
Estava inventado o candomblé.*

# referências bibliográficas

COSTA, Flávio Moreira da (org.). *Os melhores contos brasileiros de todos os tempos*. Rio de Janeiro: Nova Fronteira, 2009.

PRANDI, Reginaldo. *Mitologia dos orixás*. São Paulo: Companhia das Letras, 2001.

# sobre as fontes dos capítulos

Os capítulos que compõem o presente livro foram selecionados por João Luiz Carneiro, segundo seu projeto editorial, a partir de periódicos científicos, coletâneas e livros em que foram originalmente publicados. A fontes originais dos capítulos estão dadas a seguir.

1. *Religiões mediúnicas no Brasil vistas na década de 1970.* Em 1973, pela editora Vozes, foi publicado o livro *Católicos, protestantes, espíritas*, coordenado por Candido Procopio Ferreira de Camargo, contando com a colaboração de Beatriz Muniz de Souza, Melanie Singer, Renata Rafaeli Nascimento e Reginaldo Prandi, encarregado de escrever a Parte IV, que tratou das religiões mediúnicas. O livro resultou de projeto desenvolvido no então nascente Centro Brasileiro de Análise e Planejamento (Cebrap), fundado em 1969 em reação à cassação de cientistas e professores pela ditadura militar, com base no ai-5. Este capítulo é um excerto da versão original da parte "Religiões mediúnicas no Brasil" do livro de 1973, suprimindo-se aqui parte dos trechos não diretamente relacionados às religiões afro-brasileiras.

2. *Deuses africanos no Brasil contemporâneo.* Texto escrito para um minicurso ministrado na Freie Universität Berlin e publicado sob o título "African Gods in Contemporary Brazil" na revista *International Sociology*, Londres, v. 15, n. 4, p. 641-663, 2000.

3. *Axé, corpo e almas*. Publicado originalmente em livro organizado por Paulo Bloise, *Saúde integral: a medicina do corpo, da mente e o papel da espiritualidade*. São Paulo, Editora Senac, v. 1, p. 277-294, 2011.

4. *Pombagira e as faces inconfessas do Brasil*. Publicado na rbcs — *Revista Brasileira de Ciências Sociais – RBCS*, São Paulo, n. 26, p. 91-102, 1994 e republicado em *Herdeiras do axé*, São Paulo, Hucitec, p. 139-164, 1996.

5. *Exu, de mensageiro a diabo*. Publicação na *Revista USP* São Paulo, n. 50, p. 46-65, 2001.

6. *Sacerdócio, poder e política no candomblé*. Publicado com o título "A religião e a multiplicação do eu" na *Revista USP* São Paulo, n. 9, p. 133-144, 1991. Republicado na coletânea de Antônio Flávio Pierucci e Reginaldo Prandi, *A realidade social das religiões no Brasil: religião, sociedade e política*, São Paulo, Hucitec, p. 143-159, 1996.

7. *Candomblé de caboclo em São Paulo*, escrito com Armando Vallado e André Ricardo de Souza, e publicado como capítulo do livro *Encantaria brasileira*, de Reginaldo Prandi, Rio de Janeiro, Pallas Editora, p. 120-145, 2001.

8. *Os orixás e a natureza*. Texto de aula proferida na Università degli Studi di Roma La Sapienza, posteriormente publicado com alterações com o título "Um panteão em mudança" no livro *Segredos guardados*, p. 101-120, São Paulo, Companhia das Letras, 2005.

9. *O candomblé e o tempo*. Conferência proferida no Centro Cultural Banco do Brasil Rio de Janeiro, depois publicada com o título "Tempo, origem e autoridade" na *Revista Brasileira de Ciências Sociais*, n. 47, p. 43-58, 2001.

10. *Uma síntese do Brasil na dança dos caboclos.* Texto original publicado com alterações como capítulo 5 (páginas 121-138) de *Segredos guardados*, São Paulo, Companhia das Letras, 2005.

11. *Hipertrofia ritual das religiões afro-brasileiras.* Texto publicado em *Novos Estudos Cebrap*, n. 56, p. 77-88, 2000.

12. *Conceitos de vida e morte no ritual do axexê.* Publicado originalmente na coletânea de Jacob K. Olupona; Terry Rey (orgs.). *Òrisà devotion as world religion: the globalization of Yorùbá religious culture.* Madison, The University of Wisconsin Press, v. 1, p. 437-448, 2008.

13. *Axé, umbanda e candomblé no mercado religioso.* Publicado, com o título de "Brasil com axé", na revista *Estudos Avançados*, São Paulo, v. 18, n. 52, p. 51-66, 2004.

14. *Recriações religiosas da África no Brasil.* Conferência pronunciada no Simpósio Internacional sobre Religião e Migração "Diásporas Africanas e Processos Sócio-religiosos", realizado na PUC-SP em junho de 2016. Publicado em Fábio Baggio; Paolo Parise; Wagner Lopes Sanchez (orgs.), *Diásporas africanas e processos sociorreligiosos.* São Paulo, Paulus, p. 67-93, 2017.

15. *Intolerância, politeísmo e questões afins.* Conferência proferida no Terceiro Simpósio Internacional sobre Religiosidades, Diálogos Culturais e Hibridações, realizado na Universidade Federal de Mato Grosso do Sul em Campo Grande, de 21 a 24 de abril de 2009. Publicado em *Debates do NER* (ufrgs), v. 19, p. 11-28, 2011.

16. *As religiões afro-brasileiras do centenário da Abolição aos dias de hoje.* Texto em coautoria com Luiz Jácomo e Teresinha Bernardo, publicado em *Revista* USP, São Paulo, p. 99-120, 2019.

FONTES Fournier MT Std e Grotesque MT Std
PAPEL offset 75g/m²
IMPRESSÃO Gráfica Edelbra, fevereiro de 2025
1ª edição